2012
中国大学生村官
发展报告

中国村社发展促进会 编

中国农业出版社

主　编　胡跃高
副 主 编　陈鹏飞　李义良　王国锋　张卓毅　袁瑞婷
参编人员（按姓名笔画为序排列）

马乐娟	马礼杰	孔森	尹斌	尹红岩
戈新化	王彦	王艳	王莹	王乾
王琪	王书剑	王文彬	王东海	王亚兰
王军涛	邓敏	邓锦	冯文杰	叶灵
叶伟强	田忠斌	田峰宇	石剑成	乔薇
刘佳	刘亮	刘日东	刘学立	刘继伟
吕廷虎	成拓	米昱杰	邢镭	阳哲东
吴一凡	吴宝日	吴淑月	宋秉科	张阳
张思	张啸	张斌	张阳	张小波
张志斌	张新苗	张瑾闽	李丹	李妍颖
李国强	李学文	李建华	李怡萌	李胜超
李豪斐	杨赟	杨俊森	杨俊森	苏益安
邱仁杰	陆大海	陈己力	陈学锋	陈育哲
陈春美	陈熹柳	孟召臣	郑江涛	娄建忠
施舟逾	段铭	禹轩	胡建党	茹健俊
赵振	赵进恒	赵岩亮	赵金芝	项玉君
殷晓霞	袁明露	郭炜靖	常乐	康信煜
梁尚家	梁得永	鹿元飞	喻峰	温向阳
程英	韩菊	滕怀强	潘东风	

大学生村官任重道远

——《2012 中国大学生村官发展报告》序

大学生去农村当村官是中央为落实党的十六大报告提出"统筹城乡经济社会发展，建设现代农业、发展农村经济、增加农民收入，实现全面建设小康社会目标"的一项重大举措。由中国村社发展促进会、中国农业大学、中国农业出版社、《农民日报》社四方主办的全国大学生村官论坛是落实中央这项重大举措的实际行动，自 2007 年举办第一届论坛以来，已举办了五届，今年在北京韩村河村将举办第六届。与此同时，主办单位编撰出版《2012 中国大学生村官发展报告》，也是一件大事。在此对从事这项工作的同志所付出的辛勤劳动表示由衷的敬佩，并致以崇高的敬意。

大学生下乡当村官，表面上看是解决大学毕业生就业问题，这也是事实，但更重要的是培养锻炼建设中国特色社会主义接班人的战略问题。2010 年在江苏华西村召开第十届全国村长论坛期间，中央组织部部长李源潮主动带领一批中组部和省委组织部干部到华西村召开大学生村官座谈会，听取他们的意见。说明中央高度重视这项具有重大战略意义的大事。前不久，习近平同志在访问美国时去参观一家农场，在一个会议上讲了他当过七年农民的历史，那指的是在"文革"中作为知识青年下放在延安农村插队锻炼的经历。农村不仅是大学生施展才华的广阔天地，又是培育锻炼革命和建设事业接班人的大熔炉。

"村官"这个词是不确切的，农村基层干部都是农民，没有"官"。大学生下乡当村官，当党支部书记或村委会主任助理，不是"官"的编制，为期两三年，部分工资由中央财政支付。这是暂时的政策，还需要解决"待得住"问题，使农村成为大学毕业生就业和发挥才智创业的主要场所。现在每年大学毕业生有 630 多万，存在就业难问题，而农村又缺少各方面的专业人才，这是一个很矛盾的社会现象。目前大学生村官有 20 多万，他们分布的村只占全国 60 多万个行政村的 1/3。大学生下乡当村官是在为解决这一矛盾探索新路子，创造新经验。因此要拓宽大学生村官的概念，不只是当村官，而应涵盖新农村建设需要的各种专业人才。在一些经济实力强的村，如华西村、永联村等，都拥有数百名的大学毕业生，还包括一批硕士、博士人才。实施科教兴农战略，实现农业的现代化，把农业转移到依靠科学技术进步和提高劳动者素质的轨道上来，大批大学生下乡为解决目前出现的"农业副业化、农业劳动力老龄化、农村空壳村化"问题，将发挥重大作用。

胡锦涛总书记在建党 90 周年庆祝大会上提出两个宏伟的奋斗目标：一是到 2021 年即建党 100 周年实现建设更高水平的小康社会，二是到 2049 年即新中国成立 100 周年实现以"富强、民主、文明、和谐"为内容的中国特色社会主义现代化。实现这两个宏伟目标，重点在农村，难点也在农村。他还对青年报以殷切的希望。教育部委托中国老教授协会在部分重点高校开放国情教育课——中国国情与青年历史责任，包括 10 个专题，农民与新农村建设为其中内容之一，每年流转 4 个院校，已连续搞了 5 年，受到学生的欢迎，今后也将继续坚持下去。由此可以认为，鼓励和支持大学生下乡，作为一项长期的任务，不仅限于农业院校，而应包括农村建设所需的各类专业组织机构。美国有两位当过农业部长然后返乡当农民的事例。现在我们农业院校毕业生有的不愿意到农村，这是教育工作的严重缺陷。为此要研究和制定大学生愿意到农村并能长期坚持下去的具体政策，包括解决继续深造的问题。还应欢迎并鼓励从海外归国的"洋博士"，像老前辈晏阳初先生那样"走出象牙塔，走进篱笆墙"，到农村为农民服务。

《2012 中国大学生村官发展报告》内容广泛而翔实。除了"综合报告"概述了大学生村官的基本形势、主要成就与经验、存在的问题及对策建议外，还编入了中央领导同志有关大学生村官的讲话、专题研究、优秀调查报告、地方经验、乡村创富典型、村民贴心人榜、媒体报道精选、大学生村官大事记等。堪称是当代中国大学生村官的"百科全书"，不仅对大学生村官有直接的指导作用，也为今后大学生下乡展示了前景与要领，而且为党和政府研究建立大学生下乡为建设有中国特色社会主义新农村施展才华的长效机制，调整和完善大学生村官的政策提供了重要的依据，还为研究部门、教育部门做好这项工作提供了重要的营养，必然会引起全社会的广泛关注。在"综合报告"中，提出"部分村官下不去"、"隐性流失现象抬头"、"与群众期望存在差异"、"出岗留任职责待明确"四个问题及建议，值得引起高度重视，并研究解决。

郭书田

2012 年 4 月 24 日

[前 言] ∎∎∎∎∎∎∎∎∎∎∎∎∎∎∎∎∎∎∎

　　2008 年世界金融危机爆发已经 5 年。近期演变表明，受欧美市场缩减影响，我国经济正在以外向型为主向内需与外向并重方向发展。这是继 1978 年以来，在改革开放取得巨大成就的基础上，我国进行的重大战略性调整。在新的历史发展时期，农村与农业现代化再次成为现代化建设的关键。大学生村官队伍是国家农村与农业现代化建设的生力军。大学生村官与大学生村官事业工作者要认识农村牧区，建设农村牧区，建设国家，实现现代化建设目标，就必须全面、系统认识新时期世界农业及中国农业的形势，认清农业建设的基本内容与战略地位，明确具有中国特色的农业现代化建设的特殊性，及其与大学生村官事业实践的必然联系。唯有以此为基础，才能在任何条件下，坚定不移，创造性地完成时代赋予大学生村官的历史使命。

一、建设形势：世界已进入全球农业时代

　　全球农业时代包含两层含义：第一，以技术装备与产品为载体，农业活动渗透到了全球所有的农村、城市与自然资源区域。世界进入到了处处都有农业影子的泛农业发展阶段；第二，地球上任何地点的人类活动与自然行为，或通过直接作用，或通过蝴蝶效应链，最终均可能对全球农业产生作用。农业进入了全球一体化时代。

　　处在这一历史时代，一方面，传统农业生产在国民经济总量中的地位持续降低。如美国农业产值占其国内生产总值的比重，1945 年为 8%，2009 年为 1.1%；中国 1978 年为 28.2%，2010 年为 10.17%；经济发达的深圳市，2010 年农业产值比重为 0.06%，似乎正进入所谓"无农业时代"，似乎全球农业整体都在退缩之中。

　　另一方面，农业通过市场在加工、储藏、运销等环节中建立起来了以超市、零售网点等冷链节点，直至家庭终端冰箱的低温供应链条，将市场与每一户消费者连接成了巨大的网络—生机勃勃的全球网络。第三方面，园林园

艺技术与生态管理技术持续渗入了所有城市、农村、牧区，甚至自然资源区域，即整个地理系统。农业功能在传统时期原有社会功能的基础上，已经全面展开到了经济功能与生态功能层面。世界已经没有不被当代农业影响的区域。用今天的视点来定义，农业已经成为由从事生物生产活动的人、生产活动过程与地理资源环境共同构成的统一体。农业系统为地球表层自然系统与社会系统复合而成的系统。

二、建设内容：全球农业时代的四重安全问题

全球农业时代的现代农业建设内容可分为食品安全、粮食安全、区域农业安全、全球生命系统安全四个层面的问题。具体为：

(一) 食品安全

食品安全是欧美发达国家或地区及新兴发展中国家存在的问题。这是因食品结构与质量长期、大范围关注不足引发的安全问题。欧美发达国家或地区具有全世界最好的食品现代工业体系，人均粮食占有量长期维持在 800 千克以上。但尽管如此，受多种因素作用，近年来也被发现存在严重的食品安全问题。2012 年 2 月 21 日，哈佛经济与公共政策教授肯尼斯·罗戈夫发表文章指出："约 1/3 的美国成年人体形肥胖，儿童和青少年肥胖比例超过 1/6，1980 年后青少年肥胖比例增加了两倍。"欧洲方面与美国存在类似趋势。

肥胖问题第一影响寿命，引发心血管疾病、糖尿病，还有部分癌症；第二影响生活质量，个人痛苦，家庭受连累；第三增加医疗费用，社会总生产成本增长，影响社会生产效率。上述情况意味着欧美食品工业体系客观上已经存在系统性缺陷。事实上，因"大农业种植玉米并从中获利（还有补贴），食品工业则添加数以吨计的化学品，最终生产的产品让人成瘾，因而也就无法抗拒。整个链条中，科学家负责找到精确的盐、糖和化学添加剂配比，使新发明的速食食品最使人上瘾；广告商负责推销；最后，医疗保健业从治疗不可避免的疾病中赚取大量财富"（肯尼斯·罗戈夫，2012）。今天的欧美食品工业体系与资本主义初期已经是天壤之别。那时，"为了防止任何人在贸易中取得垄断……巴黎的面包师不许碾磨他们自己的谷物，出于同一个理由，磨坊主不许烘烤面包"（引自克莱因，No Logo）。"而现在，区区 30 家公司就掌握了世界食品市场 30% 的份额！"（贝小戎，2011）过去 300 年来资本主义

发展过程中，利用经济杠杆，夜以继日地不断完善，形成的遍及全球的资本主义食品工业大机器，经持续增长，已经"大到不能倒"的程度。而要克服当前明显发作的食品危机，就必须对这部大机器强制制动，减速，部分逆转，甚至是根本性调整。从整体形势来看，这绝非易事。

新兴发展中国家方面，因现代化发展中往往以欧美为师，部分方面照抄别人，重工轻农，重城轻乡，久而久之，导致农村衰落，工农业发展不协调，引发食品安全，导致社会健康问题群发。2012 年报道，我国有高血压患者 2 亿，糖尿病患者 9 240 万，前糖尿病患者 1.48 亿等。慢性非传染性疾病比例在各种死亡因素中占 80%（文摘周报，2012 年 3 月 16 日）。此类慢性非传染性疾病相当程度上与食品结构、质量及其生产环境不良相关联。新兴发展中国家要彻底解决食品安全问题，就必须结合本国实际，调整基础结构，改善发展模式，由"不平衡、不协调、不稳定、不可持续"的发展状态，走向和谐发展。但从整体发展趋势来看，这一调整面临着巨大挑战。

（二）粮食安全

1945 年二战结束，世界农业进入稳步发展时期。1946 年世界谷物（粮食）总产量为 5.33 亿吨，1950 年为 6.3 亿吨，1960 年为 9.68 亿吨，1970 年12.64 亿吨，1980 年 15.86 亿吨，1990 年 19.5 亿吨，1999 年 20.64 亿吨，2010 年 22.86 亿吨，整体呈增长趋势。但综合需求因素来看，当前世界粮食安全基本状况表现出增长量降低、增长速率减慢、饥饿人口数量长期处于高位状态的基本特征。1950—1990 年，世界粮食年增长量在 3 000 万～3 600 万吨。1990—1999 年期间年增长量降至 1 300 万吨，1999—2010 年期间尽管增长量有所恢复，为 2 000 万吨，但仍低于 1950—1990 年水平。从增长率变化情况来看，1960 年比 1950 年，世界粮食总产量净增长 53.65%，1970 年比1960 年增长 30.53%，1980 年比 1970 年增长 25.53%，1990 年比 1980 年增长 22.93%。1990 年之后，进入增长不稳定状态。1990—1999 年增长率为5.85%，低于 10%；1999—2010 年，增长率为 10.76%。整体增长率呈低落趋势。

对比分析近期全球粮食供求关系状况，更可以明显感到人类似乎在重新陷入"马尔萨斯"困境之中。其论据为：1961—1969 年 9 年间，世界粮食年平均增长率为 3.36%，同期人口年平均增长率为 1.78%；20 世纪 70 年代两项指数为 2.64%、1.88%；80 年代为 1.98%、1.73%；90 年代为 1.16%、1.47%；21 世纪前 11 年为 0.09%、1.29%。表现为粮食增长率由高到低较大幅度减少，人口增长率缓慢降低。在 20 世纪 60、70 年代粮食生产增长率高于人口增长率，然后在 80 至 90 年代两者发生交叉换位，20 世纪 90 年代后人口出生率反超粮食生产增长率，反向伸展，整体呈斜剪刀叉形状特征。上述情况在现实社会中表现为 1980—2010 年，世界谷物储存量占世界谷物利用量比例由 42.3% 下降到 23%，部分年份甚至跌破 17% 的国际粮食安全线。世界人均谷物占有量长期处于下降态势，由 1986 年的 363 千克下降到 2010 年的 333 千克。

问题不仅如此。根据近期联合国预计，2050 年世界人口将达到 90 亿，届时世界粮食产量需要在 2010 年基础上再增加 70%，即达到 38.86 亿吨。这要求未来 40 年中，每年的粮食增产量必须稳定达到 4 000 万吨水平，这是过去 60 年十年时段内，从未达到的高度。根据现有农业资源状况与科学技术水平，这将成为一个必须实现，而又几乎不可能实现的目标。可以推断，世界粮食安全问题将成为标志性问题长期存在下去，直到彻底解决。

（三）区域农业安全

食品安全、粮食安全只是当代社会经济发展中出现的标志性农业问题与关键观察层位问题，既是农业问题的抓手，又是检验问题状况的标志性结果。只要牢牢抓住食品安全、粮食安全问题，就可以顺藤摸瓜，找到对象，探索机理，最终解决问题。

世界区域农业总体可划分为三类型。分别为欧美农业类型、日韩农业类型、发展中国家农业类型。目前三类农业均处于欠安全状态。

1. 欧美农业

以美国为代表，因人少地多特点，其农业步入大规模化经营轨道。1930 年美国有 660 万个农场，平均土地规模为 61.6 公顷，1950 年为 565 万个，平均规模为 85.2 公顷，2000 年分别为 217 万个，173.6 公顷（王思明，1999）。超大规模发展并没有给美国农业带来更大安全性，就农场经营水平而言，美国现代农业呈总体亏损，处于不能自立的境地。2002 年统计，如果家庭农场要达到全国家庭收入水平，必须经营 700 公顷土地。而当年美国 400 公顷以上规模的农场为 17.7 万个，占农场总数的 8.3%，不足者占总数的 91.7%。这表明，至少有90％的农场经营不能达到其全国家庭平均收入水平，需要依靠政府的补贴度日（张锦洪等，2009）。欧洲农业状况与美国大同小异，公共经费支出压力很大。

2. 日韩农业

日本是在1945年后迅速走向常规现代化的。美军登陆日本伊始，即行瓦解财阀，实行农田私有化政策，实现了粮食增产。1962年日本以提高农业生产率和扩大农业生产规模为目标制定政策，发展工业，农村剩余劳动力流入城市，实现农户扩大生产规模。该项政策持续30年之久的结果是，1961年人均GDP为462美元，2000年为37 561美元，40年增长了80倍。与此同时，1961年谷物自给率为80.5％，2000年降为32.53％。2009年农产品综合自给率为39％。韩国农业重蹈日本"经济大上，农业大下"的覆辙。1961年时韩国粮食自给率为92.6％，2000年为36.8％，2003年为25.3％。日、韩两国近代在社会经济发展中，农业双双中箭落马，出现农业、农村畸形演变，已经完全丧失粮食安全与食物安全，陷入泥坑，不能自拔，被迫倒向欧美怀抱，这样的发展模式发人深省。

3. 发展中国家农业类型

尽管世界粮食产量持续增长，但由于人口增加，发展中国家和低收入食物短缺国家人均谷物占有量则一直未突破250千克。在世界193个国家中，100多个发展中国家均存在粮食匮缺问题。10年前印度粮食尚自给自足，经过改革开放，GDP增长率一度达到了9％，但从2007年开始，已开始大量进口粮食。2008年全球金融危机以来，世界粮食不足，人口净增加1亿多，饥饿人口总量再度达到10亿上下，其中绝大部分分布在亚非发展中国家。

世界三类型国家农业均存在重大问题的现实，表明全球区域农业安全问题客观存在，并且在随着时间的推移，问题越来越严重。究其原因，在于现代世界总的现代化发展模式存在基本缺陷。现在的问题是：一方面，现实世界仍基本沿着旧有模式道路踉跄前行；另一方面，世界人均耕地减少，待开发耕地资源已经基本不复存在，加之土地质量下降，水资源超采，农业对化石能源的依赖持续加重，而化石能源在迅速走向枯竭，农村人口大规模迁离农村牧区，世界人口总量仍在以年9 300万的速度增长。这在宏观整体上形成了新问题与旧体系之间愈发加剧的矛盾，探索建设世界全新发展模式的任务已经历史性地落在了当代人肩上。

(四) 全球生命系统安全

如果将地球生命系统简单划分为耕地、草地、林地、湿地-水系、沙地、城市六部分。人们很容易观察到的是，几乎每一部分都存在安全问题。集零为整，便是地球生命系统已经处于危机之中。

1. 耕地部分

地球表面的大约 1/10 是耕地。2007 年《联合国防治荒漠化公约》指出，全球 52 亿公顷干旱地区中的大约 70% 已经退化，并受到荒漠化的威胁。如果不能有效遏制蔓延趋势，预计 2025 年非洲将可能在 1990 年基础上失去 2/3 的可耕地面积，亚洲可能减少 1/2，南美洲可能减少 1/5（法新社，2007 年 6 月 15 日报道）。耕地生产受到重大威胁的另一个因素是可灌溉地水源枯竭，面积减少，产量降低。如因打井 2 100 万眼，致使"印度以传统方式人工开凿的水井中一半以及成百万较浅的管井已经干涸，引起了一连串依赖水井生活者的自杀事件"（Fred Pearce，2004）。世界银行 2005 年的一项研究指出，印度 15% 的食物（约合 1.75 亿人的谷物）靠开采地下水生产；巴基斯坦俾路支省首府奎达周围地下水位年均下降 3.5 米，即将到达无水可用状态，该省已经有 6 个盆地因用尽地下水，成为不毛之地；伊朗年超采地下水 50 亿吨，全国约 1/4 的谷物生产依赖于超采地下水；也门地下水位年均下降 1.8 米，近 35 年来粮食生产已经减少一半，在走向谷物全部依靠进口的境况。世界灌溉面积从 1950 年到 2000 年增加了两倍。2000 年之后正已基本停止增长达 10 余年（莱斯特·布朗，2010）。随着多数国家超采地下水，水源接近枯竭，加之全球气温升高，冰川资源枯竭，常规节水技术开发潜力减小，全球灌溉地已经进入负增长状态。

2. 草地部分

世界草地面积约占地球表面积的 1/5，主要分布在非洲、亚洲、欧洲。世界草地中约有 50% 发生轻度或重度退化，5% 为严重退化。其中，几乎所有发展中国家的草地均处于退化之中。1950 年 2.38 亿非洲人靠 2.73 亿头家畜为生。2004 年人口增长为 8.87 亿，家畜也增长为 7.23 亿头。以尼日利亚为例，1950 年人口为 3 300 万，2005 年达到 1.32 亿，牛羊数量从约 600 万增长为 6 600 万。压力成 10 倍加大，草原与农田年荒漠化面积达到 35.1 万公顷，整个北部草原正在向沙地转化（莱斯特·布朗，2006）。位于中亚的哈萨克斯坦为草原大国，苏联时期的 1954—1960 年，一次开荒就达 2 250 万公顷，随之出现荒漠化（刘恕，2009），至今约 40％的部分已经废弃。中国草地曾经是欧亚大草原的佼佼者，近 30 年来因管理不当，约有 90％的部分发生了退化、盐碱化与沙化，迄今仍未发生根本逆转。

3. 林地部分

20 世纪初，全球森林面积估计为 50 亿公顷，目前为 39 亿公顷。存留森林中约 50％分布在热带与亚热带的发展中国家，另一半主要在温带及北方工业化国家。从 1990 年至今，发展中国家每年丧失森林面积 1 300 万公顷，世界森林面积仍在快速减少之中。直到 1970 年以前，亚马孙雨林还基本完好无损，如今 20％的部分已经变为耕地或废弃地。对森林的压力主要来自人们对薪柴、纸张、木材需求的增长。如在北非，"每一个较大的萨赫勒城镇都被月球般的不毛之地所包围。塞内加尔的达喀尔、苏丹的喀土穆，目前的木炭主要来自 500 千米以外，有时甚至来自邻国"；因棕榈油大量用于现代畜牧业生产，国际市场价格持续上涨，马来西亚、印度尼西亚等东南亚国家大面积发展棕榈树，原始热带林被大量砍伐；受国际木材市场诱惑，缅甸、俄罗斯森林盗伐现象严重。东非国家马拉维，拥有 1 200 万人口，森林覆盖率为 47％，几年之内就降低到了 28％。一旦失去森林，整个地区或国家社会经济体系便陷入混乱。曾经是热带乐园的中美洲国家海地，森林曾经遍布全国，后大量砍伐，森林覆盖率降到 2％。森林消失成为海地灾难的开始，接着便发生土壤流失，社会陷入崩溃状态（莱斯特·布朗，2006），成为一场现代浓缩版的"复活节岛悲剧"。世界森林面临的压力迄今仍未解除，有关森林减少的灾难仍在蔓延之中。

4. 湿地与水系部分

世界湿地面积占地球表面积的 6％，其中，河流、湖泊、沼泽等淡水生态系统面积占 0.8％；海洋面积占 71％。通过冰川、河流、湖泊、地下水、海洋与大气降水，世界湿地与水系连成了完整的运动体。半个多世纪以来，世界湿地与水系已经发生了惊人的变化。2003 年加拿大、德国科学家研究指出，"在过去 50 年中，海洋中的大鱼已经消失了 90％"。用于 90％海洋鱼类产卵场地的海岸湿地、红树林、江河遭到严重毁坏：原始红树林已经消失了一半以上，珊瑚礁已被摧毁 20％以上，剩余部分中有 24％濒临崩溃，因污染造成的海洋死亡区超过 200 个，并且在以每年 20 个左右的速度递增；受城市化、工业化、灌溉农业发展影响，几乎在世界所有发展中国家与相当部分发达国家都发生了地下水位下降问题，下降速度最高达到每年 8 米以上。巨大的淡水需求在连续耗竭地下水源的同时，迅速向河流、湖泊、湿地扩散，造成巨变。

1950 年以来，世界大型水坝（高于 15 米）数量从 5 000 座增长为 4.5 万座。流经美国中西部 5 州的科罗拉多河几乎已经无水可入海。流经中亚国家土库曼斯坦、乌兹别克斯坦的阿姆河，因引水灌溉棉田，已无水可流入咸海，引发巨大生态灾难。阿斯旺大坝修建之前，尼罗河每年有 320 亿米^3 水注入地中海，如今入海量已不足 20 亿米^3。黄河作为中国的母亲河哺育了中华文明，1972 年首次断流，之后仅维持有限的生态用水入海，直接对渤海生态系统发生影响。底格里斯河与幼发拉底河发源于土耳其，经叙利亚、伊拉克入波斯湾，曾经作为两河流域文明的命脉，为西方文明发展作出过历史源流性贡献，现因土耳其、伊拉克过度开发，水流减少，下游 95% 的湿地已遭到破坏。因河流过度分水，或地下水超采，除冰川融化注入导致附近湖泊扩大外，世界多数湖泊均面临缩小或干涸命运。发展大势迄今仍未改观。

在冰川方面，苏黎世大学冰川监测中心报告称，2007 年为冰川连续退缩的第 18 年，而冰川融化的速度是 10 年前的 2 倍。目前，安第斯山、落基山脉、阿尔卑斯山脉、兴都库什山脉、帕米尔山脉、喜马拉雅山脉、天山山脉、乞力马扎罗山冰川均处于消融状态中。贝尔纳·弗朗哥研究指出，未来 10 年内，南美 80% 的冰川将会消失；姚檀栋预测，中国 2/3 的冰川将在 2060 年前完全消失。"世界的主要山区以冰和雪的形式贮藏着大量淡水，由于它们在农业出现之前就已经存在，便一直被人们视为当然植物而大肆取用"（莱斯特·布朗，2006，2008，2010）。如今情况已经发生巨大变化，并且呈加速蔓延趋势，人类尚未找到可行对策去应对危机。

河流、湖泊、沼泽等淡水系统有记载的淡水水生物达 44 000 种，其中淡水鱼 8 400 多种，原生动物 5 000～6 000 种，淡水藻类 25 000 多种，动物物种占全球的 12%。世界有记载的鱼类有 22 000 多种。因湿地与水系部分的剧烈变化，直接威胁到几乎所有相关生物的生存安全。

5. 沙地部分

地球上干旱荒漠以环带状分布于从热带到温带的地区，面积约 5 336.7 万千米^2，约占地球陆地面积的 1/3。世界荒漠集中分布在三个区域：南纬-北纬15～35 度的亚热带信风带，如撒哈拉大沙漠、鲁卜哈里沙漠；温带内陆区，如中国西北沙漠与中亚地区的沙漠；地球南北极与世界屋脊——青藏高原，为寒冻荒漠（王涛，陈广庭，2008）。世界沙地部分的问题是荒漠化土地持续扩大，目前仍在以每年5～7万千米^{2}的速度蔓延，已经扩展到了世界140个国家，非洲、亚洲、南美是主要蔓延与危害区域（仪名海等，2007）。

6. 城市部分

直到1800年，世界城市人口比重为3％，"西方世界的城市，没有一个超过100万人口。1900年，全世界城市人口超过乡村人口的国家只有英、澳、德三国，10万人口以上的城市有302座，其中百万人口以上的大城市只有11座，到1981年，城市人口超过乡村人口的国家已增至67个，10万人口以上的城市增至906座，其中百万人口以上的大城市和特大城市已增至71座"（刘易斯·芒福德，2005）。1970年发展中国家城市人口比重超过发达国家，1980年发展中国家有城市人口9.88亿，发达国家有7.49亿，2005年分别为22.66亿、9.06亿。2010年，地球上已有50％的人生活在城市中。

城市化浪潮改变了地球景观，同时影响着城市内外人们的生活。一方面，城市内存在交通拥堵、水源短缺、空气污染、垃圾处理困难、贫民区"顽症"；另一方面，城市大规模扩展，入侵其他地理单元，使既有环境变数增大。世界大约有一半的海岸受到了与开发活动有关的威胁。新加坡因土地需求，已在沿岸填海增加了6 000公顷的土地，比30年前增多了10％的土地；旧金山海湾填海，使美国这个高度城市化的港湾城市，在过去150年中减少了1/3的海湾区域，曾经环绕旧金山的80 940公顷沿海沼泽丧失了80％；印度加尔各答有4 000公顷过去用来养鱼的泻湖和沼泽被填埋，用于10万个中产阶级家庭建房，加重了当地的洪水灾害；摩洛哥丹吉尔港市的扩展，改变了海岸的面貌和当地的海流形式，但却使附近海滨以每年5米的速度被侵蚀（莱斯特·布朗，2008）；1949年以来，武汉城区湖泊从127个减到目前的38个，仅1986—2006年，武汉市城市建设总面积就增加了200多千米^2。

世界城市化浪潮仍在快速推进中，2012年4月6日，联合国经济社会事务部助理秘书孙达拉姆说："城市地区将在2011—2050年的40年间吸收全部的全球人口增长量。在此期间，全球人口将增长23亿，而城市居民将增加26亿，农村人口将减少2亿8 800万。城市地区在2050年容纳的人口相当于1950年的全球总人口"（人民网，2012）。

耕地、草地、林地、湿地-水系、沙地、城市六大地理单元，在过去半个多世纪里变化剧烈，并且仍处在激烈变化之中的事实，说明整个地球生命系统已经陷入危机。2010 年国际《生物多样性公约》秘书处总结报告指出，全球生物多样性状况正逐渐恶化，直接造成生物多样性丧失的五大主要压力——生态环境变化、过度开发、污染、外来物种入侵和气候变化，要么继续存在，要么在不断加剧。44% 的陆地生态区域和 82% 的海洋生态区域没有达到预期的保护目标。据估计，地球上生物有 300 万~1 000 万种以上，至今有案可查的有 150 万种。由于人类活动和日益加剧的气候变化，目前约有 3.4 万种植物和 5 200 多种动物濒临灭绝。《生物多样性公约》执行秘书艾哈迈德·朱格拉夫说："我们继续以历史上从未有过的速度让生物多样性丧失，地球上一些物种灭绝速度比以往快 1 000 倍。如果我们要避免给地球上维系生命的各种系统造成不可挽救的损失，就再也不能采取一切照旧的做法了"（吴成良，2010）。

食品安全问题可归属于欧美发达国家与新兴发展中国家，粮食安全问题基本为亚非发展中国家所属问题，区域农业安全问题为发达国家与发展中国家共同存在，全球生命系统安全则为当代地球文明问题。总体来看，前两项安全问题为近中期问题，相对具体、明确，并且迫在眉睫，需立即行动加以解决；后两项安全问题则更深刻，对大众而言，迄今为止仍然不十分明确，为需要各国、全人类共同付出更大努力加以应对的中长期问题。四大安全问题彼此作用，成为当代农业问题尖锐性、艰难性、复杂性、长期性的结构基础。挑战，迎接挑战，进入新文明阶段，这是人类历史发展的汤因比定律。人类经营农业已经有了 1 万年以上的历史，在长期的历史发展中积累了大量经验与教训，当代农业问题的演变与激化，既表明了农业系统本身的复杂性；同时说明了人类正处于彻底克服农业问题，迎接新文明到来的前夜。

三、农业问题——当代世界主要矛盾的焦点与根本问题

世界与农业相关的四大安全问题同时激化，在某种程度上具有历史必然性。其基本矛盾力量源于两个方面：第一，世界人口稳步超常增长；第二，世界自然资源很少增长，部分不可再生资源濒临枯竭。

1. 人口方面

人类在地球上已经生活了 3 百万年以上。开始的岁月里，人口发展缓慢。

直到 1 万年前农业起源时期，世界总人口约为 1 000 万人；公元元年时，世界总人口为 2.7 亿，1830 年世界人口达到 10 亿。从此以后，世界人口进入高速增长阶段。1930 年为 20 亿，1960 年为 30 亿，1975 年为 40 亿，1987 年为 50 亿，1999 年为 60 亿，2011 年为 70 亿。世界人口总量的第二、三、四、五、六、七个 10 亿分别用了 100 年、30 年、15 年、13 年、12 年、12 年。由现在往回倒推，可以看到，今天世界人口总规模的 70% 是在最近 100 年中增加的。单纯看人口数量成倍增长，并不能清楚反映近百年中世界发生的变化。真实情况只有以每个人在此过程中粮食消耗量、化石能源消耗量、水资源消耗量、住宅面积、工作场所等，去乘以人口总量，而形成的积来感知。这对有限的地球资源来说，无疑是惊人的压力增长。

2. 资源方面

世界能源已经彻底暴露出枯竭态势。1930 年，世界当年勘探发现石油 100 亿桶，使用量为 15 亿桶；1964 年两项指数为 480 亿桶、120 亿桶；1988 年为 230 亿桶、230 亿桶；2005 年为 50 亿～60 亿桶、300 亿桶。世界石油探明量远远落后于使用量，大多数国家面临严峻挑战（凯文·菲利普斯，2009）；世界水资源危机已经爆发。1995 年世界银行调查报告指出：占世界人口 40% 的 80 个国家正面临着水危机，发展中国家约有 10 亿人喝不到清洁的水，每年约有 2 500 万人死于饮用不清洁的水。联合国预计，到 2025 年世界将近一半的人口会生活在缺水地区。世界水资源危机已经爆发，成为严重制约人类可持续发展的因素；世界耕地资源开发总量几乎已经到达极限。截止到 1995 年，世界上仅有 17% 的地域还处于原生状态，即卫星检测不到人口、庄稼、道路及夜间灯光。世界上 1/2 的土地已经被用来种植庄稼或放牧，1/2 多的森林变为耕地等（彼得·卡雷伊瓦，2007）。

2002 年 7 月世界自然基金会发布评价报告指出，1961 年以来，人类对自然资源的需求相当于地球再生能力的 70%；20 世纪 80 年代出现持平；1999 年"赤字"至少 20%；预计 2050 年，人口 90 亿时，"赤字"将达到 80%～120%。自然资源绝对有限，人类社会规模持续扩大，是当今人类与自然关系上升为世界地理系统内部主要矛盾关系的基本原因。人作为动物，第一位的需求就是粮食安全。一日必须保证两餐，如不能保证，立即就会陷入不安全状态；食品安全是第二位的需求，即要求食品质量好，以保证正常生长发育；人类作为地球最大规模的动物群体，必然要求区域农业安全，以保证全社会持续、稳定获得足够的食物与其他必需的生活用农产品，这是第三位客观需求；从更大范围来看，地球生命系统是区域农业的母系统，是人类文明之母。母壮儿肥，母困儿损，一荣俱荣，一损俱损。这是人类社会赖以存亡的根本系统，是最高位的需求。

四大安全问题客观上为世界地理系统中，人类与自然矛盾上升为主要矛盾的焦点问题与标志性问题。四大安全问题弱化，地理系统人类与自然矛盾退回为基本矛盾状态；四大安全问题激化，地理系统人类与自然矛盾上升为主要矛盾状态。四大安全问题统称为农业问题。因此，当代农业问题为世界主要矛盾的焦点问题与根本问题。

四、钱学森第六次产业革命理论

1984 年 12 月 23 日，钱学森在中国农业科学院第二届学术委员会上作了《第六次产业革命和农业科学技术》报告，对"第六次产业革命"做了明确定义。他指出："第六次产业革命就是建立农业型的知识密集产业。知识密集型产业，是把所有的科学技术都用在生产上，靠高度的科学技术的生产。农业型的产业是指像传统农业一样，以太阳光为直接能源，靠地面上或海洋里的植物的光合作用为基础，来进行产品生产的生产体系。"也就是说，农业型的知识密集产业"一方面充分利用生物资源，包括植物、动物和微生物；另一方面又利用现代工业生产技术，把全部现代科学技术，新的技术革命的成果，全都用上。不但生产技术现代化，而且生产过程组织严密，各道工序配合紧密，是流水线式的生产。"

钱学森所论述的六次产业革命分别是：第一次产业革命是农业、牧业的出现，发生于大约一万年前的原始公社时期；第二次产业革命是商品生产的出现，发生于奴隶社会后期；第三次产业革命的标志是大工厂的出现，发生在 18 世纪末英国资产阶级夺取政权后，是社会革命促使了产业革命的出现；第四次产业革命是跨国大生产体系的建立，发生在 19 世纪末、20 世纪初，自由资本主义发展到垄断资本主义的时期；第五次产业革命是从发达国家发起，发展中国家迅速推开，以信息技术等一批高科技成果为动力，人类"进入了社会形态的新阶段：世界社会。这是资本主义社会之后的社会形态"的时期；第六次产业革命将以第五次产业革命成果为基础，这是人类在进入世界社会之后的产业革命，将在 2050 年前后优先在中国完成，然后走向世界。钱学森第六次产业革命理论的重大意义是，科学论断出世界在信息革命之后，必然是农业型的科学技术革命主导的产业革命。这一 30 年前作出的科学论断与今天世界发展客观事实的惊人吻合，深刻揭示出钱学森产业革命理论的科学性与预见性。

钱学森指出，世界第六次产业革命的建设场所位于地理系统中。地理系统是指地球表层上界以对流层的高度为限（极地上空约 8 千米，赤道上空约 17 千米，平均 10 千米），下界包括岩石圈的上部，陆地上深 5～6 千米，海洋下平均深 4 千米之间的部分，为自然系统与社会系统相交汇的大系统。根据地理系统特征与农业特点，钱学森将第六次产业革命划分为农地、林地、草地、海洋、沙地五部分，每一部分分别建设成为包括农产业、林产业、草产业、海产业、沙产业（简称农林草海沙产业）五业在内的现代农业体系（钱学森，1984）。近 30 年来，我国科学界与农业领域在钱学森理论指导下，对第六次产业革命理论进行了大量的实践，取得了丰富的成果，为现代农业全面建设奠定了重要基础。

五、当代中国面临的挑战与机遇

中国属于世界。值此世界农业问题成为当代人类生存与发展主要矛盾的焦点问题与根本问题，农业型、知识密集型产业即将兴起之际，当代中国农业一方面面临严峻资源压力，1978 年以来高速发展，生态环境问题不断加深，水资源问题、荒漠化问题、环境污染问题、农村留守"三化"问题、人口问题、粮食问题或客观存在，或已经爆发，挑战巨大。

另一方面，中国农业历史悠久，是世界三大农业起源中心中唯一相对独立地传承至今的农业文明体系；为世界第一大农业体系，粮食总产量几十年来世界第一，基本用世界 7％的耕地维持了约 20％全球人口的生存与发展问题，为世界解决未来农业问题绽放出了一线曙光；中国城市化大潮发起较晚，社会农业基因尚未根本受损。相反，因广大农村牧区群众经历改革开放洗礼，兼通工农城乡，熟悉国际国内形势，可望蓄势待发；我国产业建设用三十几年时间，积极补课，信息技术迅速高水平普及，经济总量已经达到世界第二；世界信息技术、材料技术、生物技术及交叉技术发展迅速，国内外交流渠道基本畅通；我国已经毕业的专业技术人才总量已经超过 1 亿以上，农业创新的人才基础雄厚；我国国际关系良好，在发展中国家与发达国家中朋友遍天下等。以上七方面基本情况，决定了我国农业创新发展面临千载难逢的机遇。

我国在农业发展问题上面临的挑战与机遇，当代世界农业问题战略位置重要，形势严峻，时机紧迫，加之钱学森第六次产业革命科学理论已经形成，共同决定了中国现代农业必将在不太远的将来蓬勃发展，为人类事业发展进步作出新的、巨大的历史性贡献。

六、大学生村官的历史使命

2012 年中央一号文件明确指出："2012 年农业农村工作的总体要求是：全面贯彻党的十七大和十七届三中、四中、五中、六中全会以及中央经济工作会议精神，高举中国特色社会主义建设伟大旗帜，以邓小平理论和'三个代表'重要思想为指导，深入贯彻落实科学发展观，同步推进工业化、城镇化、农业现代化，围绕强科技保发展，强生产保供给，强民生保稳定，进一步加大强农惠农富农政策力度，奋力夺取农业好收成，合力促进农民较快增收，努力维护农村社会安全稳定。"文件兼顾近期与中长期发展，指明了方向，布局了任务。方向任务确定之后，领导干部队伍就是决定因素。要完成具有中国特色的中国现代农业建设，就必须勤勤恳恳建立一支目光远大，意志坚强，掌握国内外形势，经历过现代科学技术熏陶，密切联系农牧民群众，战斗力强，永不被困难压倒的中国现代农业建设领导队伍。2008 年开始，国家决策启动全国大学生村官工程建设，是新的历史时期根据战略需要，国家作出的英明决策。大学生村官工程建设者，应当响应国家号召，认真推动这一伟大建设事业，自觉锻炼成才，从根本上为建设具有中国特色的农业现代化、国民经济现代化、社会主义现代化事业提供人才保障。

七、本报告说明

从 2008 年春开始，中央决定用 5 年时间选聘 10 万名高校毕业生到村任职开始，我国大学生村官工程建设已经有 5 个年头。到 2011 年底，全国大学生村官 5 年共招聘大学生村官总数 22.3 万人，其中当前在岗大学生村官人数为 20.9 万人，加上从 1995 年江苏最早启动大学生村官工程以来累计数，全国大学生村官队伍总量约为 29 万人，其中在岗人员分布在全国约 1/3 的村级岗位，出岗人员分布在各行各业工作岗位上，各自发挥着重要建设作用。在党中央正确领导、全国人民热情支持和大学生村官积极努力下，我国大学生村官工程建设初战告捷。2011 年，在新的发展阶段，有关方面在酝酿新的建设目标，设想在 2015 年实现全国 2/3 的村级岗位有大学生村官，总数达到 40 万人；2020 年实现村村有大学生村官，总数达到 60 万人。这一设想为新时期大学生村官工程勾画出了宏伟建设目标。这意味着我国将可能在今后不到 10 年的时间里，有超过 100 万的大学生村官进入岗位或出岗走向新的工作岗位，我国大学生村官队伍将达到百万之众。

　　面对新的、更加艰巨的、伟大的建设任务，我们必须认真细致地总结过去工作中的成功经验与失败教训，根据最新进展，整体筹谋，使广大大学生村官工程建设者在理论上迅速成熟起来。按照大学生村官工程"下得去、待得住、干得好、流得动"四项工作内容划分，本报告在兼顾全面考察 2011 年以来有关工作进展的同时，重点对"下得去"问题进行了调查研究与分析。报告同时围绕大学生村官坚定地走乡村创富光明大道事例进行了多视角的调查研究。在此一并奉献给读者，请批评指导。

　　本报告共分为八部分。分别为：中央领导讲话与政策，综合报告，专题研究，优秀调查报告，地方经验，乡村创富典型，村民贴心人榜，媒体报道精选。数以百计的工作者为完成本报告参与了调查研究。我们对所有为本报告完成作出贡献的大学生村官事业工作者表示感谢。欢迎读者随时提出批评指导意见。

胡跃高

2012 年 4 月

目 录 □□□□□□□□□□□□□□□□□□□□□□□

地方经验

乡村创富典型

附录

中央领导讲话与政策

李源潮：到农村去拜人民为师，
在广阔天地锻炼成长

学习时报

选聘高校毕业生到村任职，是党中央作出的一项重大决策。从 2008 年开始在全国部署实施以来，各地已累计选聘大学生村官 22.3 万名，除期满流动的外，目前在岗的有 21 万名。总的看，这项工作得到了农民欢迎、社会赞扬，大学生踊跃参加。今年选聘 4 万多名，报名的有 35 万。村官上任前各地都要组织专门培训，但由中组部、农业部联合举办大学生村官培训班，这是第一次。参加这次培训班的都是今年新选聘的村官，看到这么多有志向、有抱负、充满青春活力的大学生，自愿到农村去学习知识、积累经验、干事创业，我感到十分高兴。我觉得，这不仅是你们个人成长进步的希望，也是我国农村的希望，国家发展的希望。

一、大学生村官计划是为党和国家培养
可靠接班人的重大战略工程

大学生去农村任职，首先要认识此行的目的和意义。山西省对 2 000 多名大学生村官进行问卷调查，59% 的人报考动机是为了打好基层锻炼基础、实现人生价值，也有 41% 是为了报考公务员加分、解决就业困难、获得较好的报酬待遇等。大家有各种各样的考虑是正常的，但立志为国家和人民干一番事业的年轻人，应当站得高一些、想得深一些、看得远一些。

中央领导同志对大学生村官工作高度重视。胡锦涛总书记亲自批准实施这项计划，7 次作出重要批示，强调"此事具有长远战略意义"。胡锦涛总书记为什么强调这是一项具有长远战略意义的事情。首先，这是保证中国特色社会主义事业后继有人的需要。中国共产党是一个与工人、农民血脉相连，植根人民、服务人民的政党。这就要求我们建立来自基层一线特别是工农的党政干部选拔培养链，保证党员干部特别是领导干部对中国基层社会有深刻理解，对人民群众有深厚的感情。改革开放 30 多年来，我国干部队伍的来源结构发生了很大变化，从学校门直接进机关门的干部增多，从工人、农民中成长起来的越来越少。前段时间，我们到农业部调研，随机问了 5 位青年干部，他们中没有一个来自农村，没有一个真正干过农活，没有一个在农村长期生活过。所以，农业部在创先争优活动中采取一项很好的措施，选派年轻干部下基层、接地气。这种现象在其他中央机关和省级机关中也存在。干部队伍的这种结构性缺陷不抓紧解决，就会造成领导机关脱离基层、脱离实际的危险，就会使干部践行全心全意为人民服务的执政宗旨缺乏一种深厚的、内在

的、情感上的动力。因此，中央决定，从 2012 年开始，中央机关和省级机关录用公务员，除部分特殊技术职位外，不再招录没有两年以上基层工作经历的大学生。选聘大学生到村任职，就是为了给党和国家事业培养熟悉基层、了解农民、对群众有深厚感情的后备人才。其次，这是为建设社会主义新农村输送和培养骨干人才的需要。我国正处在全面建设小康社会的关键阶段，农村城镇化、工业化和农业现代化加快发展，建设新农村现在最紧缺的是人才，尤其是有知识、有抱负、有闯劲的青年人才。第三，这是大学生成长成才、实现人生抱负的宽广之路。大学生村官计划实施才 3 年，一大批村官已经在农村成长起来。据不完全统计，有 4 万多人进入村"两委"班子，1 859 人担任村党支部书记，1 246 人担任村委会主任；3 000 多人走上乡镇领导干部岗位，400 多人被列为县级后备干部；3 万多大学生村官创办企业或领办致富项目，5 000 多人被中央企业录用。大学生村官特别受到用人单位欢迎，普遍反映，当过村官的大学生明显不一样，能吃苦，肯干事，考虑问题比较周全，适应能力强，和大家容易搞好团结。这充分证明，大学生当村官大有可为、充满希望。也许有的同志会想，如果没能考上公务员，没能当上村支书，也没能成为小企业家，当 3 年大学生村官值不值？我认为是值得的：一是吃了苦，经受了艰苦环境的磨练。二是了解了基层的实际情况，更加知道中国发展的不易、人生的不易。三是学习实际经验，等于上了一次社会大学。这种锻炼的价值短期不一定很明显，但 10 年、20 年以后，当你回首人生的时候，就会备觉它的珍贵。所以，希望大家充分认识当村官的重要意义，自觉把人生选择融入党和人民的事业中去，与祖国同行，在农村这个广阔天地里锻炼成长。

二、大学生村官要在与农民群众一起摸爬滚打中深入了解中国社会培养对基层百姓的深厚感情

当代大学生思维活跃、知识面宽，但大家现在掌握的多是书本知识。一个人的成长不仅要读懂有字的书，更要读懂无字的书。大学生到农村当村官，首先要拜农民为师，特别要虚心向农村基层干部学习。有的大学生村官上任后，不知道从哪里开展工作，不知道怎样和群众打交道。实际上，只要你自己不端着架子，以尊重、谦逊、平等的态度到村民中去，群众自会敬待你、接纳你。湖南凤凰大湾村大学生村官黄旭，刚到村时连如何上门都觉得是个难题，后来他用一个月时间访遍了全村 200 多户村民，村民们都把他当成自家人看待。他总结和村民打交道的诀窍是"放低姿态、坦诚相见，尊重、信任、服务"。所以，要当村官必须先当村民，与农民以心交心、打成一片。

现在农村的条件改善了，我到云南孟连靠近缅甸的勐阿村调研，村里给大学生村官安排了很好的办公室，电脑、电话、电视一应俱全。但大学生村官千万不能老坐在办公室里，一定要主动到田间地头去，到村民家里去。只有这样，才能深入地了解基层，了解农民，培养起对农民的深厚感情。重庆市女大学生村官周晓琳，今年"七一"被评为全国优秀党务工作者，她当村官从"脚底板"练起，走农户、干农活、学本领，一本厚厚的日记写下了全村 500 多户人家的家事民情，群众都把她当成贴心闺女。这说明，要当好大学生村官，必须对农村有真心、对农民有真情。希望大家向他们学习，走好进村的第一步。

三、充分发挥知识优势和所学专长为建设社会主义新农村贡献力量

大学生村官到农村能干什么，大家都很关心。从前面村官的实践看，大学生村官能干的事很多。比如，宣传党的强农惠农政策、推广农业科技、管理远程教育站点、带动创业致富、活跃农村文化、化解邻里纠纷，以及抗灾救灾等，大学生村官都能找到用武之地。中国人事科学院在村干部中抽样调查，85％的村干部认为大学生村官发挥了较大作用。但大学生村官也存在着经验不足、适应农村工作慢、找不到发挥专长和优势的地方等问题。从优秀村官的经验看，大家到村任职后，首先要从小事做起。比如，登记种粮直补，发放低保等。这些事看起来很具体、很琐碎，但关系家家户户的切身利益。在你眼里是小事，在村民那里都是大事，一个数字错了，一件事没办好，村民就会不满意。所以，大家到村任职，一定要沉下心来，认真负责地把每件事做好。二要了解农民需求，找准发挥作用的切入点。比如，新疆阿勒泰角沙特村大学生村官娜仁图亚进村时，刚好遇到村民种植的大蒜滞销，她就在微博上发布销售信息，很快找到了买家。三要勇于创新创业，帮助农民开拓致富新路。比如，江西南城蔡王殿村是一个省定贫困村，大学生村官危冬发到村后，利用自己生化专业特长创办企业，使这个村发展成为年产1 000吨、销售收入近3 000万元的明胶专业生产基地。江苏有2 800多名大学生村官创办各类项目2 000多个，吸纳资金28亿元，为农民提供就业岗位5万多个。农村的发展资源很多，发展机遇很多，只要大家想干事、肯干事，一定能找到发挥自己优势的舞台和天地。

四、在农村艰苦环境中磨练意志、砥砺品质、增长才干

农村条件比较艰苦，生活条件和城市比差距很大。但艰苦的环境更能锻炼人、更能出人才，这是一种规律性的现象。大家到农村去，首先要不怕吃苦、不怕吃亏、不怕受累。清华大学硕士研究生魏华伟，顶住家人、同学不理解的压力，主动到艾滋病重灾村——河南上蔡文楼村担任大学生村官。他一头扎进村子里，和村民一起种木耳、建大棚，3年多时间使这个受人歧视的落后村走上了致富路，他也被选为村委会主任。四川遂宁大学生村官杨婵蓉，现在是两个村的联合党支部书记，她总结当村官的基本功，就是要"走得、说得、累得、饿得、受得"。其次要有经得起失败和挫折的韧劲。北京大兴王场村大学生村官胡建党，带领村民搞"印字西瓜"，第一次试验500个，因为没掌握好技术失败了，第二次试验300个，因天气太冷又没搞成，第三次才取得成功。江苏泗阳三庄乡邵道社区大学生村官张秋香，东拼西凑建起了蔬菜大棚，一场暴风雨将大棚几乎全部打坏，损失30多万元。但她咬牙坚持下来，现在已带动群众发展蔬菜大棚3 000多亩①。2009年她当选村党总支书记，今年被评为江苏省劳动模范。这些例子都说明，实践长才干，历练出人才。你干的事越多，经历的困难越多，得到的锻炼就越多，增长的才干就越多。

大学生村官已经成为一个很响亮的品牌，社会各方面都非常关注。山东烟台大学生村

---

① 亩为非法定计量单位。1公顷＝15亩，下同。

官张广秀身患白血病后，习近平同志专门作出批示，社会各界踊跃捐款。这不仅是对张广秀个人的关心，也是对大学生村官群体的关心和支持。这几年，各级党委和组织部门出台了一系列激励和保障大学生村官干事创业的政策措施，初步形成了下得去、待得住、干得好、流得动的局面。现在，我们国家正处在历史上最难得的发展时期，国家现代化和民族复兴展现出美好前景，你们赶上了好时代、好机遇，但我们面临的任务还十分艰巨，面临的风险和挑战还很多。希望大家迎接挑战、开拓进取，脚踏实地、顽强奋斗，今日当好村官，明日做国家和社会各行各业的骨干，不辜负党和人民的期望！

（本文系李源潮同志 2011 年 11 月 23 日在全国大学生村官培训班上的讲话）

中组部关于做好 2012 年大学生村官选聘工作的通知

（组通字〔2011〕61 号）

中国就业网　2012－04－09

各省、自治区、直辖市党委组织部，新疆生产建设兵团党委组织部：

为做好 2012 年大学生村官选聘工作，推进实现"一村一名大学生村官"的目标，经研究，2012 年计划新增中央财政补助名额 4.86 万名。现就有关事项通知如下：

一、高度重视选聘工作。要切实把做好选聘工作作为推进高校毕业生到村任职工作的重要内容，主动协调财政、教育、人力资源社会保障、共青团等部门单位，统筹实施选聘工作。

二、进一步提高选聘质量。要坚持同等条件下学生党员优先、学生干部优先、回原籍任职优先的原则，采取高校推荐与毕业生自愿报名相结合、考试与考察相结合的方式，全面了解毕业生的思想素质、道德品行、实际能力、个性特点等，确保好中选优。

三、稳步扩大选聘规模。要根据中央下达的财政补助名额，结合本地大学生村官在岗和流动实际情况，合理确定 2012 年选聘计划。已经实现或超过"一村一名大学生村官"目标的地方，要及时做好离岗大学生村官的缺额补充，保持动态平衡。尚未达到"一村一名大学生村官"目标的地方，尤其是选聘人数较少、与中央分配名额差距较大的地方，既要做好离职增补工作，又要增加新选聘大学生村官数量，确保完成中央下达的财政补助名额任务。

四、切实加强与高校的联系。各地要根据实际，采取多种方式，加强与高校特别是重点院校的联系，做好对在校大学生的宣传引导工作，营造良好舆论氛围，吸引更多优秀毕业生到村任职。

中共中央组织部

2011 年 12 月 21 日

中共中央组织部办公厅
中国人寿保险（集团）公司党委

关于为大学生村官办理重大疾病和
人身意外伤害综合保险的通知

（组厅字〔2011〕59号）
中国就业网　2012－04－09

各省、自治区、直辖市党委组织部，新疆生产建设兵团党委组织部，中国人寿保险股份有限公司党委及各省、自治区、直辖市分公司党委：

　　按照中央领导同志的批示精神，为切实解决大学生村官在疾病和人身意外等方面的后顾之忧，中央组织部和中国人寿集团研究制定了大学生村官综合保险计划。针对大学生村官面对的人身风险特点，为大学生村官建立商业补充保险，包括疾病身故、意外身故、残疾和重大疾病保障。保费为每人每年60元，其中30元由中国人寿捐赠；其余30元一般可由大学生村官个人承担10元，地方财政承担20元，具体出资比例由各省（区、市）自行协商确定。有条件的省（区、市），还可以建立大学生村官医疗补充保险（基金型），由地方财政或社会捐赠资金出资，中国人寿代为管理，免收管理费。

　　请各地根据实际情况，本着自愿参保的原则，由各省（区、市）党委组织部和中国人寿各省（区、市）分公司协商做好有关保险办理等工作。

中共中央组织部办公厅
中国人寿保险（集团）公司党委
2011年12月5日

综合报告

2012 年中国大学生村官发展报告

2012 年中国大学生村官发展报告课题组

报告说明

本报告主要基于以下 6 项调查活动：2011 年 5 月在河北邢台第五届全国大学生村官论坛期间对 142 名参会大学生村官代表进行的问卷调查；2011 年暑假，由中国农业大学校团委组织在校大学生对全国 31 个省（直辖市、自治区）的 102 个村庄进行大学生村官专题调查，得到有效大学生村官问卷 39 份，村民问卷 369 份，村干部问卷 130 份；2011 年 10 月在山东临沂第十一届全国村长论坛期间，参会的大学生村官代表举行了座谈会，并进行了问卷调查；2011 年 12 月至 2012 年 2 月，就全国大学生村官工程发展情况进行了专题问卷调查，回收大学生村官问卷 101 份；期间在北京举行了 2 次大学生村官代表座谈会。报告撰写过程中，参考了 2008 年以来课题组进行的历次调查资料，学习了中央领导的讲话精神，及有关专家学者的研究成果，同时参考了报刊、杂志、网络发表的大量文章。课题组感谢所有为完成本报告付出辛勤劳动的朋友们。

一、基本形势

（一）中央领导高度重视大学生村官成长成才

中央领导一直关心支持大学生村官的工作、生活与成长成才。2011 年 2 月 2 日，中组部部长李源潮到江苏徐州农村看望慰问大学生村官时说，今年是全国第一批选聘的大学生村官期满之年。对于大学生村官期满后的去向，中央高度重视，中组部等部门下发专门文件，提出了"留村任职、考录公务员、自主创业、学习深造、另行择业"等"五条出路"。尽管中央专门出台了面向大学生村官定向招录公务员的政策，但和村官数量相比毕竟名额有限。中国经济社会在快速发展，各行各业都需要人才，都能成就人才。大学生村官这段经历，对将来无论从事哪一类职业，都是一笔宝贵的财富。我国目前最缺人才的地方还是农村，希望有更多的大学生村官留在农村，为建设社会主义新农村贡献力量。

2011 年 2 月 14 日，中共中央政治局常委、中央书记处书记、国家副主席习近平针对张广秀的事迹作出重要批示，他指出大学生村官张广秀同志的事迹很朴实、很感人。她全身心为村民服务，身患重病不忘本职，用真诚赢得了大家的认可。要注意总结宣传张广秀同志这样的先进典型，进一步引导大学生村官扎根基层、奉献才干、锻炼成长。习近平同志还要求有关方面组织医疗专家对张广秀同志进行精心治疗。

2011 年 4 月 8 日至 10 日，中共中央政治局常委、全国人大常委会委员长吴邦国在重庆调研时与大学生村官亲切交谈，勉励大家为农村发展出点子、做实事，也为自身成长积累经验。

2011 年 7 月 1 日，在庆祝中国共产党成立 90 周年大会上，中组部对 50 名共产党员、200 名党务工作者予以表彰，胡锦涛总书记亲自给大学生村官周晓琳颁发了奖章，并勉励她好好干。

2011 年 11 月 23 日，在北京市房山区韩村河村举办全国大学生村官培训班上，中共中央政治局委员、中央书记处书记、中组部部长李源潮讲话指出，选聘高校毕业生到村任职是党中央作出的一项重大决策，大学生村官要自觉把人生选择融入党和人民的事业中去，到农村去拜人民为师，在艰苦环境中磨练意志、砥砺品质、增长才干，培养对农民群众的深厚感情，努力成为国家与社会各行各业的骨干。

2011 年 12 月 21 日，中组部举办的全国新任乡镇领导干部大学生村官示范培训班在南京开班，来自全国 31 个省区市的 123 名学员参加培训。此次培训班是中组部首次直接对新任乡镇领导干部的大学生村官进行培训，目的是学习贯彻党的十七届六中全会和胡锦涛总书记"七一"重要讲话精神，提高新任乡镇领导干部大学生村官的思想政治素质和履职能力，为全国集中开展换届后乡镇领导干部教育培训工作提供示范。

2012 年 3 月 31 日，在中央创先争优活动领导小组会议上，中共中央政治局委员、中央书记处书记、中组部部长李源潮指出，要抓好基层党组织带头人队伍建设，选派机关干部特别是优秀年轻干部到难点村、贫困村、后进村担任党组织书记，注意在大学生村官中发现优秀苗子，培养有文化、有抱负、有眼界、有胸怀的新一代农村党组织带头人。

农业部开展了农村实用人才带头人和大学生村官培训试点工作，把社会主义新农村建设的现场作为课堂、把社会主义新农村建设的实践者请上讲台、把社会主义新农村建设的典型案例编写成教材，积极探索示范性培训的有效形式。截至 2011 年底，共举办大学生村官培训班 22 期，培训大学生村官 2 238 人。

在党中央的领导下，全国大学生村官工作进入稳步发展的新阶段。从 2008 年中央启动"一村一名大学生村官"计划至今，全国累计有 200 多万名高校毕业生报名应聘。官方透露的数据表明，2011 年底，全国在岗大学生村官数量达到 21 万，到 2015 年，中国的大学生村官数量将达到 40 万人，覆盖 2/3 的行政村，到 2020 年将达到 60 万人，实现一村一名大学生村官的目标。这意味着以后 5～10 年，平均每年大学生村官总量将增加 4 万～6 万名，逐步实现大学生村官在东、中、西部村庄（嘎查）的全覆盖。

（二）各地不断创新，积极探索大学生村官工程建设方法

在大学生村官工作的推进过程中，各地在选聘、培养、使用、管理、考核等环节积极探索，创新发展，不断推动大学生村官工作进入稳步发展的新阶段。

2012 年江苏选聘"985"高校优秀毕业生进行了创新：免去笔试程序，采用学生自愿报名，院系推荐，学校审核等方式推荐优秀毕业生到江苏进行为期一个月左右的驻村实习。实习结束后，对表现优秀，本人自愿，基层需要，群众认可的毕业生，由各地考察后确定聘用。

2011 年 8 月至 11 月，山西省举办首届大学生村官创业设计大赛。大赛由省委组织部

牵头，会同省科技厅、省人力资源和社会保障厅、省农业厅，以及省妇联和省农村信用社联合社联合举办。全省所有在岗的大学生村官都参与了项目计划书的撰写，经过乡、县、市层层评审，最后推荐出包括种植、养殖、加工、服务等各方面的 234 个创业项目，从中评审出 100 个拟奖励项目。通过创业设计大赛展现大学生村官的创业才能，激发创业热情，营造大学生村官崇尚创业、敢于创业、能够创业、创业光荣的氛围。2012 年起山西省在全省大学生村官中实施"创业行动计划"。此项计划是为了充分发挥大学生村官在农村转型跨越发展、农民收入翻番中的积极作用，实现大学生村官创业富民、成长成才的"双赢"目标。"创业行动计划"提出了鼓励和支持大学生村官加入农民专业合作社的目标要求，旨在通过组织引导、市场运作和政策支持，培养一大批大学生村官创业示范带头人，为繁荣农村、发展农业、致富农民作出积极贡献。

2012 年 3 月 29 日，在北京市第十三届人大常委会第三十二次会议上亮相的《北京市村民委员会选举办法（修订草案）》中显示，虽然户籍不在本村，但只要在本村居住一年以上，本人有意愿并申请参加选举，经村民会议或村民代表会议同意，可以被列入参加选举的村民名单。

河北省在"十二五"期间，将实施"631 工程"，即从大学生村官中选拔 6 000 名村党组织和村民委员会干部，3 000 名乡镇领导干部，1 000 名县（市、区）直部门科级干部。并实施十项使用培养措施，促进大学生村官在农村一线经受锻炼、锤炼意志、成长成才。这十项具体措施是：明岗定责制度，驻村工作制度，教育培训制度，结对帮扶制度，公开承诺制度，定期述职制度，年度考核制度，定向招录制度，公开选拔制度和创业扶持制度。

湖北省通山县 2011 年以来，在大学生村官中推行见习村支书和主任制度。规定在见习期间，除涉及全村财务、土地等方面的重大事项外，大学生村官需全面履行村支部书记、村委会主任的权利和义务，在实践中锻炼他们主持村级工作能力。见习期间，原村支书（主任）改任村第一书记（主任），负责指导大学生村官见习工作。见习每半年一次，每次两周，根据大学生村官见习期间工作表现和群众反映，逐渐延长其见习时间，增加见习次数，为他们在农村工作中积累知识和经验创造条件。同时每年分两次对大学生村官见习期间的工作情况进行专项考核。考核优秀的，优先发展党员、优先选拔为乡镇干部、优先评先评优。

为不断充实重庆基层共青团工作力量，巩固和扩大党执政的青年群众基础，为大学生村官提供更加广阔的实践锻炼平台，帮助和引导大学生村官在新农村建设第一线干事创业、成长成才，共青团重庆市委联合市委组织部、市人力资源和社会保障局印发《关于大学生村官从事基层共青团工作的通知》，明确大学生村官中的党团员通过一定的组织程序 100% 兼任所在村团组织书记或副书记。

为客观准确评价大学生村官的现实表现和工作实绩，激发大学生村官队伍活力，山东东平县采取"两述四评两加权"工作法，加强大学生村官的考核管理，逐渐形成了干事创业比干劲、服务民生比奉献、创先争优比业绩的良好导向。"两述"，即公开述职：一方面，在召开考核测评会前，要求大学生村官根据考核办法，写出述职报告，并向全村干部群众"述职"；另一方面，大学生村官依照述职报告，在考核测评会上进行述职。"三评"，即三方联评：一是村民点评，二是村级测评，三是乡镇考评。"两加权"，即两种加分条件：一是积极参与东平县"创业富民行动"，并成功创办项目、带民致富的，或为村里争取项目、招商引资业绩突出的；二是已被选任为村党支部书记或村委会主任的。

西藏自治区党委组织部、区人事厅、教育厅、财政厅就高校毕业生到村任职工作联合下发通知，制定出台优惠政策和激励措施，明确到村任职的高校毕业生身份为乡镇公务员，到村任职期限为3年。严格考录条件和程序，确保大学生村官素质好。切实关心爱护，确保大学生村官扎根基层。坚持"从哪里来，到哪里去"的原则，尽量安排大学生村官到家乡所在地县城、乡镇附近的村（居）工作。加强管理使用，确保大学生村官发挥作用。制定下发《西藏自治区大学生村官管理办法》，明确细化职责任务，加大考核和使用力度，推进大学生村官履职尽责、服务群众，在新农村建设中发挥作用、建功立业。

（三）大学生村官事业成为社会各界的热点话题

《大学生村官报》是由中共中央组织部提议创办的，其宗旨是宣传党的路线方针政策，反映大学生村官工作动态，宣传大学生村官先进典型，激励大学生村官扎根基层、干事创业，成为大学生村官工作的宣传阵地，帮助大学生村官锻炼成长的良师益友。《大学生村官报》经国家新闻出版总署正式批准，由中共江苏省委组织部主管，新华日报报业集团主办，每周五出版，面向全国发行，由各地征订后分送给目前全国的20多万名大学生村官。

由中央组织部组织二局会同教育部高等学校社会科学发展研究中心和中国人事科学院编写的《大学生村官职业生涯发展指南》（以下简称《指南》）一书，近日由党建读物出版社出版，将免费发放给每一位大学生村官。这本不到80页的册子集思想性、时代性、可读性、启发性于一体，非常适合即将毕业的大学生和已经在农村工作的大学生村官阅读。

2011年5月5日，由中国扶贫开发协会主办、中国扶贫杂志社协办的大学生村官"我和我的村子"有奖征文暨全国贫困村大学生村官成长工程启动仪式在京举行。启动仪式上共募集了1亿元的大学生村官星火扶贫创业基金。组织贫困村大学生村官培训是中国扶贫开发协会"支持贫困村大学生村官成长工程"的一项重要内容。工程主要从建立"星火扶贫"专项基金、组织贫困村大学生村官培训、支持创业与就业三个方面帮助大学生村官成长。协会三期共培训贫困村大学生村官1000名，得到了社会各界和培训村官的一致认可。从2012年起，协会将每年投入8000万元，支持贫困村大学生村官创业。

从2011年开始，神华集团积极响应中央号召，坚持"纳天下才、育神华人"的人才理念，实施大学生村官"双六工程"，即5年选聘6000名任职期满的大学生村官到神华工作、3年投入6000万元援助西部地区大学生村官创业。

中国邮政储蓄银行2011年招收2000多名大学生村官，未来5年全行计划共招聘大学生村官7000名左右，5年后招聘总数将达1万名左右。中国农业银行在全国招聘1000名大学生村官的基础上，2012年继续招收1000名期满大学生村官，投身农业银行县域机构，服务"三农"。中国人寿在16家分公司试点的基础上，制定了不低于500人的年度招聘计划。中国电信江苏公司、中国联通浙江分公司，在行业内率先进行大学生村官专项招聘，一次招聘名额都在百人以上。

作为中宣部和国家广电总局确定的庆祝建党90周年优秀电视剧推荐剧目，一部反映当代大学生村官工作、学习、生活和爱情的 28 集电视连续剧《潮人》，在央视八套播出。《潮人》讲述了几位刚刚走出大学校门的年轻人来到农村当村官的故事，艺术地展现了一批被称为"潮人一族"的"80 后"年轻人的人生经历。

甘肃省大型现代眉户剧《大学生村官》，通过讲述北塬村女大学生张玉芳毕业后放弃到省城某机关工作的机会，回到了养育她的故乡，继承了为建设北塬累倒在病床的大哥未完成的心愿，担任了村党支部书记，以一个新型"大学生村官"的身份开始了她人生征程的故事。

湖南益阳反映大学生村官工作生活情景的电影《村支书》，展现了女大学生易芝梅被省委组织部选聘到锦绣镇山河村担任村主任助理后，为了改变村庄落后的现状，与村里老支书一起推介地方特色产业，带头创业富民。在经历了种种艰难挫折后，逐步改变了山河村面貌，谱写了一曲服务三农，薪火相传的动人赞歌。

二、当前存在的主要问题

（一）部分大学生村官下不去

2008 年 4 月，中共中央组织部和有关部门负责人在答新华社记者问中明确提出，大学生村官是村级组织特设岗位人员，系非公务员身份，聘用期间必须在村里工作。国家选拔优秀大学毕业生到农村基层任职的初衷是优化农村干部文化素质，服务社会主义新农村建设，同时培养大批经受过基层特别是农村艰苦环境锻炼、与人民群众有深厚感情的后备干部人才。因此在严格意义上，大学生村官严格意义上需要驻村开展日常工作。

连续 5 年的调查数据显示，35% 左右的大学生村官每周在村工作时间在 3 天以下，一半左右的大学生村官在村工作时间为 5 天左右。在 2012 年 2 月对全国大学生村官的调查中，有 43% 的大学生村官每周在村工作时间不到 3 天，仅有不足 10% 的大学生村官每周在村工作时间为 7 天。2011 年和 2012 年的调查显示，有 20% 左右的大学生村官表示被长期借调，而只有 23% 左右的村官表示没有被借调过。2010 年 12 月，大学生村官网做了一个"有多少大学生村官被借调到乡镇"的网络调查，共有 1 552 人参与调查，调查结果显示，92% 的大学生村官表示被借调过，甚至有 27% 的村官一直在乡镇工作，只有 8% 的人表示没有被借调过，自始至终在村里工作。另外，一份来源于大学生村官网的中原地区大学生村官现状调研报告显示，有 96.8% 的大学生村官偶尔或者时常被其他部门借调。大学生村官被借调成为普遍现象，他们的精力相当部分被用在收发文件、撰写材料、接听电话等日常琐事上，这些人在某种程度上成了"乡官"。

面对借调，大多数大学生"村官"选择接受。调查显示，这在一定程度上造成其心理压力。一方面，有 66.1% 的大学生村官表示借调是由于工作的需要而进行的组织借调，但主动要求借调锻炼自己的不到 10%。在心理层面上，有超过一半的大学生村官选择"村官"这个职业还是希望能走进农村，为农民做点事，了解国情，体现自己的人生价值，没有人选择不愿在村工作。另一方面，有部分大学生村官抱有借调更有助于发展的心态，然而借调更多的是从事写材料、收发文件、统计等工作，在大多数情况下借调与个人能力的提高、出路并无直接关联。调查显示，有 19.8％的大学生村官认为借调更有发展出路，36.3％的大学生村官并不认为借调有更好的出路。调查中了解到，被借调村官感到自己没有在农村干些实事，也没有达到在基层锻炼的效果，觉得服务期的这 3 年青春有可能就这样被浪费掉了。因此，内心苦闷，思想和工作积极性受到影响。

综合两方面情况分析，大学生村官下不去村里，在一定程度上与自身思想认识不到位有关系。但从大学生村官工作管理体系主导性来看，下不去的主要原因为管理制度不完善，落实不到位。大学生刚从学校走进农村，在思想上没有作好充足的准备情有可原。从大学生村官工程的根本任务来认识，大学生村官好比是金色的种子，这样的种子只有在接触到真正的泥土之后，才会发芽，破土而出，展现生命的辉煌。从该意义上讲，大学生村官下不去，意味着金色的种子失去了发芽机会；如果只下去了一半，意味着这样的种子至多只能展现一半的生命力；只有完全深入到土壤，才能展现出真正的生命力。理论上讲，一定程度的艰苦条件，往往能激发伟大的生命辉煌。从发展来看，只有破土而出的禾苗，才有能力承受阳光的温暖，苗壮成长为参天大树。

大学生村官工程从最初尝试探索，到现在的大规模发展，已经经历了 17 年的风雨兼程，她的成长凝聚了老一辈的殷切期望，也渗透着新一代的汗水与付出。今天所取得的成绩既是一种自上而下的关怀，更是一种自下而上的努力。伴随着民众渐渐接纳大学生村官，信赖大学生村官事业，农牧民在迷茫中看到了新农村建设的希望，我国的大学生村官事业正在生根发芽，稳步成长。

在这一形势下，部分大学生村官下不去，3 年期间得过且过，这样的行为对农民群众而言，将会在观望中失望，以致怀疑大学生村官事业的可行性及意义；对大学生村官本人而言，把基层锻炼成长当成了庸俗的"镀金"场所，失去了展现生命华章，成长为参天大树的机会；对国家而言，失去的是一批批栋梁之才，获得的是半生不熟的夹生产品；对于社会而言，则使纯洁的大学生村官事业蒙羞，招来不应有的非议、怀疑、犹豫，甚至重大挫折。因此，部分大学生村官下不去，比重虽小，但问题严重，必须引起高度重视。

（二）隐性流失现象抬头

我国已经进入以城带乡、以工促农的新阶段，社会主义新农村建设已经全面展开，急切呼吁大量人才的进入。党中央和国务院出台引导和鼓励高校毕业生到村任职政策，相当大程度上是在为新农村建设培养和储备人才。而由于各方面原因，部分大学生到基层后在"村官"岗位上未能发挥应有作用，工作热情下降，工作态度消极，长时间处于闲置状态，工作不负责任，不求质量，敷衍了事，更多地将时间和精力放在谋求一个新的岗位上，甚至长期脱岗。我们把这种"人在心去吃空饷"的现象叫做大学生村官隐性流失（下简称隐性流失）。从大学生村官工程建设要求来认识，隐性流失现象是对宝贵的大学生村官资源的消耗和浪费，其存在与蔓延对大学生村官群体的工作热情和积极性也带来一定负面影响。

造成隐性流失的原因，主要与大学生村官本人对岗位职责的认识不足，大学生村官管理制度尚不完善，年度考核激励机制不够"给力"等因素有关。

在就职认识方面，调查结果显示，以"想为农民做点事情"作为最初选择应聘大学生村官动机的比例呈降低趋势。2008 年超过 50%，2012 年仅为 1/4 左右；此外，以"体现个人价值"为动机的选项也由一半比重降到 1/4 左右；以"想到基层锻炼积累经验，为以后从政打基础"为动机的基本保持在 50% 左右。2012 年调查结果显示，28.4% 的选择大学生村官是出于政府的优惠政策考虑；31.4% 的选择是考虑大学生村官工作压力小；61.8% 是由于想走进农村，了解国情；76.5% 的顾虑任职期满后的出路问题；70% 的认为理想出路是考公务员；选择愿意续签或者在农村创业的合计为 30%。虽然本次调查的样本量不足够大，但上述结果依然能够大致反映出大学生村官对本岗位的认知情况。

这说明在大学生村官本人的思想深处，确实有相当一部分人把到农村任职当成一种过渡和跳板。这种心态表现在工作中，便往往出现被动完成上级下达任务，工作缺乏主动性现象。如果部分人的初衷只是为了增加基层工作经验，然后为考公务员、考研、进企事业单位等增加砝码，工作期间把主要精力放在复习应考上，工作质量则必然大打折扣。调研中发现部分村官不能摆正位置，调整好心态。有的认为自己是个村官，属于管理者，不主动与村民打成一片，不能全身心沉入到基层生产、生活中，其结果往往是同事间关系不融洽，自己对村官工作兴趣淡化。

收入相对低是又一基本因素。问卷结果显示，大学生村官工资普遍偏低，部分地方发放不及时。按照国家规定，大学生村官薪酬额比照本地乡镇新录用公务员试用期满后的工资水平确定工作、生活补贴标准，实际调查发现，相当部分大学生村官薪酬待遇不及同期工作的乡镇公务员。在 CPI 指数持续升高，各地工资有所调整的今天，大学生村官工资已显微薄。上述问题在一定程度上影响工作情绪。

第三，管理体系与机制建设不健全。各地大学生村官工作普遍归口县组织部门管理，日常工作归属乡镇级安排。部分乡镇相关管理制度不健全，停留在"不出事"水平高度，致使工作随意性大，安排松散，年终考核不严格，走过场等现象发生，影响工作效果。

（三）大学生村官所为与群众期望存在差距

2011 年中国农业大学生组织的调查发现，63.2% 的村民希望大学生村官能够提供致富门路，51.1% 希望大学生村官能够引进农业技术，46.7% 希望大学生村官能带头创业致富。其次为能够进行村庄规划建设和组织精神娱乐活动，分别占 30.7%、29.7%。而希望大学生村官做书记、主任秘书工作，或乡镇政府布置的工作的仅占 17.0%、10.5%。可见，农民最希望大学生村官帮助或带领他们致富和提高农业生产技术，做书记、主任秘书性质的工作和乡镇政府布置的工作与多数村民的愿望不一致。

本次调查中对村干部的调查结果显示，60.2% 希望大学生村官提供致富门路，51.2% 希望引进先进农业技术。希望大学生村官组织精神娱乐活动或带头创业致富的分别占 33.3% 和 31.7%。希望大学生村官搞村庄规划建设和担任书记、主任秘书的分别占 26.8% 和 25.2%。15.4% 为落实乡镇政府布置的工作。表现出的情况与对村民的调查情况类似，村干部同样希望大学生村官能够给他们带来致富门路或引进先进农业技术。因此，做乡镇布置的工作或村党支部书记、主任秘书性质的工作，同样不符合村干部对大学生村官的期望。

调查结果还显示，大学生村官日常工作的主要内容为：62.2% 从事党建、团建等组织工作，54.1%开展政策、文化宣传工作，51.4%做文字档案工作，40.5%从事村信息化建设，还有 18.9%在乡镇帮忙或工作，有 16.2%在发展经济与产业。2011 年另外一次调查结果显示，大学生村官日常工作主要内容为（多选）：从事党建、团建等工作的占 61%，开展政策、文化宣传和文字档案工作的都超过了一半，在乡镇帮忙或工作的超过 30%，从事信息化工作的近三成，发展经济与产业的只有 1/4，开展社保、民调等村务的占 22%，另有 12%从事农村专业合作社工作。仔细对比目前大学生村官所为与村民、村干部所望，可见两者间存在巨大反差。仅仅从事文字工作、秘书工作、上级布置的工作已无法满足村民与村级干部的期望。

（四）出岗留任村官岗位职责待明确

关于大学生村官身份问题，中央和地方在制度建设方面已进行了多项创新建设。2005 年中共中央办公厅公务员办公厅印发《关于引导和鼓励高校毕业生面向基层就业的意见》的通知规定，"到农村就业的，可通过法定程序安排担任村党支部、村委会的相应职务。"对大学毕业生到村任职提出了指导性意见。2008 年 4 月 16 日中央组织部和有关部门负责人答新华社记者问《认真做好选聘高校毕业生到村任职工作》中指出："选聘到村任职的高校毕业生为'村级组织特设岗位'人员，系非公务员身份，工作管理及考核比照公务员的有关规定进行，由乡镇党委、政府负责；人事档案由县委组织部门管理或县级人事部门所属人事机构免费代理，党团关系转至所在村。"对大学生村官在 2~3 年任职期间身份作出了明确定位。

2010 年 10 月 28 日，由中华人民共和国第十一届全国人民代表大会常务委员会第十七次会议修订通过的《中华人民共和国村民委员会组织法》中对选举人资格的规定中指出："户籍不在本村，在本村居住一年以上，本人申请参加选举，并且经村民会议或者村民代表会议同意参加选举的公民。"对大学生村官过程结束后，转入村级组织岗位资格做出了进一步规定。

按照有关规定，在大学生村官期间的身份明确，基本不存在问题。大学生村官提前出岗，大学生村官续聘均可参照规定，或中断，或延续管理，实质上无大的争议。现在的问题是，大学生村官按时出岗或提前出岗，正式被村民选举担任村两委职务，往往是党支部书记，或者是村委主任后，他们的身份该如何确定。

我国政府公务机构仅配置到乡镇级别，村级实行村民民主自治管理，村级领导为兼职，工资、补助、保险不确定。出岗大学生村官被选举留任村里，理论上脱离了原有岗位，不再享受大学生村官的一切待遇；而出岗大学生村官又根本不同于原有村两委干部，在岗大学生村官为全职干部，但又没有住房，无一切生产资料，甚至不能住在村里，成了上不着天，下不着地，非工非农的"双非干部"。这样的问题已经出现，各地也做了积极的变通尝试，如提拔为副乡镇长，兼任村党支部书记，留任村里工作，工资由县乡财政承担，或直接委派选举为村两委干部，工资待遇仍由政府支出等，但根本问题仍然没有解决。

伴随着大学生村官工程进一步推进，及我国新农村建设战略任务持续加大，出岗大学生村官到村任职出路将成为重要的基层组织能力建设内容之一应当提上议事日程，从制度建设层面进行调查研究，进行创新建设的时机正在成熟。

三、实践中的先行者

（一）管理部门严格做好三个环节的工作

1. 精心设计，充分动员，把好选聘关

近年来，各地在选聘大学生村官到基层工作的过程中，积累了许多先进的经验，大学生村官选聘制度日渐完善。总的看来，2011 年全国范围内大学生村官的选聘方案普遍采用招考的方式进行选拔，除北京、江苏、浙江、福建等少数地区采用省市分配招聘指标，区县自主双向选择外，大部分地区由省区市统一招考，设计严格的选聘程序，绝大多数把思想政治素质好，作风踏实，吃苦耐劳，组织纪律观念强、有一定的组织协调能力作为招聘报名资格审核的基本条件。通过发布招聘信息、动员宣传、报名审核、笔试、面试、录用公示等程序确保公平、公正、公开选拔，把好选聘关，将优秀的人才选进大学生村官的队伍。

江苏省自 2008 年全面实施"一村一社区一名大学生"工程以来，采用省市联动、分级选聘、一次规划、分年实施的方式进行组织和实施，通过组织"选聘工作新闻发布会"的方式进行充分动员，精心设计招聘程序、严把选聘质量关，并严格组织笔试、面试，使聘用大学生村官的素质和能力得到了普遍的提高。例如 2010 年江苏省在全国选聘的 3 969 名大学生村官中，来自"985 工程"和"211 工程"高校的村官占 29.4%，73.6%为中共党员；81.1%曾获得过优秀党员或者学生干部等荣誉称号，也吸引了一些如清华大学、北京大学等名牌高校的毕业生进入大学生村官队伍。

为了吸引更多优秀大学毕业生到农村基层工作，各地在选聘大学生村官的过程中，积极创新选聘机制，从选聘入手探索大学生村官长效机制。例如，北京延庆县推行大学生村官见习制，吸引优秀毕业生来延庆农村见习，提前体验村官生活，见习 3 个月后，再决定是否正式报考，从而选聘到更合适在农村工作的大学生，减少隐性流失现象。

北京市 2012 年大学生村官的选聘除列入国家统一招生计划的普通高校北京生源应届毕业生、北京地区普通高校非北京生源本科以上（含本科）应届毕业生外，2011 年 1 月 1 日后在国（境）外正规院校毕业并取得学士以上学位的北京户籍留学生，以及参加上半年公务员考试过线的京外"985"高校应届毕业生，均可应聘大学生村官。

广西壮族自治区 2012 年也首次对急需的国家"211"、"985"高校农林专业本科及以上学历毕业生采取择优选聘政策，由广西大学择优推荐 50 名农林专业的应届本科毕业生；硕士研究生及以上学历的考生，国家"211"、"985"重点院校本科学历应届毕业生（不含二级学院和独立学院的毕业生）经学校推荐，通过网络报名、资格审核后免笔试，可直接进入面试，采用驻村实习、实践考察的方式录取。

山西省 2012 年实行"大学生村官素质提升工程"，由原来的大专以上学历提高到了本科以上学历，只对省外国家"211"工程院校中山西省籍的全日制大学本科以上学历的应届毕业生，和农村急需的农学专业应届毕业生适当放宽了选聘条件。

此外，湖南、安徽等多个省区市，也增加了采用见习、实践考察等方式进行选聘的方法。

就总体趋势来看，大学生村官管理部门在大学生村官的选聘方面，始终坚持优中选优，对选聘大学生村官的综合素质和能力要求逐年提高，在一些地方，高学历、中共党员逐渐成了大学生村官的主力军，更加注重大学生村官的专业背景与农村的实际需求的结合情况，并在逐步探索通过见习制度、实践考核等方式选聘真心愿意服务农村的高校毕业生到村任职，这种方式在一定程度上是对传统招考方式的有效补充，应成为今后招聘制度创新的一个方向。

2. 关心爱护，严要求，过好三年锻炼的每一天

为确保大学生村官"下得去、待得住、干得好、流得动"的长效工作机制的建立，许多地方注重在对大学生村官管理方面积极拓展思路，探索新路子，制定行之有效的管理、考核和培训制度，做到厚待大学生村官，严格考核要求，让大学生村官在农村工作中成长成才。

内蒙古自治区针对点多、面广、线长，交通不便的地域特点，积极探索大学生村官培养管理的新做法，例如，"一个办法，有效化解食宿困难；两本册子，记了民情，记了成长；三位'导师'，不同侧面予以帮扶。"由苏木领导、承包嘎查干部和嘎查"两委"负责人分别与大学生村官结对联系，从思想、工作、生活等方面开展全程跟踪式培养。

辽宁省本溪县把大学生村官当做后备干部来培养、当做紧缺人才来服务、当做科技专家来看待、当做自己家人来关爱，倾心关注他们的所思、所想、所需、所盼。县委组织部机关各组室负责人与大学生村官结成"1+1"帮扶对子，利用手机信息、QQ群和"大学生村官论坛等方式与大学生村官建立热线联系，及时为大学生村官提供政策咨询、心理疏导、困难帮扶等服务，有针对性地传授农村工作方法。此外，还为大学生村官配备"导师"、进党校"充电"等创新举措，为大学生村官干事、创业搭建平台。对于政治素质好、工作实绩突出、群众公认度高的优秀大学生村官，在竞争性选拔干部中优先考虑，落实考试加分制度，积极推荐参加公务员、事业单位招考。截至目前，经过两年锻炼培养的大学生村官已全部进入公务员系统和事业单位。

各地认真贯彻落实中央精神，不断深化对大学生村官工作的认识，以县乡换届为契机，加大对优秀大学生村官的培养使用力度，拓宽成长渠道，相继推出了各具特色的个性化举措，使大学生村官成为新时期基层干部队伍的源头活水。

云南省在乡镇领导班子换届过程中，加大力度选拔优秀大学生村官进乡镇党委班子。既主动做好参选大学生村官的推介工作，组织大学生村官与代表见面，发表竞职陈述，回答提问，使大学生村官进入乡镇党委班子工作依法、依章、有序进行。全省1 245个乡镇，共有872名大学生村官进入乡镇党委班子，其中11名任副书记，861名任党委委员。从年龄、文化等方面优化了乡镇领导班子结构。

江苏对大学生村官的培养使用具有更长远的眼光。2011年3月，在已经换届的557个乡镇中，就有105名大学生村官进入乡镇党委领导班子，46名进入乡镇纪委班子。江苏省出台了《关于加强大学生村官培养工作的实施意见》，启动大学生村官"百千万人才培养工程"，并把选拔优秀大学生村官作为后备干部培养纳入党建目标考核体系。计划在

"十二五"期间，重点选拔培养100名县处级后备干部人才、1 000名乡科级后备干部人才和10 000名村（社区）"两委"正职后备干部人才，分别由市、县（市、区）两级组织部门负责加强培养锻炼。各地将重点选拔一批表现优秀、实绩突出、群众认可、有发展潜力的大学生村官，作为后备干部进行跟踪培养，并建立培养档案。

河北实施村官培养"631工程"，即"十二五"期间，从大学生村官中选拔6 000名村党组织和村民委员会干部，3 000名乡镇领导干部，1 000名县（市、区）直部门科级干部。

山西从大学生村官中遴选乡镇干部，要求遴选对象必须是2006—2008年全省统一选聘在岗的大学生村干部，担任过村党支部书记、村委会主任，或聘期考核结果为优秀，或受到过县级以上表彰。遴选特别注重业绩考核，组织部门通过民意测评、实地考察、查阅资料、专项调查等方式，对拟选拔人选进行综合打分，加大了考核权重。153名晋升"乡官"的大学生村官中，每个人都不乏骄人的履职记录——女大学生刘靖通过引进优良种羊，一年就使右玉县新城镇邓家村人均纯收入翻了一番，赢得村民信任；平顺县西沟乡正村陈帅在一片干石山上栽上"摇钱树"——山核桃，同时成立农民专业合作社抵御市场风险，村民每户增收3 000多元；清徐县马峪乡高旭彬，帮助村民建立运输合作社，结束了无序竞争的混乱局面……这些懂政策、有知识、有朝气的年轻干部进入乡镇班子，赢得了老百姓的交口称赞。

2011年12月21日，中组部在宁举办的全国新任乡镇领导干部大学生村官示范培训班上传出信息：截至今年11月，全国各地从大学生村官中选拔乡镇副职人员已超过3 000人，其中今年新选拔了1 800多人。形成了"人才到一线锻炼、干部从基层选拔"的长效工作机制。

辽宁省大学生村官闵晓庆、江苏省大学生村官石磊、江西省大学生村官邢镭、艾应平、山西省大学生村官宫玉峰、河南省大学生村官王静等优秀大学生村官当选为省党代表。2011年党代会期间，各地多名大学生村官当选为省党代会代表。据公开的资料，目前至少在广东、浙江、江苏、安徽、河南、山西、新疆、四川、陕西、福建、河北、湖南、云南等逾10省（自治区）的省、市、县、镇党代会上，出现了"大学生村官"党代表，大学生村官群体正在逐步参与到党组织建设中来。

大学生村官现身中国各地党代会，可视为是中央加强基层导向的一个缩影。近年来中央连续强化公务员招录考试的基层工作经验要求。2009年2月，中组部印发了《关于注重从基层和生产一线选拔党政领导机关干部的意见》，要求开展从优秀村干部中考录乡镇公务员的试点工作，以建立农村基层干部激励保障机制。数以十万计的大学生下基层做村官、选上来做代表，将有助于巩固党从群众中来再到群众中去的工作路线。同时，在知识经济时代，缓解农村发展对知识型人才的需求。

上海市崇明县、江苏省扬州市、山东省昌邑县等地为大学生村官举办集体婚礼，鼓励大学生村官扎根农村。在这些新人中，有的一方是大学生村官，一方是教师、公务员、企业职工等；有的双方都是大学生村官。他们携手踏上红色地毯，走进集体婚礼现场。大学生村官们纷纷表示要继续在现在的岗位上干下去，要在新农村建设上发挥自己的作用，展现自己的才华。

各地在探索健全大学生村官管理制度的过程中，以成长成才为目标，创新出了支部书记委任制度、培训措施、考核激励制度、创业扶持制度等一系列保障制度，其中既有严格的考核监督要求，又有温暖的人文关怀，有力地激发了大学生村官融入农村、扎根基层、创业富民的热情和干劲。

3. 提前准备，广泛动员，出岗路条条通向初步辉煌

中组部部长李源潮曾指出，引导大学生村官期满后有序流动，是大学生村官工作健康持续发展的关键。2009年4月，中组部等12个部门下发了《关于建立选聘高校毕业生到村任职工作长效机制的意见》，明确了大学生村官任职期满后的五条出路，即留任村干部、考录公务员、自主创业、另行择业、继续学习等。这五条路条条要走通，使大学生村官工作良性循环、健康发展。对于大学生村官管理部门来说，要确保"五条路条条走通"的关键就是要完善政策、健全机制。各地在健全大学生村官期满流动管理机制的过程中，高度重视，提前准备，广泛动员，作了大量有益的尝试。

江苏省2011年到期的1 670名大学生村官中，有879人选择了留任，占总人数的52.6%左右。一半以上的大学生村官选择留任，说明江苏省逐渐探索的环境留人、事业留人、待遇留人的机制十分成功。江苏省成立了大学生村官"创业富民·阳光育才"工程扶持基金，首期募资6 050万元，用于扶持大学生村官创业。大学生村官孙雪清笑着说，"有了这样一些的利好政策，我们为什么还要离开呢?"吴江市汾湖经济开发区的6名大学生村官创立"农村青年电子商务创业孵化基地"，以青年创业能力培养为目的，为当地有志于从事电子商务创业的农村青年提供专业服务，为广大农村青年提供了别具一格的创业路径。

宁夏2008年首批选聘的百名大学生村官中，有73人选择继续留在农村。马琰留下来的原因很简单，她说:"我在这里找到了被需要的感觉!"正是发现了自己在农村的价值，她才申请在服务期满后继续留任。马琰说，她计划学着种甘草，联合村民成立合作社，搞规模经营。

北京市13个区县2009、2010两年有4 759名合同期满大学生村官，其中4 393人走上新的工作岗位，基本实现有就业意愿的合同期满大学生村官都能圆满转岗再就业的目标。走上新工作岗位的人员中，813人被录用为公务员，占17.1%；779人被事业单位招用，占16.4%；578人续聘，占12.1%；1 264人被企业聘用，占26.6%；650人被聘为社区工作者，占13.7%；43人考研升学，占1%；还有部分人员采取自主创业、编外用工等形式灵活就业。针对2011年期满的大学生村官，北京市人力资源与社会保障局组织专场招聘会，318家用人单位提供了1 500余个招聘岗位，总招聘人数达到2 500多人，包括北汽福田、百度、联想、新浪等知名企业纷纷驻场摆摊。其中也不乏一些大型国企，以及苏宁电器、广发银行、北京银行、首钢建设公司等知名企事业单位。而中国农业银行北京分行、中国邮储银行北京分行、北京燃气集团等单位都是大学生村官招聘会的"常客"。同时，北京市2011年面向续聘大学生村官、大学生村官考取乡镇专项事业编公开选聘39名副科级干部，大大疏通了北京大学生村官的出岗之路。

山东省诸城市建立健全从村官中定向招录教师制度，积极拓宽大学生村官流出渠道。2011年该市共从大学生村官中定向招考了50名教师，占村官总数的9%，实现了全市大学生村官流动"提速"。

甘肃省 2011 年发布了《2011 年从优秀村干部和大学生村官中考试录用乡镇机关公务员公告》，从全省优秀村干部和大学生村官中招录 267 名公务员，从事乡镇机关公务员工作。

2011 年 11 月，中央政治局委员、中央书记处书记、中组部部长李源潮介绍说，大学生村官计划实施 3 年，一大批村官已经在农村成长起来。据不完全统计，有 4 万多人进入村"两委"班子，1 859 人担任村党支部书记，1 246 人担任村委会主任；3 000 多人走上乡镇领导干部岗位，400 多人被列为县级后备干部；3 万多大学生村官创办企业或领办致富项目，5 000 多人被中央企业录用。

总之，各地大学生村官管理部门高度重视大学生村官期满流动问题，通过出台大学生村官留任、晋升、创业扶持、公务员及事业编选聘等方面政策文件，组织开展面向期满大学生村官的培训和招聘会，提早准备，广泛动员，引导大学生村官有序流动，逐步建立和完善大学生村官"流得动"的长效机制。

(二) 大学生村官事业初现精彩人生

1. 见习村官进村忙

随着大学生村官政策在各地的深入推进以及各地在探索选聘大学生村官到基层逐渐引入见习和实践考核的选聘机制，许多高校开始注重社会实践方式的创新，其中，"见习村官"的出现便为传统的高校社会实践方式赋予了新的内涵、新的意义，也为大学生村官制度的创新、发展及大学生村官队伍的壮大起到了积极的推动作用。

首先，"见习村官"成为高校组织开展社会实践活动的一种新的方式。一部分高校通过统一组织安排的方式，选派高校学生利用暑期时间在农村担任党支部书记助理、村委会主任助理或团支部书记助理等职务。例如河池学院选派了 50 名同学到宜州市的 11 个乡镇 24 个村（社区），挂任党支部书记（主任）助理、团支部书记助理等职务。在校大学生基本上都能够按照学校的要求，为挂职的社区、村委会及当地百姓办了很多好事、事实，比较出色地完成"见习村官"的工作任务，赢得了当地党委、政府及干部群众的好评。

其次，"见习村官"成为高校大学生开展社会实践，进行实践和锻炼的一种新方法，也为培养"准村官"提供了平台。近年来，大学生村官已经成为我国新农村建设中的重要力量，随着各界对大学生村官的广泛关注，针对大学生村官这一群体的专题研究和社会实践逐渐增多，利用节假日时间到农村体验大学生村官的工作和生活也成了许多高校大学生开展社会实践的一种新方式，一些有志于服务基层农村的高校大学生也以"见习村官"的方式自愿服务农村，进行实践锻炼。

再次，"见习村官"成为各地选聘大学生村官到农村任职的有效补充。通过接纳高校毕业生到农村担任"见习村官"，实际上相当于给大学毕业生与大学生村官管理单位一个双向选择的机会。例如，北京市延庆县 2011 年首选 34 名首都各高校应届毕业生，根据专业特长和乡镇缺口需求分配到延庆镇、千家店镇等 7 个对口乡镇的 30 多个行政村见习，也为乡镇开辟了一条选人用人的绿色通道，实习结束后有 15 人通过考试，正式加入大学生村官队伍。2012 年北京市延庆县也将继续加强"实习双选制"的落实力度，预计采取个人申请和学校推荐两种形式，选择 60 名实习生到农村工作。2012 年安徽省、江苏省、广西壮族自治区等在选聘大学生村官到村任职的计划中，专门拿出部分职位，用于对国家"985"工程和"211"工程的高校提供免试入职，见习考核的聘用，通过对这些选聘的毕业生进行先入职考核，再确定是否录用。

最后，"大学生村官见习村支书"等创新政策随之而出，在解决大学生村官留任问题上作出了大胆的尝试。河北省邱县、湖北省通山县等地建立了探索推行了大学生村官"见习党支部书记、村委会主任"的制度，即大学生村官见习农村党支部书记（村委会主任），原村支书（村主任）改任村第一书记（主任），负责监督指导大学生村官见习工作。通过细化目标，完善制度，强化管理，创新出了"双签到"制度、"5＋1"帮带制度、"五日工作法"等制度，不仅锻炼了大学生村官和村"两委"班子两支队伍，而且树立了一批典型，引来了发展项目，取得了显著的成效。

2. 农村牧区的青年新星

近年来，各地的大学生村官在新农村建设中，发挥他们聪明才智，积极干事创业，服务农村，涌现出了许多服务基层、干事创业的明星。这些大学生村官既有以创立企业带动村民增收致富的典范，也有在农村社会建设、文化建设开拓创新的典型；有组织成立合作社与村民共同发展的领路人，也有服务群众、排忧解难的好村官。他们在大学生村官的平凡岗位上，用开拓进取、踏实干事的精神，在奉献基层、服务群众之中展示着平凡中的伟大。

王鹏，现任北京市平谷区镇罗营镇党委委员、西寺峪村党支部书记兼村委会主任。他始终记着文书记说过的一句话："农村最大的矛盾是'穷'，群众最盼的是'富'。"做好新时期的群众工作，就是要敢于创新，开拓进取，让群众的腰包鼓起来，生活富裕起来。为了提高村民收入，成立了果品产销专业合作社，与市大型企业、学校、超市进行对接，做到产销一体化，2011 年村人均收入 9 100 元，2012 年目标人均收入 12 000 元。现在村民的收入得到了保障，村民对村内的工作也更加支持，村集体与村民的联系也更加广泛，全村和气融融，和谐稳定。

冯素金，福建省武平县城郊乡园丁村大学生村官，2009 年到村任职后，她了解到本村虽然有花卉种植的传统，但长期以来花卉种植经济效益不明显，村民的种植积极性也不高，花卉产业发展缺乏后劲。于是她决定，按照专业化、规模化、实体化的思路，充分发挥自己学花卉管理的专业优势，示范教授村民学习扦插、育苗等科学管理方法，改竹棚种植为钢架大棚种植。同时，主动邀请专家、教授定期到村里开展技术宣讲和咨询活动。此外，还通过试种对比，引进了十多个新品种。在冯素金带动下，园丁村花卉种植面积发展到了 1 100 亩，解决了 260 多名农村剩余劳动力就业，村民人均增收 3 000 元。她还牵头成立花卉营销小组，通过建立营销网络、开通销售热线电话等方式，不断拓宽销售渠道。目前，冯素金还准备发动村民以"十里画廊"为依托，谋划发展花卉、旅游、休闲、观光为一体的综合性产业。

谷守卿，原为河北省唐山市丰润区火石营镇比古岫村大学生村官，现任唐山市丰润区石各庄镇组织委员。她针对农村精神文化生活匮乏，打麻将、酗酒滋事等陋习行为时有发生这种情况，她细心琢磨，以丰富农民业余精神文化生活为突破口，搭建各种平台，让农民有事干，减少他们因无所事事带来的各种问题隐患。利用村民活动室建成农家书屋，购买了农村种养殖、法律等方面的书籍供村民学习；组建秧歌队、戏谜团，定时定点开展各类文体活动，丰富农民的业余文化生活。几个月下来，村民参加文体娱乐的多了，酗酒的少了；到书屋学习的多了，打麻将的少了，农村呈现一片和谐稳定的喜人局面。

张小波，现任西藏自治区乃东县昌珠镇克松居委会党支部副书记，到村任职后，看到有的村民家庭十分困难，他就从自己的工资中拿出钱，为他们购买大米、食用油等生活用品，他还资助4名家庭困难学生，义务当起汉语补习老师；张小波得知达瓦次仁有一个粉条加工厂和一个养猪场，但由于管理经验欠缺，产量和效益都不高，便主动帮他规划建新厂。居民白玛多吉打算创办一个养鸡场，张小波积极和县畜牧局联系，帮助解决了2 000多只鸡苗。张小波还组织群众种植无公害蔬菜和瓜果，每年为农民增收18万元。

此外，像安徽省蒙城县庄周办事处王桥村党总支书记、村委会主任叶松，带领村民念"蔬菜经"、走品牌路；云南省武定县万德乡支卧村党总支书记、村委会主任李志会，踏实做事，真诚为民，赢得彝族群众欢迎；青海省同仁县加吾乡吉仓村党支部书记尼玛才让，扎根青海高原的偏远山村，被称做"坚守金色谷地的格桑花"……走农户、干农活、学本领，他们正是在以心交心、摸爬滚打中，干事创业、施展才华，建立起了与农村牧区百姓之间的深厚感情，也真正成长为农村牧区新农村建设的重要力量。

3. 贴心人离岗不离村，人走心常驻

中央领导同志曾不止一次强调，选聘高校毕业生到农村任职，是党中央作出的一项重大的战略决策。简而言之，中央选聘高校毕业生到农村任职的主要目的：一是为了给新农村建设培养骨干力量，二是在农村一线培养人才，为党的事业后继有人储备力量。党的事业说到底是人民的事业。选聘大学生村官到村任职，就是要让大学生村官在农村的广阔天地里磨练意志、成长成才，成为对群众有浓浓感情的贴心人。

张卓毅，原北京市密云县太师屯镇上庄子村党支部书记助理，现在北京市农业局工作。担任大学生村官3年期间，他用"真情，真心，真干事"的质朴，成了广大村民眼里的好村官，成了领导干部眼里的好助手，成了大学生村官爱岗敬业的好模范。

目前，他虽然已经离开村官的工作岗位，却离岗不离村，人走心常驻，把心深深地扎在上庄子村。2012年3月以来，他四处奔波为村里联系到国家植物药理研究所的药材制种基地示范点和薄皮核桃优良品种两件大事。药植所的魏所长后来对村党支部书记刁玉君说："我就是看他不厌其烦地找我，给我打了半年电话，才决定将首个制种基地放在你们村的。"看着眼前的好事，刁书记高兴地算着账：种子和技术都是免费提供的，他们也负责回收，按照魏教授的估算，每亩药材制种可比现有的玉米种植至少增加1 500元，1 000多亩地每年可增收150多万元。不久前，张卓毅又完成了"关于密云县上庄子村药材制种示范基地建设"的项目申报书，并交给了村主任。村里人纷纷翘起了大姆指，好样的！

（三）民众喝彩新型城乡和谐工程

统筹城乡发展，推进城乡和谐工程，是贯彻落实科学发展观的重要体现，也是构建社会主义和谐社会重要内容，更是新时期建设社会主义新农村的应有之义。在全国各地大学生村官积极参与社会主义新农村建设的大好形势下，大学生村官已经成为推动城乡和谐发展的重要力量，各地呈现出了城乡民众欢迎并积极参与建设新型城乡和谐工程稳步发展的局面。

首先，一批大学生村官成为农民群众的贴心人，促进乡村和谐稳定。无论是在农村地区，还是在牧区，许多大学生村官都立足本职岗位，干事创业、发展富民。不仅成长起来了一批心系百姓、为百姓排忧解难的村民贴心人，成长起来了一批新时期的农村致富领路人，成长起来了一批一心为民谋发展的基层干部，也为农村地区的发展、党在农村基层执政地位的巩固和城乡和谐作出了积极的贡献。例如，湖北省孝感市邹岗镇香铺村大学生村官喻峰，他把党的事业和人民群众利益看得高于一切，在大学生村官的平凡岗位上，以"选择农村终无悔，誓将香铺换新颜"志向鼓舞自己，时时事事想着为群众办实事、办好事，用心付出，辛勤工作，他协助村"两委"班子争资金、跑项目、修公路、按路灯、改电线、兴产业，还成立了全县第一家集太子米种植、加工、销售为一体的专业性合作社，带动村民致富，成为百姓的贴心人。再如西藏自治区的汉族村官王东海，"从小事做起，一件小事、一个帮忙，村民都看在眼里，记在心上。"他懂得只有勤勤恳恳、扎实工作才能取得优异的成绩，只有心系群众，创业富民才会获得尊重和认可。吉林省通愉县边昭镇西站村大学生村官马宁，他在村官的岗位上及时解决群众反映的问题，在任职村为群众解决合理利益诉求 90 多件，没有发生一起越级上访事件，被省委政法委评为"全省综治维稳先进村"。此外还有陕西省靖边县九里滩村党支部副书记魏大统，四川省阆中市玉台镇大学生村官李春梅等，他们并不一定做出了轰轰烈烈的业绩，但是同样可以在踏踏实实、勤勤恳恳的工作中，出新出彩，成为村民的主心骨、百姓的贴心人。

与此同时，部分市民充当了城乡互动联系的纽带，努力推动城乡和谐。城乡和谐就是一种城市与乡村之间关系的融洽状态，一方面伴随着社会冲突的总体和谐而存在，另一方面也伴随着城乡经济发展的结构差异而存在。近年来，随着期满大学生村官的流动，许多大学生村官走进了城市，比如进入农业银行、信用社、城市社区、农业行业的相关企事业单位，因为工作原因无形中便建立起了城乡沟通的桥梁。例如，北京地区近两年期满的 4 000多名大学生村官中 92％已走上了新岗位，其中四成以上从事着各种各样的涉农工作，如北京银行、农村商业银行、邮政储蓄银行、中粮集团等，他们为大学生村官专门预设了与农村联动的岗位，大学生村官"离岗不离农"成为京郊新农村建设的一支生力军。另外，北京市地区 2009、2010 年两年离任村官中有 13.7％走上了社区工作者的岗位，转为从事城市基层工作，同样成为城乡和谐的纽带和桥梁。

城乡和谐发展的关键就是统筹城乡协调发展，更加注重农村发展，缩小城乡差距。大学生村官政策自 2008 年在全国范围内的普遍推行以来，引起了中央领导、组织部门及众多专家、学者的重视，特别是 2011 年优秀大学生村官张广秀的病情被报道后，中央至地方，乃至普通民众纷纷掀起了一股关心关爱大学生村官的热潮。近年来，许多高校的教授学者、"三农"专家纷纷将研究方向转向大学生村官这一重要的群体，他们为支持和推动大学生村官在农村基层干事创业、促进城乡和谐发展献计献策；中央及地方大学生村官组织部门为确保大学生村官在农村"下得去、待得住、干得好、流得动"，积极建立健全大学生村官管理机制，为大学生村官在农村更好地成长成才、发挥作用创造良好环境。社会各界普遍关注，积极推动大学生村官形成长效机制。

四、对策建议

1. 将"下得去"作为基层大学生村官工作的首要考核内容

大学生村官建设工程"下得去、待得住、干得好、流得动"四项内容中，下得去是第一步。没有下的去，大学生村官工程建设一切都无从谈起。早在 2008 年 4 月 16 日中央组织部和有关部门负责人答新华社记者问《认真做好选聘高校毕业生到村任职工作》中就明确提到："选聘到村任职的高校毕业生，聘用期间必须在村里工作，乡镇以上机关及其他单位均不得借调使用。"全国性大学生村官工程建设已经整 4 周年，情况已经明朗，凡是大学生村官工作做得好，大学生村官本人收获大、体会深、成才快、贡献大，打开群众局面，赢得群众满意的地方，一定是大学生村官扎根农村，调查研究，与群众心连心，红红火火，打成一片的结果；否则，有关工作就做不好。调查研究表明，农民群众欢迎大学生村官到村里去，村级领导希望他们在村里工作，大学生村官本人对被机关长期借调感到无奈，真正关心大学生村官事业的人对下不去则非常焦急。"下不去"从根本上背离了中央指示精神，严重影响成才。当前情况下，有关大学生村官管理职能部门应当把下得去问题，当做改善工作作风，提高工作效率的首要任务来抓。上下级之间应当互相督促，严格考核，力求用不太长的时间，建立明确的制度与机制，彻底解决这一问题。

同时应注意完善大学生村官上挂锻炼规范化、有序化制度，科学规划大学生村官轮岗上挂锻炼的制度，为他们熟悉基层组织结构与运作机制，健康成长提供更多岗位进行锻炼的机会。譬如每名大学生村官在村工作一年左右后，有计划地安排到乡镇（街道）政府、区县级机关与事业单位等部门，进行为期 2～3 个月的挂职锻炼，注意务必做到合理安排上挂锻炼的次数，控制上挂锻炼的时间，避免长期上挂现象发生。

2. 上下努力，消除"隐性流失"隐患

如果说上挂、下不去，是大学生村官工程建设的硬伤的话，那隐性流失就相当于是内伤。高质量的大学生村官工程建设要求同时做好两方面的工作，以提高每一位大学生村官的战斗力，推动整个大学生村官事业全面、健康、稳步向前发展，推动新农村建设事业与国家现代化建设事业的发展。

一个合格的大学生村官，往往需要全身心投入 3 年的学习工作，才能够认识农村，有所造诣。但这意味着要把绝大多数的时间用在工作上，难以腾出大量时间和精力应对公务员和事业单位考试，几乎没法和花费大量时间复习的村官、社会人员、应（往）届大学生竞争，因此往往发生老实人吃亏的问题。在现实中这种情况屡屡发生，交互作用，对大学生村官群体产生消极影响。这要求对大学生村官建立严格的考核制度，考核优秀的要记入档案。在国家公务员与事业单位招考人才中，要将大学生村官期间的表现与考核结果一并纳入考虑。如对部分优秀大学生村官（特别是一定年限内获评一个以上优秀的村官）建立激励机制，其一为国家选拔出优秀的人才，其二为在任大学生村官群体树立了榜样，有了奋斗目标。在选拔考录乡镇副科级领导干部、乡镇党委委员、一般公务员和事业单位干部

等时给予认真考虑，同等条件下优先录取获评优秀次数更多的大学生村官。同时加大定向招录比例，适当放宽专业限制等。彻底清除一考定终身，努力使真正的人才脱颖而出，不埋没一个人才，不漏掉一个好干部。为大学生村官们安心工作提供良好的外部氛围，开启管理工作新风。

另一方面，建立工资增长机制，建立起收入水平和物价上涨同步机制，保证其工资水平纵向上有发展，横向上不失落。要建立绩效奖金，对表现优异，作用明显，为乡村创富作出重要贡献的优秀大学生村官，进行奖金激励，在物质层面尊重和满足大学生村官发展的基本物质需求，稳定其经济地位与社会地位，激发他们的工作热情，努力工作成才。几年来，受政府引导，国有企业、金融部门、事业部门、涉农部门对期满大学生村官的招录力度不断加大，注意提拔重用，起到了重要标志性引导作用。今后应继续通过系列支持政策，继续保持这一良好开端，为期满大学生村官人才提供更多的用武之地。

伴随着"流得动"管理体系逐步科学合理与完善，大学生村官本人应从全国发展大局着眼，将认识农村牧区作为自己人生最重要的课程，深刻体会文明始于农业，治国始于治农的道理，在自己成长中利用国家提供的在农村牧区锻炼成长的最佳时机，如饥似渴地向农民学习，向农村牧区社会学习，向实践学习，向历史学习，向世界各国学习，迅速稳步地成长为坚定、勇敢、智慧、以全心全意为人民服务为宗旨的接班人，作好一切准备，满腔热情地投身于具有中国特色的社会主义事业的建设。

3. 用十年时间，重点为新农村建设选才、育才、用才

2011年，我国城市化率超过50％，标志着工业化、城市化发展已经达到较高水平。如果把工业比做国民经济的右脚，农牧业比做左脚。那么，在新的历史时期，国家应当探索重农、重牧、重中西部，走工农、城乡、东中西、中外和谐发展之路。新中国成立已经63年，改革开放迄今已经34年，向较远处追溯，鸦片战争至今已经162年，在中国近代史上，我们已经进入了历史上从未有过的全新发展时期。由于历史的原因，人地关系基本矛盾因素作用，社会现实与文明发展需求之间的矛盾运动，新的历史发展时期并不是我们可以坐享其成，可以贪图享受的时代，恰恰相反，而是需要我们更加努力工作，创造辉煌，创造新的文明高度的时代。

比较而言，农牧业作为国民经济的左脚，在历史上曾经对人类文明作出过不可替代的贡献，但近代以来从根本上被弱化了。社会对农牧业、农村牧区、农牧民理解程度有所降低，中西部区域、农村牧区、农牧业人才严重缺乏，文明水平低于东部、城市、工业。长期重城重工的行为，得到了城重乡轻，农轻工重的结果，国民经济出现了"不协调、不稳定、不可持续"的现象。要克服当前这一结构性问题，根本出路在于走重农、重牧、重中西部，走工农、城乡、东中西、中外和谐发展之路。这就是国家坚定实施大学生村官策略举措的基本背景，是大学生村官工程建设的意义所在，是大学生村官事业在国家现代化建设历史上必将展示风采的历史基础。

我国约有60万个村级行政组织，按照为每一个村级机构配备1名与时代发展水准同步的人才——合格的大学生村官，就需要约60万人。根据近5个年中进行的抽样调查显示，真心愿意扎根农村牧区的在任大学生村官只有10％左右，出岗后留在农村牧区的部分在20％左右。我们以2020年时全国实现村村大学生村官全覆盖，以通过努力实现总体出岗部分 40％～50％留在农村牧区从事建设工作为比率，届时就将能够安排 60 万个村庄每村 1 名出岗后的大学生村官任职，领导新农村、新牧区建设工作。这无疑是一个具有挑战性的任务，但也无疑是一个催人奋进的目标。我们应艰苦奋斗 10 年，将大学生村官工程建设的重点放在为新农村建设选才、育才、用才上，力争实现上述目标，为国家全面协调可持续发展奠定坚实基础。

4. 加强农业科学培训，应对新农村建设紧迫需要

连续多年多点调查结果显示，大学生村官队伍专业结构中农科专业比重低于 10％，文科类专业毕业生占 50％以上。2012 年对中国农业大学 5 年来任职大学生村官专业结构调查显示，农学、畜牧、兽医专业类比重不到 1/4。另一方面，2011 年在对农牧民与农村干部问卷调查中，回答关于"您希望大学生村官做好哪些工作"的问题中，超过 60％的农牧民群众与干部回答希望大学生村官能够提供致富门路，超过一半的希望大学生村官能够引进农业技术，希望大学生村官能带头创业致富的村民群众占 46.7％，干部占 33.3％。说明当前农村牧区建设中第一位的重点依然是经济建设问题，乡村创富是主题，当前大学生村官队伍的专业知识结构与农村牧区的需求不完全吻合。

解决这样的问题，首要的一点是要在招聘工作中把握好聘用大学生村官的专业基础结构。要注意在农村牧区群众需要什么样的大学生村官问题上下工夫，搞明白这一点的基础上，要及时向社会、大专院校传递信息，形成供需双方良性互动，吸引具有相当专业背景知识结构的生源努力锻炼，积极应聘。第二，有组织地利用各省市自治区农业教育力量，有计划地对大学生村官进行专业基础理论与技能的系统学习指导与技能培训，学以致用，稳步提高他们的工作能力；第三，组织农科大学力量，逐步具备教育能力，在自觉自愿的基础上，普及或基本普及对大学生村官的农业推广硕士教育，使每一位大学生村官具有农科硕士毕业的水平，更加高效地建设农村牧区，建设祖国。

5. 探索设立村两委大学生村官服务岗

我国清朝以前国家机构设置在县以上行政级别，乡村行政系统依靠乡绅、家族、富户等民间力量管理。民国时期国家机构下设到乡镇一级行政级别，村级管理沿用旧制。1949年后，国家行政机构层级设置保持在乡镇一级，村级管理通过党支部或党委，村民委员会实现行动。而城市管理机构则设置到街道办事处一级，相当于村级或更低。比对历史发展，近 60 余年国家对农村牧区发展与建设的管理程度，是有史以来用力最多、作用水平最高、正反两方面的经验教训获得最多的时期。国家在世界发展历史最长、最大规模、对世界影响举足轻重的农业体系管理积累了最丰富的物质与知识基础。

面向未来发展，我国农业现代化建设正在成为国家现代化建设事业的根本任务。从全球范围来看，世界意义的城乡和谐发展道路仍在探索之中，中国的现代化建设事业及其建设道路具有全局探索意义。农村牧区作为全部现代化问题解决的焦点与焦点地理区域，为国家现代化建设事业进退成败的关键所在。从全局意义观察，推进大学生村官工程建设，锻炼出熟悉农村牧区情况的一代新人，只是完成了认识农村牧区世界的任务，而更重要的在于建设社会主义新农村、新牧区，刚刚熟悉了农村牧区情况的新一代优秀工作者，不应大部分离开农村牧区最前线，而应该通过严格考核，选择最优秀的部分作为一线指挥员，有计划、分期分批地留在新农村建设最前线，在党和国家领导下，继续为农村牧区的现代化建设服务。认识农村牧区，领导建设新农村、新牧区，是大学生村官工程建设的基本任务。

从法律角度讲，通过设立"村级组织特设岗位"，只解决了大学生村官"认识农村牧区"的组织制度问题，而要让期满出岗的大学生村官留在农村牧区，参加、领导与组织新农村、新牧区建设，现有《中华人民共和国村民委员会组织法》没有相关条文规定，需要在新的历史时期进行创新发展。建议有条件的地方，紧密结合实际，探索或尝试在村"两委"中设立"大学生村官服务岗"（简称服务岗），服务岗为国家常设岗位，进岗人员进行全职服务与工作，国家与地方财政解决薪金、保险、医疗费用问题，依据《中华人民共和国村民委员会组织法》参加村级选举，任职与行使管理。在条件成熟时，完成相关法律建设。

专题研究

大学生村官隐性流失的实证分析

——以北京市 H 区为例

北京市农村工作委员会　　陈学锋

为化解"三农"这一基本问题，实现城乡统筹发展，社会主义新农村建设作为"十一五"规划的八项战略之一被提出，这就需要为农村干部队伍注入新鲜血液。党的十七届三中全会明确确立了"引导高校毕业生到农村任职，实现'一村一名大学生计划'"的方针政策。大学生村官政策经历了自发探索、局部试验、全面实施三个阶段，在储备党政后备干部、推进社会主义新农村建设、强化农村基层组织建设、优化高校毕业生就业格局方面，取得了显著成效。但也存在着一定的问题，尤其以大学生村官的隐性流失最为突出。笔者将在理论分析之后，以北京市 H 区大学生村官为样本，对大学生村官的隐性流失进行实证分析，并提出相对应的建议。

一、大学生村官隐性流失的理论分析

（一）隐性流失的概念与特征

人才流失，包括显性流失和隐性流失。人才的显性流失就是通常讲的人才流失，是指出于非单位意愿，单位内部人才离开原来单位系统，而进入一个新单位系统的现象，就是俗称的"跳槽"；隐性流失，是相对显性流失而言，王俊强的定义最为典型，隐性流失，就是指在本人人事隶属关系不发生变化的前提下，其大脑兴奋点已向其他单位或行业转移，从而弱化本职工作效率的一种行为[1]。隐性流失，就是未在岗位上发挥作用或者在岗位上明显没有发挥应有作用。

隐性流失通常具有表现的隐蔽性，属于劳动的"悄然流失"；过程的量变性，积累到一定程度，则形成显性流失；可控性弱，不易察觉，难以及时、有效地采取针对性强的措施；负效应强，不仅造成组织人才资源的流失、竞争力的下降，还会造成单位组织的财力（薪酬等）的无谓消耗，组织效能的降低，人才资源的浪费，组织凝聚力的下降以及人力资源流动秩序的扰乱。

（二）大学生村官隐性流失及其成因

大学生村官隐性流失，是指大学生村官进村任职后，人事上保持着自己的政府雇员身份，但实际没有发挥职能或者自己应有的职能，从而形成的一种隐性流失现象。

　　影响大学生村官隐性流失的因素很多，学术界及社会界对该问题的认识主要集中在专业知识、报考动机、收入水平、出口管理、身份认同等，并且认为，关键是收入、出路、身份认同等构成的激励机制比较"乏力"。下面，笔者将学界对大学生村官隐性流失的成因进行分析。

1. 专业知识与工作需要错位

　　大学生村官专业各异，理、工、农、医、文、法一应俱全，而具有新农村建设急需的农学专业（包括农业科技、农经管理、农村社会学等）背景知识的仅有 4％[2]。大学生村官专业知识与农村发展需求匹配度不强，已经成为作用发挥的制约因素：第一，高校尤其是涉农院校，专业设置对大学生村官工作的权衡不够；第二，泛专业选聘情形比较普遍，村官选聘对专业知识的权重不够，不能客观地根据农村发展需求进行选聘，第三，选聘存在地区保护现象，尤其对本地区生源就业的偏重，使得部分适合农村发展需求的高校毕业生没有机会进村任职。专业知识与村官工作需要的错位，加之目前高校对实践能力和心理素质教育的不足，部分专业知识用不上的大学生村官，面对复杂的农村环境，不能很好地进入角色，形成了隐性流失。

2. 报考动机不纯

　　大学生村官到农村的任职动机各异，在对 256 名北京市大学生村官关于报考村官动机的多项选择问卷中，61％的人选择了严峻就业形势下的就业选择，59％的人选择了农村基层历练自己，43％的人选择了进入仕途的跳板，38％的人选择了在新农村建设中实现自己价值，34％的人选择了享受相关优惠政策[3]。可见，不少大学生报考村官，是在就业压力面前作出的无奈选择，"跳板"心理严重，一旦有好的工作机会，就会离开村官岗位。这些大学生村官往往消极怠慢，或者花主要精力寻找新的工作、公务员及研究生考试准备等，一部分大学生村官只是图一个安逸工作，对农村工作的心理准备不足，蹲不下身来，沉不下心去，大事做不了，小事不想做，做事浮躁，"磨洋工"，三天打鱼，两天晒网，形成了隐性流失。

3. 身份认同感缺乏

　　（1）社区归属感不强：大学生村官的社区归属感，就是指大学生村官与所在村干部、群众在思想观念、风俗习惯、感情心理等方面的融合度。长期的城市校园生活产生了"校园直接到农村"的跨度式跳跃和文化差异，以及外埠与北京的文化地域差异，使得村官们无从适应，产生了思想上的落差和孤寂感，形成了隐性流失的思想因素。

　　（2）角色失调现象存在：社会角色失调是社会学领域的一个核心概念，主要是指人们"在社会角色的扮演中会出现矛盾，遇到障碍，甚至遭到失败。"[4]

　　大学生村官的角色认同，就是大学生村官的心理和工作与其职责一致。首先，大学生村官的产生不是依据法律，而是中组部等部门联合制定的《关于选聘高校毕业生到村任职工作的意见》。对于村官的选举资格，即使《村民委员会组织法》第十三条第三款作出了"户籍不在本村，在本村居住一年以上，本人申请参加选举，并且经村民会议或者村民代表会议同意参加选举的公民"的变通规定，似乎为大学生村官参选资格开辟了途径，但是由于年限限制和村干部的戒备心理，使得大学生村官参选的可能微乎其微；其次，大学生村官实行合同制（3 年），是短期行为，而不是源于村民选举，没有法理上的存在依据，使得大学生村官在村级事务中"名不正言不顺",没有明确的职责和工作分工;最后,大学生村官不属于公务员或者事业编制序列,又缺乏组织上的根基。作为村民自治架构下的一种"嵌入式"制度安排,大学生村官非官非公非农身份,使得大学生村官成为两边不贴靠的"墙头草",出现了身份的尴尬和角色的模糊,折射出了大学生村官自产生起就存在的法律地位和身份认同问题,衍生了工作力度不足,从而影响到了大学生村官的积极性和能动性,形成了隐性流失。

(3)借调现象存在:乡镇机关工作任务重、人员紧张,个别村交通、住宿条件艰苦,村干部"碍于面子",领导及大学生村官进机关历练的愿望等因素影响,基层政府对大学生村官的"截留"现象普遍存在。一方面,长时间、大概率的大学生村官借调行为,把他们安排到乡镇驻地,从而脱离真正的"地气",这样就制约了"大学生村官"下村了解实际情况[4],成为悬在镇村半空之间的"无着落的雁"。另一方面,在借调期间,大学生村官与机关干部从事同样重度的劳动,甚至存在部分村官镇村两边忙的情形,但收入却低于公务员,"同工不同酬"加重了大学生村官的心理不平衡感及身份认同感的弱化,使得隐性流失现象更为严重。

美国心理学家亚伯拉罕·哈罗德·马斯洛在《人类动机的理论》和《动机和人》两本书中,阐述了著名的需求层次理论,把人的需求分为生理上的需求、安全上的需求、社交的需要、尊重的需要、自我实现的需要 5 个层次[5]。社交的需要最主要的因素就是归属的需要,由于在农村缺乏社区的归属感和身份的认同感,大学生村官在农村的人际关系变得艰难,形成了隐性流失的思想原因。

4. 工作推进比较困难

(1)村干部支持力度不够:尽管中央已经提出,大学生村官是加强党的基层组织建设和推进社会主义新农村建设的重要力量,是培养中国特色社会主义事业接班人的战略举措[6]。但是,部分村干部对大学生村官仍然存在排斥态度。除了部分大学生村官的短期行为倾向、个人能力不足外,部分村干部认为"村官"下乡本身就是就业难形势下的产物,合同期满就会"走人",放手让他们去做事反而不利于工作的延续,思想上未给予足够的重视,对大学生村官的帮扶力度也不够;部分干部杞人忧天,视大学生村官为自己地位的"威胁",戒备心理较重,对大学生村官开展工作不能给予积极支持。

(2)村民理解程度不高:村民对大学生村官开展工作的理解程度也不高,由于传统文化、思想观念影响,农村社会关系呈现出"天然的复杂性"和半封闭性质的"熟人社会"特征,家族性、宗派性、血缘性较浓厚,而大学生村官,刚刚走出校园、涉世不深,在农村缺乏天然的宗族基础和人际关系,在心理和情感上容易与村民产生隔阂,难以适应;由于对政策缺乏科学的理解,对大学生村官存在着过高或过低的预期;大学生村官的短期行为倾向、面对复杂农村环境的力不从心,使得大学生村官在农村水土不服,与村民一定程度上形成了油水关系,贴不到一起的两张皮,增加了大学生村官开展工作的难度和思想负担。

(3)工作内容肤浅烦琐:大学生村官工作的内容还往往比较肤浅,主要源于:一方面,农村干部体系存在着家族式的管理模式甚至宗族与派系等各方面矛盾,村干部往往更擅长借助宗派关系处理各种问题,而对大学生村官处理农村人际关系的能力存在质疑,只是安排大学生村官从事一些打字、报告、会议记录等一些无关紧要的工作；另一方面，在村级岗位上往往没有具体的职责和明确的权限，大学生村官的主要工作内容就是应付上级的杂活，成为村"两委"班子的"高级杂工"，在个别村，甚至为干部"编写"学习体会、网上上课都成为大学生村官的份内职责。工作内容的肤浅，严重影响了大学生村官的激情和思路。

5. 收入水平偏低

在马斯洛的需求层次理论中，经济收入既属于满足生理需求的必要基础，又属于经济安全需求的范畴；根据双因素激励理论，经济收入是直接影响成员积极性能否保持的重要因素之一。大学生村官经济收入水平的高低，将成为影响大学生村官隐性流失程度的直接因素。

为发挥大学生村官政策的导向作用和激励功能，大学生村官应该获得较高的经济待遇，甚至略高于同等工龄的公务员，但是目前大学生村官的收入水平相对较低。以工资水平较高的北京市为例：本科毕业生担任大学生村官，第一年每月给予 2 000 元，每年每月增长 500 元，续聘期间维持第三年（3 000 元）的工资水平。综合考虑，一方面仍然偏低，据《2008 年度北京市大学生就业暨重点产业人才分析报告》统计，2007 届高校本科毕业生半年后的月收入为 3 080 元[7]，远远高于大学生村官的收入水平；另一方面，工资增长机制没有建立，考虑北京市的高物价、高成本因素，北京市大学生村官工资增长机制尚未建立，尤其是近年的物价高增长情形下，北京市大学生村官的工资水平实际处于"明平实降"的状态。

6. 绩效管理不够"给力"

完善绩效管理体系，可以有效地激发大学生村官的潜能。目前大学生村官绩效管理存在着一定问题，成为大学生村官隐性流失的重要原因。

（1）忽略日常绩效管理：目前，大学生村官绩效管理只注重绩效考核，忽略了绩效管理的过程，缺乏考核结果之前的信息沟通和承诺，使得大学生村官的日常管理流于形式，部分大学生村官主动意识下降，不到岗，不到位，成为"上级管不到、乡镇没法管、村里管不了"的"三不管人员"[8]。

（2）考核结果与激励脱节：根据双因素激励理论，激励因素是指能够使人产生工作上的满足感，包括工作表现机会、工作带来的愉悦感、工作上的成就感和公平感，得到的奖励、对未来发展的期望以及职务的晋升。而目前的考核结果明显与激励脱节，一方面，日常工作的优劣，考核结果除了少数优秀之外，实行的是"一刀切"的考核结果，除了给予部分优秀者"优秀大学生村官"的荣誉之外，在物质激励方面基本是空白；一方面，职务晋升欠缺公平，北京市在录用期满大学生村官，虽然将 3 年大学生村官时间计做工龄，但是在公务员职务晋升却不予考虑，违背了公平原则和大学生村官政策的导向意图。

7. 出路政策不尽完善

出路保障，又称出口管理，指的就是大学生村官期满后人员流动，也就是大学生村官期满的再就业问题，根据"下得去，待得住，干得好，流得动"的指导方针，北京市为期满大学生村官谋划了 7 条出路：第一，乡镇增加专项事业编制，选拔优秀村官继续到行政村工作；第二，选拔优秀村官续聘；第三，拿出一定数量的基层公务员岗位，面向合同期满大学生村官定向招录；第四，选拔符合条件的村官直接进社区工作；第五，鼓励企业招用合同期满村官；第六，支持村官自主创业；第七，各区县和各企事业单位努力为合同期满大学生村官提供工作岗位[9]。尽管出路机制不断成型，出路保障仍然不尽完善，增加了大学生村官的担忧，成为致使大学生村官隐性流失的重要原因。

（1）政策操作性和稳定性不强：首先，部分政策操作性不够强，以北京市为例，2006年，北京市委组织部在《关于引导和鼓励高校毕业生到农村基层就业创业实现村村有大学生目标的实施方案》〔京组发（2005）16号〕（简称《实施方案》）中规定，连续两年考核优秀的大学生村官可以列为处级后备干部，但是该规定操作的前提是大学生村官期满后经过考试，进入公务员或事业编制序列，缺乏执行基础，操作性大打折扣。其次，政策的稳定性不足，如续聘问题，《实施方案》曾明确规定，期满后可根据工作需要和本人意愿续签合同，但2009年第一批大学生村官期满后，对续聘新设置了10%的名额限制，政策稳定性受到影响；再如，专项事业编制招聘，2009年，北京市在每个乡镇设置了两个专项事业编制，专门面向期满大学生村官招录，但是两年后专项事业编制招满，使后续期满的大学生村官失去享受该项政策的机会。

（2）公务员或者事业编制报考出现拥堵：许多高校毕业生报考大学生村官，主要动机就是期满报考公务员或者行政事业编制，在期满大学生村官中出现了"公务员热"，与强烈的"公务员或者行政事业编制期盼"形成对比的是，除重庆市村官期满自动转为公务员、山西等省市大学生村官期满后直接转为事业编制外，北京市等多数省、市、自治区，公务员或者事业编制面向期满大学生村官的招录均采取"逢进必考"的方式。2006年1月1日起实施的《公务员法》第二十一条明确规定，"录用担任主任科员以下及其他相当职务层次的非领导职务公务员，采取公开考试、严格考察、平等竞争、择优录取的办法。"这就说明，即使任职期表现优秀的大学生村官要进入公务员队伍和行政事业队伍，也必须通过统一的考试。2009年5月份发布的北京市各级机关面向2006年到村任职高校毕业生考试录用公务员的职位数量来看，共招考258个岗位，而2006年北京市实际招聘到任的大学生村官就有2 061人[10]，由于编制的限制和考试的关口，许多大学生村官为了实现自己的公务员或事业编制梦想，一上岗就将主要精力花在公务员或者事业编制考试的复习准备上，形成了隐性流失。

（3）农村创业面临瓶颈：部分大学生进村任职，志在农村创业，实现自己的价值，现实中，大学生村官在农村创业却面临着诸多困境：一方面，农村创业环境相对较差。中国大学生创业的成功率非常低，只有2%～4%，而要想在农村创业成功则更加艰难[11]。大学生村官在农村创业面临着项目难找、资金短缺、专业知识缺乏、自身能力有限等难题，没有政府做后盾是非常困难的。真可谓是想创业，缺门路；有项目，缺资金[12]。另一方面，与之形成对比的是目前大学生村官创业政策不完善，大学生村官在创业中最大的瓶颈是资金、项目和政策的不足，但目前的创业政策过于笼统，操作性不强，明确针对大学生村官定向扶持的项目匮乏，政府相关的创业扶持基金、贴息贷款贮备不足。基层管理部门往往对大学生村官创业工作认识不足，尚未建立长效的帮扶机制，创业优惠政策效果大打折扣。

大学生村官的"公务员热"，本身就折射了大学生村官其他出路途径政策的乏力。根据马斯洛需求层次理论，自我价值的实现是人的最高需求，对于部分大学生村官而言，考取公务员或专项事业编制、农村创业即是其理想和价值取向，由于价值实现存在着障碍，促成了大学生村官的隐性流失。

经过归纳分析，总结出了影响大学生村官隐性流失的相关因素，将成为笔者实证分析的研究假设。

二、大学生村官隐性流失的实证分析

为客观掌握大学生村官隐性流失的现状及影响因素，笔者以北京市 H 区大学生村官为研究对象，就大学生村官隐性流失进行了实证分析。

（一）研究对象与样本分析

研究对象为北京市 H 区大学生村官，发放问卷 250 份，收回问卷 242 份，保留有效问卷 228 份，样本有效率 94.2%，具体研究的有效样本情况如表 1。228 个样本中，男性 132 人，女性 96 人，基本符合男性稍多于女性的实际；由于样本中含有离职村官和续聘村官（112 人），稍高于毕业年龄（23～25 岁），年龄结构基本符合常规；教育程度以本科居多，专科次之，基本符合大学生村官现状；北京生源 129 人，略多于外埠生源；离职村官 64 人，续聘村官 38 人，首期在职村官 126 人，符合大学生村官的结构，所以样本的选择是有效的。

表 1　调查样本基本情况

	样本分布	样本数	百分比（%）	总计
性别	男	132	57.9	228
	女	96	42.1	
年龄	25 岁以下	111	48.7	
	26～30 岁	105	46.1	228
	31 岁以上	12	5.2	
教育程度	专科（高职）	75	32.9	
	本科	132	57.9	228
	硕士	21	9.2	
生源地区	北京城区	12	5.3	
	北京农村	117	51.3	228
	外埠城市	48	21.1	
	外埠农村	51	22.4	
任职类型	离职村官	64	28.1	
	续聘村官	38	16.7	228
	首期在职村官	126	55.2	
总样本数	228			

（二）研究结果

以反馈的问卷数据为基础，笔者将对上述研究假设中的 6 个因素逐一分析。

1. H 区大学生村官隐性流失总体状况

问卷样本显示，目前，大学生村官对政策的满意程度（图 1），认为政策一般的占 44％，非常满意、比较满意的占 39％，比较不满意的占 17％；对隐性流失的调查中，认为自己存在隐性流失的 87 人，占到样本总数的 38.2％，可见，大学生村官的隐性流失现象比较严重。

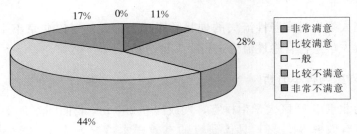

图 1　样本政策满意结构图

2. H 区大学生村官的专业知识与隐性流失

（1）专业知识与隐性流失：在样本调查中，22.6％的样本村官所学专业为管理类；15.3％的专业为计算机与信息科学类；14.6％的专业为法律类；13.9％的专业为财经类，只有 10.2％的专业为农林类专业，详情如图 2。在对样本专业知识与村子发展需要匹配度的调查中，认为非常匹配的占 3％，比较匹配的占 18.3％，一般匹配的占 36.3％，不很匹配的占 40.2％，非常不匹配的占 2.2％，恰好印证了吕书良的观点。但在对于专业知识与农村发展需求匹配度与隐性流失关系的调查中，得出了如下结果（图 3）：认为影响非常大的占 2.6％，比较大的占 9.5％，一般大的占 37.4％，比较小的占 47.3％，非常小的占 3.2％。

（2）H 区优秀大学生村官专业结构：对 H 区 2007、2008、2009 三年被评为 H 区优秀大学生村官的专业结构进行分析，3 年共评出优秀大学生村官 102 人次，77 名大学生村官（有连续被评优者）专业结构见图 4。农村急需的农林学专业仅占 7.6％，而与农村发展关联性不大的文史哲、物理化学、工业机械、建筑类占到优秀村官总数的 25.7％。

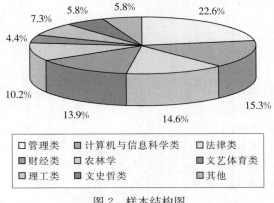

图 2　样本结构图

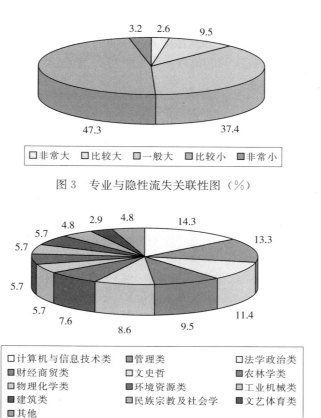

图 3 专业与隐性流失关联性图（%）

图 4 优秀村官专业结构图（%）

由此可见，大学生村官隐性流失与专业匹配度关联性很小。一方面，大学生村官岗位工作多是基础性，对专业的要求并不很高，另一方面，部分匹配专业（如农林学类）的村官可能在公务员报考出路上受到限制，引起焦虑和精力转移，而部分不匹配专业（如法学、中文等）的村官在公务员考试等出路上具备专业优势，反而能够安心工作。

3. H 区大学生村官的求职动机与隐性流失

关于报考意向的样本结果，228 个村官样本，选择了 450 个意向（题目为不定向选择），主要归为基层历练、缓冲就业、报考公务员或者事业编制、解决北京户口、农村创业、报考研究生、进村任实职、享受工资福利 8 个方面（图 5）。而对样本报考意向与隐性流失关联性的问卷中，得出如下结果（图 6）：综上可以得出分析，基层历练的隐性流失比例为 17.5%，缓冲就业的隐性流失比例为 35.2%，报考公务员或者事业编制的隐性流失比例为 34.9%，解决户口的隐性流失比例为 16.4%，农村创业的隐性流失比例为 7.7%，报考研究生的隐性流失比例为 66.7%，享受工资福利的隐性流失比例为 50%，进村任实职的隐性流失为 0（需要说明的是，由于该题目为多项选择，实际隐性流失的人数要低于图表中各报本意向的隐性流失人数和）。根据结果，可以直观地得出结论，求职动机对大学生村官隐性流失的影响比较大，尤其是求职动机为报考研究生、享受工资福利的大学生村官隐性流失很严重，缓冲就业、报考公务员或者事业编制意向的大学生村官隐性流失比较严重，基层历练、解决户口、农村创业意向的大学生村官隐性流失不很严重，进村任实职意向的大学生隐性流失问题最轻。由此可见，报考动机对大学生村官隐性流失影响较大。

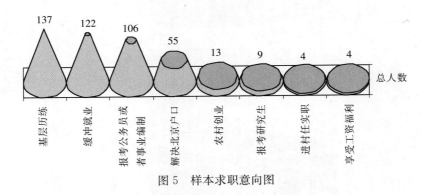

图 5　样本求职意向图

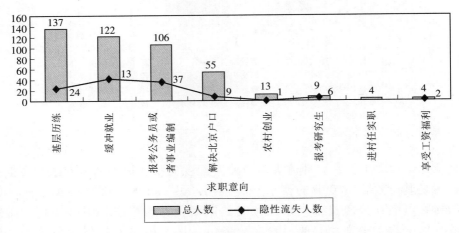

图 6　样本各求职意向隐性流失分布图

4. H 区大学生村官的身份认同与隐性流失

对大学生村官身份认同感，问卷设计了社区归属感、角色认同感和村官借调三个相关问题。

（1）社区归属感与隐性流失：通过对 228 个样本的社区归属感的调查，我们得出了以下结果（图 7）。通过对社区归属感非常强、比较强、一般强、比较弱、非常弱 5 个层次样本的隐性流失情况进行统计（图 8）。由统计图表可直观看出，大学生村官的隐性流失问题与社区归属感的强弱有着直接关系，社区归属感越弱，隐性流失现象越严重，仅仅社区归属感较弱一个层次的隐性流失村官数量就占到全部隐性流失村官数量 55.2%，社区归属感比较弱、非常弱两个层次的隐性流失村官数量的 65.5%，而社区归属感整体不强，比较强和非常强共占到样本数量的 18%，比较弱、非常弱的却占到样本数量的 38%。由此可见，社区归属感的强弱是影响大学生村官隐性流失的因素。

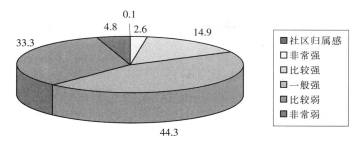

图 7　样本社区归属感结构图（%）

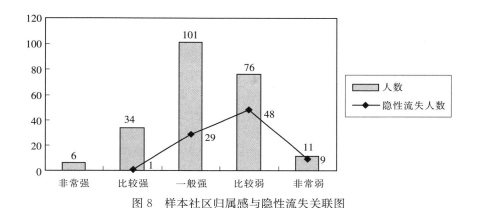

图 8　样本社区归属感与隐性流失关联图

（2）角色认同感与隐性流失：对 228 个样本进行了角色认同的调查（图 9）。根据结果，角色认同感比较弱、非常弱的共占到样本的 45%，比较强、非常强的仅占样本总数的 18%，可以推断，H 区大学生村官在一定程度上出现了社会角色失调现象。对于角色认同感与隐性流失的关联性，经过问卷数据分析，得出以下结果图（图 10）。仅角色认同感比较弱的样本中，隐性流失村官占所有隐性流失村官的 52.4%，角色认同感比较弱、非常弱的样本中，隐性流失村官占总数的 67.8%，可见，角色认同感差是形成隐性流失的重要因素。

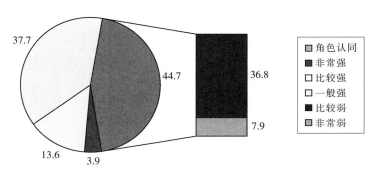

图 9　样本角色认同结构图（%）

（3）借调现象与隐性流失：经过样本问卷分析，目前大学生村官借调现象比较普遍，

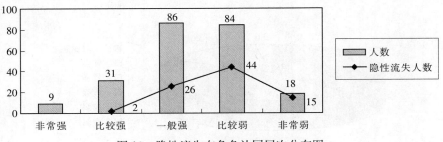

图 10　隐性流失在角色认同层次分布图

在 228 个样本中，被机关借调过的 169 人，占到样本的 74.2%，通过分析，以 3 个月、6 个月、1 年、2 年为时间节点，可以得出样本中被借调的村官在机关借调时间段结构（图 11），借调时间长短分，最集中的是 1 年以内，占到借调总人数的 77%。根据调查结果（图 12），可以有两种结果：一是被借调村官组织隶属关系在乡镇，属于组织调动，不属于隐性流失，未曾借调村官隐性流失 39 人，占到未被借调村官总数的 66.1%，是隐性流失的主体，因为村级管理远没有乡镇机关规范；被借调过的大学生村官中，隐性流失人数最多的为 3 个月至 1 年之间，隐性流失人数为 25 人，隐性流失人数占借调人数比例最高的则是借调两年以上，比例为 53.8%，其次为 1 年至 2 年之间，比例为 36%。二是被借调村官职责和政策功能在村，被借调本身就构成人员流失，那借调村官全部构成了隐性流失，总之，借调现象与大学生村官隐性流失有着关联性。

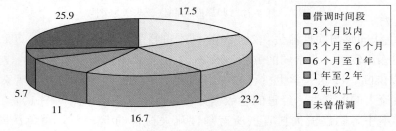

图 11　样本借调时间结构图（%）

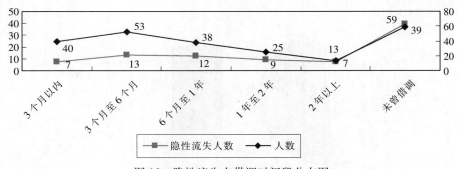

图 12　隐性流失在借调时间段分布图

笔者认为，大学生村官组织关系、合同关系在乡镇机关，其借调行为属于主观意志之外，借调行为不属于隐性流失，但为了使大学生村官真正发挥政策赋予的功能，应对借调行为进行严厉控制。

5. H区大学生村官的工作推进与隐性流失

考量大学生村官的工作推进程度，问卷选择了干部支持、村民理解、工作内容3个维度进行了调查。

（1）村干部支持与大学生村官隐性流失：对样本进行村干部支持的问卷调查结果显示，13％的样本认为村干部非常支持自己的工作，28％的样本认为村干部比较支持自己的工作，34％的样本认为村干部对自己的工作的支持程度一般，17％的样本认为村干部对自己的工作比较不支持，8％的样本认为村干部对自己的工作非常不支持（图13）。比较不支持、非常不支持的占样本总数的25％。对不同层次干部支持程度的样本中隐性流失村官数量汇总结果（图14），进行分析，村干部非常不支持、比较不支持的样本中，村官的隐性流失相对比较严重，隐性流失村官分别占该层次样本数量的83.3％、81.6％，一般支持、比较支持的依次为34.2％、6.25％，非常支持则没有隐性流失现象，可见，隐性流失与村干部的支持程度是成反比的。

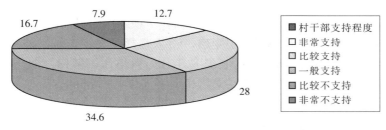

图13　样本村干部支持程度分布图（％）

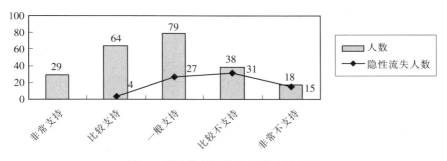

图14　样本隐性流失与干部支持度图

（2）村民理解与大学生村官隐性流失：关于村民理解程度的调查结果显示，认为村民非常理解、比较理解、一般理解、比较不理解、非常不理解的比例分别为5.3％、20.6％、37.3％、23.2％、13.6％，整体而言，村民对大学生村官的理解程度并不高，对每一个村民理解层次样本的大学生村官隐性流失现象的调查结果显示（图15），非常不理解、比较不理解两个层次的大学生村官隐性流失人数占全部隐性流失人数的56.3％，而非常理解、比较理解两个层次的大学生村官隐性流失数量仅占全部隐性流失人数的17.2％，可见，村民的不理解也是造成大学生村官隐性流失的影响因素。

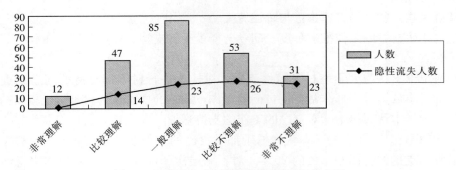

图 15　隐性流失在不同层次村民理解分布图

（3）工作内容与大学生村官隐性流失：对样本进行农村工作内容的调查中，228 个有效问卷，选择了 631 个选项（题为不定项选择）（图 16），其中，比例较大的依次为基层党建、文字工作、经济发展、文化建设、法治工作、社会建设、其他，占样本的比例分别为：87.5%、85.8%、40%、27.5%、16.7%、13.3%、5.8%，由此可见大学生村官工作最集中的内容板块为基层党建和文字工作，而在 7 项工作内容板块中，最让自己消极的提问中，调查结果为：75 人选择了基层党建，62 人选择了文字工作，50 人选择了法治工作，23 人选择了社会工作，18 人选择了其他工作，具体比例结构（图 17），对比可知，最令大学生村官消极的工作任务为基层党建和文字工作，占到 60%，这两项也正是大学生村官日常最常见的工作内容，占到样本总选项的 62.7%，由此可见，工作内容也是影响大学生村官隐性流失的重要因素。

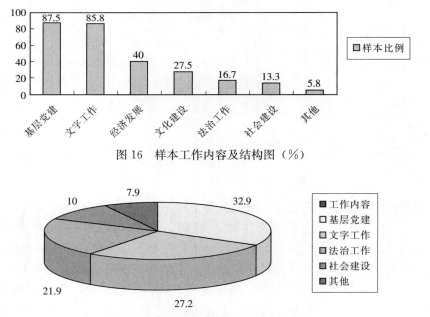

图 16　样本工作内容及结构图（%）

图 17　令人消极工作内容结构图（%）

6. H区大学生村官的收入水平与隐性流失

（1）北京市大学生村官与相关群体收入对比：根据北京市关于大学生村官待遇的统一政策，以本科毕业生为例，可计算出大学生村官3年合同期的收入：2 500元/月×36＝90 000元，扣除社会保险金7 200元，政府交纳住房公积金10 800元，期满没有续聘的大学生村官安置费用9 000元，3年大学生村官合同期间收入为90 000元－7 200元＋10 800元＋9 000元＝102 600元，年均34 200元，94%的大学生村官没有其他收入。通过电话访谈，将北京市大学生村官的总收入与相关群体进行比较：

经济水平相近省市大学生村官收入水平：天津市大学生村官合同为2年，工资参照北京市标准，第一年2 000元/月，第二年2 200元/月，两年工资收入50 400元，政府缴纳住房公积金及补助7 560元，补贴4 500元，两年年终奖金4 000～16 000元不等，两年总收入66 460～78 460元，平均年收入33 230～39 230元，考虑最低生活费标准（收入减去最低生活费：2011年北京市9 840元/年，天津市6 240元/年），天津市（26 690～32 690元）高于北京水平（24 360元）；江苏省苏州市，3年合同制，本科毕业生每月工资2 500元，年底发放1万元奖金，苏州市大学生村官3年总收入120 000元，扣除保险7 200元，加上住房公积金补助10 800元，共计约123 600元，要高于北京市水平；浙江省台州市大学生村官月工资2 200元，3年总工资79 200元，住房公积金9 504元，每年市财政补助4 000元，部分村官（借调）乡镇补贴每月500元，3年18 000元，3年收入100 704～118 704元，平均每年33 568～39 568元，考虑最低生活标准（8 231元），台州市村官收入（25 337～31 337元）高于北京水平。

一般学界认为，北京市大学生村官工资水平略高于初任公务员，现在对二者进行比较（应届本科毕业生为例），应届本科毕业生考取乡镇机关公务员，第一年（试用期）月可支配收入为2 300元（不用负担保险），年终绩效奖金一般维持在一等奖12 000元、二等奖11 000元的水平，综合考虑节假日补贴、年终绩效奖金、住房公积金等收入，年收入为2 300×12＋1 000×4＋11 000＋3 312＝45 912元，按照工资水平3年不变的假设，乡镇公务员3年总收入为137 736元，高于同等工龄大学生村官水平。

（2）收入水平与隐性流失：问卷调查结果显示，228的样本中，认为目前大学生村官收入水平（图18）非常高的3人，比较高的4人，一般水平的63人，比较低的66人，非常低的94人。可见大学生村官对目前的收入水平不满意度非常高，认为非常低和比较低的占到样本总数的70%。

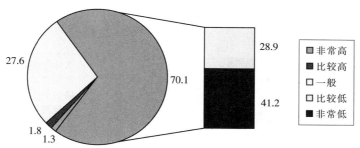

图18　样本收入评价结构图（%）

在收入水平满意度的各个层次中（图 19），隐性流失的人数，非常不满意、比较不满意各有 47 人、26 人，而比较满意层次中有 1 人，非常满意层次没有，可见，收入水平低对隐性流失的影响非常大。

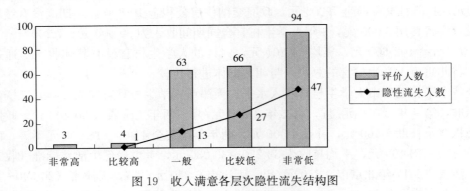

图 19　收入满意各层次隐性流失结构图

7. H 区大学生村官的绩效管理与隐性流失

根据问卷结果分析，在"没有具体任务的时候，主要做什么"的调查中，228 个样本作出了 289 个选择（不定项选择）（图 20），可见，46％的大学生村官在做与本职位相关的事情，29％的大学生村官在准备考研或者公务员，22％的大学生村官在休息，可见，大学生村官的日常绩效管理较为松弛；而在对绩效管理满意度的调查中，4 人非常满意；69 人比较满意；69 人感觉一般；57 人比较不满意，29 人非常不满意（图 21），比较不满意和非常不满意占到样本总数的 39.5％，非常满意和比较满意只占到样本总数的 32％，大学

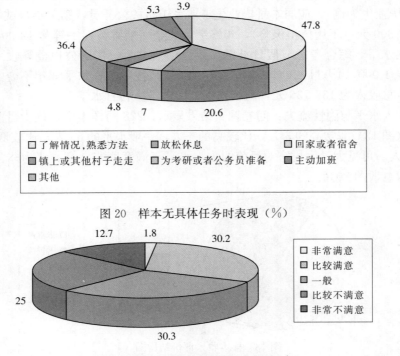

图 20　样本无具体任务时表现（％）

图 21　样本绩效管理满意结构图（％）

生村官对绩效管理整体满意度不高，成为影响大学生村官隐性流失的重要因素。

8. H区大学生村官的出口管理与隐性流失

228个样本中，16人非常满意，59人比较满意，85人感觉一般，51人比较不满意，17人非常不满意（图22），其中对目前的出路政策非常满意、比较满意的占到样本总数的32.9％，比较不满意、非常不满意的占到样本总数的29.8％，整体满意度不是很高，在各个满意层次中，隐性流失的人数（图23），在非常不满意、比较不满意两个层次中，共有隐性流失村官62人，占总人数的71.3％，出口政策满意度是影响大学生隐性流失的重要因素。

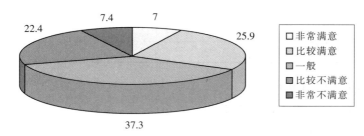

图22 样本出路政策满意结构图（％）

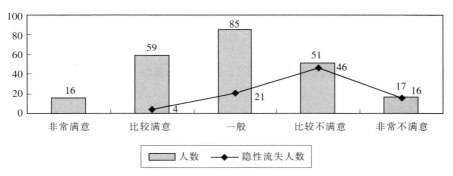

图23 样本个满意层次隐性流失情况图

（三）结果与讨论

1. 政策积极效应是主流

尽管存在一定问题，但根据大学生村官对大学生村官政策满意度的调查结果，非常满意和比较满意的占39％，比较不满意的仅占17％，非常不满意的没有，可以得出结论，政策的积极效应是主流，正如"大学生村官的生存困境不能不说是由大学生村官政策本身的困境造成的；而大学生村官政策自身的困境和缺陷，不能不说是政策制定者前期考虑欠缺造成的；而这所有的一切，不能不说是由于政策实施的相关人员缺乏对政策实施的各个环节进行深入调查研究造成的。但是，我们不可否认大学生村官政策在新农村建设中所发挥出来的积极作用。"[13]

2. 隐性流失一定程度存在

目前，学术界对企业人才显性流失通常采用15％的衡量标准。但对于隐性流失什么范围为合理程度，没有量化的标准。大学生村官这个群体，由于短期雇员属性、身份认同感弱、工作环境复杂等特殊属性，采取类似企业的标准也是不现实的。笔者对 H 区 3 名镇党委副书记、3 名镇党委组织委员、3 名党支部书记就"大学生村官隐性流失率什么范围（跨度为 5 个百分点）为许可范围"，进行了访谈，得出了不同的答案（表2）。根据对不同访谈对象访谈结果的权衡，平均范围为 26.7％～31.7％。而统计结果，大学生村官认为自己存在隐性流失的 87 人，占样本的 38.2％。大学生村官的隐性流失现象略高于许可范围，应引起重视。

表 2　大学生村官隐性流失访谈结果汇总（％）

人员	对象 G	对象 Z	对象 N	对象 X	对象 Q	对象 Y	对象 S	对象 J	对象 F
范围	25～30	30～35	25～30	15～20	25～30	25～30	35～40	30～35	35～40

3. 关键在于激励机制乏力

经过实证分析，可以得出，大学生村官的隐性流失问题与专业知识匹配度关联性不大，而与求职动机、身份认同感、工作推进度、收入水平、绩效管理效果以及出路管理机制有关联，且受绩效管理、出口管理、收入水平影响更为明显，可见，形成大学生村官隐性流失的关键因素是激励机制乏力，所以遏制大学生村官的隐性流失，关键在激励机制建设。

三、遏制大学生村官隐性流失的建议

笔者已对大学生村官隐性流失进行了理论分析和实证分析，得出了相关结论。下文，笔者尝试从法制层面、机制层面、社会层面、个人层面，对遏制大学生村官隐性流失问题，提出自己的建议。

（一）健全法制，强化大学生村官身份认同

大学生村官之所以隐性流失现象较为严重，根源在于其身份缺乏法律、制度的保障。

1. 修改《村民委员会组织法》，赋予合法身份

法律的缺失，必然导致大学生村官政策实施的合法性危机。尽管中央文件给予大学生村官村级特殊岗位的界定，由于大学生村官产生较晚，法律上对大学生村官的规定是一片空白，没有专门的法律法规，其笼统的法律依据是《村民委员会组织法》。尽管 2010《村民委员会组织法》第十三条第三款做出了"户籍不在本村，在本村居住一年以上，本人申请参加选举，并且经村民会议或者村民代表会议同意参加选举的公民"的新规定，法律上承认了居住满一年的大学生村官的选举资格。过程中，由于农村家族势力特点和村干部的戒备心理，该法条在实际操作中基本失去实施的可行性。法律和政策的擦边球，使得大学生村官在农村的身份认同仍然存在合法性危机。因此，笔者建议，第十三条"年满十八周岁的村民，不分民族、种族、性别、职业、家庭出身、宗教信仰、教育程度、财产状况、居住期限，都有选举权和被选举权；但是，依照法律被剥夺政治权利的人除外"中"年满

十八周岁的村民"改为"年满十八周岁的村民和在本村工作满一年的在职大学生村官"。一方面法律上明确赋予了大学生村官合法身份，另一方面考虑到大学生村官任村实职所应具备的熟悉本村事务的基本要求。

2. 建立"职业村官"制度，巩固职能角色

大学生村官在农村缺乏认同感，原因在于"非公非官"的尴尬身份。笔者建议，建立"职业村官"制度：首先，成立类似西方"公务法人"① 组织的"大学生村官联合社"，将大学生村官纳入其中，联合社属于社会行政主体，具备大学生村官的选录、培训、管理、考核等权责，帮助政府分担大学生村官单位管理职能；其次，大学生村官在联合会中，身份属于"流动性的事业编制"，合同期满进行自动调整。探索建立大学生村官和农村自治组织之间的创新选择机制，形成职业化的村官，大学生村官与农村自治组织达成一种契约，根据业绩获取村民组织的薪金报酬。一方面，使得大学生村官得到更为有效的管理，并且整体素质得到提升；一方面强调大学生村官与农村基层自治组织的双向合意，避免自治组织外部的力量对村民自治进行干涉，大学生村官在新农村建设中的优势也能得到发挥。

3. 完善村官借调制度，增强角色认同

根据大学生村官的政策功能和职责，借调现象属于隐性流失中最为严重的在编脱岗，不仅使得大学生村官失去了村级的认同感，而且使得政策效应大打折扣，建立大学生村官限制借调制度，严格控制大学生村官借调行为。首先，大学生村官上岗第一年不准借调，必须在村级岗位上，以更深刻、直观地了解农村事务，增强其归属感和认同感；其次，借调时间不准超过 6 个月，因为大学生村官是国家为村集体配置的人力资源，大学生村官的长期借调，是对村级资源的剥夺，制约新农村建设的开展；再次，借调名额加以限制，笔者认为可以是 1/5，根据个人意愿和期满职业发展需要，实行轮流借调的方式确定人选。笔者认为，由于目前乡镇工作任务重，年龄结构偏老化，问题的破解方法在于面向期满大学生村官招录公务员或者行政事业编制，而不是借调大学生村官。

（二）健全科学选聘制度，优化大学生村官结构

健全大学生村官的科学选任机制，是保证大学生村官政策顺利推行的首要前提和基础，也是遏制大学生村官隐性流失的重要环节。

1. 选需结合，完善选录机制

（1）公平公正，优化考录结构：首先，加大"三农"相关知识在大学生村官考试内容中的权重，改变目前过于注重政治素质和知识水平的"类公务员"考试模式，减少一些与农村发展不相干的空洞理论，注重对大学生农村工作潜质的发掘；其次，实行双套考试，对一些农村急需的专业举行单独的考试，弥补这部分学生在理论知识、基础知识方面的劣势，提高其在农村建设中发挥专长的几率。尽管专业知识与大学生村官隐性流失没有直接关联，但仍是新农村建设所必需的；再次，明确岗位目标，加重对大学生村官求职动机的

---

① 西方术语，就是在"还权于社会"的社会压力下，政府不得不将部分公共职能交出，交由非政府组织承担，这种在国家或地方行政机关之外，享有一定的独立性，能承担公共管理职能的社会组织，即为"公务法人"。

考量，科学评估报考者对大学生村官职能的理解、农村工作的热情，真正把村官责任感强、农村工作热情高的报考者纳入大学生村官队伍，对只是缓解就业压力、讨取政策优惠、"跳板"心理严重的报考者实行严格的入口限制，避免大学生村官因求职错位而造成的隐性流失；最后，拓宽视野，确保选聘的公正性，不要拘泥于政策的缓冲就业职能，全面认识其意义，增强选聘程序、结果的公开透明度，确保将成绩突出、适宜农村岗位的高校毕业生招录进来。

（2）精"官"简"编"，提高村官效能：尽管存在各项缓冲就业的政策考量，但综合考虑农村社会环境、大学生村官求职动机、工作内容及效率等因素，笔者建议，北京市对目前实施的"一村两名'村官'助理"政策重新审视，原则实施"一行政村一名大学生村官，特大村、人口、产业聚集村、示范改革村等干部缺口大的行政村配备两名大学生村官"的政策，避免因供需不匹配，造成大学生村官人浮于事，沉不下心，减少无谓的隐性流失，形成不必要的人力资源浪费。

2. 取消限制，降低续聘门槛

正是源于政府部门对《劳动合同法》第二条"国家机关、事业单位、社会团体和与其建立劳动关系的劳动者，订立、履行、变更、解除或者终止劳动合同，依照本法执行"的担忧和规避，对大学生村官的第二次续聘，设置了限制（第二次续聘范围只限于第一次续聘进入村"两委"班子的大学生村官），但却堵住了部分大学生村官的续聘之门，增加了部分长期志在农村事业的大学生村官的担忧。笔者建议，建立跨乡镇轮岗续聘机制，作为制度上的突破点，取消对大学生村官续期时间、条件的限制，既可尊重大学生村官续聘意愿，兑现大学生村官政策开始实施时的承诺，又可使得乡镇规避法律风险。

（三）创新激励机制，激发大学生村官效能

笔者认为，遏制隐性流失，关键在于建立有效的激励机制，按照人的需求层次，从物质、出路、绩效、能力、发展 5 个维度建立系统的激励机制。

1. 提升薪酬，健全物质激励机制

大学生由城市走向农村是一种劳动力资本的逆城市①流动，这种流向的背后需要另一股市场外力量来平衡人力资本市场，没有政府优厚的待遇很难扭动人力资本市场上"看不见的手"[14]。针对目前北京市大学生村官对收入待遇满意度低的现状，一方面，建立工资的增长机制，建立起与北京市人均收入水平和物价上涨速度相挂钩，尤其是参照乡镇公务员的年收入水平的工资增长机制，使得大学生村官的工资水平，纵向上有发展，横向上不失落；另一方面，建立绩效奖金，对于表现突出、作用发挥明显的大学生村官，进行奖金激励，在物质层面上尊重和满足大学生村官的需求，从而避免大学生村官的隐性流失。

2. 科学规划，健全出口疏导机制

（1）引导大学生村官作好职业规划：指导其选择相适宜的发展道路，增强大学生村官

---

① 此处"逆城市"流动与狭义的"反城市化"（即城市人口由城市向农村流动。）类似，区别于"逆城市化"的狭义概念（即在城市发展到一定阶段，非农业人口由城市向郊区流动的现象）。本文所述"逆城市"单纯指由城市向农村流动的一种趋势，与城市发展的水平无关。

期满谋业的方向感和自信心。实行职业化指导，为考取公务员或者事业编制的大学生村官进行相关知识的培训；对有创业意向的大学生村官提出可行性建议，既保障优势的发挥，又避免盲目创业。

（2）完善公务员或行政事业编制招录政策：制定更加倾向于期满大学生村官的公务员和行政事业编制招录政策，首先，数额上体现倾向性，要继续加大乡镇公务员或者行政事业编制面向期满大学生村官的招录比例，更要加大市、区直机关公务员或者行政专项事业编制面向期满大学生村官的招录比例[①]；其次，严格限制未期满大学生村官报考公务员或事业编制，对于未期满大学生村官报考公务员或者事业编制的大学生村官的报名资格、录用标准给予严格限制，视其情形给予违约、以后报考资格的惩治，消除大学生村官积极谋职念头，使其期内安心工作。

（3）做好大学生村官创业帮扶工作：健全创业帮扶机制，首先，实行项目精选制，在大学生村官自主申报的基础上，要建立由专业人士参与的论证参询机制，组织有关专家为创业项目提出方向性、技术性的建议，确保项目的顺畅运行；其次，开设"大学生村官创业绿色通道"，区县、乡镇政府在创业项目审批过程中，简化申请程序，及时划拨资金；再次，健全大学生村官创业的融资机制，针对大学生村官创业资金短缺的难题，列出财政专项资金作为大学生村官创业基金，督促农商行等金融机构建立无息创业贷款，增加创业资金保障数额，实行大学生村官创业免税、贴息制度；另外，加大技术帮扶机制，建立区县农委牵头、涉农部门参与的联动帮扶机制，组织技术人才、农村企业主、实用人才成立大学生村官顾问团，通过专家服务和专题培训等形式，加大技术支持；最后，建立大学生村官创业保险制度，参照农业保险新政策，建立大学生村官创业抗险机制，降低大学生村官创业的经营风险。

（4）引导国有企事业单位招录期满大学生村官：政府加大协调和招聘力度，继续鼓励和引导国有企业、金融部门、事业部门，尤其是涉农部门加大对期满村官的招录，对解决期满村官就业突出的单位给予税收减免、项目扶持等优惠政策，提高期满大学生村官的再择业的成功率。

4. 突出效果，健全绩效管理机制

（1）科学设立岗位职责：依据村庄发展需要和大学生村官专长，乡镇政府为每个大学生村官量身定做岗位职责，并量化标准，便于操作执行。

（2）突出日常绩效管理：把日常绩效管理放在突出位置，将日常的考勤、工作热情和效率纳入考评的范围，并建立由村干部、村民代表、党代表参与评价的日常绩效管理制度，日常绩效结果要与年终考评直接挂钩，提高大学生村官工作的积极性。

（3）建立绩效奖金：笔者建议，建立"固定工资＋绩效工资"的大学生村官收入模式，尤其是突出奖励机制，在目前工资水平的基础上，设立大学生村官绩效奖金，对表现优秀的大学生村官，给予物质奖励，既可激发调动大学生村官的热情和积极性，又可缓解目前大学生村官收入偏低的现实问题。

---

① 北京市规定，2011年起，市区机关内基层工作经历不足两年的"三门干部"将被选派到农村、社区、乡镇、街道和企事业单位挂职锻炼。

（4）实行大学生村官淘汰制：建立大学生村官的淘汰机制，要设置操作性强的淘汰标准，对于"混天熬日子"、隐性流失严重的大学生村官及时进行淘汰，提高大学生村官政策的严肃性和效率性。

5. 强化培养，健全能力提升机制

农村工作繁琐复杂，尤其是心理素质差的大学生村官容易产生消极心态，形成隐性流失，做好大学生村官的培养工作非常必要。首先，抓好任前培训，尤其是加强农村政策培训、当地乡土风情的培训，组织大学生村官跨届交流、深入农村参观，增强对大学生村官工作职责的感性和理性认识、科学预期，减少心理落差；其次，抓好业务培养，大学生村官从校门一步迈到农村基层，业务上需要衔接，所以必须及时地组织开展专项业务培训、职业技能、实用农业技术、综合素质多种形式的培训等，确保其尽快尽好地进入角色，只有在工作中插得上手，才能增加自己的信心和热情；最后，建立结对帮扶机制，建立大学生村官与村干部结对帮扶机制，对村官工作生活中遇到的困难和问题，及时给予引导，有力帮助，尽快走出"磨合期"，进入角色，提高认同感。

6. 完善政策，健全期满发展机制

注重大学生村官的期满职业发展的引导，首先，建立后备干部选拔机制，具有3年大学生村官经历的公务员、专项事业编制人员，连续两年考核优秀，根据个人能力和后续发展，列为副处级后备干部；其次，建立期满村官进入公务员或事业编制晋升的机制，对进入公务员或者事业编制的期满大学生村官，参照中央公务员规定，村官期间连续3年考核合格的，原则上给予副主任科员待遇，使晋升机制与政策导向相一致；最后，续聘村官，鼓励进入村两委班子，探索建立将表现突出的续聘村官、创业村官纳入乡镇班子的干部培养机制。

（四）多方参与，构建社会联动机制

1. 高校注重倾斜，创造培育村官成长的环境

（1）加强涉农知识教育：高校教学，适当注重加强大学生关于"三农"知识教育，在农村建立农村实践基地，通过专家讲座、村官座谈、实地调查等形式，加深大学生对大学生村官职位的客观认识，有助于大学生对大学生村官保持一个理性的热度，从而促进报考动机的良性化确立。

（2）加强社会知识和心理素质教育：许多大学生村官刚进入农村，面对新环境，自己摸不上头绪，心慌神乱，产生消极心理，所以，高校在日常教学中，增加对农村社会知识和心理知识教育，提高大学生村官的心理抗挫抗压能力，面对农村复杂事务，保持平衡心态。

（3）建立跟踪帮扶机制：对于走出校门的大学生村官，母校不仅要"扶上马"，还要"送一程"，建立与大学生村官的联系机制，不仅关心生活，还要集成学校的教授、学者、学生的智力和技术优势，为大学生村官所用，结对支持大学生村官开展农村工作，做好大学生村官的坚强后盾。

2. 媒体加大宣传，提高社会对大学生村官的认知

由于农村干部群众对大学生村官政策缺乏科学认识，政府部门要引导新闻媒体，加大大学生村官政策的宣传力度，为大学生村官真正地融入农村"造势"，注重宣传大学生村官的先进经验、典型案例，尤其是引导村干部、村民准确把握大学生村官的职能和意义，增强大学生村官的社区归属感，真正做到拴心留人。

3. 科学认识使用，创造发挥村官效能的社会环境

（1）提高大学生村官角色的理性认识：进行科学引导，使得农村干部群众尤其是村干部，对大学生村官的角色和作用给予理性判断，增强其角色认同，既不能产生过高预期，苛求大学生村官完成不客观、不现实的工作，因为"大部分反映的仍是科学发展观提出之前的单纯经济观点，无形之中给大学生村官增加了很大压力，如果不能创造增收效果，似乎就没有政绩，而农村这些年遗留的大量问题却是这些年轻人短期之内力所不逮的。"[15]但又不能产生毫无用处的心理，对大学生村官职能之内的工作，量才而用，给予大学生"村官"适当的定位，减少对他们的心理预期，对他们工作中的失误给予尊重、理解和宽容[16]。

（2）搭建好工作平台：搭建大学生村官作用发挥的平台，走出"大学生村官工作内容拘泥于文字、党建材料"的怪圈，敢于放手让大学生村官担负更多的产业、文化、社会、民主法治等农村事务，充分发挥大学生村官的优势，增强大学生村官的责任感和价值感，真正创造一个"留才用才"的环境。

（五）完善自我，提高自我

1. 摆正心态，思想上岗

遏制隐性流失，大学生村官也要从个人思想上找原因。首先，理性看待大学生村官的优惠政策，报考大学生村官更要注重兴趣、热情、价值取向的考虑；其次，思想要扎根，一旦选择村官职位，就要培养热爱农村、奉献农村的激情和兴趣，增强使命感和历史责任感，这既是对个人选择的负责，也是对国家战略期望和农民期盼的负责；再次，培育村官的职业操守，坚持信念，持之以恒，以职业的操守对待农村工作，摒弃"过客"心理、"跳板"心理，大学生村官要将在农村的发展奉献与个人发展相结合，将服务基层作为当代大学生应尽的责任和义务；最后，进行自我调适和自我干预，农村工作环境较差、人际关系复杂、干部群众处事方式简单粗暴，大学生村官面对挫折，要能摆正心态，进行自我调适和自我干预，始终保持积极的心态和昂扬的斗志开展农村工作。

2. 摆正位置，加强修炼

（1）增强修炼的主动性和自觉性：真正保证自己全方位融入农村，放下骄气，放下架子，甘当小学生，向村官"师兄"、"师姐"、当地村干部、群众学习，学习农村社会的运行规律、基本技能以及农村的工作、处事方法，从而使自己更好地应对角色中的系列问题。

（2）广泛开展调研：在熟悉法规政策的基础上，积极开展农村调研，抓住有利契机，广泛深入干部群众，开展实地调研，了解农村发展的模式、成绩、问题以及群众的需要、困难和意见，找准影响和制约本村科学发展的突出问题，不仅可以加深自己对农村的认识，也会对农村发展提出有针对性的建议。

（3）找准定位，发挥优势：大学生村官要主动地承担起村级事务，挖掘自身优势，借助网络、村官组织、母校丰富资源，全面深入到村级法制法规普及宣传、文化建设、招商引资、产业规划等方面的工作中，增加自己工作的广度和深度，以真实的成绩赢得干部群众的认可，强化自己的身份认同感和价值实现感。

大学生村官隐性流失虽是大学生村官政策实施中的问题之一，但由于导致因素复杂多样，所以，有效遏制隐性流失现象，也必须采取一系列系统的措施。

参 考 文 献

[1] 王俊强．人才隐性流失的原因剖析与对策研究［J］．经济界，2006（4）：48．

[2] 侯伟．大学生村官政策实施中的问题及对策分析［J］．法制与社会，2010（10）：217．

[3] 陆佳．大学生村官政策评估——以北京市大学生村官为例［D］．北京：首都经济贸易大学，2011．

[4] 陈忠．大学生村官与中国政治生态：意义、问题与趋势——大学生村官的一种政治学分析［J］．苏州大学学报：哲学社会科学版，2009（4）：4．

[5] 马斯洛著．动机与人格［M］．3 版．许金声等译．北京：中国人民大学出版社，2007．

[6] 董宏君．选聘大学生到村任职是培养接班人的战略举措［N］．人民日报，2009 - 01 - 26（2）．

[7] 丁肇文．2008 年度北京市大学生就业暨重点产业人才分析报告［N］．北京晚报，2008 - 12 - 02（39）．

[8] 居学明，朱清．双因素理论：大学生村官激励管理的一种视角［J］．领导科学．2010（11）中：56

[9] 北京为大学生村官谋"出路"［N］．新华日报，2009 - 04 - 17（A7）．

[10] 陈倩玉．大学生村官创业遭遇拦路虎！［J］．人民论坛，2009（7）：44 - 45．

[11] 李启旺，胡蓉榕．用机制推动大学生村官创业［N］．中国人事报，2009 - 03 - 27（3）．

[12] 风笑天．落地生根：三峡农村移民的社会适应［M］．武汉：华中科技大学出版社，2006．

[13] 吕书良．新农村视角下大学生村官及其政策考量［J］．中国农村观察，2008（3）：56．

[14] 徐亮．大学生村官工作长效机制研究［D］．上海：华东师范大学，2010．

[15] 温铁军．人民日报：大学生"村官"背后的政策背景与工作建议［EB/OL］．http：//www.54cunguan.cn/pinglun/xuezhe/200901/405.html，2009 - 01 - 20．

[16] 孔沛球．大学生村官与大学生农村基层就业的思考与探讨［J］．中国校外教育，2008（3）：20．

如何建立健全大学生村官培训体系

重庆酉阳县龚滩镇罾潭村党支部副书记　李昌贵

当前，我国三农发展面临人力资源短缺、文化技术落后、收入微薄的多重困境，发展不平衡带来的一系列社会问题正成为可持续发展的障碍[1]。为进一步维护社会稳定，发展好党和国家的伟大事业，2008 年中央开始实施"一村一名大学生村官计划"，向农村输送一批有文化、懂技术的青年人才。据中组部 2011 年 12 月发布的一组数据表明，到 2015年，中国的大学生村官数量还将从目前的 20.9 万名增到 40 万人，覆盖 2/3 的行政村，到2020 年将达到 60 万人，实现一村一名大学生村官的目标。这意味着平均每个省份将有约2 万名大学生村官，而实际上浙江等省目前的大学生村官数量已超过这个数字[2]。对任何一个战略决策的深入贯彻和落实，都离不开一套科学、完善的设施保障护航。如何建立健全一套可行的大学生村官培训体系，保证促使大学生村官计划取得实质性进展，是摆在我们面前亟待解决的问题。

一、大学生村官培训体系涵义

早在 20 世纪 30 年代，美国经济学家、"人力资本论"之父舒尔茨就发现，单纯从自然资源、实物资本和劳动力的维度，已经不能完全解释生产力的提高，而作为资本和财富的转换形态的知识和能力，才是社会进步的决定性因素。20 世纪 70 年代中期诞生的"社会化理论"也认为，通过种种途径及手段使学生社会化，能使不同的学生经教育培养形成经济结构所需要的种种个性特征，在人类社会发展过程中打下时代烙印[3]。不管是对个人知识和能力的取得，还是教育功能的完善乃至社会的稳定，都不是单向性的，需要进行社会化投资才能形成，而建立完善的培训系统则是取得实质性进展的重要条件。

培训是为了保证达到统一的科学技术规范、标准化管理，由目标规划设定、知识和信息传递、技能熟练演练、作业达成评测、结果交流公告等构建起来的现代化信息流程。所谓体系，是指一定范围内或同类的事物按照一定的秩序和内部联系组合而成的整体，是由不同系统组成的系统。培训系统则是保证客体通过一定的教育技术手段，能达到预期的水平目标而建立起来的具有开放性、规范性、科学性的系统组合。大学生村官融入基层主观上取决于自身努力，客观上离不开组织的引导培养。作为人力资本客观存在着的大学生村官培训系统，是党和政府根据"大学生村官选派计划"，按照新农村建设要求对大学生村官实施的有组织的理论灌输和技能训练，其内容包括涉农知识、社会管理标准、个人行为规范，是为其能加快实现经济社会发展的历史性跨越而提供的重要支撑。总体说来，大学生村官培训体系是为了加强党同人民群众的血肉联系而组建起来的运行机制，是一个以强大师资力量为依托，以先进性教育内容为核心，以维护社会稳定促进和谐为目的而构建起来的培训要件。

二、建立健全大学生村官培训体系的必要性

2007 年 12 月 18 日，胡锦涛总书记在中组部的一份报告中批示指出：选聘高校毕业生到村任职"具有长远战略意义"。之后，习近平、李源潮等中央领导多次就选聘高校毕业生到村任职工作作出了重要指示，强调选聘高校毕业生到村任职是党中央根据社会主义新农村建设、农村基层组织建设和党政干部后备人才队伍建设的实际，从全面建设小康社会、推进中国特色社会主义伟大事业的需要出发，立足当前、着眼长远做出的一项战略决策。深入贯彻落实这一战略，实现大学生村官成长必须要有一整套可行的培训体系作保障。究其原因，有以下几个方面：

首先、建立健全大学生村官培训体系是高校毕业生顺利就业的需要。当前，高校毕业生的就业难问题仍未完全消除，社会就业的结构性矛盾依然突出。建设农村、服务基层的人才匮乏，大量农村劳动力不断流向城镇与农村建设需要大量有知识、有理想、善创新的有志青年去推进形成巨大反差。不少高校毕业生择业观念不转变，不愿意从事身份尴尬和待遇低廉的村官工作，形成了人才资源的囤积堵塞和就业压力的增加，给家庭、学校和社会带来了较大的经济损失。教育部门发布的数据显示，2011 年全国高校毕业生就高达 660多万人。"十二五"期间，大学生年均毕业人数将逼近 700 万人。建立健全教育培训体系，全面贯彻和落实科学发展观，给选聘到基层任职的大学生提供培训，使其转变观念、确立目标、增强扎根基层的信心，有利于拓宽就业渠道，促使人才合理流动，解决部分高校毕业生的就业难题。拥有科学有效的培训系统，是鼓舞大学毕业生回归乡土、增强"三农"建设自信心的需要，是全面建设社会主义小康社会的迫切要求。

其次、建立健全大学生村官培训体系是强化村官成长的内在需要。干部培训是最具经济和社会综合效益的生产性投入，是投入少、见效快的一条提高干部素质的途径。把大学生村官培训摆在基础性建设的地位，高度重视并切实抓好，是把我国巨大的人力资源潜在优势转化为现实的人才优势、国力优势和竞争优势的迫切需要，是实施科教兴国战略的客观要求，也是保证我们党兴旺发达和国家长治久安的关键措施。"大学生村官"虽然拥有活跃的思维、开阔的视野、一定的专业功底和敢于挑战勇于创新的精神。但是，又同时缺乏丰富的基层工作经验。建立健全大学生村官培训体系，着力打造强大的基层服务队伍，提高大学生村官的行政能力和服务水平，不断更新大学生村官知识库，使其掌握新的农业农村知识，运用先进的农业生产技术和手段逐步改进工作方式服务基层，有利于保证大学生村官增长才干；有利于规范运作秩序，促使专项培训经费合理使用；有利于更好地加强基层社会管理，促进农村文化大繁荣。

再次、建立健全大学生村官培训体系是强基固本增强执政合法性的需要。"三农问题"直接关系到党和政府执政的合法性，关系到中国社会的稳定大局，关系到社会主义事业的兴旺发达。李昌平曾发出过"农村真穷、农民真苦、农业真危险"的感叹[4]，妥善解决"三农问题"，要培养大批受过农村艰苦环境锻炼，与人民群众有着深厚感情、具有高度社

会责任感和忧患意识的干部，使党和人民的伟大事业薪火相传、后继有人。大学生村官是新时期"三农建设"的中枢神经，他们直接目睹村情民意、体察农民疾苦，经历着农业的心酸困苦，大力改善"三农建设"环境，用现代化的思维方式和生产方式武装他们，是说服其坚持党的领导，牢固中央在农村的领导基石，维护社会稳定保住千秋伟业的筹码，是始终坚定发展目标不动摇的根本。

三、建立健全大学生村官培训体系的路径选择

积极构建一套符合实际、行之有效的培训体系，是选拔任用干部、加强干部监督管理的现实要求，有利于提升干部工作科学化水平。构建大学生村官培训体系，可从以下几方面进行：

第一，可加快成立和组建一批专门的大学生村官培训学院，重新整合教育资源。早在2006 年 3 月，中组部印发的《关于组织系统学习贯彻〈干部教育培训工作条例（试行）〉的通知》就要求，要把大规模培训干部、大幅度提高干部素质的战略任务落到实处，为全面建设小康社会、加快推进社会主义现代化提供思想政治保证、人才保证和智力支持。然而，从国家级教育格局看，已经基本形成的"一校六院"干部培训机构并不是专门的大学生村官培训机构[5]，大学生村官培训资源处于极度欠缺期。为使"大学生村官计划"永葆政治青春，中央要进一步实施大学强区战略，可参照中国浦东干部学院、中国井冈山干部学院、中国延安干部学院 3 所干部学院的办学模式，创办一所直接由中组部主管的国家级大学生村官培训学院，按照农业农村区域分布特点，由财政部全额拨款，联合教育部在东南沿海地区、西南部、西北部和武陵山区成立 4 所具有地方特色的村官培训分院或研究所，建立大学生村官培训专项资金和大学生村官创业扶持基金，全面引入大学生村官SYB 创业培训机构，进一步满足新农村建设的相关要求。此外，要重点对已经开设有"大学生村官专业"的院校进行专门性财政扶持。

第二，按照"十六字方针"科学设置培训课程，打牢大学生村官发展基石。为着实解决"三农"问题，党的十六届五中全会提出了建设"生产发展、生活宽裕、乡风文明、村容整洁、管理民主"的社会主义新农村这一重大历史任务。建成社会主义新农村，使城乡关系得到有效协调，重点是对试点经验的总结和应用。科学设置大学生村官培训课程，是积极总结"农村建设模式"，大力推广"试点经验"的重要组成部分。培训机构要结合成功案例，将"十六字方针"的各个部分内容在教材中具体化、指标化、方法化，促使大学生村官把各项要求具体融入各地方的（社区和乡村）发展实际，将农村理论与实践、地方规划与实施紧密地结合起来，有创造性地解决新农村难题。为此，国家新农村建设办公室要组织专家学者围绕着"如何遴选和推广新农村建设经验"精心编写一批适用教材，村官培训学院、各地方党校和新农村创业培训机构要优化课程设置，将精选教学案例，打造经典课堂，形成科学的课程体系放在首位，把研究式教学、情境教学、案例教学纳入教学改革的重点，突出课程交叉和课程分担，使各培训种类之间既各有特色，又互补合作[6]。各培训班要围绕全局性、战略性、前瞻性的问题开展调查研究与学习讨论，可用专题创业学习会、招商交流研讨会、职位操作现场报告会等形式丰富培训内容，结合大学生村官培训

将农村建设过程中可能出现的困难作科学推断与预测，不断夯实大学生村官工作基础，改进和提升"三农建设"水平。

第三，可创新大学生村官培训模式，增强大学生村官扎根基层的能力。我国《人力资源和社会保障事业发展"十二五"规划纲要》指出，"中国将继续深化人事制度改革，使任职培训制度进一步落实，把乡镇、街道和公共服务部门基层公务员培训一遍"。据大学生村官网 2011 年 12 月 10 日截止的一项大学生村官被借调数据显示，目前只有 8% 的大学生村官没有被借调过。只有把大学生村官纳入整个干部教育培训规划，人事制度改革和任职培训制度才能得到进一步深入和完善。为此，要加强分类培训：一是按照村官职位类别、性质特点和发展需要，开展村级行政管理类、农业专业技术等类别，有针对性地制定培养措施，推行"菜单式"、"拓展式"、"递进式"培训。二是在聘用期间，每年至少安排一次岗位培训。培训机构要秉承"按需培训"的"顾客导向"理念，分层、分类、短期、专题、小班化地实施培训，通过优秀大学生村官榜样报告推行经验，加强实现大学生村官群体互动，对合同即将到期的大学生村官，可适时举办创业专题培训班，通过邀请集团董事或者企业高层加入大学生村官导师团，与大学生村官建立"点对点校外师生关系"，实施大学生村官的"乡土化"培训，采取"走出去"、"开放式"交流促进大学生村官成长。

第四，健全和完善大学生村官培训激励管理机制，激发大学生村官工程潜力。为努力实现规模和质量、效益的统一，不断开创干部教育培训工作新局面，培训基地要把新农村建设的要求与村官在培养期间的表现考核相结合，对学员培训的实际情况进行量化考核。在所设置的每个培训项目中都要树立典型、公平、公正、公开地评选出优秀个人加以宣传奖励。同时，应把大学生村官个人学习情况的考核报区、县委组织部列入岗位责任制考核的范围，突出培训学习绩效在基层干部的奖励、选拔、任用等工作中的评价作用，着力强调服务期满特别优秀的村官，要纳入同类村官培训的教师队伍和乡镇领导班子，甚至大胆破格提拔为区、县委政府领导副职，进一步推进人事体制创新，在出口目标上大力增强对大学生村官的吸引力与约束力。为此，从上至下要建立严格的"领导机制"，一把手要亲自抓、紧抓不放，对于因培训工作失误而影响大学生村官工程的个人或团体，要坚决给予停职和查处，使大学生村官培训、教师管理和调配力度不断强化。同时，要组建人文关怀网络，对大学生村官心理承受能力进行检测，增强其在农村的个人生活自理能力和经济社会调研能力。要建立健全技能培训的信息反馈机制，完善大学生村官创业扶持机制，搞好"培训帮带活动"，扩大优秀的村官导师职位晋升空间，进一步为其他村官管理工作者履行岗位职责、做好各项村官引导工作营造良好环境。

第五，建立健全大学生村官学习的长效保障机制，用先进文化引领建设。大学生村官是促进农村经济社会跨越发展的重要人力支撑，是密切党同人民群众联系的重要渠道，是把握现代农业布局先机实现创新跨越的重要节点，是维护社会和谐稳定的新生力量。在整个 21 世纪，文化将成为引领世界经济发展最重要的因素。我国文化以"和"为主，与"人"为善，其构建"和谐社会"的思想是夺取有中国特色社会主义事业的重要法宝，是对世界和人类影响深刻、贡献较大的思想文化。十七大强调，"要促进民族文化大发展、大繁荣。"然而从整体上看，我国的农村文化软实力还有待大幅度提高，我们的文化产业很大程度上仍处于自发状态，广大农户处在产业链末端，设计和营销能力不足，在文化生态保护、教育科研协作、区域资源整合、产业机制完善以及实施品牌战略、维护手艺农户利益等方面都存在不足[7]。要通过挖掘农村传统文化创造出新的文化产品，形成蔚为壮观的文化产业，抓好大学生村官的创业建设，就需要建立健全大学生村官学习的长效保障机制，推进农村文化体制改革，大量学习、借鉴包括传统文化和先进文化在内的各方面知识及经验。尤其要制定好大学生村官农村文化自学和选修制度，进一步挖掘少数民族文化，制订切合大学生村官实际的农村文化学习及运用计划，大力投入村官学习所需要的财力物力，加大对大学生村官培训基地的投入，积极研究和借鉴日本、韩国以及中国台湾地区农业发展先进经验发展高效农业，有选择性地培育农村经济实体，不断健全农村金融体系并形成常态。这些既是凝聚群众力量做强做大新农村文化品牌的固本之举，也是结合社会主义改革开放前进步伐不断拓展文化市场，用优秀的文化产品满足地方群众和人民日益增长的精神文化需要，更是不断加强我国民族文化的自信心和自豪感，努力建设"和谐社会"的重大任务。

参 考 文 献

[1] 李昌贵等. 加强基层社会管理 促进民富目标实现. 求是理论网, 2011年10月27日.

[2] 南方日报, 2011年12月14日.

[3] 陈成文等. 当代大学生择业观教育研究 [M]. 北京：中央文献出版社, 2008.

[4] 李昌平. 我向总理说实话. 光明日报, 2002年1月.

[5] 马义. 中国高干是怎样"炼"成的 [J]. 遵义, 2009 (5).

[6] 余伯流. 中国共产党早期干部教育新探 [J]. 中国浦东干部学院学报, 2007 (1).

国外促进大学生到农村就业的经验对于构建我国大学生村官长效机制的启示

中共连云港市委党校　张淑萍　连云港市社会科学院　薛继坤

中共连云港市委宣传部办公室　章磊

　　大学生村官工程是为农村输送人才，给我国新农村建设注入新活力，尽快实现城乡统筹发展而实施的，其从最初实施到现在已经有 15 年。2008 年，中央组织部等有关部门决定从 2008 年到 2012 年选聘 10 万名大学生村官。党的十七届三中全会决定，"引导高校毕业生到村任职，实施一村一名大学生计划"。大学生村官机制目前已经在全国各地大规模展开，并取得了一定的成果。然而，大学生村官机制的实施也存在着若干问题，甚至出现了一些瓶颈问题，其中最重要的就是如何让大学生村官们在农村待得住、干得好、流得动。因此，构建大学生村官长效工作机制已经成为当前亟待解决的问题。实际上，纵观世界各国特别是发达国家在发展农业、建设农村的过程中，几乎都不同程度地遇到过农村人才不足的问题，他们在如何吸引大学生下到农村，到农村就业、创业等方面取得了很大的成功。虽然国外没有大学生村官这个概念，更没有大学生村官制度，但是国外吸引大学生扎根农村的成功经验对构建我国大学生村官长效机制有着积极的启示作用。吸收国外的成功经验，应用于构建大学生村官长效工作机制的不同环节，必然能够使大学生村官长效机制更加完善和有效。

一、国外促进大学生到农村就业的经验分析

　　国外对于促进大学生到农村就业采取了各种不同的措施，每一种都推动了其国内的大学生到农村就业、创业，既解决了其国家农村人才缺乏的问题，同时缓解了其国内大学生就业问题，起到了双重积极作用。因此，我们有必要对国外的这些经验加以分析，从中获得一些启示，来推进我国大学生村官长效工作机制的构建。

1. 实践教学培养大学生到农村就业所必需的能力

　　要让大学生到农村就业创业，首先高等学校要培养出适合农村建设发展所需要的人才。国外很多高校特别是农业高校都非常重视实践教学，通过理论与实践的密切结合，来增强大学生的实践能力和实践经验。比如在德国，一些农业高校给学生分配试验田，让学生从入学开始就进行农业实践。学生在分得的试验田上，学习农村基本实践流程。从简单地根据课程进度种植蔬菜作物，到自行经营土地——定制种植计划、播种、管理、收获、销售一条龙流程。大学生完成试验田基本流程之后再到农村参与真正的生产实践，帮助农民解决农村生产实际问题。这种有针对性地分步骤逐级递进式理论实践相结合的方法，为

大学生将来到农村就业、创业奠定了坚实的基础。无独有偶，法国农业院校也是十分重视学生理论联系实际的能力培养，充分利用学校的农场等资源组织安排学生进行生产实践，使学生较早地掌握农业、食品生产以及农业经济知识，便于将来学生到农村就业可以很快融入农村生活。

分析得出，这种以实践培养能力的方式，能够确保到农村就业的大学生到了农村游刃有余，发挥自己的最大潜能，带动农村经济。有针对性定向培养农村所需人才，对于构建大学生村官选聘和培训的长效机制有积极的促进作用。通过高校教育改革实行实践教学，优化大学生村官选聘的人才资源，可以提高选聘工作的效率，同时大学生村官在上任前已经具备下农村基层工作、生活的知识和能力，可以大大减少大学生村官培训机制运行的成本，提升大学生村官机制整体运行效率。

2. 免费教育培养终生扎根农村的人才

有些国家为了培养能够服务现代农业和农村的新型农业人才，实施免费培养的政策。最典型的要数韩国，韩国出了个新招式，就是在 1997 年建立了新型的韩国农业大学，以培养终生扎根农村、服务农业的农业部门的 CEO 为目标。为了使培养出来的大学生能够真正扎根农村，韩国农业大学实行了包括免费教育在内的一系列特殊的优惠政策来吸引大学生到农村就业扎根。比如由政府财政拨款，免除学生的所有费用，包括学杂费、食宿费、教材费等；为扎根农村的大学毕业生提供在农村的安家费；通过贷款方式为到农村创业的大学生提供经营启动资金等。当然，并非所有大学生都可以享受这些政策的，享受这些优惠政策是有一定的约束条件的，就是大学生毕业后必须在农业一线工作 6 年，如毕业后在农业一线从业不满 6 年要转行，那就必须支付在校期间的部分培养费。

分析得出：这种定向免费教育培养方式，有着明确的目标，为农村培养适合的满足需要的人才，同时也避免了大学生"漂浮"在农村，不能扎根农村而给农村带来的一些风险和损失，可以借鉴过来一定程度上解决我国大学生村官不能安心待在农村的问题，确保大学生村官制度长期有效性，为农村留住人才，同时也有助于大学生村官流出机制的完善，缓解大学生村官拥挤在某一条流出路径上的问题。

3. 政府政策支持促使大学生扎根农村

政府政策支持促进大学生扎根农村，其中以老牌农业发展较好的德国、法国最完善，亚洲的韩国也是后起典型，农业人口大国印度也取得了一定成效，都值得我们来借鉴。通过政府政策支持，鼓励大学生深入到农村基层、扎根农村、服务农业，带动农村经济发展。

（1）德国政府给予到农村就业、创业的大学生很多优惠政策，鼓励他们扎根农村或者自主创业，或者到各级农村机构担任村官，或者服务农村提供农业技术支持等。优惠政策包括赋予他们在农村买地或者租地的权利，允许他们在农村经营农场或者建立企业；国家为他们承担医疗、养老、事故等社会保险项目；在农村创业的大学生还可以申请政府资助及低息贷款，政府给予一定的补贴。同时，农村的农协组织向在农村创业的大学生提供种植、经营等方面的无偿服务。据德国联邦统计局的数据，通过这些政策支持，90% 以上的农业大学生毕业后，能够学以致用扎根农村。

（2）法国通过实施青年安置政策，促使大学生扎根农村。法国主要通过国家和欧盟财政渠道，对到农村进行农业经营、安家落户的大学生提供安置费，针对经济状况不同的地区采取不同的鼓励政策；为到农村创业的大学生提供优惠贷款（11 万欧元内）；同时给予一定的利润税、土地税等税金减免。当然，享受这些优惠政策的大学生必须具备一定条件资质，以确保他们能够为农村带来效益。尤其要求大学生要有 6 个月的农村相关知识正规培训，且经过 40 小时的实习，以便为他们到农村进行农业经营安置作好准备等。这样既促进了大学生深入到农村去，又保证了到农村的大学生的素质，确保每一颗"钉子"都能发挥它的最大作用。

（3）韩国也退出了鼓励大学生回乡务农、创业的一系列政策。比如在道、市、郡成立回乡创业咨询服务中心，为到农村创业的大学生提供相关服务，并为大学生农业创业者提供一定的资金支持；根据到农村的时间长短和创业成效的不同，给予大学生创业者不同的政策支持。对于扎根农村的"安稳者"（指在农村待 4 年以上者）作为"创业农业经营人"专业化培训，并为其提供一定的资金支持。这些都对大学生扎根农村发展起到了积极的促进作用，使大学生们安心待在农村发展农村经济。

（4）印度也实施了农村就业计划，为大学生到农村自谋就业提供援助，鼓励他们到农村建立公司及车间，从事农业机械的安装、维修、设备和零部件供应等技术服务工作，并提供就业的财政支持。这一举措一方面鼓励了印度大学生到农村发展，使他们愿意去农村发展，另一方面为农村带来了先进的农业技术，对于农村生产结构的改善起到了积极的作用。

分析得出：无论是德国的补贴和创业贷款、法国的免税和创业贷款、韩国的资金支持和培训服务，还是印度的农村就业援助等措施，都达到了共同的效果——让大学生安稳在农村就业和创业，扎根农村，发展农村经济。对我国大学生村官现状调查也发现目前大学生村官在农村创业存在着政府支持力度不够等状况，因此，借鉴国外成功支持经验，加强对大学生村官的安置补贴和创业支持等，这对于大学生村官流出机制的完善将起到积极的推进作用，通过大学生村官创业使大学生村官流出机制运行更加流畅。

4. 立法为大学生到农村就业、创业提供保障

很多国家都建立相关的法律、法规体系为大学生到农村就业、创业提供保障。比如在德国，通过法律，使现代社会保障体系覆盖到农村，使农民与其他的工人和职员一样，都能够享受所有社会保险，并且确保农民获得政府提供的公共利益服务。这些健全的法律体系用以保护和促进大学生到农村就业、创业，使大学生到农村就业创业没有后顾之忧，从而有利于农业人才到农村就业创业。

分析得出：发达国家法体系较为完善，措施运行的同时就考虑到法律伴行，使得大学生到农村就业、创业得到及时的法律保障，使大学生到农村就业、创业有法可依。我国大学生村官长效机制的构建与完善正应该借鉴国外立法经验，保证我国大学生村官在创业过程中有法可依，更加坚定我国大学生村官长效工作机制的法定合理性，使其拥有更强有力的保证，提高大学生村官长效机制运行的稳定性。

二、构建大学生村官长效工作机制的路径启示

大学生村官长效工作机制的根本目的在于为农村输送新鲜血液，增加农村智力资源，

扭转人才短缺现象，为农村全面建设小康社会和社会主义新农村建设提供才智。那么如何保证大学生村官机制的长效性，保证农村人才源源不断地输入，而不会中断，就是我们目前急需解决的问题。根据以上我们对国外促进大学生扎根农村、服务农村的成功经验的分析，我们可以得到一些启示，并将这些启示应用于构建大学生村官长效工作机制的实践中，推动长效机制的不断完善。

1. 明确大学生村官身份，指导大学生村官科学、合理流出

我国大学生村官制度一直以来都受到法律法规上的质疑，根据我国《村民委员会组织法》的规定，村级领导必须在本村村民范围内提名选举，留任村官要进入村委班子，要么修改有关规定，要么授予其"村民"身份，使得大学生村官制度的实施受制于我国城乡二元制户籍结构等多方面的限制。这里我们必须明确，大学生村官是一个过渡性岗位，即便继续留任村官工作岗位，也是意味着只是把过渡期延长。大学生村官留任数量非常有限，如果留任太多将导致村官积压、进口不畅，村官工程的长期性就此中断。正因为如此，大学生村官应该借鉴国外成功经验，通过宣传思想工作，使打算应聘村官的大学生们明确对大学生村官的身份、岗位认识，充分了解大学生村官制度实施的目的，避免出现村官们对身份、岗位的误解而产生对政府实施大学生村官制度的怨怼情绪，并且正确引导大学生村官们更多地以自主创业和自主择业方式流出，避免机制运行线淤堵，确保大学生村官进入和流出的顺畅，保证大学生村官机制长期高效。

2. 有针对性地培养适合做村官的大学生群体，为选聘工作提供丰富的大学生人才资源

大学生村官长效工作机制的起始环节就是选聘，要让大学生到农村就业、创业，首先高等学校就要培养出农村建设发展所需要的人才，并在这些优秀的人才中选聘出最合适的人选。我们中国教学模式以往都是重理论轻实践，而要深入农村的大学生村官们必须具有实践能力和实践经验，才能更好地投入到农村工作中去。因此，有针对性有目的性地培养农村需要的各种人才，使他们通过理论与实践的密切结合，来增强自身的实践能力和实践经验，是构建大学生村官长效工作机制的关键前提。只有大学生村官具备了农村生活的实践能力和实践经验，才能保证他们在农村发挥最大作用。大学生村官的选聘是为农村发展注入新鲜血液，而农村就好比我们国家整体里的一个器官，新注入的血液与器官配合合理，才不至于产生排斥反应，大学生村官才能在农村长久地发挥作用，带动农村经济发展。因此，应该深化教育改革，加强实践基地建设为大学生提供更多的实践机会，使将来到农村就业的大学生们具备农村工作所需的实践能力，保证大学生村官制度的有效性。同时，可以通过改革招生制度，对一部分学生实行定向招生制度，为指定的农村地区量身打造所需的各类人才，要求这些定向生毕业后到指定的农村地区工作一定年限。当然，在这一制度实行中政府为选择定向的大学生提供一定的优惠政策，调动他们服务农村的积极性，这样能为社会主义新农村建设提供更多的实用型人才，确保大学生村官选聘的高效性和大学生村官制度整体的长效性。

3. 加强激励机制建设，加大财力等政策优惠，为农村"留"住大学生村官

对于到农村就任的大学生村官，现在全国各地普遍采取的扶持政策是减免助学贷款、发放安置费、公务员招考中加分及研究生的招考中择优录用等。几经试行现在又取消了公务员招考中的加分政策，调整为大学生村官量身特设特定岗位进行考录等。而大学生村官自主创业，现在普遍采取的优惠政策是在资本注册、税收及贷款等方面给予一定的便利和优惠，也有一些帮扶机制。根据国外成功经验的启发，我们应该在原有优惠政策的基础上加大财力政策支持力度，加强对大学生村官的激励机制的建设，可按照不同农村地区的状况制定不同的标准，发放安置费及补贴，尤其提高偏远、欠发达地区的补贴金额。为大学生村官提供更加丰富的创业支持，比如给予类似招商引资的税收、贷款利率等优惠，在创业第一年府可根据其注册资本的数额按比例进行补贴；在提供贷款的时候，根据当地农村经济状况实行不同的优惠利率；税收方面，实行大学生村官3年任期内减免政策，第一年可免税收，第二年以后减免的比例逐年降低；由政府牵头，通过联合农业机构、农业组织和社会力量创建"农村创业基金"，为大学生村官创业提供免费咨询、技术、网络支持以及一定的资金赞助，对于任期满继续留任的且参加创业的大学生村官，作为农村经济发展带头人给予专业化培训，为其提供更广阔的发展空间；开辟大学生创业"绿色通道"，推行联合审批、一站式服务、限时办结服务等。

4. 构建、完善法律法规，通过立法支持和监督确保大学生村官优惠政策的有效实施

为鼓励大学生面向农村就业，鼓励大学生村官自主创业，各级政府出台了许多优惠政策，但很少形成法律条文，或者优惠政策比较原则化、缺乏针操作性，使很多优惠政策都流于形式，因此必须尽快制定出大学生就业、创业新农村的相关法律、法规，就像国外成功案例那样，有明确的安置费、补贴级别分类和具体金额，以及清晰的税收、利率优惠额度等，让创业者可以心中有数，让每一位创业的大学生村官都能受益于优惠政策。同时，建立起相应的监督机构，对大学生村官创业的相关法律、法规实施情况进行监督检查，发现违反法律、法规的行为及时予以核实处理，以此确保国家制定的各种优惠政策得以真正落实。比如国外那种对优惠政策收益人有着明确的限制条件，严格按照法定条件和流程实施优惠政策，保证优惠政策实施的有效性。

基于人力资源管理视角的大学生
村官生存状况调查研究

张屯鑫　赵金玉　何万凌　张　熙　查金辉

　　国家实施大学生村官计划，是引导和鼓励毕业生面向基层就业的切入点和突破口；是新农村建设对人才迫切需要的反映；是加强农村基层组织建设、培养锻炼年轻干部的有效途径。同时知识型的大学生村官给新农村建设带去了新的思维、新的发展观念。在农村产业结构调整、招商引资，发展村级集体经济、带领村民致富方面起到了积极甚至关键的作用。大学生村官到基层一线培养和锻炼，对社会主义新农村建设、加强农村基层组织建设和政权建设起到积极的作用，改善了所在村级干部年龄、知识结构，缓解了一些地方村干部老化弱化、后继乏人的问题。

　　中国是一个农业大国，农村的发展影响着中国的发展。目前，我国正处在社会主义新农村建设之际，无论从速度上还是质量上来说农村的发展都还比较缓慢，生产力水平相对低下，农村人才结构失调，基层人才匮乏，农村干部队伍的建设比较滞后。然而中国的城乡差异又造成了农村精英人才的严重流失，对农村的人才支持是我国在新农村建设初级阶段的必要举措。而大学生村官政策的实施，鼓励广大大学毕业生到农村去，搭起了通向农村的人才桥梁，在一定程度上缓解了农村对建设人才的迫切需要。另外众所周知，近年来，随着高校"扩招"，大学毕业生数量大幅增长，特别是金融危机爆发以来，加之"扩招"使得大学生的数量大幅度增长，每年都有上百万的大学毕业生需要就业，而我国城市提供的就业岗位的容纳能力又是有限的，大学生就业问题便成了社会问题中比较突出的一个，如果不能有效地解决这一问题，高校的一部分大学毕业生将处于待业或失业状态，造成人才资源的闲置、浪费，更为严重的是将会带来更多社会问题的出现及恶化。与其千方百计寻找城市已近饱和的就业机会，不妨把眼光投向广阔的农村。因此，实施大学生村官政策，鼓励广大高校毕业生到基层去，既解决我国大学毕业生就业问题，又缓解了就业压力的需要。

一、本次调研背景、思路及基本情况介绍

　　2002 年，河南省鹤壁市招聘 205 名大学生村官，自此拉开了河南省大学生村官工程序幕。到 2008 年，全国范围内选聘高校毕业生到村级基层组织任职工作全面开展，此项政策实施以来，各省（直辖市、自治区）及地（州、市）也陆续出台相关政策规定，就政策的施行不断进行细化、深化和完善。如今，大学生村官已成为了新农村建设的一股重要

力量，然而，大学生村官在服务新农村建设的同时，自身也面临诸多的困境。那些新时期上山下乡的大学生们生活工作中所处的困境是什么呢？带着一系列的疑问，本课题组展开了本次调查研究。

研究者在实地调研前，在查阅文献资料的基础上制作了访问提纲、调查问卷。课题组的调研活动从大学生科技创新项目立项开始，实地调研活动从 2011 年寒假开始，前后共计 42 天，本报告涉及的调研数据来自这次社会调查，采用封闭式问卷调查与深度访谈相结合的调查方式。主要考察了大学生村官的生活、工作环境，分别对大学生村官、村民、村干部及镇领导、在校大学生进行了问卷调查和现场访谈，从中得到了第一手资料。

本次调查采用判断抽样的方法，发放问卷 180 份，有效回收 158 份，有效问卷回收率为 87.8%，其中大学生村官 60 份，村民、村干部和镇领导 42 份，在校大学生 56 份。课题组用 SPSS 软件对回收问卷进行了分析，分析方法主要为频数分析和描述分析。样本对象分布的基本情况为：①性别分布：男性 67.2%，女性 32.8%。②年龄分布：20～30 岁 68.2%，31～50 岁 23.1%，50 岁以上的为 8.7%。③文化程度分布：高中以下 15.6%，大专 12.8%，本科 66.4%，研究生 5.2%。④身份分布：村干部及镇领导 14.5%，村民 12%，大学生村官 38%，在校大学生 35.4%。

二、大学生村官目前面临的困境分析

理想与现实激烈碰撞，虽然大学生村官工程取得了一定实效，但是目前仍存在大学生角色定位的偏差、大学生村官工作上不深入、大学生村官面临专业和自身能力与农村真正需要的人才不相适应、大学生村官面临工作难有作为、创业机制不健全影响大学生村官创业、薪酬福利待遇偏低、大学生村官面临出路的选择及政府的后期管理等方面的问题。

1. 就职心理和角色定位的偏差

首先，在就职心理方面，根据回收的问卷分析的数据显示，23.3% 的大学生选择当村官是因为被政府一系列的优惠政策所吸引；36.7% 的大学生只是因为就业压力导致在城市求职难；25% 是为了"到基层锻炼积累经验，为以后从政打基础"；仅有 15% 的学生认为"农村的发展空间更适合我"（表 1）。在大学生村官中，72% 的学生主要顾虑任职期满后的出路问题，这其中仅有 23.3% 的人选择在合同期满之后留下任职。

这说明，很大一部分人把到农村任职当成一种过渡和跳板。这种心态表现在工作中，就是被动地完成上级下达的任务，工作缺乏主动性。特别是部分大学生村官的初衷只是为了增加基层工作经验，为考公务员、考研、进企事业单位等增加砝码，把主要精力则放在复习应考上，工作质量大打折扣。调研中发现部分村官不能摆正位置，调整好心态。有的认为自己是个村官，属于管理者，不主动与村民打成一片，不能全身心沉入到最基层的农村生产、生活中。这也就造成有些大学生村官工作不深入，与同事之间的关系不是十分的融洽，同时这样长久下去使得自己对村官失去了兴趣，原来的满腔热血被冻结。

表 1　就职心理分析

就职心理分析	频数	百分比（%）	累加百分比（%）
被一些列优惠政策吸引	14	23.3	23.3
就业压力大	22	36.7	60
积累经验	15	25	85
农村发展空间适合自己	9	15	100
总计	60	100	

资料来源：本研究。

2. 工作上不深入

调查发现，进村第一年的大学生村官多数面临工作难以"深入"问题。专业不对口（12.2%）、村里矛盾复杂（7.0%）、人际关系难处理（13.3%）、缺乏被认同感（5.2%）和生活不习惯（6.3%）等问题合计占 44%，对前途感到迷茫的占 17.5%。两项合计占 61.5%。其困扰程度大约是收入困扰问题的 6 倍（9.1%）（图 1、表 2）。曾经有过大学生村官经历的一位同志说："不是随便什么人都可以到农村，并有所作为的！"这句话也正说明了农村是一个锻炼人的地方，它能够不断地激发人的潜能，深入基层深入一线不断地提高自己的能力和经验，为以后的发展打下坚实的基础。

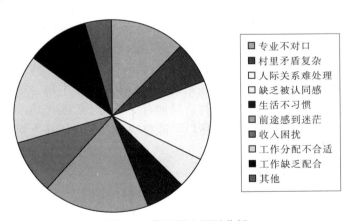

图 1　工作不深入原因分析

表 2　工作不深入原因分析

工作不深入原因分析	频数	百分比（%）	累加百分比（%）
专业不对口	35	12.2	12.2
村里矛盾复杂	20	7.0	19.2

(续)

工作不深入原因分析	频数	百分比（%）	累加百分比（%）
人际关系难处理	38	13.3	32.5
缺乏被认同感	15	5.2	37.7
生活不习惯	18	6.3	44.0
前途感到迷茫	50	17.5	61.5
收入困扰	26	9.1	70.6
工作分配不合适	42	14.7	85.3
工作缺乏配合	29	10.1	95.4
其他	13	4.6	100
总计	286	100	

资料来源：本研究。

3. 专业和自身能力与农村真正需要的人才不相适应

根据本次调研，分析出大学生专业状况和村民期望差距不容乐观。问卷中，村民和村干部大都希望能把专业对口（提到较多的有农林业种植、养殖、畜牧、水利、法律、财会、电子信息、企业管理）、综合素质较高、为人正直、作风踏实、性格外向、能带领大家致富创业的优秀大学生派到村里。相关数据显示，与村民期盼的对口专业仅仅能够占到30%，大学生初出校门，对农村的环境、现状了解不深，对市场经济了解不够，对国家的一些方针政策把握不足，与经济发展能联系起来的不多。大学生村官知识背景远离农村实际是一个不容忽视的问题，许多大学生村官只拥有一个大学生的光环，而缺乏农村工作的知识背景和农民迫切需要的实用技术，所以不能很快与农民沟通和建立感情，这也为自己日后的工作埋下了隐患。

4. 大学生村官面临工作难有作为

（1）一些大学生村官经常被乡镇政府以各种各样的名义从村里"借调"出去，有人甚至一年到头都在乡镇政府的办公室，更谈不上为村里发展有什么作为了。在调研过程中，课题组发现有些村（居）民甚至就不知道自己所在的村（居委会）有大学生村官。

（2）涉世不深、经验不足的大学生村官们，很难融入当地环境。在当前环境下，大学生村官只能干些辅助工作，没有决策权，大事干不成，他们很尴尬，有些人甚至很迷茫。这都极大地浪费了人力、物力、财力，背离了政策的初衷，没能真正地发挥出大学生村官的先进性，长此以往这也将会令大学生逐渐厌倦在农村的工作，从而造成人员的流失。

（3）大学生掌握农业政策的能力不容乐观。在问卷及访谈过程中本课题组发现绝大多数的村支书盼望大学生村官有一定的政策运用能力。而与之形成强烈反差的是，多数大学生对农业和当前的一些经济政策一无所知，虽然有一部分也谈到农村税费改革、新农村建设，但与农村工作要求存在很大差距。

（4）在"您认为大学生到村里任职会遇到哪些困难"这一问题的回答上，村支书多数认为，大学生人生地不熟，容易与其他村干部产生隔阂，村里的宗族血缘和邻里关系错综复杂，不被信任，缺乏农村以及基层的工作经验，与农村工作要求不相适应等问题，都会影响大学生作用的发挥。而大学生在对"你到农村任职的最大担忧是什么"的回答中，多数对到村里任职的困难估计不足，这样就很可能造成大学生在任职后的几次碰壁中，产生消极厌倦情绪。

5. 创业机制不健全影响大学生村官创业

在调研中，我们发现有创业意愿的大学生村官很多，可是真正创业成功的却很少。经过调研后我们发现缺动力，创业意识不强、缺技能，创业经验不足、缺政策，创业扶持不够、缺资金，金融扶持力度不够、缺合适的项目等成为大学生村官创业成功率低的主要因素。

虽然各级党委、政府积极鼓励支持大学生村官创业，也出台了一系列扶持大学生村官创业的具体举措，但从总体上讲，对大学生村官创业的扶持力度还不够大。一是政府扶持政策尚欠细化。许多大学生村官认为当前政府出台的扶持政策总体上比较笼统，希望在规费减免、税收优惠等方面予以明确细化。二是大学生村官创业精力尚难保证。大学生村官大部分时间需要工作，而创业需要有一定的时间和精力投入，但在创业援助政策中，虽然允许大学生村官占用一定工作时间用于创业，但没有具体可操作性的规定，难以保证大学生村官创业的时间和精力，也不便于对其进行规范管理。另外，村官们在项目选择上，大多选择了种植、养殖、加工和观光农业等传统农业项目。但是大学生村官中，管理学、工学和文学专业占了 70%，农、医专业只占 10.5%。这种错位，致使许多创业项目的想法虽好，却往往让大学生村官产生心有余而力不足的感觉。

6. 薪酬福利待遇偏低

根据问卷中反馈的信息作出的分析显示，大学生村官工资普遍偏低，而且发放不及时。按照国家要求是比照本地乡镇从高校毕业生中新录用公务员试用期满后工资水平确定工作、生活补贴标准，但是在调查过程中发现大部分村官的薪酬待遇远不及同期工作的乡镇公务员。在 CPI 持续升高的今天，村官那微薄的工资已经很难满足当前的生活。尤其是当同学相聚时看到别人的高收入带来的幸福生活，自己便会倍感失落。

7. 期满出路的艰难选择

基于以上分析的种种原因，大学生村官的工作积极性受到了一定的影响。在调研中也发现，大学生村官们最为关心的还是自己合同到期之后的出路。在 2010 年 5 月份中组部、教育部等部门联合下发的《关于建立选聘高校毕业生到村任职工作长效机制的意见》，对大学生村官 3 年后的去向有较为明确的规定：一是鼓励担任村干部；二是推荐参加公务员考试；三是扶持自主创业；四是引导另行择业；五是支持继续学习深造。面对各种去向，大学生村官又将如何选择呢？

调查中，对"3 年后您的首选的去向"的回答，高达 46.7% 的大学生村官选择报考公务员，仅有 23.3% 选择留在农村继续当村官，还有 11.7% 选择考研，8.3% 的大学生村官选择创业，10.0％选择其他（图2、表3）。座谈交流中一些大学生村官认为，"近年来，越来越多的公务员岗位都以基层经验作为重要条件，我们3年的基层工作经验，某种程度上增加了报考公务员的砝码，与刚毕业的大学生相比将具备一定的竞争优势。"但是就在2010年9月6日，人力资源与社会保障部正式确认，今后大学生村官等6类服务基层项目的人员报考公务员不再享受加分优惠政策。无疑又一次打击了他们，有关专家也提出应解决好过渡人群的现实问题。而准备考研的人也面临着许多的困难，3年间很多人都将所学的知识遗忘了很多，与他们竞争的则是准备很久的在校应届生，可想而知考研对于他们来说困难非常大。

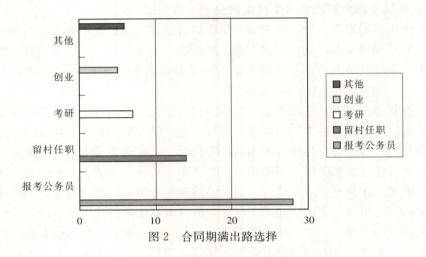

图2　合同期满出路选择

表3　合同期满出路选择

合同期满出路选择	频数	百分比（％）	累加百分比（％）
创业	5	8.3	8.3
考研	7	11.7	20
留村任职	14	23.3	43.3
报考公务员	28	46.7	90
其他	6	10	100
总计	60	100	

资料来源：本研究。

三、大学生村官制度改进建议

选聘大学生担任村官是一个新生事物。开展好大学生村官工作，不仅是缓解当前大学生就业难的一剂良方，更是引导大学生投身农村，实现人力资源合理配置，培养来自基层后备干部，加快农村发展的长远之策。2008年底，国家副主席习近平在大学生村官代表座谈会上提出，要切实关心大学生村官的成长成才，着力构建大学生村官工作长效机制，努力使大学生村官"下得去、待得住、干得好、流得动"。各地、各有关部门既要关心大学生村官的眼前问题，又要关注他们的长远问题，不断完善政策机制，使大学生村官工作得以健康发展。

战略导向人力资源管理4P模型抓住了人力资源管理的核心技术，便于操作和实践，降低了人力资源管理成本。研究者在实地调研及查阅相关文献资料基础上，基于人力资源管理理论中的4P模型（素质管理、岗位管理、绩效管理、薪酬管理）提出以下建议：

1. 完善大学生村官的选拔和培养教育机制

可建立大学生村官人才资源库制度，以及高校选送与区县选聘对接机制；严格执行选聘程序和条件，并增设心理测试环节；建立高校推荐大学生村官的信用评估机制，通过案例跟踪和综合测评，不断改进选聘程序和方式。相关部门要针对大学生村官这一岗位进行工作分析，制定出本岗位的工作说明书，以此作为选拔大学生村官的一个标准。同时也要根据农村发展的实际需要，选聘好大学生村官。为了避免用非所学，让大学生村官学以致用，在设置选聘条件时要以农学、经济管理、行政管理等专业以及发展村镇工业所需的专业为主；再者为了缩短适应农村的过程，尽可能选聘本土的大学生村官就近任职，防止和避免由于语言不通、生活习惯不同，影响大学生村官的工作、生活。其次要加强对大学生村官的培养和教育，让他们真正成为村官。为了防止大学生村官成为"花瓶"、"看客"和"高级杂工"，不仅要给他们明确职务，更重要的是要明确分工，多压担子多交任务。在大学生村官基本了解村情民情后，要大胆放手让他们单独负责一片或一方面的工作。只有这样，才能真正发挥大学生村官的作用，体现他们的价值。

同时，要不断加强适应性培训，对新选拔的大学生村官要进行尽早进入状态的上岗培训，对在任的要实行年度培训或不定期集中学习，重点培训学习法规政策、农业科技知识和农村工作方法等；要锻炼应付事务的能力，引导他们认识农村实际，学会处理农村一些复杂的社会问题；要加强联系和关爱，设立专门的大学生村官的管理和联络机构，经常性地举办联谊活动、谈心活动、经验交流活动；也要从促进大学生村官健康成长的目标出发，针对大学生村官的不同实际，对大学生村官进行个性化、差别化的培养和教育，努力将他们培养成为管理型、社会服务型和创业型等各种类型的有用人才。

2. 建立绩效考核管理体系，实行大学生村官静态控制、动态管理机制，实行基于3PM薪酬体系设计理念下的薪酬体系

为激励大学生村官积极工作，为新农村建设多作贡献，各级大学生村官主管部门应建立健全科学的绩效考核管理体系，细化绩效考核标准，强化管理措施，通过量化考核和严格管理，引导大学生村官努力干出实实在在的业绩。

同时，把激励、退出机制结合起来，凡考核优秀的大学生村官，实行发展党员优先、晋升优先、推荐荣誉优先等。对业绩不明显、工作能力差、群众不认可的大学生村官，经组织考察确认后，予以淘汰。工资待遇与工作实绩挂钩。工作实绩和民主测评、重点考核相结合，将工资提高部分作为绩效工资考核发放。同时对于第一年考核合格的村官给予第二年基本工资增加一定数额的工资递增机制，充分调动大学生村官的工作积极性，让他们能够全身心地投入到新农村建设中去，带领广大的农民走上致富的道路。

3. 各级政府部门要引导大学生村官在新农村建设中干事创业以及帮助他们尽早完成角色转换工作

可设立大学生村官创业导师组，指定或聘用有经验的管理干部、企业家及专业人士组成参谋班子把关；特别要重视对大学生村官创建项目的帮扶，政府部门在政策环境上要给予优惠，对于大学生村官创业的资金难题，研究者认为可通过设立大学生村官创业基金、整合帮扶资金和提高小额贷款数额来解决。利用组织、农业、商贸、财政、团委等部门联合成立的联席会议，协调涉农部门争取项目资金，以各级财政拨款支持、社会热心捐助参与、专业基金化管理运作的方式成立大学生村官的创业基金，为大学生村官创业提供贷款贴息和资金担保等服务。同时鼓励企业设立大学生村官创业合作项目，在自主创业之外扩大创业渠道；建立创业绩效评估制度，对于启动实施的大学生村官创业项目定期评估，优秀者给予适当鼓励。

大学生村官应该先做村民，再做村官，听懂老百姓的话，努力说老百姓听得懂的话，主动创造机会，熟悉村情民情，尽快融入农村。村组干部也应充分利用大学生村官知识丰富或一技之能，引导他们通过兼当农村急需的文艺生活员、政策辅导员、信息解读员、农技培训员等途径让他们主动去认识村民，拉近与村民的距离。也让村民去理解支持他们，共同为自己村的发展"添砖加瓦"。

4. 各级政府部门需要建立大学生村官队伍后续保障机制

由于大学生村官经验较少，提出观点、建议得不到应有的重视，应适当保护大学村官的建议和选举的权利。对于村民自治和乡镇机构改革形成的客观限制，可实行身份与岗位分离制度，即户口、单位管辖等在城里，工作岗位却在农村，服务期满可自主决定去留，保证"才"源不断。对大学生村官需要或要求选举进入村委班子的，可探索诸如"荣誉村民"等机制，解决好选举身份问题。针对部分村官群众基础不足，对所在村作出突出贡献的人予以特殊考虑等机制。在村委换届选举中保证公平公正的选举环境，为大学生村官竞选提供公正公平的平台。

5. 各级政府部门需要创新大学生村官工作机制，给予大学生村官更多的施展空间

除了担任村党支部书记助理和村委会主任助理外，可以根据工作需要探索设立法律助理、文化助理、卫生助理等专门岗位，让大学生村官参与监督目前的支农项目；安排大学生村官到农民专业合作社、专业技术协会等村办单位任职；积极推荐优秀人才担任各级党代会、团代会等代表，畅通大学生村官参与决策的渠道。同时，需要建立科学的评价机制，建立严格淘汰和退出机制，并探索和完善大学生村官团队工作模式，进一步提高大学生村官的团队意识和能力等。

6. 各级政府部门需要切实畅通流动渠道，尽早为大学生村官谋划出路

为了让大学生村官"流得动"，打消他们的思想顾虑，各级政府应按照中央的有关政策，进一步细化定向从大学生村官中招录公务员、选聘优秀大学生村官充实事业单位等制度，并对现有渠道进行拓展。比如：

（1）通过合法程序支持大学生村官进入村"两委"班子，将其成长发展与党政机关特

别是乡镇机关后备干部培养的渠道链接;

（2）在前期考核的基础上择优选拔大学生村官直接进入机关事业单位，并逐年提高录用比例以提高大学生村官的工作积极性;

（3）同时开辟新渠道，如利用国家扩大内需机遇，发展农村社会文化事业，或者通过享受补贴、减免税收和获得小额贷款等方式，吸引更多企业招用任职期满的大学生村官。

其次，需要完善预测和选评机制实现需求对接，为日后大学生村官流得动早作准备。对于考研的村官要尽量为他们去协调，帮助他们能够考上较为理想的大学，鼓励他们报考目前农村急需的专业，尽可能引导他们继续选择农村、服务农村。同时，按照政策规定，在让大学生村官正常合理流动的同时，也要加强思想引导，鼓励一部分人扎根基层，安心农村工作，为农村培养一批高素质的基层干部，推进新农村建设，促进农村的发展。对于有志于往其他方向发展的大学生村官，各级政府部门可以将那部分村官加以集中，对他们进行再就业教育，帮助他们能够适应飞速发展的外部环境。

四、结　　论

选聘大学生村官到农村任职，是农村社会经济发展的需要，也是培养共产主义事业接班人的需要。作为各级政府部门要将大学生村官当人才使用，当子女关爱。要从思想、工作、学习和生活等多个方面予以指导帮带，促其健康、快速成长。交办任务多压担。各地均可适时地安排大学生村官参与到一些中心工作，让他们接受锤炼，积累经验。各地也要组织一系列的培训帮助大学生村官增见识。多渠道积极组织大学生村官参加教育培训，增长知识、拓宽视野、增强本领。作为大学生村官，就要尽快转变自己的角色以及服务基层的观念，提高自身实际的工作能力与本领，用感情、友谊、真诚深入农村一线，拉近与农民之间的距离，切实解决农民最迫切、最需要、最担心的工作生活问题，真正融入农村生活，为新农村建设奉献青春年华。

参　考　文　献

[1] 风笑天. 社会学研究方法 [M]. 北京：中国人民大学出版社，2009.

[2] 弗洛德·J·福勒. 调查研究方法 [M]. 3版. 孙振东，龙藜，陈荟译. 重庆：重庆大学出版社，2009.

[3] 赵春清. 人力资源管理 [M]. 上海：立信会计出版社，2005.

[4] 澹宁. 大学生村官的红火与尴尬 [N]. 河南商报，2007-04-17.

[5] 陈忠. 大学生村官与中国政治生态：意义、问题与趋势——大学生村官的一种政治学分析 [J]. 苏州大学学报：哲学社会科学版，2009（04）.

[6] 王天敏. 对"大学生村官计划"的历史审视 [J]. 安徽农业科学，2007（34）.

[7] 肖立辉. 新"上山下乡运动"的现实难题 [J]. 人民论坛，2008（11）.

[8] 袁君宝. 大学生村官现状调查与优化分析 [J]. 法制与社会，2008（24）.

[9] 李延林. 人才成长与舆论环境 [J]. 领导科学，1989（07）.

[10] 雷传江，宋月红．社会主义新农村建设中大学生村官培养的思考［J］．安徽农业科学，2007（29）．

[11] 郑风田等．大学生村官，一把双刃剑［EB/OL］．人民网，2009-03-22.

[12] 姚东瑞．大学生村官成长环境分析［J］．中国青年研究，2010（10）．

[13] 田晓超．论大学生村官政策面临的问题与解决对策［J］．内蒙古农业科技，2007（04）．

[14] 冯晓静．浅谈大学生就业与新农村建设［J］．大学时代（B版），2006（07）．

[15] 汤文华．建设社会主义新农村的重要举措——开发农村人力资源［J］．内蒙古农业科技，2006（05）．

[16] 杨振海．关于大学生村官计划可持续发展的理性思考［J］．江汉论坛，2010（06）．

[17] 朱林，张毅，宫辉．陕西："新知青"境况堪忧——基于对陕西省 67 名大学生村官的问卷调查分析［J］．新农村（黑龙江），2010（05）．

[18] 付宁军．大学生村官［M］．南京：江苏人民出版社，2009.

[19] 郭成全．充分发挥大学生村官作用加快推进社会主义新农村建设——对淇县大学生村官工程实施情况的调查与思考［J］．人才资源开发，2010（1）．

[20] 中国农业大学．中国村社发展促进会大学生村官课题组 新农村建设的生力军——大学生村官发展研究报告［J］．农村工作通讯，2008（10）．

[21] 马骥．80 后大学生村官心理问题分析与对策研究［J］．工会论坛，2010（16）．

[22] 刘唐宇等．大学生村官的理性思考［J］．江西农业大学学报：社会科学版，2008（3）．

[23] 李包庚，黄斌，魏娜．大学生村官现状调查与思考——以浙江省慈溪市为例［J］．青年研究，2007（09）．

[24] 曹萍莉．论大学生村官伦理精神的构建［J］．管理学家，2010（03）．

[25] 杨卫国．宿迁市大学生村官的实践和思考［J］．组织人事学研究，2010（08）．

[26] 史小红．由河南大学生村官现状引发的思考［C］．新农村人才战略研讨会论文集．

[27] 张瑶祥．对实施大学生村官计划的思考［J］．教育与职业，2007（20）．

[28] 尤莉娟．浅谈高校对大学生村官选聘前有针对性培养的重要意义［J］．辽宁经济职业技术学院辽宁经济干部管理学院学报，2008（4）．

[29] 赵晓凯．大学生村官计划实施中存在的认识误区及解决对策［J］．山西农业大学学报：社会科学版，2008（4）．

[30] 庞晓飞，田利民，周勤超．对大学生村官创业困惑的探析［J］．西部金融，2010（07）．

关于"大学生村官"计划在推动新农村建设中的思考

河南省漯河市郾城区孟庙镇大学生村官　　胡峰丹

建设社会主义新农村，是党的十六届五中全会上提出的一项重要战略任务，旨在推进我国农村城镇化进程，统筹城乡经济发展，解决"三农"问题。新农村建设，关键在人才。然而，各地在推进这场运动的过程中却陷入了"人才困境"[1]，我国农村基层组织面临着领导班子建设滞后、人才短缺、后继乏人的尴尬。与此形成鲜明对比的是每年都有许多大专以上学历的高校毕业生因没有找到合适的就业岗位而待业在家。新农村建设对人才的急需与优秀人才资源的相对闲置形成了极大的反差。大学生村官计划的实施实现了智力优势群体与农村干部队伍的有机对接，开辟了一条缓解大学生就业压力与选拔培养农村干部的新途径。

一、实施"大学生村官"计划对新农村建设的重要意义

1. 有利于改善农村干部队伍的知识结构，提高村干部的整体素质

建设社会主义新农村，人才是关键。现在农村基层组织工作人员素质普遍不高，存在着年龄结构老化、科学文化水平和法律政策水平偏低、创新意识和开拓进取精神不足等问题。据有关人员对河南省漯河市的实地调查显示：该市农村干部初中学历以下的占到65.91%，大专学历以上的仅占 3.41%，其中 50 岁以上的村干部占到 33.6%。这种状况很容易造成农村干部整体活力不够，思想陈旧，接受新事物能力差，政策理解能力和办事能力不强等缺点。由于农村干部中多数人集文化知识低、年龄偏高等不利因素于一身，所以在一定程度上讲，他们的法律政策水平低是必然的，对党的基本理论和政策也不可能有全面、深刻的理解，以至于难以适应建设新农村的需要。工作中常常是"老办法不顶用，新办法不会用，硬办法不能用，软办法不管用"，工作被动，缺乏总揽全局的能力，面对纷繁复杂的工作局面，力不从心，束手无策，造成各项工作的滞后[1]。特别是近年来，随着经济社会的发展，农村劳动力越来越多转移向城市，留在农村的青壮年越来越少，农村基层组织面临着后继乏人的窘境。大学生虽有在处理实际事务、解决实际问题方面缺乏经验和方法的不利因素，但他们整体科学文化素质高、思想观念先进，法制、民主、科学意识较强，对党依法、民主和科学执政的理解更深刻。有计划地将大学毕业生补充到农村基层组织中，使村级领导班子在年龄结构、文化结构、能力结构等方面得到明显改善，有助于提高基层干部整体素质，更好地带领群众贯彻党的各项路线、方针和政策，维护农民的权益，提高政府在农民心中的信用度，推动农村民主化和法制化进程，增强农村的稳定性。同时，"大学生村官"计划也会给农村基层干部带来有形或无形的压力和挑战，增强

他们的竞争意识、危机感和责任感，提高农村干部的工作积极性和主动性，焕发农村干部队伍的生机和活力[2]。

2. 有助于引进先进的科学技术，促进农村经济的发展

经济的发展需要技术和人才的支撑。但我国农村近 9 亿人口平均受教育年限不足 7 年；在农村劳动力中，小学文化程度和文盲半文盲占 40.31%，初中文化程度占 48.07%，高中以上文化程度仅占 11.62%，系统接受过农业职业教育的农村劳动力不到 5%；全国国有企事业单位中的农业科技人员只有 67 万人，仅占全国专业技术人员总数的 2.2%，高、中级农业科技人员主要分布在省会城市为主的省级涉农大专院校和科研单位，许多县没有高级农业科技人员[3]。从我国人才流动的走势来看，受传统的城乡二元结构的影响，向往城市成为农村的一种普遍社会心理。农村大量的劳动力，尤其是有一定文化层次的劳动力，开始大量地向城市流动和转移，而农村大量的大中专毕业生又不愿回去。由此出现了人才从农村到城市的单向流动，农村几乎成为人才"洼地"的现象。在这种情况下，很有必要通过实施"大学生村官"计划搭建农村人才"高地"、促进城乡人才双向流动。当前我国农村实用性人才匮乏，农民不仅缺技术、缺服务，而且也缺教育、缺引导[4]。大学生有知识有文化，能给农村带来先进的农业科技，开发新型的农业产品，提高农副产品参与国内和国际市场竞争的能力；通过引进新的农业产品，调整农村的产业结构；运用互联网等手段，寻找到最新最快的农业行情，指导农民的种植；另外大学生们身处市场经济发达的城市，长期受到市场氛围的熏陶，加上在学校中学到的经营知识，能指导农民对农产品的营销，帮助农民脱贫致富。

3. 有助于引导乡风文明，丰富农民精神文化生活，促进农村文化发展

乡风文明是新农村建设的一个重要目标，农村文化建设是社会主义精神文明建设的重要内容。然而，许多地方在推进政治、经济、文化三个文明建设的过程中却存在着脱节的倾向，尤其是农村文化建设明显滞后。农村原有的文化资源本来就严重不足，特别在乡镇以下的农村基层文化基础设施、文化活动、文化教育更为贫乏。而大批青壮年外出打工，使得农村文化人才的培养出现断层，文艺骨干队伍难以形成，组织群众性的文化活动举步维艰。青壮年外出打工的另一个结果是空巢家庭的出现，那些留守老人不仅要侍弄承包的责任田，还要照看留守儿童，承载着常人难以承受的重负。尤其是到了农忙时节，他们往往早出晚归，除了干活就是吃饭睡觉，晚上连电视都顾不上看。即使在农闲时节，由于缺乏基础设施以及组织意识，村民几乎没有什么群体性的娱乐活动，其精神文化生活之贫乏可想而知。"无事"则"生非"。一些传统的、落后的、腐朽的文化开始抬头，封建迷信活动沉渣泛起，一些青年把麻将、扑克牌作为闲暇时主要的娱乐工具，但多数带有赌博性质。优秀的文化传统来不及接受现代性转换，便被文化糟粕所取代，有相当一部分家庭几乎天天上香，四季不绝，这在一定程度上对家中青少年的思想也产生了一定的负面影响。此外，现代文化中民主、平等、自主的精神还未在农村扎根，封建的"遇事从权"的思想影响还比较严重。"大学生村官"具有较高的科学文化知识，工作讲程序，办事讲民意，他们在农村把自己当成党的政策的宣传员，除了宣传党和国家出台的各项政策法规之外，还可以利用所学知识和自身的特长开展农业培训，举办科技讲座，建立医疗服务点，组织群众开展丰富多彩、健康向上的文体活动，成为新知识的传播者、新文明的倡导者、新思想的实践者，为农村带来更高层次的民主春风，提高农村干部的民主素质，增强农民群众的民主意识，从而推动农村的物质文明、政治文明和精神文明的发展，为和谐社会和新农村建设提供有力保障[5]。

4. 有利于拓宽大学生就业渠道，提高其适应社会的能力

从 20 世纪 90 年代末开始，大学生就业难逐渐成为我国的一个重要社会问题。特别是随着近年来的高校扩招，毕业生数量的不断递增，大学生就业压力越来越大。据统计，1999 年我国高校扩招以来，普通高校招生规模大幅度递增，2007 年的高校毕业人数已达到 495 万人[4]。而 2008 年全国高校毕业生人数，又将再创历史新高——达到 559 万人，比 2007 年增加 64 万人，每年将有 25％左右应届毕业生不能就业。我国政府一向重视解决就业问题，积极寻求就业新渠道，近几年来，出台了一系列地鼓励大学毕业生到农村就业的政策。在中共中央国务院出台的 2007 年中央"一号文件"《中共中央国务院关于积极发展现代农业扎实推进社会主义新农村建设的若干意见》中再次提到将"完善鼓励大专院校和中等职业学校毕业生到农村服务的有关办法，引导他们到农村创业"[2]。在这种情况下，通过选派的形式将一些优秀的大学生充实到农村担任村官，缓解大学生在城市的就业矛盾和压力，并逐步使选派"大学生村官"形成制度，无疑是开辟大学生就业渠道的一条重要的途径。我国共有 72.3 万个行政村，在新时期新形势下，我国广大农村将成为大学生就业的一个新领域[4]。农村是一个广阔的天地。农村的情况往往是错综复杂的，如上级要征用农民的土地，农民又要维护自己的利益，这自然会有矛盾。还有农村计划生育问题、宅基地问题、邻里纠纷等，可谓千头万绪[3]。由此可见，处理农村中各种各样的矛盾，对一个人综合素质的要求是非常高的，但对一个人的成长也是很有好处的。因此，从长远来说，"大学生村官"的经历，对学生自身既是一种锤炼，也能为其以后的发展积累经验，提高其适应社会的能力。

二、"大学生村官"计划实施过程中存在的问题

在"大学生村官"计划实施后的几年里，更多的城市朝着这条由先行者探索的路子矢志不移地前行着，以实干和创新汇入新农村建设的洪流，有效地改变了村干部的年龄和知识结构，促进了基层干部队伍建设，促进了广大农村各项事业的迅速发展，引领了新时期高校毕业生扎根基层的新风尚，唱响了引导和鼓励高校毕业生面向基层就业的主旋律。越来越多的事实证明，这是一项既有利于大学生成才，又有利于新农村建设的双赢措施。正如平顶山市委常委、组织部部长薛新生所说，向农村大规模选派"大学生村官"这一战略决策是人才培养和新农村建设的双赢之举：一方面打造了人才培养和锻炼的新模式，有利于改变当前我国人才单向流动的不合理状况，有利于促进城乡人才双向流动，搭建农村人才高地。另一方面打破了新农村建设的人才困局，促进了新农村建设[6]。然而，选派大学毕业生到农村任职，毕竟是一项全新的改革和尝试，在实施的过程中还是存在着不少的问题。

1. 大学生村官的角色没有实现合法化

《村民委员会组织法》明确规定了村民委员会的产生方式和候选人范围，"村民委员会主任、副主任和委员由村民直接选举产生。任何组织和个人不得指定、委派或者撤换村民

委员会成员"，"年满十八周岁的村民，不分民族、种族、性别、职业、家庭出身、宗教信仰、教育程度、财产状况、居住期限，都有选举权和被选举权；但是，依照法律被剥夺政治权利的人除外"，"驻在农村的机关、团体、部队、全民所有制企业、事业单位的人员不参加村民委员会组织，不属于村办的集体所有制单位的人员可以不参加村民委员会组织"[2]。因此，从法律角度看，大学生担任的并不可能是真正意义上的村官，充其量只能担任村党支部书记助理或村委会主任助理等职务，否则违背法律规定。大学生村官角色的模糊使大学生处于"非官、非农"的尴尬处境，很多想长期扎根农村的"大学生村官"失去了发挥才能的更为广阔的舞台。

2. 一些地方只重视前期选拔，后期管理不到位

对"大学生村官"的科学管理是保障该计划顺利实施的关键环节。不少地方不顾当地的实际情况，盲目"跟风"推行"村官"计划。在选拔时缺少与基层的沟通，不了解用人单位的真正需求，致使下派的大学生感觉"无用武之地"，用人单位也热情不高。同时大学生下派后，组织部门也疏于对这一特殊群体的跟踪管理，如对大学生的教育培训、科学考核、社会保障、工作支持、生活关心等[2]，致使"大学生村官"队伍管理处于放任状态。同时，还有一些地方对帮扶措施落实不够，甚至存在"有苗不愁长"心理，特别是对"大学生村官"的创业不能有效帮扶，在项目资金、政策优惠等方面顾虑太多，难以充分调动"大学生村官"创业的积极性[4]。

3. "大学生村官"的未来职业发展前景不确定

尽管全省各地在"大学生村官"待遇、出路等方面都给予了一定的优惠政策，但这些政策兑现起来有很大的难度。表现为："大学生村官"收入待遇多为"补贴"性质，而且数量有限，与当前大学生收入期望值差距很大；在当前严格控制乡镇机关、事业单位编制的情况下，"大学生村官"的"身份"问题难以落实下来；一些地方承诺的报考公务员优先、可提拔乡镇副职等，在《公务员法》和现行的干部管理制度下很难兑现[4]。在任职期满后一旦选择回城就业，则面临着就业渠道不畅、几年的农村工作经验难以移植到其他工作岗位上等诸多问题。

4. "大学生村官"在农村出现"水土不服"

首先，许多大学生对于到基层工作缺乏充分的认识和心理准备，对于农村工作的实际困难也估计不足，一旦来到基层，理想与现实可能会出现很大差距，巨大的心理落差一定程度上影响了工作积极性。其次，一些大学生缺乏对农村工作的了解和知识储备，加之部分高校忽视实践教学环节，使大学生无法胜任农村工作。再次，选拔大学生村官往往偏重于对大学生政治素质的考查，缺乏专业方面的考虑，使有些大学生感到"学非所用"，很难适应农村工作。最后，大学生村官是由地方政府选拔、任命的，村民是否认可这些"空降"的大学生很大程度上决定了他们能否顺利开展工作。一部分大学生村官在村民中开展工作，缺少主动联系群众的积极性，加之部分村民传统的宗族观念和排外思想的影响，使大学生无法融入村民当中，失去群众基础[2]。上述情况导致的最直接后果就是大学生村官难以长期扎根农村，服务农村。

5. 考核、录用机制上存在漏洞

据有关人员对浙江慈溪市的调查资料显示，村民对"大学生村官"的专业要求比例分布为文秘 17％、法律 13％、计算机技术 10％、商贸 10％、农学 6％。可见村民对"大学生村官"是充满期待的，而这些方面的人才也正是现代农村所需的。在招收"大学生村官"时，以上专业方向的大学毕业生可优先录取。所以录取前要做好调查工作，确定需要怎样的人才。

从调查的情况反应看，大多数"大学生村官"对绩效考核问题提出了一些质疑，不清楚绩效考核是如何具体操作，而其标准又是怎么样，也就是没有明确的成文规定其操作的程序、考核的标准，公开性、公平性也就无从谈起。这在很大程度上打击了一些"大学生村官"的工作积极性[7]。

6. 部分乡镇在用人上实用主义思想严重，对"大学生村官"重视不够

以政绩论干部是我们的干部原则，但"数字出官，官出数字"的潜规则，使一些乡镇领导最大限度地追求自己在本届任期内的政绩。而"大学生村官"刚出校门，需要一段时间的熟悉和锻炼，与工作多年的老村干部相比，无论是在环境适应上还是工作经验上都处于相对劣势地位。他们不可能一到农村就使农村大变样，做出很大的业绩。而这种情况的结果可能就是一些人对他们失去信心，由此导致个别地方"大学生村官"被闲置靠边，甚至存在被忽视、排挤的现象[4]。

三、进一步完善"大学生村官"计划的若干建议

（一）实现"大学生村官"角色的合法化

事实证明，"大学生村官"角色的模糊已经严重影响了这项计划的实效。政府应该积极探索，尽早给予"大学生村官"明确的角色定位。笔者认为可以做以下的尝试：在不改变立法的前提下，可以将选拔出来的大学生村官，任命为村支部副书记或村委会主任助理，聘用两年连续考核合格的，按照有关规定和程序，档案和户口可转至工作地，让"大学生村官"获得选举权。当然这也需要建立起相关的配套政策，如在大学生服务期满选择回城工作时，在落实户口方面给予政策优惠；或者制定相关的法律法规，实行身份与岗位分离制度，探索诸如"荣誉村民"等机制，解决好选举身份问题[2]。

（二）要制定科学合理的选拔办法，建立科学的管理机制

1. 建立严格的选拔机制

首先，进行充分调研。选拔前组织部门必须进行详细调研，了解基层组织的需求状况，保证因地制宜地输送人才。其次，制定严格选拔标准。选拔时不仅要考核学生的政治思想素质和社会工作能力，还要考虑学生服务农村的热情、专业对口和生源地等问题，尽可能选择热心农村工作、所学专业在农村有一定的适用性和志愿回原户籍地就业的大学生。最后，实行严格的选拔程序。选拔时坚持按照公平、公正、公开的原则，统一组织笔试、面试和考察工作，并要在政治待遇、经济待遇、激励机制、淘汰机制、评价机制等方面制定相应的管理办法，使"大学生村官"能引得进，留得住，用得好。

2. 实施科学的管理制度

第一，"传帮带"制度。大学生刚刚开始农村工作，缺乏基层工作经验。为此，乡镇干部和村干部要很好地发挥"传帮带"作用，建立起固定的"一对一"帮带对象，帮助大学生尽早熟悉工作，完成角色的转变；第二，培训制度。包括任职前培训和任职中培训两个环节。任职前的培训包括对大学生的心理指导和调适，与农村相关的政策、法规，基层工作的方法和技巧等方面内容，以便于大学生以从容、健康的心态开始基层工作，并较快掌握农村工作的知识和技巧。另外要通过集中培训、工作座谈会、经验交流会等形式加强任职过程中的培训，促进大学生知识的更新；第三，考核激励制度。建立选聘村官考评办法，定期组织考核，考核结果作为发放地方补贴和职务任免的主要依据，对表现优秀的选聘村官，作为后备干部培养，按照一定的条件和程序选拔使用，镇党政机关及事业单位补充工作人员或公务员录用时，可优先面向他们招考。

（三）创造良好的"大学生村官"成长环境

1. 营造良好的社会舆论

通过广泛的政策宣传和舆论引导，让社会各界对"大学生村官"这一新生事物有一个充分的认识和正确的理解，为大学生到农村工作营造良好的舆论环境，吸引更多优秀的大学生投身农村工作。

2. 制定合理的政策

政府应制定鼓励大学毕业生下乡当"村官"的优惠政策，如保留城市户籍、减免学费和助学贷款、提供安全保障等，解除他们到农村工作的后顾之忧。更重要的是，提供长期服务农村的社会保障、财政和创业支持等，吸引大学生扎根农村。

3. 注重政策落实

尽管目前许多地方政府纷纷制定了一系列针对"大学生村官"职业发展的优惠政策，但是能否具体落实才是真正影响大学生村官发展的关键[2]。

（四）改革课程体系及知识结构，注重引入实践环节

1. 转变高校办学观念，多设置适应农村经济发展的专业

在大学生村官政策的指导下，高校应转变办学理念。学校在坚持务实、弹性、自主选择等课程设置的原则下，根据农村的实际状况，设置有关适应农村管理的选修性专业，让有志于服务农村的大学生能提前进行一定的学习，培训一批能应对农村管理问题的高素质人才。

2. 在教学过程中充分注重实践环节

高校可以在农村建立实习基地，组织"模拟管理"，让有志服务于农村建设的大学生有更多机会深入基层，通过与农民的广泛接触、交流，使大学生与农民能够得到双向沟通。这可以使大学生充分认识现实与理想的距离，从而让真正有能力胜任"村官"这一职务的大学生脱颖而出。

3. 充分利用社会资源

学校可以邀请农村优秀干部或专家来校讲座，让大学生吸收成功经验。来自城市中的

大学生由于地理环境的因素远离农村，脱离农民，对农村的印象仅仅停留在浅层次的认识上，为了更方便、更清楚地让大学生了解农村民情，转变对农村的传统认识，学校可以邀请农村优秀干部在大学中举办农村就业的讲座，或者与农村地区县乡村干部合作，在大学里举行人才招聘会，向大学生们宣传本地的商机，提供优惠的创业条件[8]。

（五）"大学生村官"应尽可能本地选拔，本地任职

目前，异地任职的"大学生村官"占有相当比重。《村民委员会组织法》规定，户口在本村的村民才能担任村民委员会成员。实践证明，从"大学生村官"的成长过程来看，选拔本村的优秀大学毕业生在本村任职，更能发挥作用。而不少异地任职的"大学生村官"家居他乡或城镇，难以保证与村民朝夕相处，进入村民委员会也存在法律上的问题。因此，选拔本村的优秀大学毕业生回村任职应成为"大学生村官"的首选[5]。

（六）加强培养、管理、考核、监督

在选拔任用上，明确重点选拔对象，提高选拔条件。明确农村中需要的人才类型，在同等条件下对该类型的大学毕业生优先录用。选拔一些工作能力强、素质高的毕业生到村工作，避免出现辞退等情况。强化培养，进行动态管理，健全培养与管理体系，发挥党的组织优势，抓好组织与思想领导，加强舆论引导，引导一些优秀的"大学生村官"加入中国共产党，保证"大学生村官"在政治上的先进性，使之成为党的基层组织中的中坚力量。加强监督管理与考核，考核、人事部门要进一步完善考核办法，在年终总评的基础上，增加半年初评，并通过调整单招单考政策，来强化考核结果的运用[4]。

（七）建立健全对"大学生村官"的评价监督制度

由于当前各地的"大学生村官"计划实施时间都不长，理论、制度方面缺乏保障，对"大学生村官"在基层工作岗位中干得怎么样、群众满不满意等一些具体工作的评价还缺乏科学评估标准。因此，可尝试建立系统的"大学生村官"监督评价体系，以监督、规范、指导、评估"大学生村官"的具体实践工作。针对当前对"大学生村官"的管理现状，可以从以下几个方面把握：一是分期评估，循序渐进。大学生融入基层实践工作是一个渐进的过程，应该在其工作的适应期、成熟期及其发展期进行相应的效绩评价。二是注重过程，加强监督。既要重视对政绩结果的结论性评价，更要重视日常工作过程的监督，对工作中存在的缺点或错误及时提出改进意见。三是综合评价，客观透明。每年度由上级党委、村级"两委"、当地群众共同对其进行考评，并公开考评结果、建立业绩档案。要通过综合评价保证结果的客观性。要注重对考评结果的运用，保证奖罚分明、公正合理。要注意紧密联系评价的结果，对每位"大学生村官"实行"分类晋档，勤绩联酬"，实现业绩与待遇挂钩。要把激励、退出机制结合起来，凡考核优秀的"大学生村官"，实行发展党员优先、选用支书优先、推荐"荣誉"优先等；对业绩不明显、工作能力差、群众不认可的"大学生村官"，经组织考察确认，予以淘汰退出[4]。

四、结　　语

实施"大学生村官"计划，为社会主义新农村建设"助跑"，不是权宜之计；鼓励高校毕业生创业于农村，为大学生就业"减压"，更非一日之功。国家号召大学生服务于农村，深入基层，是为推动社会主义新农村建设，推进农村地区城市化进程，是为改变农村产业结构，盘活农村经济总量，改善农村环境而充当新知识、新经济的传播者[9]，是为拓宽大学生就业渠道，缓解就业压力，提高大学生综合素质的创新之举。这是一项功在千秋的系统工程，它需要政府、大学生、高校的共同努力，更需要全社会尤其是几亿农民的大力支持和协助，只有这样，我国农村经济才能不断发展，社会才能更加和谐。

参 考 文 献

[1] 翟书斌，刘军铭．大学生村官——新农村建设的内发核心力 [J]．职业圈，2007（6）．

[2] 李晓玉，李晓宁．关于完善"大学生村官"计划的思考 [J]．湖北广播电视大学学报，2007（10）．

[3] 张瑶祥．对实施"大学生村官"计划的思考 [J]．理论研究，2007（20）．

[4] 万银锋．"大学生村官"：一种值得推广的制度安排——对河南省实施"大学生村官"计划的调查与思考 [J]．中州学刊，2007（4）．

[5] 宋相义．农村村级组织建设的创新之举——对"大学生村官"计划的调查与思考 [J]．前沿，2007（2）．

[6] 文正建．河南："大学生村官计划"的探索与实践 [J]．特别策划，2006（21）．

[7] 李包庚，黄斌，魏娜．"大学生村官"现状调查与思考——以浙江省慈溪市为例 [J]．青年探索，2007（6）．

[8] 周玮，吴兆基，王娇，吴玉．高校在大学生村官实践中的对策研究 [J]．农村经济与科技，2007（10）．

[9] 雷传江，宋月红．社会主义新农村建设中大学生村官培养的思考 [J]．安徽农业科学，2007（29）．

大学生村官长效机制的 PEST 分析

连云港市社会科学院　薛继坤

从 2008 年开始，中央决定用 5 年时间选聘 10 万名高校毕业生到村任职，之后数量调整到 20 万。时至现今，第一批大学生村官已经离任，五年计划也已经到了末期，江苏省是较早推行大学生村官计划的省份，并在实施过程中积累了丰富经验，取得了显著成效，但同时也存在着很多问题。为使大学生村官更好地发挥作用、施展才华、提升能力，各地在加强大学生村官的培养、管理和使用等方面进行了积极的探索与尝试，面对新形势、新任务，我们必须针对大学生村官制度存在的问题，积极探索科学合理的解决方案，构建和完善大学生村官长效机制，更好地发挥大学生村官在农村经济社会发展和全面建设小康社会中的积极作用，实现大学生村官计划的宗旨，推动我国经济社会稳定可持续发展。

一、PEST 内涵及其与大学生村官长效机制的关系

PEST 分析是一种宏观环境入手的分析法，其中内含 4 种因素：P 是政治因素（political system），E 是经济因素（economic），S 是社会因素（social），T 是技术因素（technological）。PEST 分析法是通过政治、经济、社会和技术 4 个方面的因素分析，从总体上把握宏观环境。大学生村官制度是一项宏观决策制度，具有鲜明的政治性、社会性等特征，因此，很有必要对大学生村官长效机制进行 PEST 分析，从政治、经济、社会、技术 4 个方面因素入手，分析并评价这些因素对构建和完善大学生村官长效机制的影响，并进一步探索构建和完善大学生村官长效机制的现实路径。大学生村官长效机制与 PEST 分析法的关系图如图 1。

二、大学生村官长效机制的 PEST 分析

（一）政治因素是构建和完善大学生村官长效机制的政治导向

大学生村官计划是具有政治性的国家决策，因此大学生村官长效机制的构建与完善必然受政治因素所影响，政治背景和政治动机决定了大学生村官长效机制的政治导向，同时政策的变动也将影响大学生村官长效机制的实践效应。

1. 政治背景和动机直接决定了大学生村官计划的政策导向

从我国大学生村官计划实施的政治背景和政治动机来看，大学生村官计划的实施是我国经济社会发展的需要。一方面，我国社会主义新农村建设大局需要引进高素质人才。发展经济是新农村建设的关键，急需优化基层组织结构，而村级组织年龄结构偏大，知识结构水平低下，观念老旧保守，无法通过创新带动农村经济发展；同时，农

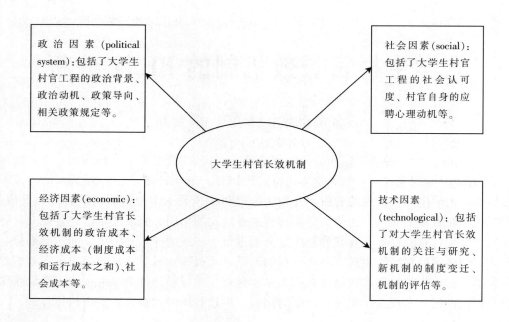

村劳动力转移，导致大部分青壮年劳动力涌入城市务工，村中留守人员多为老、病、幼，基层人才匮乏，素质需要提高，特别是在农村急需的教育、医疗卫生、农业技术等方面表现更为突出。一方面，我国政治可持续发展需要培育高素质的接班人，需要了解基层，熟悉基层工作，同时又有领导能力的综合素质强的人才，这也需要选拔大学生人才到基层农村锻炼成长，为我国可持续发展积累后备人才。另一方面，近年来由于经济危机、大学生扩招等综合因素影响，我国大学毕业生就业形势比较严峻，由麦可思研究院独家撰写、社会科学文献出版社正式出版的就业蓝皮书《中国大学生就业报告》中数据显示，2007 年大学生毕业半年后就业率为 87.5%，2008 年为 85.5%，2009 年为 86.6%，2010 年为 89.6%，大学生就业矛盾比较突出，大学生村官计划的实施无疑是政府采取的一种分流就业压力的尝试。

2. 政策规定直接影响着大学生村官计划实施的进程和效果

随着大学生村官计划实施的不断深入，大学生村官报考情况火爆起来，这股村官热，很大程度上与国家政策的支持分不开。比如，国家政策规定"大学生村官在基层服务满两年后，经过考试合格者被录用为公务员"。更进一步，不同地区根据这一国家政策细化了本地区的专用政策，比如重庆市规定"大学生'村官'在基层服务满两年后，经过考核合格者被录用为公务员"，还有的地区规定大学生村官期满合格可以转为事业编制。很多人将这类政策形容为"一只脚已经迈入了公务员队伍"。这种就业"兜底"政策，极大程度地吸引了大学毕业生，对大学生村官计划的实施起到了显著的导向作用。总之，村官计划各个环节（选拔、培训、管理、退出）的相关政策，都时刻影响着大学生村官计划实施的进程和效果。政策制定的明细与否、对于村官计划利益相关者作用不同的政策等，都直接影响着大学生村官长效机制的构建和完善。

（二）经济因素是构建和完善大学生村官长效机制的重要基础

构建和完善大学生村官长效机制离不开经济，而最重要的莫过于构建和完善长效机制所需要的成本，成本的高低直接影响着长效机制作用的发挥和新机制的完善。

1. 政治性成本决定了大学生村官长效机制的稳定性和长久性

构建和完善大学生村官长效机制的政治性成本是指构建和完善长效机制所利用和消耗的纯粹政治资源，在一定程度上是社会性成本的延伸，其关键的部分就是民心成本，主要包括民众的支持程度。支持率低，则政治性成本高，会影响人民对党的大学生村官计划决策的信服和认可度，会阻碍大学生村官计划的顺利实施，会影响大学生村官长效机制的构建与完善，严重的将会影响到党的执政。支持率高，所付出的政治成本就低，政府就会保持稳定，政府关于大学生村官计划的决策就会是"长久取向"而非"权宜之计"，就可以稳定可持续发展。

2. 经济性成本影响着大学生村官长效机制的经济性和收益率

构建和完善大学生村官长效机制的经济性成本是指构建和完善长效机制所需要耗费的资金、财力。可以包括大学生村官长效机制的形成费用（制度形成成本）、长效机制运行的费用（制度运行成本）和长效机制变迁（制度变迁成本）的费用。制度形成成本是指为了大学生村官长效机制能够顺利进行所必须花费的费用，它包括村官计划制定、方案选择所花费的费用，对有关人员进行培训所花费的费用等。制度运行成本是指大学生村官长效机制进行过程中所必须花费的财力、物力、人力的总和，这是长效机制经济性成本的主要部分。围绕大学生村官制度存在着很多利益方，各利益方之间的博弈势必影响制度的执行成本，或者说利益主体之间未能进行必要的利益博弈，从而容易增加制度执行的阻力，导致制度执行成本的增加。制度变迁成本指的是大学生村官长效机制不断完善过程中，通过不断修正和继承给原有的机制收益带来损耗，而产生的费用。大学生村官长效机制的变迁，应该是渐进式变迁，逐步完善，所需要的时间比较长，相对应需要的时间成本比较高。同时，在大学生村官制度变迁过程中，必然会受到旧有制度的既得利益方的阻碍，克服阻碍需要相应的成本损耗。而且在旧制度向新制度变迁的过程中，新旧制度在一定时期内会共存，这又会引起摩擦成本的产生。因此，经济性成本将直接影响大学生村官长效机制的经济性和收益率。

3. 社会性成本决定了大学生村官长效机制的和谐性和可持续性

构建和完善大学生村官长效机制的社会性成本是指构建和完善长效机制所使用的社会资源，或者说是社会为之付出的代价，包括价值、态度、道德、观念、社会心理等各方面的因素。社会性成本是村官计划决策者必须考虑的因素，假如构建和完善长效机制的社会成本过高，社会为之付出的代价过于沉重，就会影响这一决策的效率和效用，严重的会阻碍社会的进步和发展。首先是社会心理的承受力问题，如不充分考虑社会对大学生村官长效机制的心理承受力问题，在执行过程中很可能使大学生村官计划的目标扭曲与变形，偏离既定的轨道，这样就会带来社会负面效应，严重影响大学生村官计划的效用。其次是社会的稳定与发展，稳定与发展是国家考虑的一个永恒主题，也是社会和谐要考虑的一个重要方面，如果广大人民群众对大学生村官长效机制的认可度比较低，社会成本就会增加，社会对国家的决策就会产生怀疑或否定的态度，不利于全社会和谐发展。为此，社会性成本决定了大学生村官长效机制的和谐性和可持续性。

（三）社会因素是构建和完善大学生村官长效机制的稳定保障

社会因素是指社会上各种事物，包括社会制度、社会群体、社会交往、道德规范、国家法律、社会舆论、风俗习惯等。它们的存在和作用是强有力的，影响着人们态度的形成和改变。大学生村官长效机制除了官方积极向好的认可之外，还需要全社会的公共认可。据调查，广大农村基层的人民 70％左右对大学生村官抱有很大的期望，希望他们能够给农民老百姓带来更好的生活，有 10％左右的人持怀疑和否定的态度，基层群众还对大学生村官有一些担心，担心他们不能扎根农村，不能积极主动为村民服务，缺少农村工作和生活的经验和经历等。导致大学生村官作用得不到充分发挥，无法真正融入农村，实现目标初衷，影响了人民对该政策的期望度。同时，大学生的心理动机也是影响长效机制的重要因素。不可否认村官工作本身就有很多机会主义的成分，大学生村官岗位只是一些人的工作跳板，而对于农村社会发展他们也许并不是那么关心，也没有多大的理想信念来支撑他们在农村真的可以"大有可为"。以江苏省连云港市大学生村官择业动机调查为例，总共 578 份问卷，其中 56.7％的村官表示择业动机是到基层锻炼积累经验，为以后从政打基础，真正想扎根农村的占极少数。可见，大学生村官择业动机带有较强的功利性，一旦全社会形成统一的"跳板"共识，将会给大学生村官长效机制的构建和完善带来致命的打击，作为长效机制的主体的心理动机会直接影响长效机制的稳定性。

（四）技术因素是构建和完善大学生村官长效机制的必要支撑

大学生村官长效机制的技术因素包括了对机制的研究、新机制的制度变迁、机制的评估等。对大学生村官长效机制的深入研究，可以为大学生村官计划稳定可持续发展提供重要的理论支撑，可以为长效机制提供科学的技术性对策建议，有助于长效机制的不断完善。新旧制度的交替也是需要技术性因素的，如何完成新旧制度的更替，节约制度变迁成本的同时，避免社会矛盾的产生，都需要技术性因素做工具。另外，大学生村官长效机制的效果也需要通过技术因素来评估。大学生村官长效机制实施后的效果，也就是其所获得的收益与所耗费的成本的比较，两者都需要技术性因素来衡量。而且，在构建长效机制的重要成本环节，在长效机制的不断完善过程中，需要不时地把政治性、经济性、社会性成本三者进行综合考量，也必须根据每一种成本在总体成本中的权数作整体平衡，也就是说还是需要技术因素做依据来调整长效机制。因此，技术因素是构建和完善大学生村官长效机制不可缺少的支撑。

三、构建和完善大学生村官长效机制的实现路径

通过对构建和完善大学生村官长效机制的 PEST 分析，我们看到在构建和完善大学生村官长效机制过程中，长效机制会受到宏观环境诸多因素的影响，以政治因素、经济因素、社会因素和技术因素为主要，而且四种因素又相互交织，构成影响大学生村官长效机

制的宏观因素网。因此，我们必须从这四个方面把握大学生村官长效机制的宏观环境，以期待尽快构建和不断完善大学生村官长效机制，确保大学生村官"下得去、待得住、干得好、流得动"。

1. 着眼长期发展，始终坚持大学生村官长效机制正确科学的政治导向

以构建"下得去、待得住、干得好、流得动"的大学生村官长效机制为目标，始终坚持大学生村官计划的宗旨，在原有中央鼓励大学生报考村官的政策基础上，各地区进一步结合本地区实际情况，因地制宜地细化本地大学生村官相关政策，提高大学生下基层的积极性和主动性，在理论指导和路线方针上，为大学生村官长效机制提供正确科学的政治导向。

第一，要提高大学生村官政策的稳定性，确保大学生村官长效机制有一个稳定持续的政策环境。无论是中组部文件还是各地出台的细则，都对"大学生村官"的"待遇和保障政策"进行了规定，这些优惠政策，一方面是吸引许多大学生参加村官选聘的"磁力"所在；另一方面，这些政策执行到位的最终结果将不是稳定"大学生村官"队伍，而是帮助、促使其离开"大学生村官"岗位和农村这个"广阔的天地"。这些优惠政策对于大学生村官长效机制的稳定性产生了不利因素。同时，大学生村官政策热点，吸引了越来越多的大学生报考村官，政府也出台了大学生村官期满的出路政策，承诺了进入公务员队伍或者事业编制，给报考村官的大学生吃了一颗"定心丸"的同时，也提出了另一道难题：到大学生村官5年计划期满，所有村官结束任期，考核合格，公务员编制或者事业编制能否消化掉这庞大的村官队伍？对于一项涉及面如此广泛、影响力如此久远的公共政策，应该有长期的打算，要考虑到"接续性"或"善后性"的政策预安排。因此，我们必须在运用政策导向鼓励大学生到农村去的同时，从根本处考虑大学生村官的细节问题，完善大学生村官政策。一要缩小入口扩大出口，将原来一村一村官的政策设想进行调整，向实际需要村官的村子选派大学生村官，对那些村中政治经济制度和现实情况不适合选派大学生村官的村子，不要强派，改标准配额制为按需选派制。另外，要不断开拓大学生村官出路新模式，提高大学生村官政策的灵活性，不仅仅拘泥于公务员、事业编制，更进一步积极推动政企合作，将有基层经验的期满村官引入企业。二要从政策上保证大学生村官基层锻炼的实效性。从政策导向入手，要求大学生村官真正下到村，从事村中事务，来保证大学生村官长效机制的目标导向。

第二，要进一步探讨大学生村官政策的科学性和适宜性，确保大学生村官长效机制有适宜的成长土壤。大学生村官长效机制与农村现行的"村民自治"的政治制度、"联产承包责任制"的经济制度不能很好地实现兼容，使得大学生村官不能真正地融入农村，无法充分发挥自身的作用带动农村经济社会发展，这就要求政策制定和执行者提高重视，要根据实际状况适时适度地调整政策，从根本上，调整大学生村官政策和农村基本政治、经济制度相互兼容，使得大学生村官政策真正落到实处，确保村长效机制的正确导向。

2. 降低机制成本，重点实现实践中大学生村官长效机制经济成本的帕累托最优

夯实大学生村官长效机制的物质基础，最关键的就是要均衡构建和完善大学生村官长效机制的成本，为大学生村官长效机制能够稳定可持续发展提供有力保证。

第一，要从我国农村发展的实际来选择大学生村官长效机制模式和具体的长效制度。

要循序渐进，从简单到复杂，从低成本到较高的成本，防止急进式；要不断总结大学生村官计划实施过程中的实践经验，选择低成本、高效率的长效机制模式；要充分发挥基层组织的作用，引导大学生村官加强自我管理，降低政治管理成本；要理顺各种利益关系，培育和谐、文明的大学生村官文化，降低摩擦成本；要研究和设计科学的程序，尽量减少不必要的环节，节约成本。大学生村官长效机制的构建与完善是一门科学，只有将它与科学手段和科学方法结合起来，才能从根本上降低成本。

第二，要从建立完善定期选聘机制、建立完善跟踪培养机制、建立完善创业扶持机制、建立完善管理考核机制、建立完善待遇保障机制、建立完善有序流动机制、建立完善合力推进机制出发，调查大学生村官实际情况，科学考虑协调制定长效机制的成本问题。充分考虑长效机制的设计成本，在大学生村官长效工作机制开始运行之初适度增加长效工作机制设计成本，以提高其精确度，以此来大幅度地降低长效机制总成本并提高其净收益，收到事半功倍之效。从长效机制各组成部分、运行环节出发，投入充足的制度设计成本，可以避免预计不足而产生的后续增加成本，保证长效机制运行流畅。大学生村官长效工作机制发展过程中要尽早投入对长效机制的完善，加大长效机制的激励成本投入，充分激发机制运行主体们的积极性和活力，使其不断进行"细胞内"自我完善；同时，避免"必然向好论"的盲目乐观主义情绪，加大制约成本的投入，不失时机地迅速封堵各种制度漏洞以防止其病症滋生蔓延，导致整个长效机制不能有效运行。

3. 促进社会和谐，充分发挥大学生村官长效机制正面积极的社会效应

我们必须从社会认可度、从民心出发，降低社会成本，努力提高大学生村官计划的实效性。降低大学生村官长效机制的社会成本，主要应该着眼于大学生村官长效机制的构建与不断完善过程中，长效机制的构建和完善过程关系到广大社会成员的切身利益，不可避免地包含着利益分配，必然危及大学生村官政策的公正性和现实效果。因此，必须确立让公众参与大学生村官长效机制的政策选择和社会决策的原则，来保证大学生村官长效机制的公正性和实效性。大学生村官长效机制构建与完善的受益者最直接的就是大学生村官和农村社会发展，广大城市居民群众会认为大学生村官长效机制与他们无关，他们不愿意承担机制的相关成本，社会对大学生村官计划的接受度、认可度大大降低，这就加大了大学生村官长效机制的社会成本，因此，我们必须科学解读大学生村官计划的目标和意义，让全社会理解和重视大学生村官长效机制的构建和完善，降低其社会成本。当然，群众对大学生村官计划的接受度和认可度，一部分原因在于大学生村官自身的报考动机，因为很多大学生对村官工作的跳板思维造成了群众对其认可度的降低，为此，必须调整思维、端正大学生村官的报考动机，间接地降低大学生村官长效机制的社会成本。通过降低大学生村官长效机制的社会成本，推动其发挥正面积极的社会效应，促进社会和谐。

4. 运用技术手段，不断丰富大学生村官长效机制赖以完善的必要依据

加强对大学生村官长效机制的深入研究，应及时了解国家对构建和完善大学生村官长效机制的投资和支持重点，了解大学生村官长效机制研究和实践的发展动态和机制效应等，提高构建和完善大学生村官长效机制的技术水平。长效机制形成过程中需要收集信息、加工信息，深入调查大学生村官工作情况、大学生村官制度的现实流程及其运行的实际情况等相关的各种信息，进行相应的加工。因此，必须融入先进的技术手段和技术工具

对相关信息进行归纳、加工和提取，从中提取出精华作为丰富大学生村官长效机制的重要依据。同时，需要将先进的人力资源管理技术、制度设计技术等引入大学生村官长效机制的构建与完善之中，提高大学生村官选拔、培训、管理、考核的技术水平，推动大学生村官长效机制的不断发展。具体措施比如坚持以人为本，设定"个性化"培养方向，体现个人奋斗目标与组织培养方向的有机统一；按照个人意愿与农村对应岗位相匹配，递进培养，把科学引导和理性选择、培养措施与个人需求相结合；坚持按需施教，实施"差别化"培养措施，打造特色"村官工程"，突出培养重点，凸显分类特点，促进大学生村官成长；坚持跟踪考核，构建"动态化"管理机制，体现柔性培养与刚性考核的有机统一等，通过技术融入，丰富大学生村官长效机制必需的理论和实践依据。

优秀调查报告

中国农业大学大学生村官发展调查报告

——兼论农科专业大学生村官特点

中国农业大学村官工程研究小组

2008 年起大学生村官工作在全国推广以来，去农村牧区担任大学生村官，历练自己已经成为高校毕业生的重要选择。作为农科院校之一的中国农业大学，自 2005 年开始，至今已有超过 497 名毕业生加入到了大学生村官队伍中，参与了工程建设。从 2008—2012 年大学生村官抽样调查情况看，排名第一的是管理学科，平均占 16.01%，第二位的为法学，占 12.47%，第三位是工学，占 11.75%，第四位为文学，占 10.91%，其后为理学、教育学、经济学，分别占 9.56%、8.94%、8.73%，农学排在第 8 位，占 6.86%。农业科学技术与社会主义新农村新牧区建设关系甚大，农业大学在大学生村官中的地位究竟如何？立志建设农村的农业大学学子们当如何对待大学生村官事业？如果报考大学生村官，农业大学的学生应作好怎样的准备？上述问题是摆在农科学子面前的基本问题。本研究小组于 2011 年 10 月至 2012 年 3 月期间，在 2005—2011 年期间担任大学生村官的 497 名中国农业大学毕业生中抽取 128 名作为调研对象，采用问卷调查、访谈、个案研究的方法，对上述问题进行了初步调查研究。有关结果介绍如下：

一、基本情况

中国农业大学毕业生参加大学生村官工作最早始于 2005 年。当年人文学院毕业的本科毕业生黄腾宇、畅泽萍竞聘到北京市平谷区担任大学生村官，其中黄腾宇一直留任至今。从 2006 年开始，连续 3 年全校应聘大学生村官数量均在年 100 人以上，2009 年后，因部分省市限制外地生源应聘比重，总量有所减少，但依然有大量毕业生选择大学生村官作为重要发展渠道（表 1）。2005—2011 年，全校共受聘大学生村官 497 人，在在京高校与全国农业院校中处于发展前沿位置。

表 1　中国农业大学受聘大学生村官专业领域分布

项目	2005	2006	2007	2008	2009	2010	2011	汇总
人文与发展学院	2	21	15	27	6	5	11	87
经济管理学院	0	29	26	8	9	11	3	86
农学与生物技术学院	0	16	20	21	3	8	17	85
资源与环境学院	0	5	11	11	4	4	9	44
水利与土木工程学院	0	13	10	7	1	3	2	36

（续）

项目	2005	2006	2007	2008	2009	2010	2011	汇总
水利与土木工程学院	0	13	10	7	1	3	2	36
动物科技学院	0	3	8	15	4	3	2	35
工学院	0	5	8	6	0	3	4	26
动物医学院	0	3	8	6	0	3	2	22
食品科学与营养工程	0	4	6	3	1	3	5	22
信息与电气工程学院	0	6	6	6	0	2	1	21
理学院	0	3	3	5	1	1	2	15
烟台研究院	0	0	0	0	0	2	7	9
生物学院	0	2	0	0	1	1	2	6
思想政治学院	0	0	0	0	0	1	1	2
实验班	0	0	0	1	0	0	0	1
汇总	2	110	121	116	30	50	68	497

从专业结构来看，2005—2011 年统计，人文与发展学院、经济管理学院、农学与生物技术学院毕业生受聘人数最多，分别占全校受聘总人数的 17.5％、17.3％、17.1％。三类专业合计，占总数的 52％。从发展趋势来看，文科类专业先期发展水平高，比重大。随着发展推进，理科类受聘毕业生数量持续上升，比重不断提高。2005 年，人文与发展学院毕业生率先开启先河，这一年文科类毕业生受聘比重是 100％；2006 年为 46％，之后略有反复，但直到 2009 年仍然达到 50％水平。近年来呈现为持续下降态势。2010 年占34％，2011 年占 22％。这一趋势也表现在受聘研究生的专业结构方面。除 2008 年之外，2009 年文科专业类占总受聘人数的 58％，2010 年为 22％，2011 年为 21％（表 1、表 2）。

研究生比重大是中国农业大学受聘大学生村官的又一项特征。2008—2011 年统计，研究生受聘人数为 76 人，占总受聘人数的 15％。其中 2008 年为 19％，2009 年为 40％，2010 年为 36％，2011 年为 35％。在学科专业分布方面，资源与环境学院最多，占 26％，每年均有受聘研究生；农学与生物技术学院排名第二，占 16％；经济管理学院、信息与电气工程学院、动物科技学院依序向后排名，分别占 11％、9％、8％（表 2）。

表 2　中国农业大学毕业研究生受聘大学生村官专业领域分布

项目	2008	2009	2010	2010	汇总
资源与环境学院	11	2	4	3	20
农学与生物技术学院	0	0	3	9	12
经济管理学院	0	6	2	1	9
信息与电气工程学院	6	0	1	0	7
动物科技学院	0	2	2	2	6
人文与发展学院	0	1	1	3	5
水利与土木工程学院	5	0	0	0	5

（续）

项目	2008	2009	2010	2010	汇总
生物学院	0	1	1	2	4
食品科学与营养工程	0	0	1	2	3
工学院	0	0	1	1	2
思想政治学院	0	0	1	1	2
理学院	0	0	1	0	1
汇总	22	12	18	24	76

中国农业大学踊跃参加大学生村官工程建设，具有参加建设工作早、参加人数多、受聘研究生比重大的特点。从发展趋势看，早期发起阶段，文科类专业比重大，随着发展，理科类专业毕业生受聘比重持续上升，逐步占据了主导地位。

二、主要建设成就与特点

（一）聘任大学生村官以北京为主，得到学校的大力支持

中国农业大学就业指导中心负责大学生村官工作的姚彩霞介绍说，中国农业大学的大学生村官主要分布在北京，外地任职的是少数。中国农业大学的大学生村官活动，得到了学校的大力支持。学校通过"红色1＋1"、农业推广硕士班、新老大学生村官座谈会、农大关心下一代工作委员会等多种形式对大学生村官工作进行指导、支持与帮助。

（二）报考的思想动机多元化

对在岗和离任的农大大学生村官进行的问卷调查来看，当时报名参加基层工作的主要原因是可以落户等优惠政策吸引，占23.7％；其次为到基层锻炼积累经验，为以后从政打基础，占22.9％；为走进农村了解国情和想为"三农"做点事的比重分别占14.4％和13.8％；选择工作不好找先就业的占11.2％。总体来看，既有政府优惠政策的吸引，也有到基层历练成长的动机；既有为走进农村、为"三农"服务的个人理想，也有在择业压力下的现实。比较而言，因工作压力小、工作待遇较好、一时冲动而选择大学生村官工作的很少。

（三）1/4～1/3的部分对农村工作自信心强

2011年暑期，中国农业大学社会实践小分队对全国31个省市的124名村镇干部和330名村民的问卷调查表明，有93.5％的受访村干部支持农业类院校毕业的大学生到本村来开展工作，85.5％的受访村民更希望农业类院校毕业的大学生来到自己的村子开展工作。对于最希望大学生村官来农村解决什么问题，51.2％的村镇干部希望大学生村官能够

引进先进的农业技术，43.4％的村民希望大学生村官带来农业技术。基层干部群众对于农业技术的渴求和盼望，对于农科类院校毕业的大学生来说，具有得天独厚的优势。利用在农科大学学到的知识、技术和农科类院校的科技资源，到农村去干事创业，容易得到基层干部群众的支持。

有关调查结果显示，在回答"你的专业基础对工作有何影响"的问题时，在任大学生村官中有25％的部分回答说有一定优势，离岗村官对这一问题的肯定回答比率为35％。表明这部分大学生村官对自己从事农村工作较为自信，而且随着时间的延迟，工作信心呈增大趋势。在个别访谈中，大家多次提到，来自农大的大学生村官大多作风朴实，了解农村情况，受到当地群众的欢迎（图1）。

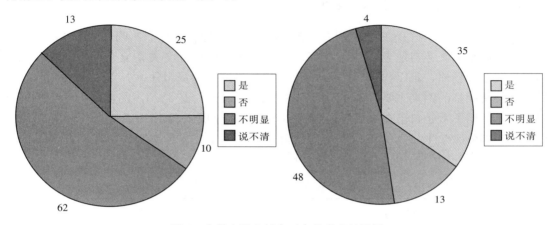

图1　农科大学生村官对专业意义的认识

（四）普遍发挥着积极作用

大学生村官在农村，最受关注的是做了什么，是否为村子作出了贡献，是否受到当地人们的欢迎。在回答"你认为自己对村子发展发挥了多大作用"的问题中，12％的部分回答发挥了较大作用，72％的部分回答发挥了一点作用，只有16％的部分回答发挥作用很少（图2）。

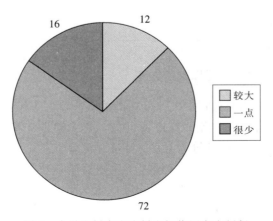

图2　大学生村官在农村发挥作用大小判断

大学生村官在农村发挥较大作用需要多长时间，中国农业大学暑期社会实践的调查结果为，村镇干部认为：1～2 年（16.9％）；2～3 年（25.8％）；3～5 年（37.9％）；5～10 年（13.7％）；更长（4.8％）；村民认为：1～2 年（13.3％）；2～3 年（28.8％）；3～5 年（32.4％）；5～10 年（11.2％）；更长（10.6％）。上述调查结果表明，大学生村官在农村发挥较大作用，非一朝一夕，立竿见影，而是需要 3 年、5 年，甚至更长时间。大学生村官工程大规模开展的时间仅 5 年，且目前大学生村官任期多为 3 年，发挥作用的时间有限，从熟悉农村到发挥作用时，往往面临期满出岗分流问题，在一个任期内发挥较大作用客观存在难度。

（五）所学专业知识不足成为主要工作障碍

中国农大大学生村官在农村基层工作中碰到的最大障碍是什么？调查结果显示，首先是所学东西不能服务当地老百姓，占 22.7％，其次为村里社会关系复杂，难以开展工作和信息关系不畅通，难以找到门路，分别占 18％，再次为资金短缺，难以发展项目。在农村基层所面临的困难主要有哪些的问题调查中（多选），有 42.9％的在岗大学生村官反映所学东西用不上是自己在基层所面临的困难，仅次于收入较低（61.9％）。电话访谈中还得知，部分大学生村官的工作基本为办公室从事文字、宣传类工作，在学校学习的知识，特别是专业知识使用机会不多（表 3）。

表 3　在农村工作中碰到的障碍

农村工作中碰到的障碍	所占比例（％）
资金短缺，难以发展项目	13.64
村中社会关系复杂，难以开展工作	18.18
信息关系不畅通，难以找到门路	18.18
好项目难选，缺乏人才	10.61
难以融入当地社区	3.03
工作思路不被村民和干部接受	7.58
所学东西不能服务当地老百姓	22.73
其他	6.06

（六）期满分流以政府部门工作岗位为主

据不完全统计，目前离岗村官中大部分在机关事业单位工作，一部分在企业任职。调查显示，离任大学生村官考取公务员者超过 50％，进入事业单位者比例为 13％，进入企业的近 22％。其中超过 70％的部分为参加人事竞争考试获得，20％左右为自己寻找获得，超过 95％的部分参加过公务员考试。在任大学生村官中，超过 70％的人期望自己村官期满后考取公务员，有 23.8％的希望村官期满进入企、事业单位工作。对于大学生村官出岗后的管理政策，60％的在任大学生村官希望政府联系企事业单位举办招聘会，帮助出岗村官就业，32％的离岗大学生村官希望政府大力扶持有创业意向的大学生村官创业。

（七）对自己的村官经历普遍认可

农大的大学生村官普遍对自己的村官经历较为认可。在农大村官的调查中，超过 1/4 的离岗村官表示大学生村官的经历对做好自己目前的工作帮助很大，有决定意义，认为大学生村官经历对做好目前工作无帮助的不到 5%。有近 2/3 的离岗大学生村官表示大学生村官经历对自己的人生产生了较大影响。

三、发展建议

（一）动员全体师生提高对大学生村官事业伟大意义的认识

中央决定在全国实施大学生村官计划已经 5 年，目前在任的大学生村官总量已经达到 21 万人。2011 年国家在筹谋大学生村官工程建设计划时，初步计划在 2015 年实现全国大学生村官总量 40 万人，2020 年达到 60 万人。加上 3 年任期轮换，预计在此期间将有 100 万人参与到大学生村官队伍中来。更为重要的是，随着时间推移，经过大学生村官工程培养锻炼成长起来的人才，将会在各级农村基层组织、各涉农企事业单位、其他管理部门单位发挥越来越重要的作用。农业院校作为国家农牧业与农村牧区基础人才与高级人才的专门培养单位，对为国家输送优秀大学生村官人才承担着义不容辞的责任。但是，农业院校要承担起这样的重任，面临的任务还相当艰巨。

据《中国大学生村官发展报告》课题组连续 5 年的抽样调查资料显示，2008—2012 年，大学生村官专业结构中，农学专业排在管理学、法学、工学、文学、理学、教育学、经济学之后的第八位，占 6.86%。而且随着时间的推移，呈持续下降趋势。2008 年占 13.95%，2012 年占 3.92%（表 4）。从对中国农业大学受聘大学生村官人数看，已经连续 3 年处于低水平徘徊状态，表现为研究生比例在加大、理科比重有所提高，但总量变化不大（表 4）。而多渠道调查研究显示，农业科技与农村区域发展理论与实践能力不足已经成为大学生村官工程建设的薄弱环节与发展制约因素。

表 4　2008—2012 年大学生村官抽样调查专业结构（%）

项目	2008	2009	2010	2011	2012	平均
管理学	15.12	20.71	15.90	15.77	9.80	16.01
法学	10.47	11.11	11.72	14.77	12.75	12.47
工学	11.63	8.59	9.21	15.77	9.80	11.75
文学	3.49	6.57	14.23	9.06	24.51	10.91
理学	18.60	6.06	8.79	9.40	12.75	9.56
教育学	9.30	6.57	10.88	10.40	4.90	8.94
经济学	11.63	11.11	7.95	7.38	6.86	8.73
农学	13.95	10.61	5.44	4.36	3.92	6.86
医学	0.00	2.02	1.67	1.68	0.98	1.56

（续）

项目	2008	2009	2010	2011	2012	平均
历史学	1.16	2.02	0.00	0.34	0.98	0.73
哲学	0.00	1.52	0.84	0.34	0.00	0.62
其他	4.65	13.13	13.39	10.74	12.75	11.85

要彻底改变这一基本状况，使农业院校真正承担起国家大学生村官工程建设的重要责任，首要的工作就是解决思想观念问题。要动员师生学习中央指示精神，研究国内外农村牧区最新发展形势，积极开展调查研究、基层考察与分析认识大学生村官工程建设存在的问题，开展广泛的讨论、学术争鸣与交流活动，在辩论中提高觉悟，在实践中提高认识水平，积极营造农业院校支持大学生村官工程建设的良好氛围。

（二）组织制定大学生村官工程建设农科院校行动计划

大学生村官工程是国家在新的历史条件下在全国范围内发起，在农村牧区进行的人才建设战略行动。按照工程建设内容性质与特征，可分为前后衔接的五项建设环节，分别为聘前培育环节、选聘环节、大学生村官锻炼环节、出岗鉴定考核环节、出岗后人才使用环节。其中，在第一环节部分，在小学、初高中学业完成后，大学生村官人才重要成长的专科、本科或研究生阶段，均在大专院校完成。该阶段的根本任务是育得出人才苗子；第二环节部分，由地方承担单位与大专院校协同完成，该阶段的任务是选得准人才苗子；第三环节部分是用 3 年时间，对人才进行实践承担考验，其基本目标与任务是长得好；第四环节部分，由地方锻炼单位、用人单位与社会对人才进行鉴定考核与分流，其基本任务是对人才分得清；第五环节部分，在人才使用单位进行，其任务就是干得成。从专业学科类型观察，大学生村官工程建设相当大程度上与农村牧区或农牧业工作相关联，总体属于农科院校人才培养范畴。具体为，第一、二环节部分，直接属于农科院校的工作内容，其余三个环节，则为农科院校的重要的间接工作内容。从最终结果或工程建设目标高度审视，每一位大学生村官的成功，都有待于农科院校的独特奉献。欲使我国大学生村官工程建设成功，我国大学生村官事业光彩照人，成十万、成百万、数百万大学生村官健康成长，为社会主义事业作出重大贡献，农科院校必须最大限度地发挥保驾护航的作用。

要协助完成这样艰巨的任务，农科院校应当从国家到地方制定大学生村官工程行动计划，要分别发展阶段、区域、人才类型、学科门类、教与学制定战略计划与实施规划，在此基础上组建专门机构，探索建立运作制度与机制，从根本上保证各项建设工作有条不紊地向前推进，支持大学生村官事业健康稳步发展。

（三）认真、扎实做好准大学生村官的专门培养、见习工作

从 2008 年至今，在不到 5 年的时间里，我国的大学生村官事业已经发展到全国 1/3 以上的村级组织，成绩巨大。调查中发现，依然存在大量发展中的问题亟待解决。一项关于全国大学生村官发展连续 5 年的抽样调查结果显示：在回答"去农村基层所面临的主要

问题有哪些"的多选答案问题中，除去对收入问题关注度较高外，稳定排在前三位的问题是：前途迷惘，占 18.03%；学习机会少，占 16.67%；所学东西用不上，占 10.25%。2012 年对中国农业大学受聘大学生村官所作抽样调查中，对同样问题排名前三位的答案分别为：缺乏指导，占 11.8%；前途迷惘，占 11.43%；所学东西用不上，占 10.93%。在回答"自己的大学专业学习对做好今天的工作帮助大吗"的问题中，7.14% 的回答大，67.86% 的回答一般，25% 的回答不明显。由上述调查问题找原因，表面上或许可以归咎为在选聘过程中把关不严，有待改善。但进一步追根溯源则可以发现，根本问题在于在初高中以至大学或研究生学习阶段，关于人才培养体系不健全，工作不扎实，教需不对路。解决这样的问题，当务之急为在大专院校，宜采用双向选择，相对开放或半开放出入的方式，建立专门的准大学生村官人才培养班，根据实际工作需要，定向组织知识结构，适当增加农村牧区见习调研与学习，为走向基层，健康成长打好基础。

（四）建立在任大学生村官一加一、多加一支持体系与互动机制

一项连续 5 年的抽样调查中，在回答"您认为针对大学生村官培训活动有无必要"问题时，平均 93.6% 的部分回答很有必要或有必要；在回答"如有必要，您最需要哪方面的培训"的问题中，2009—2012 年 4 年平均为：第一项，农村实用技术，占 17.12%；第二项，项目管理与申报，占 16.33%；第三项，组织和管理能力，占 16.27%；第四项，农村创业知识，占 15.93%；第五项，农村经济与产业，占 13.78%；第六项，农村政策与法律，占 11.17%；第七项，农村工作方法，占 8.62%。整体答案布局分散，说明每个人因背景不同，基础知识与经验不足，需要进行多方培训。各地在探索农科院校与大学生村官培训方面也进行了众多形式的尝试，积累了大量经验。此外，2007 年中国农业大学为北京密云县建立了推广研究生班，2011 年内蒙古农业大学在准格尔旗开办了推广研究生班，2011—2012 年扬州大学为江苏宿迁开办两届推广研究生班。在大专院校与大学生村官结合制度建设方面也进行了一定探索。面对数十万大学生村官，甚至更多规模大学生村官的学习问题，必须从战略高度予以重视，妥善安排。从另一方面来看，稳步提高质量是摆在我国大学生村官工程建设面前的现实任务，农科院校理应当仁不让，承担起这一艰巨的任务。而要保障完成任务，制度化建设必不可少。农科院校与大学生村官工程建设的制度安排包括三部分：第一部分为选聘前大学生村官苗子的专门培育安排；第二部分为任职中利用学校科技资源和师资资源为大学生村官提供相关技术支持和培训；第三部分选聘后在任或出岗后大学生村官的继续培养制度安排。第一部分任务可与正常的大专、本科教育制度结合，容易完成创新性制度建设；第二、三部分则需要在积极进行实践总结与理论研究基础上作出安排。在这里推广研究生是一项现实选择。大学生村官与推广研究生制度对接需解决的问题有 2 个：其一，目前大学生村官学历中包括大专、本科、研究生、博士，专科学历者如何报考推广研究生问题需要加以研究解决；其二，现行推广研究生主要面向社会招生，其学科专业与课程设置有其特点，如果面向大学生村官开办班，则需要加以安排调查研究与相应的创新建设。如果一旦在推广研究生制度建设上取得进展，则可以从根本上解决现阶段大学生村官科技支持基础薄弱问题，形成导师对研究生"一加一"、多位导师对一位研究生"多加一"的支持体系与良性互动建设机制，推动大学生村官事业稳步发展。

（五）以学校为中心建立大学生村官校友联谊网

调查中了解到，我校在学生处设立联络教师，定期邀请在第一线的大学生村官代表回校或汇报工作，或向在校学生介绍经验，校关心下一代委员会主任唐运新经常访问大学生村官校友与所在村，学校多年来积极参与主办全国大学生村官论坛，研究有关发展进展，相关人士及我校大学生村官对比表示感谢与继续巩固现有发展成果充满热切期望。多位村官校友认为，以学校为中心建立大学生村官校友联谊网具有如下意义与优势：（1）上下级大学生村官校友进行工作与生活交流经验，介绍基本情况，对于迅速适应工作与生活，传承学校优良作风十分重要；（2）遇到困难或发展机会时，可互相帮助，更好地利用机会，发展与完善自我；（3）在上下左右交流的同时，带动一批批学弟学妹见习实习，为源源不断地传承大学生村官旗帜提供渠道与场所；（4）学校是天然的校友活动中心，是联系所有村官校友的纽带，积累了大量科技成果资源、人脉资源，在学校组织活动，号召力强，方便集中。我校有 497 名大学生村官，分布在 7 个年度，重点在北京市。本次调查研究中因部分已经出岗大学生村官因信息更新，没有联系到，调查组对此深感遗憾。我国大学生村官事业将持续发展下去，农科院校理应利用信息时代最新技术发展成果，以学校为中心建立大学生村官校友联谊网，组织起来，推动这项工作有组织、有系统、持续发展下去。

大学生村官对农村基层党员科学文化素养的培育

湖南省张家界市吉首大学　刘慈平　刘建兰

选聘大学生毕业生到村任职，是党中央作出的具有长远战略意义的重大决策。为了深入了解大学生村官在农村的工作情况及农村党员科学文化素养的现状，本课题组于 2010 年 7 月底至 8 月底开始在湘、鄂、渝、黔四省边区进行社会调查。调查中随机抽样了 15 个乡镇中 31 个行政村的在乡务农的 237 名党员，课题组对他们进行了深度访谈。本文将依据调查中掌握的信息和得出的相关数据，简要阐述大学生村官在培育农村党员科学文化素养中取得的成绩和面临的困境，并提出解决这些问题的几点建议。

一、过去几年来取得的主要成绩

为解决"三农"问题，江苏省于 1995 年率先开始招聘大学生担任农村基层干部[1]。2009 年，中央组织部、教育部、财政部等 12 部委联合发布《关于建立选聘高校毕业生到村任职工作长效机制的意见》，标志着选调工作向全国推开。截至 2010 年 4 月，我国在岗大学生村官人数已突破 18 万人。按照"一村一名大学生计划"部署，全国 61 万个行政村将有 61 万名大学生村官在岗，加上有的省、市一村两名的标准计算，大学生村官人数将达 120 万人[2]。几年来的实践充分证明，大学生村官接受过高等教育，有较高的专业文化知识，他们在提高农村基层党员科学文化素养，推动新农村建设等方面，发挥了极为重要的作用。

1. 增强了农村基层党组织队伍的活力

据上述样本地乡镇主要领导反映，由于年轻的大学生村官思想解放、头脑灵活，充实到村级干部队伍后，使得村级领导班子年龄结构、文化结构、能力结构明显优化，形成老中青结合的梯队态势，整体素质和组织能力得到提高，在他们被充实到村级干部队伍后，村级班子的管理水平得到改善的行政村占样本地的 63.43%，他们在与原村干部的合作共事中，一些先进思想也在慢慢地影响着原村干部和村民们的思想观念，比如当他们教村干部使用电脑、上网获取信息、将资料录入电脑的知识和技术后，基层党组织的活力明显增强，这增强了农村干部提高自身素质的紧迫感和埋头苦干的责任感，使原来死气沉沉的农村基层党组织重新活跃起来。

2. 改变了农村基层党员队伍的精神面貌

农村工作纷繁复杂，棘手问题较多，近年来，83.7%样本地农村大批有能力的农村中青年党员纷纷外出务工，使文化层次偏低、年龄偏大的在乡村干部面临更大的工作压力。

82.3％的样本地农村基层干部队伍急需注入新鲜血液。大学生村官的到来在很大程度上实现了这一点。无论从文化层次、知识水平和年龄结构，还是从社会责任感、工作责任心等方面看，大学生村官相对于目前农村村级干部而言，都具有一定的先进性和优越性。他们的到来不仅改变了这支队伍的结构，还带来了新的事业观念、新的知识技术、新的工作方式和新的精神面貌[3]。这些现实使68.7％样本地原村干部们切实感受到不能落后于"外来人"的紧迫感，他们固有的思想观念、工作方式都受到冲击，工作热情得到激发，精神面貌有了很大的改观。

3. 为基层组织带去了信息和知识

96.87％的样本地乡镇领导反映，大学生村官是具有现代理念、现代管理和现代科技知识的新型人才，他们可以凭借聪明才智引导越来越多的农民走科技致富之路，以他们的新思想、新观念、新思维、新知识影响和培养越来越多的农民成为有文化、懂技术、会经营的新型农民，帮助村干部们养成主动上网查询各类农产品需求信息的习惯，更主要的是将有利于他们主动把握住获取各类知识和致富信息的途径。事实上，大学生村官也是这么做的。调查显示，样本地的部分大学生村官在基层服务过程中，充分发挥他们具备的知识、文化和能够及时了解各类信息的优势，帮助农村党员了解现代农业科技知识，了解致富的信息以及农作物种植技术、良种更新技术，使这些地区的基层组织成员对于获取科技文化知识和致富信息的热情得到了显著的提高，更使这些地区的农村经济社会发展状况在短期内就得到明显改善，87.37％的样本地村民对此感到满意。

此外，大学生村官充分发挥其文化优势，经常组织文体活动，丰富村民精神文化生活，宣讲并示范健康文明的现代生活方式，给农村带来新气象、新面貌。

二、面临的困境与原因分析

从前文中可以看出，选聘大学生到村任职工作实施几年来，大学生村官在提升和培育农村基层党组织和党员的科学文化素养，改进农村风气和精神面貌等方面，做了大量工作，取得了很大的成绩。但是，在看到成绩的同时，还应理性地看到其存在的不足和面临的困境。如：农村基层党组织中，初中文化以上的较年轻的党员一般不愿留在农村务农；留在农村务农的党员对农业科技知识没有兴趣或兴趣单薄；传授的科学文化知识与农村的实际情况相脱节；大学生村官与农村党员群众相互之间存在隔阂，缺乏充分沟通的平台；获取科技文化信息的渠道单一等。这些问题和现象的存在，对于大学生村官开展各项工作，培育农村党员思想文化素养，提高他们的科学文化知识，都将产生一定的消极影响。

那么，导致这些问题和现象产生的原因是什么呢？笔者认为，主要有以下几个方面：

1. 农村基层党员年龄普遍偏大，文化程度普遍偏低

在此次调查中，课题组随机抽样的15个乡镇中31个行政村的237名党员中，25～30岁以下的9人，占3.8％，30～40岁的27人，占11.4％，40～50岁的62人，占26.2％，50岁以上的139人，占58.65％。村党支部书记和村长中，高中学历的53人，占22.36％，初中学历的184人，占77.64％。95％的基层党员对于农业生产的种养殖技术、良种更新信息、农产品的需求信息是被动地通过乡镇政府的信息平台获取，只有约5％的高中学历者主动获取相关知识和信息，他们获取有关信息的媒介大多是过期的农技类报纸杂志。以上数据和材料显示，我国欠发达地区农村基层党员年龄普遍偏大，文化程度普遍偏低。因而，他们的思想比较保守，大多数人墨守成规，不愿接受新鲜事物，只是被动地接受各种信息。农村基层党员的这一现状，对大学生村官来说，的确是一个很大的挑战。

2. 农村基层党组织对自身建设不够重视

抽样调查显示，87.6％的农村基层党组织主要成员只重视经济建设，而忽视了自身的发展和建设，导致农村基层党组织涣散，管理机制流于形式，88.3％的农村党支部一年未召开一次党员生活会。与此同时，随着社会主义市场经济的发展，农村呈现出社会关系复杂化、经济主体多元化、就业方式多样化等特点，87.36％的村党支部传统的党的活动方式受到了冲击。外出流动党员增多，使集中开展活动难度加大，82.7％的农村党组织的活动方式和党员的教育管理模式流于形式，削弱了党组织在群众中的号召力和影响力，这无疑对大学生村官借助组织力量开展科学文化传播工作带来很大困难。

3. 大学生村官对农村缺乏充分的认知

虽然大学生村官对自己的职责很清楚，但由于他们在走进农村前对农民、农村、农业认识上的欠缺，再加之他们对农村基层工作的繁杂、琐碎和难度缺乏感性认识和理性分析，也缺乏和农民打交道的经历。所有这些因素都在很大程度上制约他们工作的开展。调查显示，样本地65.32％的大学生的工作状况与村民期望存在较大差距；45％的村民对大学生带领全村致富的能力提出疑问，认为大学生只有理论知识，缺乏社会实践；63％的农村党员认为大学生村官难以做好要求更高的提升农村党员科技文化素质的工作。

4. 农村基层组织党员教育内容和方法严重滞后

调查显示，83.7％样本地对党员的教育流于形式，内容和方式方法没有可操作性，不适合农村党员年龄普遍偏大、文化程度普遍偏低的现状。在教育内容上仍然存在着空谈政治理论的倾向，对市场经济知识、科技知识、信息、公共关系等方面的教育重视程度不够。在教育手段上，也没有真正打破说教定式，缺乏创新。

上述几个方面的因素，是导致大学生村官开展工作比较困难、提升农村基层党员科学文化素质存在障碍的根本原因。摆在当前的一个紧迫的任务就是，克服种种困难，铲除各种障碍，为大学生村官提升农村党员科学文化素养创造更好的平台。

三、几点建议

针对大学生村官在培育农村党员科学文化素养工作中存在的问题，总结分析其产生的原因，笔者认为，解决这些问题，除了加强农村基层党组织自身建设外，还必须不断提高大学生村官的思想认识水平，加强工作能力的培养，提供更为便利、科学的、有效的工作平台。

1. 建设学习型农村基层党组织

村级党总支（支部）作为基层党组织，是党联系广大人民群众的一道桥梁。建设学习型的党组织，提高农村基层党员科学文化素质，培育良好的学习风气，是基层党组织发挥战斗堡垒作用的重要体现。

结合农村实际情况，当前加强学习型农村基层党组织建设，必须抓好几个重要环节：

（1）创新学习理念：要教育广大农村党员充分认识到学习不是单独的行为，与生活、工作中的各个方面息息相关、互为一体；学习是一个人、一个单位全面发展、可持续发展的需要，是成长的动力，是先进的学习理念真正成为基层党组织、农村党员的自觉行动。

（2）创新学习机制：要在每一个农村基层党组织建立健全学习组织、检查学习、考核学习、评价学习的制度，通过培养和宣传先进典型、开展学习竞赛活动等形式，逐渐形成一种主动学习、自觉学习的良好氛围。

（3）创新学习方法：克服以往机械灌输的学习方法，尽量采用寓教于乐的学习方式，如：采取集中学习与个人自学、通读原著与重点析读、远程教育与辅导讲座、理论学习与专题研讨、中心发言与讨论交流、"请进来"与"走出去"相结合等方式，切实激发党员干部学习兴趣，提高学习效率。

（4）创新学习内容：要从加强理论学习和业务技能培训入手，鲜明地突出农村各类适用技术培训这个重点，引导农民群众增强致富本领。要突出学以致用。组织广大农村党员加强学习，要多采用活的教材，多用身边的人和事，让受教育者看得见、摸得着、信得过，达到促进经济社会健康协调快速发展，党员群众持续增收，人民生活水平和社会文明程度不断提高的目的。

2. 有针对性地对大学生村官进行培养

当前，普遍存在的现象是，大学生村官具有较高的科学文化素质、了解现代信息技术，但缺乏对农村的了解、缺乏工作经验，知识结构上尚存欠缺。针对这一情况，高等学校和有关部门要做好大学生村官任职前的培养和培训工作。这些工作主要包括：

（1）开设介绍农村党员科技文化素质实际的通识选修课，由有涉农经验的老师主讲，让大学生对农村党员科技文化素质现状有抽象的间接了解。

（2）利用寒暑假组织本科二、三年级和专科二年级学生深入农村了解农民群众的所思所想和生活的艰难，了解农村工作的繁杂和难度，了解农村党组织成员的科技文化素质现状。再请乡镇政府有一定文化水平的干部对其中带有普遍性的问题进行分析说明，通过这种"从群众中来，到群众中去"的方法，让参与的学生对农村基层的真实情况和农村党员的科技文化素质有进一步的了解。

（3）组织专门培训，培训的对象主要是参加过通识选修课学习和进行过农村实际情况调查工作的学生。培训内容主要是涉农工作的政策法规、农村工作方法和农业科技知识；传授如何准确把握农村实际情况，提高处理纷繁复杂问题的能力，懂得农业经营管理的常识，掌握提升农村党员科技文化素质工作的方法。让他们带着在基层了解到的实际问题来参加培训，在培训过程中通过老师对此类问题的解析来巩固他们对农村基层的了解。其次，要做好大学生村官的后续培养工作，乡镇组织应特别注重抓好对他们的传、帮、带。

3. 充分利用职业化农民教育培训平台

职业化农民教育培训平台（以下简称平台）是 2009 年提出的一种针对现实农民开展教育培训的教育机制和模式预想。平台立足改变目前我国农民培训"自成一体、界限分明、各自为政、互不相干"的格局，在充分整合利用现有社会资源的基础上，通过社区教育的形式，组建专门的工作队伍。这支队伍负责收集相关信息，搭建平台数据库和网站，开发培训课程，提供科技服务、信息服务以及教育培训服务；同时，还要负责创建培训基金，以保证平台的良性运转，探索农民教育培训的新方式；平台将构建优势互补、资源共享的综合服务体系，通过介入信息服务、资助服务、科技服务以及产供销过程服务，在恰当的时候为农民提供恰当的教育培训和服务[4]。

由此可见，这种平台最大的优势就在于，它能够把农村和世界建立联系，把农村真正有价值的东西挖掘出来，同时为农村和外面的世界架通道路，市场有什么需要，农民能生产什么，需要什么样的教育和培训；农村有什么好资源，外界有什么资源，需要什么样的契机使这些资源达到最大限度的利用，等等。因而，大学生村官可以发挥自己的优势，利用建设好的平台网站，为农村基层党员和广大农民群众提供实用的科技文化知识，从而不断提升他们的科学文化水平。

那么，大学生村官应如何运用好这一平台，并最大限度地发挥它的作用呢？笔者认为，大学生村官在利用平台工作时，应根据本村村民的家庭经济发展计划，首先确立一部分思想比较开放、愿意接受新鲜事务并开创自己的事业空间的农村党员作为样板，经过平台组织团队、专家团队的设计和策划，为其确定具体的教育培训内容、途径和方法，制作专门的课程包，通过授权的形式由大学生村官组织部分课程模块和项目的学习。同时，根据学员学习的具体情况向上级平台反馈学习中的问题和需要，上级平台根据具体的信息在专家库寻找距离最近的相关专家到村进行现场辅导；一旦出现当地专家不能解决的问题时，大学生村官总结问题继续向上级平台提出帮助请求，上级平台则在更大的范围内寻找专家解决问题。经过这样的过程，通过教育培训出来的农村党员学员会很快成为当地的样板和示范，他们将带动更多的群众通过平台的学习参与到农村经济建设中来，真正起到党员的领头羊、先锋队的作用。

总之，大学生村官必须牢记习近平同志所提出的"四点要求"：第一，志存高远、坚定信念，在推进农村经济发展和社会进步中实现自己的人生价值。第二，勤于学习、善于学习，在与农民群众摸爬滚打的交往中吸取营养、增长智慧。第三，勇于开拓、大胆实践，在建设社会主义新农村的伟大实践中经风雨、长见识、增才干。第四，尊重农民、心系群众，在服务农民群众中增进同他们的感情，赢得他们的信任、理解和支持[5]。只有做到这四点，大学生村官才能克服各种困难，充分发挥自己的才干，为社会主义新农村建设作出应有的贡献。

参 考 文 献

[1] 林善炜. 大学生村官工程可持续发展的思考 [J]. 福州党校学报，2009（1）.

[2] 胡跃高. 2010 中国大学生村官发展报告 [M]. 北京：中国农业出版社. 2010.

[3] 姜克梅. 关于大学生村官对新农村建设促进作用的调研报告 [EB/OL]（2009 - 4 - 30）http：//www/suyudj/cn/20090430.html.

[4] 刘建兰. 职业化农民教育培训平台建设意义和思路 [J]. 农业科技管理，2010（5）.

[5] 李亚杰. 努力使大学生村官下得去待得住干得好流得动 [N]. 人民日报，2008.12.23（4）.

鲁城镇农村土地流转现状调查与对策分析

——基于鲁城镇 37 个行政村 58 个自然村的抽样调查

山东省临沂市苍山县鲁城镇大学生村官　田淇鑫　张宁　仇佳

农村土地流转是指农村土地使用权的转移，是在保持农村土地的集体所有不变、家庭承包制和公平承包原则不变的基础上，按照土地经营使用的效益原则，建立起农村土地使用权的流转机制，促使土地资源这一生产资料按市场需求流动，向规模化方向发展。

土地是农业发展最基本的生产资料，也是农民最基本的生活保障，农村土地制度完善与否，土地流转机制是否适应现代经济的市场化发展，将对国民经济的发展产生深远的影响。近几年随着农村劳动力大量外出，土地利用率不高甚至土地撂荒闲置的问题越来越突出。农村土地实行规范有序的流转是稳定和完善农村基本经营制度的基础。为进一步做好农村土地流转工作，提高农业产业化经营水平和农村土地利用率和产出率，建设现代农业和促进城镇统筹发展，本次调查在调查样点选择上，采取随机抽样的办法，并综合考虑了区位要素，既包括交通主干线旁的区位好的村，也包括一般区位和边远地区的村，力争样点分布广，代表性强。整个调研从 2011 年 11 月 5 日开始，前后历时近一个月，访谈对象既有长期在家务农的农民，也有外出从事第二、三产业的农民打工者，保证了广泛的代表性。调研以问卷调查为主，并结合访谈、小型座谈会等形式进行。问卷内容具体分为三部分：第一部分为农户的基本情况，包括家庭人口，承包地数量、分布情况及实际耕种面积，家庭收入总量及源于耕地的收入，被调查人的性别、年龄、文化程度四个方面；第二部分为农户耕地流出流入情况调查，共设计了 12 个问题，涉及耕地流转收益、流转年限、耕种及流转意愿、流转原因等内容；第三部分为农户土地流转意向调查，共设计了 19 个问题，涉及耕种及流转意愿、流入耕地原因、关于加快农村土地流转的意见等内容。

本文通过对鲁城镇进行实地调研，针对土地流转过程中出现的问题进行探讨，为提高土地的经营效率，促进农业向市场化、规模化发展，搞活农村土地流转提出几点实施建议，共发放问卷 50 份，收回有效问卷 40 份，其中包括没有发生流转行为的 29 户，占总数的 72.5%；有流转行为发生的共计 11 户，占 27.5%，单纯流出的农户有 2 户，单纯流入的为 8 户，既有流出又有流入行为的农户有 1 户。

一、鲁城镇农村土地流转的现状与特点

1. 从流转范围看，具有局限性

鲁城镇位于苍山县城西 30 千米，面积 96 千米^2，耕地 3 万亩，人口 3.6 万人，是典型的山区、库区、矿区镇，人均土地面积少，粮食只能自给自足，基本无剩余；外出经商、兴办企业和劳务输出人员较少，大部分家庭劳动力都在经营自家土地；耕地比较分散，不便于规模化经营，集约化利用程度低。主动提出将承包土地转给劳动力多而土地少的农户耕种或转给专业农场、合作社等种植的少，土地流转情况只是出现在个别村的个别户。根据 2007 年镇经管站的数据统计，发生土地流转并且签订合同的农户有 400 户，只占全镇总户数的 3.94％。

2. 从流转方法看，具有自发性

整个土地流转过程中基本上都是转出方与受让方自发进行的，农户土地流转意向调查显示 77.5％的农户认为土地的流转不必经过村集体的同意，也不希望集体干预其中。对有进行土地流转的 11 户问卷调查，没经村组同意的占 73.3％，没经村组同意但有中介作证情况；由农户自发流转的面积为 21.2 亩，占发生土地流转面积总数的 66.7％。在土地流转过程中，基本是由出租方或承租方提出确定，就是流转双方自行签订流转协议，没有任何单位参与或鉴证，这表明农村土地流转大多数处于自发状态。

3. 从流转合同形式看，具有随意性

农村土地流转形式以农户间私下转包为主，农村土地转出方和受让方流转关系的建立主要是口头方式约定。但问卷调查中，希望签订书面合同占 72.5％，口头形式或无所谓的占 27.5％。流转规模小、土地流转面积不大的农户与农户之间基本上是以口头约定代替书面协议。

4. 从流转时间看，具有不定期性

在这 40 份调查问卷中"农户土地流转意向"显示，希望流转期在 1 年以内短暂性经营的流出农户是 20 户，占总数的 50％；在 1 年以上 5 年以内的流出农户为 4 户，占总数的 10％；在 5 年以上 10 年以内的流出农户为 4 户，占总数的 10％；在 10 年以上 20 年以内的流出农户为 6 户，占总数的 15％。

5. 从流转金支付看，以现金方式为主

针对不同的区域不同作物，流转金支付差额较大。支付方式大多以现金为主，个别农户保持着流转时的承诺，以稻谷等实物支付。

二、鲁城镇农村土地流转中存在的不合理因素

1. 土地流转程序不规范和无序流转现象普遍

（1）土地流转多数是农户之间私下交易，没有签订正式土地流转书面协议，大部分农户与农户之间只是口头约定，随意性较大；而经过有关部门登记、备案或者签证、公证机关公证后进行流转的则更少，且意向调查显示 90％以上的农户认为以私下转包给他人的

流转方式优于其他方式。

（2）部分流转协议双方权益和义务不够明确，条款大多不规范，内容过于简单，对流转双方权利义务及违约责任、地上附属物处理、有关赔偿情况、土地被征用后的承租户损失补偿等缺乏明确具体的约定，双方权益得不到有效保障。

（3）在土地流转过程中未能充分征求流转双方的意愿，双方的合理要求未能及时协调解决。这种缺乏政策引导、没有组织或服务机构参与规范操作的土地流转，也带来了一系列的经济和社会问题；同时，还有一些农户见承包户效益可观，有利可图，提出追加租金或要收回土地，引发矛盾纠纷。

2. 土地流转法制制度不够完善

土地流转政策规定不具体，土地流转难以规范。提倡土地使用权的合理流转，一直是中央农村政策的主要内容之一，但多是宏观指导性规定。从上到下的各级行政主管部门并没有对土地流转制定具体实施细则，在流转程序、流转手段等方面缺乏统一规定，土地流转不规范。一是流转行为不规范。二是流转程序不规范。目前农村土地流转大多以口头约定为主，即便签订合同也只是简单的协议，对双方权利义务及违约责任没有明确规定，且大多数流转土地没有登记并进行公证，一旦出现纠纷，追究责任难度大。三是土地流转的监管体系不完善。

3. 基层干部和群众对土地流转思想认识不够

调查发现，许多村干部及农民群众对土地流转含义感到陌生，大多数农户不知道土地承包法的有关内容及其土地流转有关法规、规章、政策和知识。问卷调查显示，农户对土地流转中介组织不清楚，对土地股份合作制了解不足。部分农村基层干部对土地流转一知半解。对法规和党对农村土地流转政策知之甚少，在思想上认识不够，在工作上缺乏重视。

4. 土地流转渠道不畅

缺乏土地流转中介组织，未形成统一规范的土地流转市场，流转信息传播渠道少而不畅。除少数外地业主找当地政府或农业部门帮助联系流转土地外，多数是村内农民自发地进行流转，缺少土地流转服务组织。土地流转信息无法交流，有的地方撂荒地无人承包开发，有的地方涉农企业和承包商需要农地却找不到可用资源，流转土地的资源紧缺与相对过剩并存，难以形成更大的流转范围和更高的流转层次，影响了土地资源的合理流动和有效配置。

5. 土地流转信息不畅

由于环境与服务组织滞后及土地供需信息网络尚未形成，供需双方的信息不能得到有效沟通，使流转受阻，出现了想租租不出去、要租租不到的现象，影响了土地的适度规模经营和产出率的提高。另外，政府部门对农村土地流转过程，没有出台政策引导，缺乏保障措施落实，服务环境和服务组织滞后。通过调查，全镇各级均未建立有关土地流转的服务组织机构，如果发生矛盾纠纷，得不到及时解决，将会挫伤流转双方的积极性和流转的持续性。

三、建立和完善农村土地流转的对策和建议

1. 建立健全土地流转管理机制和服务体系

要按照"流转形式多样化、运作方式市场化、实施程序合法化、流转合同规范化"的

要求，建立健全土地流转机制。一是规范土地流转程序。土地流转必须签订规范的流转合同，实行登记制度，由村经济合作社登记，镇土地承包管理部门备案。二是强化管理服务。要建立镇土地承包管理机构，及时向农民提供规范的土地流转合同文本，建立完善承包土地档案，妥善处理土地流转纠纷。三是建立土地流转服务体系。要积极探索通过市场调节土地流转的长效机制，建立土地流转信息库，成立土地流转服务中心，开展土地流转供求登记、信息发布、土地评估、政策咨询等服务工作。

2. 进一步探索和加强土地流转制度建设

完善法律法规，促进土地流转。法律应明确规定所有权归属及对农民的土地流转权提供法律保障；对于使用权流转的补偿标准及利益分配、土地流转的管理、土地纠纷的处理等基层难以解决的问题，通过调查研究加以规定。同时加大对《农村土地承包法》的宣传贯彻力度。各部门要采取多种行之有效的措施，将《农村土地承包法》的精神实质宣传贯彻到每一个农村基层干部和每一个农民，要使广大农村干部和农民充分了解，认识明白。

3. 政府部门要加强领导，提高认识

农村土地流转工作能否顺利有效开展，关键在于各级领导对该项工作的认识和重视程度，有效发挥政府和村集体的职能。一是政府要对土地流转有宏观上的调控，完善产权登记制度，建立科学的农地资产评估体系，合理评价农村土地价值，逐渐形成城镇地政一体化的管理；二是要建立约束政府行为过度干预的机制，政府应定位在土地流转中监控土地供需总量的动态平衡，而不是运用行政手段去调整土地资源，与民争利；三是加强宣传力度，增加农民对有关法规和政策的了解，使土地流转由自发逐步转向自觉。各级干部要以身作则，认真学深弄透和严格贯彻落实中央、省、市农村土地承包管理和土地承包经营权流转的有关法律政策，做到心中有数、行动有据，要从有利于农村生产要素合理流动和资源配置、有利于农业产业结构调整和规模经营、有利于农民增收致富和社会稳定的全局和整体高度出发，多角度、全方位引导和推进土地流转向规范、健康、有序方向发展。

4. 大力培育土地流转的中介服务组织

针对目前土地流转的实际，迫切需要建立流转机制和市场中介组织，使土地资源按照规范程序合理流动，这样既有利于土地承包关系的长期稳定，又有利于推动土地流转进入市场。一是建立多层次、多形式、多渠道、全方位开放的土地流转机制，鼓励土地进入市场，通过引入竞争机制鼓励土地集中，扩大规模经营。二是建立土地流转市场中介组织，强化中介服务功能。以镇经管站为依托，建立土地流转服务中心，主动承担中介服务的职能，制定公平合理的交易规则，为土地流转提供土地政策、流转方式、法律咨询等项目的服务。

四、调查后记

伴随着社会主义市场经济充分发展，农村土地已由过去的生产资料单一性质变成了生产资料与生产资本的双重属性，使农民对土地由耕种到经营成为可能。国家实施的"多予、少取、放活"的政策，尤其是土地承包政策30年不变，"一免两补"等惠农政策的实施，调动了农民科学种田、规范种地的积极性。通过农村土地的市场化流通，可以促进各类社会资本在符合国家产业政策的基础上增加对农村土地的投资，使土地更有效地流入迎合市场发展需求的行业，促进相关产业的规模化经营，能有效地提高土地使用效率，促进产业结构调整和升级。十七届三中全会《中共中央关于推进农村改革发展若干重大问题的决定》中明确提出"允许农民以多种形式流转土地承包权"，将更加促进了农村土地"依法、自愿、有偿"流转，使分散的土地得到集中，形成了规模，防止土地荒芜，实现了土地规模化和集约化，提高了土地利用率和种植经济效益。

大学生村官面临的现实困惑及对策思考

湖南省益阳市资阳区迎风桥镇新塘村大学生村官　杨浩晟

2008—2010 年，资阳区相继选聘 30 名优秀大学生毕业生到村任职，在党组织的关心培养下，他们走进农村，融入农村，艰苦奋斗，在农村的各项工作中发挥了积极作用，成为贯彻落实科学发展观的组织者、推动者和实践者。我作为 2010 届的大学生村官，结合这一年多来自己在基层的工作体会，谈一下大学生村官面临的困惑和解决问题的对策。

一、现实困惑

1. 身份处境尴尬

按国家计划实施由县市级公开招选的大学生村官，由镇村两级共同管理，在村上工作，一般担任支书助理或主任助理，在法律政策上却真正处于"非官、非农"的尴尬处境，既不属于事业单位人员或者乡镇公务员，大多又不是村支两委成员，导致许多大学生村官出现"三不"现象。一是不知道自己是谁。由于大学生村官多在乡镇政府"帮忙"，在乡镇政府"出镜"的频率很高，成为"干部眼中的群众和群众眼中的干部"。其"似官非官"的身份令众村官处境很尴尬。二是不知道自己该听谁。相当一部分大学生村官在村班子里难有说服力，始终难以进入村里的决策层，没有决策权，只能干些辅助工作，充当着村级文件起草、档案整理、村级卫生清洁等勤务员工作。在乡镇政府也只是做做简单的工作，搞搞卫生打打杂。模糊的角色使大学生村官处于"上面没人听，下面没人信，无职无权的两无人员"的尴尬处境，这种尴尬的处境不利于工作的开展和作用的发挥。三是不知道自己怎么做。"在村上我是村主任助理兼远教专员，在镇政府我是党政办文职人员，我不知道自己的主职是什么，工作重心应该放在哪方面"是当前不少大学生村官面临的现实困境与疑惑。

2. 工作推进艰难

农村工作复杂烦琐，村民素质参差不齐，村民观念"百花齐放"，对大学生村官的要求，对农村各项政策的理解支持也就千差万别，大学生村官开展工作绩效难显现。一是工作经验不足，融入群众难。高校毕业生是我们国家的宝贵人力资源财富，丰富的学识积累是新时期大学生的优势，然而实践能力、创新能力的相对不足使得社会对大学生的认同度往往偏低。由于大部分大学生村官不是本村人，部分村民就认为他们在村里干不了多久，到村工作只是一个"跳板"，虽然学历高、认真干，但是经验少、方法不多，甚至话都听不懂，不会干出什么成效来，对大学生村官有一定的偏见，所以对大学生村官安排的工作、通知的事情，一些村民不理解、不支持、不配合、不信任，当头泼冷水，甚至看笑话，较大地挫伤了大学生村官的上进心、自尊心。长期如此有些大学生村官便对农村工作产生畏难情绪。而缺乏良好的人际沟通能力、组织管理能力以及解决实际问题的能力又使许多大学生村官认为自己很难与当地村民和其他干部交流，在具体工作中作用发挥不大。二是专业不对口，作用发挥难。由于选拔录用标准的宽泛化，选聘的大学生村官大多都是非农专业，与农村需求有一定的差距，致使一些并不熟悉农村、不适应农村管理工作或专业不对口的大学生"英雄无用武之地"。在指导农村工作时，要么老虎吃天、无法下爪，要么高谈阔论、纸上谈兵，不能尽快熟悉农村、融入农民、指导生产。加之部分村组底子薄、基础差，资金、项目支撑不足，致使大学生村官谋划工作信心不足，在推动村级产业发展、带领农民增收上的作用发挥不明显。三是在职不在岗，才能施展难。当前，大学生村官"借用"、"走读"问题不容忽视。一些乡镇、区直部门从自身出发，随意抽调、截留大学生村官，从事各种临时性工作，造成部分大学生村官实际上脱离了村级工作岗位，成为区、乡两级机关的"跑腿"和"打杂"，分散、牵扯了大学生村官的精力。少数大学生村官工作作风漂浮，不愿深入村居一线，占着村官的岗位不作为、不干事。一年两年以后，也许没多少村民能认识他们，更别说为所在村作出了多大的贡献。

3. 前途发展茫然

依照选聘办法，大学生村官属于按 3 年期限签订合同的"没有保障的、不稳定的临时工"。很多大学生村官对现在的生活很"茫然"，对 3 年后的出路很不确定。一是考公务员难。面对激烈的考场竞争和迅猛壮大的公务员考试人群，公务员招录的比例一降再降。到底两年后国家能够拿出多少比例的职位定向招录，定向招录又能否起到决定性的作用，大学生村官们普遍心里没底。二是政策保障难。随着公务员职业的兴起，大学生村官职务也成为热门。大学生村官想通过政策调整安排转编，其可行性和可能性微乎其微。三是转职从业难。失业人数不断增加，大学生村官身份难以增加其参与市场竞争的"砝码"。面对就业过程中的重重压力，大部分大学生村官不愿放弃手中的"救命稻草"。

二、对策思考

1. 加深自身认识，扎根服务思想

大学生村官自身要提高思想认识，不能因为受到服务期满后能够享受到的一系列优惠政策的吸引和诱惑，仅仅把所从事的工作当成一个跳板，为以后考公务员积累资本。要接受农村基础条件差，发展滞后，文化生活单调枯燥的实际情况，不能因为理想与现实之间的差距大，缺乏对农村的认同感，抱有过度一下的想法。要加强扎根农村、服务农民的奉献精神。不能让工作流于表面，要切实地为农村的发展作出贡献，避免人力资源的浪费。每位大学生村官必须做到"三个放下"：一是放下娇气，把"受苦"当磨练。要尝试像村民一样在水、电、网络等不太便捷的环境里自如地生存、生活，要相信"受苦"也是生活慷慨的赠与，慨然接受各种不方便、不适应、不舒服，以苦为乐、苦中作乐。二是放下架子，把吃苦当锻炼。要抛下大学生的架子，真正把自己当学徒，把吃苦当锻炼，切实做到"爱吃农家饭、爱穿农家衣、爱讲农家话、爱干农家活"。三是放下幻想，把艰苦当历练。要甩掉来享受、来过渡的幻想，扎下身子，以农村为长期岗位，学会从农民的角度思考和看待农村的问题，寻求融入生活、破解难题的思路和办法，使自己尽快成熟起来，为农村发展贡献一份力量。

2. 完善选聘机制，把好源头质量

严把大学生村官入口关，应根据农村需要设立对大学生村官的专业要求。在选聘工作前，对报名的大学生进行实地考察，通过多种渠道把报名学生的想法摸透，性格搞清，看是否适合农村工作。对于拟选派村官进驻的村子也应摸清所需村干部数量和专业需求等情况，以便科学安排。在选聘过程中，要向拟聘大学生公开村居人才需求信息，了解拟聘大学生任职意向，建立大学生村官任职意向信息库，然后在全市（县、区）范围内进行统筹和调剂，做到按需选人、双向选择、人岗相适，实现人才配置科学化、人性化。要加强对选聘工作笔试、面试、考察等环节的制度设计，注重对大学生入村工作动机的考察和了解，选择一批真正志愿到新农村建设一线打拼的大学生，确保人到村、心入村，以才兴村。同时，对新选聘村官加强思想教育，引导他们正确处理好现实岗位与更高理想之间的关系，打牢扎根农村的思想根基。

3. 明确在村职责，完善考核机制

任用大学生村官成"乡官"不仅缺乏政策依据，而且违背选聘初衷，更不利于大学生村官的成长和作用发挥。各级组织应该在平日注意加强对其村官身份的明确，确保大学生生活在村、工作在村，做到"名符其实"，使大学生能清醒地认识自己的定位，从而鼓励他们更好地投入工作和学习，不断加强作为"储备干部"的素质和本领。对大学生村官的考核要完全放在村一级来进行，由大学生村官领导机构来主持，杜绝"村官乡用"的怪现象。为避免有的人下去只顾复习应考，对工作却不上心，而埋头工作的人却由于顾不上复习考试反而吃亏的现象，应将工作实绩和群众评价纳入公务员考试考核环节。通过相关考核办法的有力实施，让实绩突出、群众公认的村官人才通过内部考录的方式分配到部分事业编制，使他们工作上有盼头，同时，将工作作风不踏实、滥竽充数、难以胜任村官职务的大学生村官清退出伍，提高大学生村官的危机意识，督促其扎实工作，努力提升自身素质。

4. 加强帮扶培养，确保学有所用

当代大学生思维活跃、视野开阔，富有创造热情，但大多缺乏对农村工作的认识和基层艰苦生活的锻炼。因此，必须加强教育培训，积极引导帮扶，注重实践锻炼，提高能力素质，使其尽快掌握农村工作技能、村务管理方法，提高从事农村基层工作的能力。一要坚持"经常化"培训。要把大学生村干部教育培训纳入干部教育培训整体规划，统筹进行安排，每季度定期举办大学生村官专题培训班，重点对大学生村官进行党的农村政策、有关法律法规、农村实用技术、工作方法技巧等为主要内容的教育培训，使他们尽快融入农民群众，全面适应农村工作。二要注重"走出去"学习。充分发挥大学生村官文化基础好、掌握先进技术快的优势，组织他们到发达地区参观新农村建设，学习发展特色经济、培育支柱产业、拉长产业链条的经验，以及先进的种养加技术，帮助他们开阔思路、增长见识，让他们把先进地区的发展理念、成功经验和实用技术引入当地。三要实行"手把手"帮带。建立健全市级领导联系、县级领导指导、乡镇干部帮教和村"两委"负责人帮带制度，采取"一帮一"、"一带一"等办法，使他们尽快掌握农村工作要领，在实践锻炼中学习工作方法、积累工作经验。四要坚持"交流式"提高。定期召开大学生村官工作会议和工作座谈会，让他们交流思想和工作经验，探讨、研究工作中出现的新情况、新问题，互相学习，取长补短，自我教育，自我提高。

5. 完善体制机制，拓展前途出路

积极探索制定出台《大学生村官选任管理办法》，通过选拔优秀大学生村官担任村党支部书记、村主任、乡镇科级领导，招录事业单位工作人员，推荐报考公务员的办法和途径，放宽学历、年龄范围，拓宽出路，以及推荐担任党代表、人大代表、政协委员等形式，使他们心中有劲头、事业有干头、前程有奔头，充分调动大学生村官服务农村发展的热情。引导大学生村官期满后有序流动，是大学生村官工作健康持续发展的关键。要建立大学生村官有序流动机制，引导聘用期满大学生村官通过留村任职工作、考录公务员、自主创业发展、另行择业、继续学习深造等"五条出路"实现有序流动。一是要鼓励大学生村官留村任职工作，引导他们通过选举担任村党支部书记、副书记、村委会主任、副主任等。二是要择优招录乡镇和其他党政机关公务员，每年拿出一定的岗位和职数，定向从大学生村官中考录一批公务员。坚持竞争择优，好中选优，注重考察大学生村官在村工作的实际表现。三是要扶持自主创业发展，认真落实创业扶持政策，鼓励创业有成的大学生村官逐步实现自主发展。四是要引导另行择业，参与企业单位招录和事业单位招聘，进入人才市场自主择业，实现多元化发展。五是要支持继续学习深造，落实参加研究生招考加分等政策，开辟其他学习深造渠道。

开封市大学生村官现状调查

——以开封市周边县区为样本

河南省兰考县三义寨乡政府　韩小飞

开封市自 2008 年以来，已陆续招聘三批大学生村官到村任职。自从实施大学生村官政策以来，开封市各个地方积极开展招聘大学生村官活动，截止到 2009 年底，基本实现每村一名大学生村干部的目标任务。但是，大学生村官是否能真的"下得去、干得好、留得住"呢？怀着疑问，本调查组进行了实际调研。调查组以问卷、走访和座谈等方式在全县展开调查，共组织座谈会 5 次，下发问卷 100 份，收回有效问卷 92 份，调阅相关资料和文件，分析整理数据。

一、调查数据及分析

1. 大学生村官基本情况

在被调查的 92 名大学生村官中，女生占 67％，男生占 33％。年龄在 20～25 岁的有 58 人，占 73.9％；26～30 岁的有 21 人，占 22.8％；31～35 岁的有 3 人，占 3.3％。大学生村官学历、所学专业及来源地分布如图 1 至图 3。

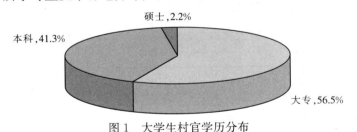

图 1　大学生村官学历分布

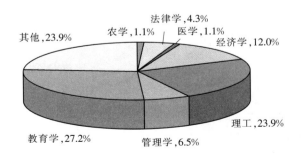

图 2　大学生村官专业分布

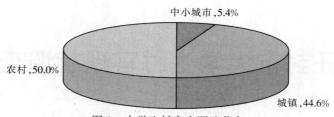

图 3　大学生村官来源地分布

2. 参加大学生村官的目的（原因）

大学生选择担任村官的目的（原因）多种多样，但集中体现在积累经验便于找工作、考研或公务员加分、离家近可以照顾家里、响应号召、盲目跟从、从事这项工作等几方面，具体结果如图 4。

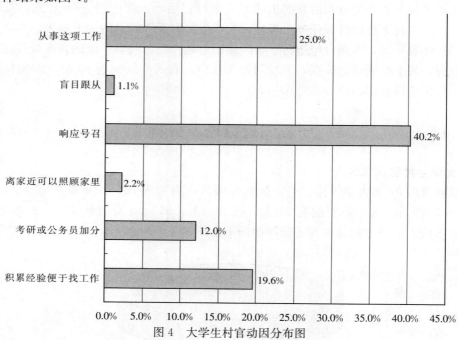

图 4　大学生村官动因分布图

3. 参加大学生村官家庭支持程度

大学生报考大学生村官是否得到家庭的支持直接关系到入村任职工作效果，本调研组旨在掌握大学生政策是否真正影响到家庭和谐关系等，通过数据分析找出更加符合科学发展的招考思路，解决大学生村官生源之虞。具体数据图 5。

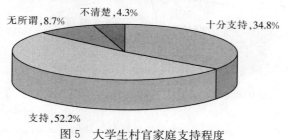

图 5　大学生村官家庭支持程度

4. 日常主要从事工作

由图6可以 看到，大学生村官主要从事文字整理、宣传先进文化理念以及日杂、勤务、矛盾调整等具体事务性工作。在针对农村本土基层干部的调查中，我们了解到这些农村干部的文化水平都较低，而当地稍微有点文化的年轻人则外出务工较多，所以大学生村官的到来正好解决了这个问题，大学生村官文化理论基础好、思维活跃、更易接受新生事物，所以来到农村基层就往往担负起整理档案、负责宣传以及日杂等工作，这些看似简单的工作却往往可以赢得当地村干部的普遍好感和尊重。

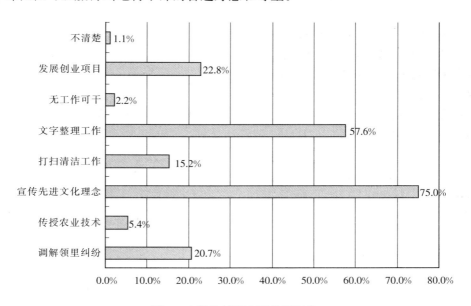

图6 大学生村官主要从事工作

5. 所做工作的满意程度

由图7可以看出，大部分大学生村官对所任职务还是持肯定态度的，这说明大学生村官计划的实施还是受到广大村官认可的，同时也可说明大学生村官的心态积极向上，具有不怕苦不怕累的精神，对下一步大学生村官计划的开展将会带来积极的影响。

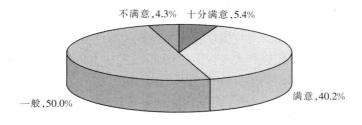

图7 大学生村官对自己所做工作的满意程度

6. 任职满后的打算（图8）

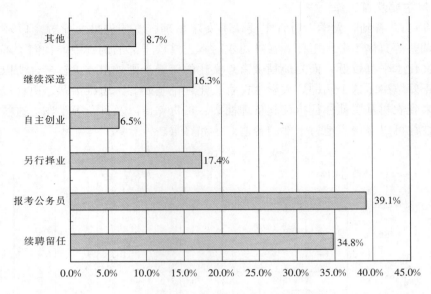

图 8　大学生村官今后打算

二、实施大学生村官计划的积极意义

1. 有利于农村基层组织建设，培养后备干部

加强村级组织建设，是实现党的政治领导、促进经济发展、保障村民自治的重要任务。经过多年的基层组织建设，村级组织在年龄结构、性别比例、知识层次上虽然有一定的改进，但问题依然比较突出。一是年龄仍然偏大。开封市村"两委"干部的平均年龄为43.7 岁。年龄的老化使得村级领导缺乏创新精神，等要靠思想滋生，也使得他们心有余而力不足。二是性别比例不尽合理。开封市村级干部中，女性所占比例很少。性别比例搭配不合理，在农村政策宣传、计划生育工作、矛盾纠纷处理等方面均达不到理想效果。三是知识储备不足。知识的匮乏使得村干部在更新观念、开拓创新、发展经济、传播政策等方面存在障碍。

大学生村官下村使上述问题得以较好解决。在年龄上，大学生村官平均年龄为 24 岁，极具活力与创造精神。在性别上，女大学生村官所占比例达 67%，极大改善了农村基层组织中性别比例失调现状，同时为国家储备了大量的基层女干部，具有深远的战略意义。在知识结构上，大学生村官普遍是大专以上学历。大学生村官凭借其"年轻、知识新、有闯劲"等优势进入村庄，打破了部分村干部存在的不想当或者是口是心非不想当的被动局面，激发了村干部的热情，强化了责任和危机意识，提高了工作效率。

2. 有利于为新农村建设培养技术骨干人才

我国是一个农村人口占多数的农业大国，农业、农村和农民问题始终是我国要长期致力解决的根本问题。目前，农村青壮年劳动力不断向城市和非农产业转移，农村劳动力匮乏，村级基层组织缺乏技术人才和骨干领导者。大学生村官计划的实施，可以为农村输入

"新鲜血液",特别是有着农学和法律等农村急需专业背景的大学生的到来,能够解决农村基层组织后继无人的困境,为社会主义新农村建设提供技术骨干。

3. 缓解就业压力,分流就业岗位

随着大学生村官里一些成就事业者的出现,必将会对大学生传统的择业观念形成冲击,改变他们高难攀、低不就的生存状态。

4. 大学生当村官是大学生自身价值的体现

当大学生村官们干出一番成就的时候,就会感知到村干部的经历是一笔宝贵的人生财富,就会认识到自身的价值。

三、大学生村官计划实施出现的问题

1. 职业化瓶颈

大学生村官身份不清晰,非官非农,角色尴尬。按照《关于引导和鼓励高校毕业生面向基层就业的意见》的规定,"到农村就业的,可通过法定程序安排担任村党支部、村委会的相应职务",虽然把那些担任村党支部书记助理和村委会主任助理的大学生称为村官,但与村支书、村主任等村干部相比还是有很大的不同,大学生村官从本质上讲并不是真正意义上的村干部,也不是公务员,更不是党政系统内的领导干部。虽在农村,但又不是村民,其角色是非常模糊的。同时,大学生村官无"法"可依,遭遇法律瓶颈。《中华人民共和国村民委员会组织法》明确规定"村民委员会主任、副主任和委员,由村民直接选举产出。任何组织或者个人不得指定、委派或者撤换村民委员会成员。"村民选村干部,这本是村民自己的事,这在法律上是有明确规定的。"村民委员会主任、副主任和委员,由村民直接选举产出。"这条规定就意味着任何组织或者个人不得指定、委派或者撤换村民委员会成员,换言之,村干部只能由本村村民担任。不难看出,作为一项新政策,大学生村官在法律层面遇到了困难,这也是大学生村官计划的硬伤。当前对大学生职务的正式定义一般为"助理"角色(村支部副书记或者村委会主任助理),而且在服务的3年期限中,这种身份都是恒定不变的。这种不是那么有分量的身份定位,在某种程度上决定了大学生村官地位的尴尬和在农村发展建设中的边缘化。

2. 候鸟式的大学生村官选拔机制弊端凸显

(1)选派标准的非本土化,即不限定申报者所学的专业,是否熟悉农村,有无组织管理才能的潜质等,由于选拔录用标准的宽泛化,致使一些并不熟悉农村、不适应农村管理工作或专业不对口的大学生村官"英雄无用武之地",许多大学生村官因角色定位不准,造成了人才资源的极大浪费。

(2)激励机制的短期化,既不利于大学生村官队伍的稳定,也不利于大学生村官能力的培养;同时极易助长大学生急功近利的投机心理。

3. 培训体系不健全,缺乏相关配套措施

大学生村官培训仅仅停留在教授工作基本原则的表面之上,目前还没有专门的培训机构与相关教育资源的投入。大学生村官入村任职后,所面临的诸如新农村建设、计划生育、创业项目、农村合作医疗等各种基层问题得不到很好的解决,大学生村官在本村的工作亦很难开展。

4. 缺乏引导帮带机制

大学生村官因为其自身的特点，在工作中往往出现头脑过热、意气用事、忍耐性较差等情况，这对农村基层工作相当不利。但是，大学生村官工作缺乏相应的引导帮带机制，致使大学生的许多用途得不到发挥，造成人力资源的极大浪费。

5. 福利待遇及政策落实问题

由于大学生村官实施聘任制，其工资待遇不能很好地吸引大学生村官"留下"，相关政策由于其缺乏可操作性，致使部分村官流失。

6. 专业不对口

由于大学生村官选拔的宽泛性，致使各种专业人才涌入农村一线。如图 2 所示，大学生村官中农学、法律学、医学等农村急需的专业人才所占比例分别为 1.1％、4.3％和 1.1％，远远不能满足农村广大干部群众对人才的需求。

7. 大学生村官的"跳板"心态

由于大学生村官职业的不确定性，大学生村官往往通过多种途径寻求别的出路，如图 8 所示，选择报考公务员的占 39.1％，另行择业占 17.4％，继续深造占 16.3％。上述数据表明，大学生村官自身也存在深入不下去的心态，大学生村官仅仅是其进入其他行业的跳板而已，这对大学生村官工作的开展带来很多负面影响。

四、大学生村官工程的几点建议

1. 改革选拔体制

目前，候鸟式的大学生村官选拔机制已经暴露出一些问题。本调查组认为，大学生村官选拔应实行订单式，在充分调研、严格论证后，由村级基层组织上报所需人才计划，大学生村官管理部门统筹安排，发布公告进行选拔。选拔人才，必要时可对专业、性别等加以限定，以确保大学生村官的人尽其用。

2. 完善培训机制

大学生村官的培训是大学生村官工程的重要一环。大学生村官的前期培训可以使其更快地转换角色，适应农村基层生活，为其进一步开展工作打下良好基础。本调查组认为，后续的培训与指导工作也具有相当重要的作用。本调查组建议，建立大学生村官讲堂，利用县级新农村学院，聘请农业技术人员、农业政策专家、商业精英等各方面人才，为大学生村官开展长期的业务培训与指导。

3. 健全动态管理与考核机制

大学生村官管理的好坏直接影响到大学生村官工程是否能长远发展。建立动态管理数据库，成立督查小组监管大学生村官日常工作。细化考核标准，严格考核纪律，综合考核与工资激励机制相结合，加强监管，促进大学生村官管理工作更加完善。

4. 孕育激励机制

本调查建议，大学生村官工资实施绩效工资。工资的发放包括基本工资与绩效工资，在不影响大局稳定的情况下，开展综合考评与绩效工资挂钩制度。

5. 建立工资递增机制

人才的去留，很重要的一点是工资待遇问题。本调查组建议，建立工资递增机制，在没有出现重大问题的情况下，每年递增一次工资。

6. 健全人才流动及管理机制

"铁打的营盘流水的兵"。聘任期满的大学生村官面临再次就业，大学生村官办需建立人才流动服务管理平台，使其"流的动"。

7. 探索雇佣制政府工作人员体制

在欧美国家，雇佣制政府人员已实施多年，我们可趁此机遇，探索政府雇佣大学生村官，签订更加严谨的雇佣合同。详细规定双方的责任、义务，为以后的雇佣制政府体制提供借鉴。

做好大学生到村工作，在我国是一项全新的工作，国外也没有先例可循，这就需要我们进行大胆的实践探索：总结创新，走出一条具有中国特色、符合本地实际的工作路子。当前，至少有以下几个方面值得思考、研究和探索：一是每村和社区大学生的数量问题。开封市在逐步实现一村一社区一名大学生后，还要不要继续引进大学生进村，这个数量的常数以多少为宜，才能让每个大学生村官都有施展才能的岗位，这是下一步工作面临的一个现实课题。二是大学生到村工作3年期满后的去向设计问题。2008年首批下村工作的大学生村官2011年合同期满，期满后要有一个比较可行的、长远的设计方案，这不仅对于首批大学生村官非常重要，对于后几批大学生村官也有较强的示范效应，这也是一个不可忽视的问题。三是大学生村官的身份问题。目前大学生村官在村的身份是副支书或者村主任助理，协助村支书或村主任开展工作。而大学生下村工作，其中的一个重要作用就是加强村级组织建设，尤其是党支部和村委会的建设，通过几年的锻炼和努力，能够将德才兼备的大学生村官充实到村"两委会"班子，包括担任"两委会"主职干部。这其中就有一个解决竞选村委会的资格条件问题，虽然可以适用经常居住地原则来解决这个问题，但必须是两年以上，这又面临着合同即将期满，3年以后的去留选择也是要考虑的一个问题。四是建立健全大学生村官工作长效机制问题。既然要将大学生下村和社区工作作为一项长远的战略任务来考虑，那就必须要建立健全与之相适应的选拔、录用、培训、帮带、考核、创业、保障、激励、进出、淘汰等方面的制度。

创新机制，为大学生村官在村和社区工作创造一个良好的、长期的、稳定的、能够让大学生村官待得住、干得好、流得动的制度环境和政策环境，真正发挥他们的聪明才智，在社会主义新农村建设和农村改革发展中实现新时代大学生的理想和价值。

对发挥农民在新农村建设中
主体作用的思考

为了摸清我镇新农村建设中存在的问题，充分发挥农民在新农村建设中的作用，探索促进社会主义新农村建设的途径、方式和工作思路，我进行了深入的专题调研。

一、发展现状

近年来，随着中央、省、市、县各级党委、政府的各项支农惠农政策的出台和贯彻落实，高平镇在经济结构调整、基础设施建设、农民增收等方面有了较大的改善，在物质文明、精神文明和政治文明建设等方面也取得了一定的成效，促进了当地经济和各项社会事业的发展。全镇实现村村通电、通水、通电视、通电讯。建设村级卫生所 12 所，解决了村民看病难的问题；建有 19 个农家书屋；全镇享受农村低保 887 户 1 460 人，困难户基本上得到救助；新农村合作医疗保险参合人数 32 799 人，参合率 92％。

高平镇现有耕地 2 611 亩，人均耕地面积 1.54 亩，全镇主要是以发展第一产业为主，第二、三产业发展比较滞后。2009 年末农民人均纯收入约为 2 214 元，在泾川县 15 个乡镇开发区中处于中等水平，是山川塬结合的农业镇。

1. 从业人口分布情况

全镇共有 35 652 人，其中男性 18 539 人，女性 17 113 人。根据 2009 年的统计数据显示，在全村 29 591 劳动力人口中，从事第一产业的农业人口有 28 111 人，占劳动力总人口的 95 ％；从事二、三产业的有 7 541 人。

2. 产业结构情况

在农为产业结构中，主要以"粮食、蔬菜、果品、畜牧"4 个产业为主。

3. 农业基础设施建设情况

现柏油村级道路 2 条，约 5 千米，其余镇域村级主干道路全部实现沙化；水利设施建设上，全镇共有水厂 3 个，水塔 13 座，沼气池 1 000 口以上。

二、存在的主要问题

1. 农村基础设施建设落后，资金投入不足

主要体现在以下几方面：一是村容、村貌等基础建设，缺乏统一规划，多数村组建设杂乱无章，比较凌乱，路面硬化、绿化、美化、净化设施建设不到位，村级道路硬化近期内还不能实现等；二是农村科技、文化和医疗卫生条件差，设备、设施落后。对改善农村基础设施建投入资金不足、投入困难，均制约着新农村建设的进程。

2. 农业生产水平不高，劳动力素质低

产业的发展要求高素质的劳动力，而当前劳动力素质低，产业发展的配套技术差，思想观念还比较落后，"小富即安、小进则满"心理仍然存在，农民素质不高的现状严重制约着农村经济社会发展进程。增加了劳动成本，劳动生产率的提高受到制约和影响，使农业增效、增收困难。

3. 农民收入低，产业化水平不高，增收渠道窄

当前，全村仍面临着缺乏新的产业支撑，农业产业结构、农村经济结构矛盾突出，产品市场化程度低，农产品价格偏低，农民增收项目不多，农民增收难等诸多困难和问题。

4. 新农村建设，缺乏科学规划、统一布局

在新农村建设上，存在思路不够清晰，缺乏统一规划、安排和部署。有的村干部在新农村建设上还存在认识不到位、措施力度不够、方法不多；在宣传、发动群众方面也还有不到位的地方；对如何建设、怎样建设本村的新农村思路不清、路子不宽；在工作上存在不主动、不积极，工作方法不多，还存在"等、靠、要"的现象；这些将严重制约和影响全镇的新农村建设进程和质量。

5. 新农村建设，"重建设、轻管理"的现象十分突出

近年来，各级党委政府的各项支农、惠农政策的落实，以及按新农村建设的要求，已经进行了一定的基础设施建设，但"重建设、轻管理"成了一大弊病。没有制定一套有效的管理维护制度，对建成的设施保护意识薄弱，措施不力、制度办法不到位。

6. 基层组织建设仍然薄弱

一是村干部科技文化素质偏低，对新时期农业发展出现的新情况、新问题束手无策，发展农村经济的能力和后劲不强，在带领群众致富的路上力不从心；二是基层组织建设还有待完善、加强，凝聚力、战斗力还需进一步加强等。

三、对策及建议

（1）加大新农村建设和各项涉农政策的宣传力度：宣传党在农村的各项路线、方针和政策，宣传涉及"三农"问题的法律法规，宣传党委、政府关于"三农"工作的有关决议、决定和重要举措，引导群众转变思想观念，增强发展意识、民主意识、法制意识。充分利用标语、黑板报、村组群众会议等进行多渠道宣传，营造新农村建设的良好氛围，充分调动群众参与新农村建设的积极性和主动性。以科学发展观为指导，围绕中央"20字方针"和"多予、少取、放活"的原则，扎实推进社会主义新农村建设。

（2）突出新农村建设主体意识，加强基层班子建设：新农村建设要政府引导，农民为主体，充分调动群众积极性。推进新农村建设，需要好的班子带领大家向前发展；要基层党组织加强团结，紧密沟通、严密组织，要形成有号召力，能干实事，乐于奉献的村"两委"班子。明确党组织在农村的领导作用，充分发挥基层党组织和党员的战斗堡垒作用和先锋模范作用。建设的主力是农民自己，激发广大群众建设自己美好家园的积极性是关键。要调动群众的积极性和创造性，动员农民积极参与各村组的公共基础设施建设。新农村建设要精心组织，周密部署，分类指导、逐步推进，确保新农村建设项目，建一个，成一个，但同时也要注意不能过多地增加群众和村组集体负担，搞举债、负债建设，要量力而行，真正把新农村建设抓出成效。

（3）科学规划，分类指导，逐步落实：镇党委班子要认真研究，立足本镇实际，突出本地特色，提出符合实际的新农村建设发展规划，要按照科学发展的要求，统筹规划，统一布局，协调发展，坚持因地制宜，分类指导，突出生态环境，对于新农村建设，要按照规划稳定有序推进。

（4）抓好农业科技文化的培训、推广：一方面加大利用科技文化知识的宣传和培训力度，要积极推广运用各种集约、高效、节约型农业产业技术，提高农业资源和投入品的使用效率，降低资源消耗。另一方面要积极推进农村劳务的开发，全面实施农民工培训工程，提高农民的综合素质和自我发展能力，积极鼓励农村剩余劳动力外出务工，增加农民的收入。

（5）要抓特色产业的发展和培育，着力调整农业结构，大力发展农业产业化经营：农民增收是新农村建设的核心内容，要搞好规划，保护好耕地。应坚持"围绕增收调整结构"的思路，正确引导农民按照市场需求，对当地具有比较优势的产业进行扶持、培育，并发展好现有的优势产业，如果品，应努力多在果品的提高单产、优化品种、改善品质等方面做文章、下工夫。要在如何开拓市场、建设市场信息沟通渠道等方面进行探索，推动养殖产业做大、做强。另外对于刚刚起步的梁河川区蔬菜产业，应大力扶持，为我镇经济发展带来新的增长动力。

（3）推进民主法制进程，完善各种制度：坚持和完善村务公开、民主管理制度，规范和完善事务决策管理机制和各项村规民约，增强村干部、村民对公共基础设施的保护意识，确保公共基础设施安全完整，增强群众依法维护合法权益的能力和履行义务的自觉性，为新农村建设创造良好的法制环境。加强维护社会稳定工作，确保农村群众生命财产安全，为新农村建设提供稳定的社会环境。

总之，新农村建设涉及千家万户，是一项系统的工程，绝不可能一蹴而就，需要我们长期努力，要以科学发展观为指导，充分发挥农民的主体作用，因地制宜，实事求是，从解决农民最关注、要求最迫切、受益最直接的实际问题入手，以增加农民收入、发展产业支撑和改善人居环境为突破口，充分调动农民群众广泛参与的积极性，调动全社会共同参与支持的积极性。用3～5年，或更长时间，使全镇的基础设施更加完善，农民生活更加宽裕，村容村貌更加整洁，农民的居住和生活环境更加优美，社会更加和谐。

关于加强农村基层党组织建设的调查与思考

陕西省凤县县委基层办　　赵正卿　　吴瑞刚

党的十七大和十七届四中全会指出：党的基层组织必须坚持围绕中心、服务大局、拓宽领域、强化功能，进一步巩固和加强党的基层组织，着力扩大覆盖面、增强生机活力，使党的基层组织充分发挥推动发展、服务群众、凝聚人心、促进和谐的作用，使广大党员牢记宗旨、心系群众。如何使农村基层党组织建设适应新形势新任务要求，不断提高科学化水平，力争创建成为全省农村基层组织建设先进县，在县第十四次党代会召开前，根据县委办有关文件安排，我们利用近一个月时间，对全县农村基层党组织建设进行了一次深入调研。

一、做法与成效

近年来，我县坚持以加强党的基层组织执政能力建设和党员先进性建设为主线，以推进党建工作科学化为方向，以改革创新为动力，以加快新农村建设为主题，以统筹城乡改革试点为契机，以创建农村基层组织先进县为目标，以载体带动为方法，以求真务实精神落实关键举措，抓基层打基础，抓载体激活力，抓保障求实效，抓规范促提升，不断破解基层党建工作基础性、结构性、体制性矛盾，使农村基层党建工作在突出重点、突破难点、凸现亮点中整体推进，为打造富强、文明、和谐、幸福的新凤县提供了坚强有力的组织保证。

（一）以推动发展为主题，围绕中心抓党建

1. 着力打造村级党组织"升级晋档、科学发展"活动为统揽的农村党建标志性工程

以新农村建设为主题，以促进农民增收为核心，以创建一类、扩大二类、提升三类、减少四类为目的，明确目标定任务，明确标准定档次，明确要求定措施，实施关键性举措，以求真务实精神狠抓落实，强力推进村级党组织升级晋档活动上水平、出成效。截至2010年，全县创建一类村3个，二类村53个，三类村44个，全面消除了四类村，农村基层党组织推动科学发展的能力明显提升。

2. 率先在全市强力推行以举措到户为主要内容的"农户增收计划行动"

紧扣发展农村经济、增加农民收入这个主题，选派百名干部驻百村、百个单位帮百村，充分发挥各级党政组织主导、党员干部骨干带头、农民群众主体、包抓单位帮扶、驻村干部抓促的"五轮联动"作用，像抓计划生育一样落实增收举措到户。2010年实现农民人均纯收入5949元，同比增长26.7%，增长速度居全市第一、全省第二。

3. 积极创新"党支部＋专业合作社（协会）＋农户"等党建促发展模式

以促进农业产业化发展和农民持续增收为目标，创新"党支部＋专业合作社（协会）＋农户"、"党支部＋党员中心户＋群众"的农村党建工作新模式，引导和支持农民组建各类专业协会 19 个、专业合作社 11 个，吸纳会员 4 600 余人，带动农户 13 800 余户，实现农产品销售收入 1.05 亿元，会员人均增收 850 元。

4. 全面推进"三双"活动和"四议两公开一监督"工作法

将"三双"活动与全面推行主要干部年度目标承诺结合，与升级晋档、晋星创建结合，与创先争优活动结合，与推行"四议两公开一监督"工作法结合，使"三双"活动的范围、内涵和形式不断深化，成效不断扩大。全县党员、入党积极分子、非党干部承诺率达 97％，履诺率达 98％；经过"双评议"，各级班子和主要干部民主测评满意率普遍达到 90％以上。从研究问题、完善制度、规范程序的角度出发，全面推行"四议两公开一监督"工作法，使农村信访下降 57.1％。

（二）坚持以人为本为核心，凝聚民心促党建

1. 两万元年薪选派新农村建设指导员

把后进村转化升级作为突破，以两万元年薪选派 10 名新农村建设指导员，派驻到村级班子软弱、经济发展缓慢、新农村建设相对落后、矛盾问题突出的村，指导帮助村"两委会"建强一个班子、带好一支队伍、培养一批能人、引进一批项目、发展一批产业、改善一方条件、致富一方百姓、确保一方稳定，探索建立新农村建设指导员与村党组织书记、村委会主任"三位一体"、优势互补、齐抓共管的农村管理新格局。期间，10 名新农村建设指导员，为选派村争取项目资金 176.5 万元，引进到位资金 500 万元，办实事 46 件，使后进村赶超，发展潜能不断释放。

2. 大幅度提高村干部报酬待遇

以提高待遇、激发活力、彰显关怀、提升素质为目的，以"报酬工薪化、待遇保障化、岗位职业化、管理规范化"为方向，大幅度提高村干部报酬待遇，进一步健全村干部养老保险制度，适度提高村级组织办公经费，将村干部年报酬由 3 400 元提高到 1 万元以上，组干部年报酬由 300 元提高到 1 800 元，青妇干部年报酬由 720 元提高到 1 200 元，增幅创全省最高水平；对任职满 10 年以上的离任村主要干部，给予 360～800 元的生活补贴，对在职村主要干部办理养老保险；村级办公经费按大小村由 3 000 元、3 500 元提高到 8 000 元、10 000 元；率先将青妇组织活动经费按每名妇女、每名青年各 1 元列入村级（社区）办公经费预算。同时，大力推行村常设干部集中办公和全日制工作法，强力实施以"双述双评"为主要内容的村"两委会"班子和村干部年度考核办法，让村干部既有动力又有压力，既有干头又有盼头，由"不愿干、推着干、哄着干"变为"抢着干、主动干、比着干"。

3. 率先在全市推行"党员政治生日"制度

坚持以人为本，通过发送贺卡暖心、双向交流谈心、走访慰问交心，为 1 820 名党员举办"党员政治生日"，开展党员谈心交心 2 400 人次，帮助解决困难问题 523 件，在实现党内激励关怀帮扶机制人性化模式方面迈出了可喜的一步。以老党员、生活困难党员为重点，以"五送一建"活动为主要内容，落实"六建六保"党内激励关怀帮扶新机制，增

强了党员的荣誉感、自豪感、归属感，增强了党组织的亲和力、凝聚力和战斗力。近两年先后 12 次大规模走访慰问困难党员 1 213 名，累计发放慰问金（品）51.19 万元，协调解决帮扶资金 86.9 万元。

（三）以统筹协调为手段，创新格局强党建

1. 高标准打造村级组织活动场所和党建综合示范点

采取整合项目资金、改造闲置资产、争取省市专项投资和社会捐助、鼓励自筹共建等措施，分两批新建、改建村级活动场所，数量和标准创历史新高，实现了村级组织活动场所全覆盖。着眼于打造精品工程、示范工程，高标准创建县级党建综合示范村 8 个、县级党建综合重点村 12 个、基层党建综合示范点 37 个，建成远程教育终端站点 116 个，实现了远程教育网络全覆盖，有力地提升了全县党建工作水平。

2. 扎实开展"问题村"集中整建工作

按照"顺排抓创建，倒排抓整建"的思路，先后分 5 批对 35 个"问题村"进行集中整建，使影响农村改革发展稳定的突出问题得到妥善解决，以党支部为核心的村级组织进一步加强，党员干部的思想作风有了新的提高，党群干群关系进一步改善，村级各项工作逐步走上了制度化、规范化轨道，整建工作取得了显著的成效，群众满意度测评均达到 96％以上。

3. 切实落实各级领导党建工作责任

以推行专项述职、党建工作例会、党员领导干部联系点、责任追究、月报、整改通知书、提醒函、党建考核等县乡党委抓党建八项制度为重点，研究制定《凤县农村基层组织建设责任人职责及考核实施细则》，牢固树立"抓好党建是称职、抓不好党建是不称职、不抓党建是失职"的观念，切实落实乡镇党委书记直接责任人、村党组织书记具体责任人的职责，使农村基层党建工作级级有人抓、层层有人管、步步落得实、项项有成效。

二、问题与原因

回顾我县近年来农村基层组织建设情况，既有应当继续坚持和不断完善的经验，也存在一些问题和不足，尤其是与新形势新任务相比、与上级党组织的要求相比还有一定差距，概括起来表现为"三难"：

1. 部分村集体经济薄弱，在新农村建设中难作为

由于历史原因和经济发展门路狭窄，部分村集体经济状况薄弱、负债高，发展地方经济和兴办各项公益事业很难开展，党组织带领群众致富奔小康缺乏必要的资金保障，为村民提供的公共服务日益减少，与广大党员群众要求实现共同富裕的迫切愿望形成了强烈的反差。

2. 个别基层党组织班子战斗力不强，在党员群众中威信难提高

个别基层党组织班子战斗力不强，在党员群众中威信不高。主要表现为"四个不适应"，即一些村干部能力和素质与新农村建设的新要求不相适应，"会干不会说"或者"会说不会干"的问题比较突出；思想观念与新形势下的农村工作不适应，缺乏"闯劲"和"干劲"；发展经济的能力与农民群众增收致富的愿望不适应，致富无门路，办事无招法；

单一的工作方法与农民群众日益增强的民主意识不适应，使得工作难落实，难开展。

3. 一些农村党员整体素质不高，先锋模范作用难体现

当前，农村部分党员年龄大、文化低，个别党员在农业生产和新农村建设中难以发挥先锋模范作用。具体表现为"三化"，年龄结构老化，从党内统计年报分析来看，在全县2 982名农民党员中超过55岁的占40.7%，35岁以下党员只占13.6%，初中以下文化程度占79.2%。党员党性弱化，个别党员理想信念不够坚定，受不良风气影响，心浮气躁，作风懒散，进取心和实干精神不够强。个别农民党员对村集体的事情或活动不情愿参与，在广大群众中起不到模范带头作用。

三、对策与设想

针对上述存在的问题和不足，我们将认真贯彻落实党的十七大、十七届四中全会及全县组织工作会议精神，把突出重点、统筹兼顾作为方法，深入开展"学先进、找差距、议措施、促落实"活动，逐步解决农村基层组织建设中存在的矛盾和问题，力争创建为全省农村基层组织建设先进县。

（一）把发展壮大村级集体经济作为重大紧迫的任务，不断提高村级组织服务群众的能力

新形势下，要想解决村级组织有钱办事、集中资金办大事的问题，就必须创新发展思路，广辟增收渠道，千方百计发展壮大村集体经济实力。工作中要抓住四个关键点：一是抓住党建促发展这一关键点。对已组建农民专业合作的，要落实关键性举措让其发挥作用。对未建立的，要积极创造条件组建，年内每个村至少要有1个农民专业合作社或专业协会。二是抓住结构调整这一关键点。大力开发村集体资源，土地资源较丰富的村，须大力发展规模种植业、养殖业，推动农业向规模化产业化方向发展，形成"一村一品"、"一村几品"的特色主导产业格局，提高农业生产综合效益。三是抓住招商引资这一关键点。招商引资是加快经济发展的第一实招和硬措施。要千方百计想办法、寻门路、找项目，做到强化意识搞招商，突出重点搞招商和硬化措施搞招商，创办园区，兴办实体，实现财政增税、村集体增收的双赢目标。四是抓住结对帮扶这一关键点。要加大结对帮扶力度，积极采取党政领导包、政府部门帮、骨干企业扶、经济强村引等多种形式，优化资源配置，促进经济发展，从单纯"输血"向提高"造血"功能的转变。

（二）把守信念、讲奉献、有本领、重品行作为要求，建设高素质农村基层党组织带头人队伍

要坚持把村干部队伍建设作为基层党建工作的重中之重，以村干部"报酬工薪化、待遇保障化、岗位职业化、管理规范化"为方向，探索建立选、育、管、激"四位一体"新机制，打造一支守信念、讲奉献、有本领、重品行的村干部队伍。一是创新机制"选"。要着眼于优化班子结构、增强整体功能、提高执政能力，全面实行村党组织领导班子"两推一选"和村委会"公推直选"，提倡村党组织领导班子逐步进行"两推直选"，积极推行村党组织书记、村委会主任"一肩挑"和村"两委会"成员交叉兼职，对没有合适人选的，打破身份、行业和地域进行公开选拔，构建有利于优秀人才脱颖而出、有利于在更大范围内优化人才资源配置、有利于干部能进能出的充满生机与活力的村干部选拔任用机制。二是拓宽渠道"育"。要把农村基层干部教育培训工作作为先导性、基础性、战略性任务列入重要议事日程，采取分级负责、分类培训的方式，通过菜单式、开放式、示范式、网络式培训"四种模式"，积极创造条件建立村干部教育培训基地，依托凤县党建网开设"村官在线"，有计划地举办"村官峰会"，每年组织受表彰对象外出"取经"，构建多元化干部教育培训新格局。三是健全制度"管"。要强力推行村干部岗位职业化，坚持日考勤、周抽查、月报告，继续强力实施以"双述双评"为主要内容的村"两委会"班子和村干部年度考核办法，督促村干部把心思和精力用在工作上。四是加强保障"激"。要按照"一定三有"要求，建立村干部报酬待遇正常增长机制，在经济上奖励、精神上鼓励、政治上激励、权益上保障，做到在职有待遇、退后有所养、干好有前途。

（三）把提高素质作为重点，抓紧抓好农村党员队伍建设这一基础工程

要着眼于始终保持党的先进性，积极探索发展党员工作的新方法；着眼于增强党员队伍活力，积极探索建立党员教育的新机制；着眼于抓好制度建设，积极探索依靠制度管理党员的新路子，努力提高党员发展、教育和管理工作水平。一是创新农村党员发展机制。要坚持质量重于数量的原则，着眼于保持党的先进性，着眼于改善党员队伍的结构和分布，坚持不懈地做好发展党员工作，重点做好在生产、工作一线和高知识群体、致富能人、优秀青年中发展党员工作，重视做好在进城务工人员中发展党员工作。要积极探索城乡基层党组织一方为主、接续培养、两地考察、相互衔接的优秀农民工入党办法，着力破解外出务工人员发展党员难题。二是创新农村党员教育机制。要在学习内容上注重针对性。本着"实际、实用、实效"的原则，从农民党员的自身特点和接受能力出发，分类施教，让每个党员掌握1～2门实用技术。在学习方式上注重灵活性。采取邀请专家授课与观看电教片相结合，课堂辅导与外出参观相结合，相互交流与现身说法相结合，理论辅导与实际操作相结合等办法，对农村党员进行技能培训，增强他们的带头意识和带动本领。在学习机制上注重经常性。建立和完善党支部定期培训、"三会一课"、党员活动日、党员自学等一系列制度，并把学习情况同党员目标责任制考核和民主评议结合起来，使学习由"软要求"变为"硬任务"。三是创新农村党员管理机制。建立党员分类管理制度。根据党员的家庭情况、思想状况、致富能力和产业基础，对党员进行细化分类，增强管理的针对性、实效性。建立流动党员管理机制。针对农村流动党员管理不规范的问题，继续推行"1033"（10项机制、3个办法、3个载体）工作法。疏通党员"出口"规范机制。对那些对党丧失信心的党员，允许其自愿退党；对不发挥先锋模范作用的党员，实行劝诫退党；对落后党员，实行警示制度；对那些蜕化变质的党员，坚决清除出党。建立健全党内激励关怀帮扶机制。从激励斗志、鼓舞士气、解决困难、帮助发展入手，继续大力推行"党员政治生日制度"，积极探索建立优秀党员荣誉津贴和贫困党员帮扶基金制度，进一步增强党员的荣誉感、自豪感、归属感和党组织的亲和力、凝聚力、战斗力。

对石柱县龙沙镇农村癌症病情的调查研究

重庆市石柱县龙沙镇青龙村大学生村官　　吴清莉

近 10 年来，仅拥有人口 2 000 多人的龙沙镇大沙社区就有 35 名群众罹患癌症，其中今年确诊的癌症病人就达 7 名之多。大沙社区的"癌症"现象引发了当地的热烈讨论，也唤起了对当地农村癌症病情的急切关注。为详细掌握龙沙镇农村癌症病情，切实关注该镇农村癌症病人，特进行了专门调查研究。

一、基本情况

以全镇 3 个社区（以农业人口为主）和 5 个村为调查范围，以该镇 2002—2011 年的全部 104 名农村癌症病人为调查对象，进行实例调查和数据分析，全面反映该镇农村恶性肿瘤疾病发展现状。主要呈现四大特征：

1. 发病率走高

根据表 1 所示，2006 年以前该镇农民患癌现象较为少见，每年新确诊人数都不超过 10 人，占当年人口总数的 0.5‰左右。从 2006 年开始，该镇农村患癌人数明显上升，在以后的 5 年里，每年新确诊病人数基本都达到 10 人以上，占当年总人口数的 0.8‰左右，发病率有所提高；前 5 年患癌人数为 47 人，占总数的 45.19%，后 5 年患癌人数比前 5 年增加了 21.28%，癌症发病人数在一定时期内呈上升趋势。

表 1　2002—2011 年龙沙镇农村患癌人数统计表

患病时间	2002 年	2003 年	2004 年	2005 年	2006 年	2007 年	2008 年	2009 年	2010 年	2011 年上半年
人数	6	4	9	8	12	9	15	17	13	11

2. 存活时间短

104 名患者中已死亡 86 名，死亡率达 82.69%，存活时间不超过 2 年的占 62.79%，其中存活时间 1 年以下的就达 37.04%，平均存活时间仅为 2.08 年。癌症的高死亡率，使其成为导致该镇农村居民死亡的头号"杀手"。

表 2　2002—2011 年龙沙镇农村癌症病人存活时间统计表

存活时间	1 年以下	1～2 年	2～3 年	3～4 年	4～5 年	5 年以上
人数	20	34	16	10	2	4
百分比（%）	23.26	39.53	18.60	11.63	2.33	4.65

3. 中青年患者多

按照我国年龄分段，18～40岁公民为青年人，41～65岁为中年人，65岁以上为老年人。根据此年龄界定，在调查中发现，近10年来该镇农村癌症病发年龄主要在中青年时期，人数占66.35%，其中41岁以下青年患者就达26.09%。

表3　2002—2011年龙沙镇农村癌症病人年龄别统计表

确诊时年龄	合计	65岁以下		65岁以上
		40岁以下	41～65岁	
人数	69	18	51	35
百分比（%）	66.35	26.09	73.91	33.65

4. 癌种类别突出

在调查中发现，虽然癌症种类较广，但罹患肝癌人数最多，占32.69%，其次为肺癌、食道癌、直肠癌。按照癌症的医学分类，肝癌、食道癌、直肠癌属消化道类癌症，肺癌属呼吸道类癌症。由此可见，该镇农村高发癌种为消化道类癌症，人数达60人，占总数的57.69%，其次为呼吸道类癌种。

表4　2002—2011年龙沙镇农村癌种统计表

癌症种类	肝癌	肺癌	食道癌	直肠癌	子宫癌	脑癌	乳腺癌	血癌	其他
人数	34	20	13	13	4	4	3	3	8
百分比（%）	32.69	19.23	12.5	12.5	3.85	3.85	2.88	2.88	9.62

5. 性别比大

根据调查结果显示，该镇农村患癌人群性别比差距很大，男性患者人数是女性患者人数的3.73倍，男性罹患癌症风险明显高于女性。

表5　2002—2011年龙沙镇农村癌症病人性别比统计表

患者性别	男性	女性
人数	82	22
百分比（%）	78.85	21.15

二、发现的问题

由于受专业知识、仪器设备、检测方法等条件的限制，无法对导致该镇农村癌症病情现状的原因进行科学研究和权威判定，但发现了一些值得注意的问题，可为采取积极的预防和控制措施提供参考。主要有三个方面的问题：

1. 慢性疾病在"潜伏"

近10年来，该镇农村饮食结构、食品来源、生活习惯等发生了深刻改变：饮食结构"西化"（脂肪类食物比例增大）、食品来源商品化、饮酒吸烟等不良习惯低龄化，加之大量中青年劳动力外出，农村留守群体缺乏照顾，导致该镇肝病、胃肠病、耳鼻喉病等农村慢性疾病患者数量急剧攀升，以急性传染病和感染性疾病为主的农村疾病谱，被以消化道、呼吸道慢性疾病为主的疾病谱所代替。慢性疾病尤其是肝病、胃肠病、咽炎、鼻炎等，在治不对症或重症轻治或治不及时的情况下，易发生癌变，其癌变概率高达10%。换言之，在控制疾病能力相对较弱的地区，伴随慢性病发病率的增长，人群罹患癌症的风险极有可能增加。近10年来，在该镇消化道、呼吸道类慢性病发病率上升的同时，农村肝癌、食道癌、直肠癌、肺癌等消化道、呼吸道类癌症患者的数量也相应增加，并成为主要癌种，不能说这两者之间毫无关联。

2. 健康意识仍"贫困"

近年来，虽然该镇在加强农村公共健康教育上下了大力气，但是受农民文化水平、传统观念、生活习惯等因素的影响，农民健康意识的提高程度有限，相对于增收致富，他们对自身健康保健的关心显得"轻描淡写"。在对患者以及患者家属的调查中发现，大部分患者缺乏正确的医从观念，健康意识十分淡薄，主要有几种情形：一是"自医"，有些患者在确诊前通常由自己简单"诊断"和"治疗"疾病，当症状实在无法缓解时才前往医院治疗，病变概率大大增加；二是"延医"，有些患者考虑到药费、看病路程等问题，要么等到赶集天或经济条件较宽裕后再看病就医，要么将小病拖成大病后才就诊，病情极易被耽误；三是"乱医"，有的患者用所谓的"单方"、"偏方"医病，还有的甚至搞迷信治疗，"请神驱魔"、"喝符水"、"吃药引"……将生命健康置于毫无科学根据的"治疗"手段下，不但不能缓解病情，极有可能加剧病情。健康意识的多少对人的健康程度是有极大影响的。在这些患者中，绝大部分人在癌症晚期才被确诊病情，其存活时间相对其他患者也较短，有的甚至在1个月之内便死亡。

3. 医疗条件有"缺憾"

在该镇"服务群众尽孝心"的民生工作理念下，当地农村公共卫生事业发展也得到有力推进，但医疗条件的现有水平与农民的医疗需求还存在差距。一是医疗机构不能满足需求。全镇有标准化卫生院1所，设立农村合作医疗点5个，尚有3个村无村级医疗机构，且现有的农村合作医疗点普遍存在服务范围过大的问题，平均服务半径在5千米以上，最远的达到8千米，农村医疗资源配置不合理，这也成为农民医从性较低的原因之一，不利于及时控制病情、有效遏制病变；医疗设备趋于一般，缺少先进的医疗器械，难以承担重大疾病的诊断任务，尤其癌症病情很难得到正确诊断和积极干预。二是医疗队伍不能满足需求。镇卫生院有医生14人，全面承担该镇17 000人的正规诊疗工作，村卫生室均为"一室一人"，一个乡村医生要担负全村的日常医疗任务，医技人员严重不足；全镇卫生专业技术人员中仅有21.55%的人员取得了执业医师资格，在村级医疗队伍中约70%的人员未参加过正规学历教育，传统的"师带徒"出生的医务工作者不在少数，整体素质参差不齐，高学历和高职称人才严重缺乏，不能全面胜任和适应全镇卫生医疗需要。

三、引发的思考

在调查过程中，一组组数据让人触目惊心，一张张表格如同"死亡名单"，令人深感癌症之恐怖，农民之无助，需求之迫切，发人深省。

1. 农民家庭之殇

癌症治疗费用较高，仅以勉强维持生命为目的的治疗，其费用就达上万元。虽然近年实施的农村医疗合作保险在缓解农民"看病贵"的问题上发挥了积极作用，但由于大多数治癌药品并不在报销之列，癌症的治疗费用仍给农村家庭带来很大的压力，可谓"患癌一人、拖垮一家"，极易使农民致贫返贫。据调查，在当地选择治疗癌症的家庭中，75.28%的家庭陷入经济困难；龙沙近10年的癌症病人中有66.35%的患者为中青年，作为农村家庭唯一或主要经济支柱以及家庭义务主要承担者的他们，一旦离去，还会留下更多更大的伤痛，他们的父母、孩子成为癌症的另一类"受害者"，癌症之殇在病人去世后以另一种方式继续。在大沙社区高力组的一户家庭中，夫妻二人均罹患癌症，其中一人已死亡，两个孩子分别17岁、10岁，目前17岁的大女儿已辍学外出打工，家庭境遇十分困难。

2. 直面癌症之难

在世界范围内癌症发病率普遍上升的情况下，癌症现象在一定程度上被"合理化"，癌症群体尤其农村癌症群体没有得到足够的重视。在农村，不仅缺乏癌症防控的基本知识，更缺乏专业的组织机构以及足够的专项经费，来应对癌症的威胁。在知识、经济等条件相对落后的农村，专业防癌抗癌机构和组织的缺位，使农村癌症防治缺乏正确的方向性指导和有效的干预治疗，农民直面癌症之路倍加艰难，抗击癌症之战尤为艰辛。

3. 城乡差异之痛

在城乡统筹的特定时期，一方面是农村癌症等重大疾病发病率与城市的"趋同"，另一方面是农村经济、农村卫生医疗条件与城市的现实差距，农民在经济收入、公共卫生上遭遇的"不公平"，在癌症面前更体现为"生命权"的"不公平"。农民还没来得起富起来就要被疾病拖累，他们的健康意识还没来得及完全"脱贫"，就要面对癌症等重大疾病的威胁。相当部分农民在罹患癌症后，要么勉强拖着，要么干脆直接"等死"，这种无奈、悲怆、宿命式的"理性选择"，正是城乡差异带来的生命之"轻"。在努力实现城乡统筹的阶段，更应该注重对农民的健康投入以及农村生存环境的改善，让城乡统筹的"阵痛"来得轻微些，农民的幸福感更实在些。

四、两点建议

农村癌症现象，应引起全社会的广泛关注。农村癌症患者，这一带有悲剧色彩的"弱势群体"，亟待高度重视和积极作为。

1. 关注"大沙现象"

2002—2011年，大沙社区共有35名群众罹患癌症，近5年确诊患者25人，占10年来患者总数的71.43%，其中今年确诊患者就多达7人，为近5年来患者数的28%；35人中已死亡27人，其中96.29%的患者存活时间不超过1年；以食道癌、肝癌、直肠癌等消化道类癌症患者最多，占60%。大沙社区近10年来农民患癌现象较为突出，患者人数增长快、存活时间短，癌症的地区特点十分明显，应引起重视。虽然当地党委政府对"大沙现象"已作出了积极反应，为部分癌症患者提供了救助帮扶，并广泛动员社会力量以及县慈善总会等县级部门开展关爱援助，同时还邀请相关部门和机构进行了病理调查和研究，但至今未能得出可解释这一现象的科学结论，各方帮扶能力比较有限。目前，"大沙现象"急切盼望相关专业机构的积极介入以及官方报告的准确解读，及早消除群众猜疑和恐慌，使他们能正面捍卫自己的健康权利。

2. 关注"农村癌症"

农村癌症防控是农村卫生医疗的薄弱环节，但目前农村的防癌抗癌需求已经相当迫切，一是亟待建立农村癌症防控机制；二是需将治疗方向"前移"至癌症的预防阶段，加大农村防癌知识的宣传教育力度，加强对不洁生存环境、不良生活习惯等癌症主要危险因素的干预，保障农民健康；三是将防治资源"下移"到农村，强化农村卫生医疗事业建设，提高农村卫生医疗机构和医疗队伍防治能力，在新农合、大病医疗救助等农村医疗保障政策的医疗报销、手续办理、报销额度、定点医院设置、异地补偿等问题上加以改进和完善，真正解决好农民"看病难、看病贵"的问题。

地方经验

凤县大学生村官教育管理
工作调研与思考

中共凤县县委常委、组织部长　胡佑宏
中共凤县县委组织部副部长、基层办主任　王向阳
中共凤县县委基层办副主任　赵正卿
中共凤县县委基层办干部　吴瑞刚

2008 年以来，选聘到凤县任职的高校毕业生共 36 名，其中 2008 年选聘 6 名，2009 年选聘 17 名，2010 年选聘 13 名，目前实际在岗 32 人（2 名考录为公务员，1 名进入教育事业单位，1 名继续上学深造），大学生村官中男性 14 名，女性 18 名，平均年龄 24.7 岁，本科以上文化程度 27 人，中共党员 21 人。2000—2010 年共招录选调生 18 人，目前在县工作 13 人，5 人调离凤县，其中提拔使用 9 人。通过两年多的工作实践，探索积累了哪些经验和做法？大学生村官的作用发挥的任何？他们的出路在哪里？对选聘大学生村官和招录公务员、选调生有哪些意见建议？带着这些问题，我们对凤县大学生村官教育管理工作进行了深入的调研与思考。

一、主要做法

选聘高校毕业生到村任职工作启动以来，我县坚持把此项工作作为一项新的重大任务和重大课题，从加快社会主义新农村建设步伐、巩固党在农村的执政基础、培养造就党政后备干部队伍的战略高度出发，以"四个坚持、四个确保"为思路，着力探索大学生村官教育管理、跟踪服务、梯次培养、正常流动的长效机制，使大学生村官在农村广阔天地得到了锻炼，积累了经验，增长了才干，确立了坐标，达到了党组织、农村基层干部群众、大学生村官"三满意"。

1. 坚持把岗位培训思想引导作为基础，确保大学生村官"下得去"

立足于对大学生村官进行全方位人性化的关爱，做到"三个到位"。一是岗位安排到位。按照"便于工作、利于管理、适于生活、保证安全"的原则，坚持"六个尽量"定岗位，即尽量充分听取乡镇党委的意见建议，尽量充分发挥大学生村官专业特长，尽量考虑拟任职村的需求，尽量安排到新农村建设示范村重点村和县级党建综合示范村，尽量把外籍学生安排到条件较好、交通便利的村，尽量考虑大学生村官的安全，真正做到了人尽其才、才尽其用。二是岗位培训到位。坚持把大学生村官的教育培训纳入农村基层干部培训的总体规划，每年为大学生村官量身定做培训课程，通过多层次、分类别、有计划地开展

岗前培训和专题培训，邀请县级领导、乡镇党委书记、优秀村干部给他们上好"理论课"，安排组工干部担任"学习老师"，落实乡镇分管领导和组织干事担任"思想老师"，确定村干部担任"工作老师"，并建立凤县组工群开展互动交流，赠阅业务书籍，不断提高他们的素质和能力。三是思想引导到位。建立县、乡、村三级定期谈心谈话制度，有针对性地开展岗前心理辅导和教育，做到了"三个对待"（即把他们当自己家的孩子来对待、当重要人才来对待、当后备干部来对待）。县委组织部每年在大学生村官欢送仪式上开展集体谈话，为大学生村官上好"心理课"，引导他们要当村官先当村民，努力实现"三个转变"（就是由学生到农村干部的身份转变、由学校到基层的环境转变、由以学习为主到以工作为主的任务转变），做到"三个不怕"（一不怕苦，二不怕难，三不怕累），以良好的形象赢得基层领导和群众的认可。乡镇联系帮带领导每月与大学生村官进行一次谈心，摸清思想脉搏，做好心理疏导。村干部每周与大学生村官进行一次交心，倾听想法、了解意愿、解决困难，使大学生村官真正沉得下去、安得下心。

2. 坚持把创造条件落实待遇作为要求，确保大学生村官"待得住"

把落实大学生村官的工作环境、工资待遇作为基础工作来抓，尽可能为他们提供优良的工作和生活环境。一是在工作条件上达到"五个一"。对新聘任的大学生村官，由乡镇党委负责，所在村党组织为其安排一间卧室、配发一套办公用品、发放一本工作日志、落实一台电脑、提供一份电话号码本。二是在工资待遇上做到"五个及时"。县委组织部及时与大学生村官签订聘用合同，及时建立专门账户，办理工资卡，按月足额兑现大学生村官生活补贴，在欢送仪式上给每人发放 2 000 元安置费，及时办理基本养老保险、基本医疗保险和大病医疗费用统筹保险，及时协调办理大学生村官组织关系、落户和人事档案，每逢节假日及时看望慰问，解除了他们的后顾之忧。目前，我县大学生村官每月工作生活补贴为 1 750 元，扣除个人缴纳的 183 元两项保险费用外，每月发放生活补贴 1 567 元，生活补贴兑现至 2010 年 9 月份，10 月至今的生活补贴正在落实办理之中。全县共发放安置费 72 000 元，县财政落实两项保险费配套资金 91 280 元。三是在政治待遇上坚持"三个优先"。把大学生村官纳入村级后备干部队伍进行规范管理，压担子、交任务，待条件成熟后，通过组织程序优先选进村级班子。目前，全县大学生村官中，1 名担任宝鸡市大学生村官网络团委凤县网络团支部书记，1 名担任村党组织书记，2 名担任村党组织副书记。把非党大学生村官作为入党积极分子进行重点培养，优先予以发展。全县新发展大学生村官党员 4 名，按期转正 2 名。对现实表现优秀、工作实绩突出、群众反映好的大学生村官，在评优树模时优先予以考虑。全县大学生村官中，柏建红被陕西省青年联合会推选为第十届青联委员，被团市委授予"宝鸡市青年创业先锋"、"农村青年星火致富带头人"称号，被县委、县政府授予凤县"十佳人才"，被县委评为"抗洪救灾优秀共产党员"。魏萍被评为宝鸡市优秀大学生村官。

3. 坚持把梯次培养强化管理作为重点，确保大学生村官"干得好"

从跟踪培养、结对帮扶、加强管理、考核激励入手，让他们在农村工作实践中成长成才。一是注重跟踪培养。针对大学生村官缺少农村工作经验的实际，县委组织部和乡镇党委分别安排专人定期通过实地考察、个别走访、交心谈心等方式，跟踪了解和考察大学生村干部工作能力以及政治思想、道德品质、群众观念等各方面的具体表现，帮助其解决实际困难，促其快速健康成长。二是注重压担子培养。根据大学生村官专业特长和自身特点，建立专门档案库，有意识安排他们参与中心工作和处理一些急、难、险、重工作任务，有计划、有针对性地把他们培养成行政管理型、致富带富型、科技服务型人才。三是注重锻炼培养。引导大学生村官在做好本职工作的同时，积极当好所在村的远程教育播放员、政策法规宣讲员、农业技术推广员、矛盾纠纷排查员、档案管理员，让他们在实践中发挥才智、历练本领、增长才干。四是注重帮带培养。建立"3＋1"帮带培养机制，由县委组织部和基层办干部、乡镇党委书记和包村领导、村党组织书记同时联系帮带 1 名大学生村官，在思想、工作、生活等方面实行立体化帮扶，确保大学生村官能干事、干成事。五是注重管理考核。对大学生村官日常管理实行"五个一"制度，即一日一日志，一月一小结，一季一交流，半年一报告，一年一考核。坚持公开公正、注重实绩的原则，采取领导与群众相结合、平时与定期相结合、定性与定量相结合的方法，以大学生村官岗位职责和所承担的工作任务为基本依据，对大学生村官从德、能、勤、绩、廉等方面进行全面考核和民主测评，让大学生村官工作有动力、有压力，营造了"干与不干一个样、干好干坏不一样"的氛围，形成了比拼争先、创先争优的竞争机制。今年对第一、二批选聘的 22 名在岗大学生村官进行年度考核，测评优秀率均达 95％以上，评定优秀大学生村官 3 名，称职 19 名。六是注重作用发挥。大学生村官到村任职以来，用真心融入群众，把真情投入农村，以实际行动展示了大学生村官的时代风采，在农村这片广阔的天地放飞了自己的梦想。凤州镇龙口村党支部副书记问佳在镇村干部的大力支持下，争取通村水泥路项目资金 153 万元，硬化村组道路 5.5 千米、街道726 米，结束了村民出行"晴天一身灰，雨天一身泥"的历史。原双石铺镇双石铺村党支部书记柏建红带动引导有条件的村民改造家庭宾馆 22 户，既缓解了来凤游客的住宿困难，又拓宽了农民增收的渠道。

4. 坚持把畅通出路铺路搭桥作为职责，确保大学生村官"流得动"

按照中央提出的大学生村官聘任期满正常流动的指导性要求，我们在坚持育好、管好大学生村官的同时，注重畅通大学生村官出路，积极为大学生村官"流动"铺路架桥。注重整合各方面力量和资源，广开大学生村官流动渠道，积极为大学生村官"流得动"搭建平台、创造机会。先后通过凤县党建网、新闻网、政府公众信息网发布招考简章、设立热线服务电话等形式，及时向大学生村官提供各级公务员招考和国有企业招考信息，开展考前培训，支持和鼓励大学生村官参加各类考试。截至目前，全县共有 2 名大学生村官考入乡镇公务员，1 名进入教育事业单位，其中 1 名考选到外县市区。

二、存在问题

选聘高校毕业生到村任职工作启动以来，经过县、乡、村各级党组织的共同努力，扎实工作，取得了明显成效，受到了广大农村基层干部和群众的热烈欢迎，但也存在一些不容忽视的问题。

1. 思想上不够稳定的问题还普遍存在

大多数大学生迫于就业压力，暂时把村官作为一个"跳板"，特别是任期满 2 年的，忙于参加各种考试，扎根农村、奉献农村的意识还不够强。由于大学生村官面临二次就业压力，事业前途存在着很大的不确定性，导致有些大学生村官思想上出现了一些波动。

2. 婚恋难的问题比较突出

大学生村官在村上工作，与外界交流较少，加之乡村青年大多数文化程度低，择偶范围有限，同时有的人认为大学生村官知识层次高，择偶标准高，不愿意让子女和大学生村官谈婚论嫁，造成"高不成低不就"的尴尬局面。

3. 聘用期满出路还比较窄

聘用期满的大学生村官何去何从是整个社会关注的焦点，也是大学生村官的最大顾虑。从目前情况来看，考录公务员仍是大学生村官的首选，但招录渠道还不够宽，招录名额偏少，出路还比较窄。

三、意见建议

1. 在留人上下工夫，引导和鼓励有志于新农村建设的大学生村官扎根农村干事创业

建议上级组织探索建立工资待遇逐步增长机制，解决大学生村官的编制和身份问题，消除他们的后顾之忧，让他们安心工作。通过思想引导、政策引导和激励保障，促使大学生村官扎根农村。

2. 在招录方式方法上再完善，使更多的大学生村官能够进入到县乡机关和事业单位

增加从大学生村官中招录选调生和公务员的名额；拿出一定数量的事业单位名额，面向大学生村官定向招录；建议对从大学生村官中招录选调生和公务员的办法进行修改完善，凡是任期满2年的大学生村官都有资格报考，并把个人才干和实绩综合考虑，对工作中特别优秀和获得荣誉称号的，应适当加分。

3. 在贴心服务上全方位关注，高度重视、切实解决好大学生村官的婚姻问题

这是真情关爱村官、支持村官扎根基层开展工作的有效举措。建议全社会和各级组织重视大学生村官的婚姻问题，让全社会真正认识和了解大学生村官，真情关心大学生村官的工作和生活。同时，引导大学生村官转变思想观念，正视现实，热爱本职工作，正确对待婚姻问题，摒弃择偶标准过高或地域观念等思想，树立正确的人生观、价值观和爱情观。

关于加强对大学生村官分类培养的
调查和思考

中共柘城县委常委、组织部长　任重庆

近年来，随着我省大学生村干部工作的蓬勃发展和不断深入，柘城县按照上级组织部门的部署和要求，结合本地实际，积极探索大学生村干部培养的新途径，初具形成了各具特色的大学生村干部培养模式。在实践中，该县实施分类培养，引导大学生村干部多向发展，取得了显著效果。

一、柘城县分类培养的特色做法

柘城县辖 21 个乡镇，493 个行政村。按照省、市统一安排，公开选聘了 493 名大学生村干部，实现了"一村一名"大学生村干部的选配目标，其中本科生 297 名，大专生 196 名。男 361 名，女 132 名。中共党员 175 名，少数民族 4 名。分类培养是大学生村干部管理部门在综合大学生村干部性格特质、专业特长和社会实践经历等方面的基础上，依据"适应需求，科学定位，分类培养，因材施教"的原则，把大学生村干部划分为"基层干部型"、"创业富民型"和"培养提高型"等不同类型的一种培养模式。

1. 把村干部职业感觉良好、村务工作能力强、愿意长期扎根基层的大学生村干部归入"基层干部型"

实施"青蓝工程"，充分发挥"双强"型村支部书记的"传帮带"作用，侧重安排一些急、难、险、重的工作任务帮助提高大学生村干部解决基层矛盾、驾驭复杂局面、推动经济发展的能力，使其快速成长为农村工作的多面手和行家里手。利用村支"两委"换届或乡镇党委、政府换届契机，把熟悉农村基层情况、工作方法灵活的大学生村干部调整到村支"两委"正职岗位锻炼使用，让他们大展拳脚，在新农村建设中发挥"领头雁"作用。

2. 把市场信息灵通、经营头脑灵活、管理经验丰富、有自主创业项目的大学生村干部归类为"创业致富型"

成立大学生村干部创业指导中心和创业发展研究中心，重点举办 SYB 创业培训班和经营管理知识培训班，加强与农林、水利、扶贫、交通和金融等部门协调，在优惠政策、项目资金、技术支撑等方面加大扶持力度，合力提升其创业项目质态和层次，逐步实现项目向社会化的转变，引领带动更多的群众融入创业大潮中来。

3. 把不适应农村环境、进入基层工作状态慢、有继续深造学习意向的大学生村干部归类为"培养提高型"

在实行"三级帮带"指导开展工作的同时，帮助解决生活难题，鼓励其继续学习深造。主动与教育部门及高校联系，举办针对大学生村干部的学历学位研修班，推荐部分成绩优异的大学生村干部进入高校免试就读研究生。开设工商管理、农业推广、公共管理等硕士冲刺班，邀请相关专业学者授课，免费为大学生村干部提供相关指导，鼓励其参与竞争以实现更高的发展。

二、实施分类培养的重要意义

1. 分类培养遵循成长规律，发挥"比较优势"，是做好村干部工作的切入点

分类培养不仅遵循大学生村干部的成长规律，而且遵循其成才规律，真正实现了"成长＋成才"的双重目标。此种培养模式把大学生村干部放在能够发挥"比较优势"、实现人生价值的岗位上，用其所长、避其所短，指导其在走向事业发展坐标的过程取得事半功倍的成效，"让金子尽快发光"，真正形成"百花齐放、各领风骚"的良好局面。

2. 分类培养激活农村细胞，形成"鲶鱼效应"，是促进农村发展的着力点

当前，基层干部队伍中普遍存在着年龄老化文化程度低、观念守旧创新精神不强、素质不高致富带富能力弱等突出问题。而大学生村干部文化程度高、思想解放、精力充沛、动力十足，有自强、向上的活力，在分类培养模式的激励下，能够充分发挥聪明才智和主观能动性，在工作实践中呈现出一幅"八仙过海、各显神通"的生动画面，在自身健康成长、快速成才的同时，为新农村建设注入了一池春水，继而激发基层工作活力。

3. 分类培养畅通流通出路，蓄积"源头活水"，是形成良性循环的着陆点

流动渠道畅通与否是衡量大学生村干部工程能否实现良性循环、可持续发展的关键。通过建立大学生村干部分类培养链条，不仅间接开通了大学生村干部流通出口的直通车，而且营造出干事创业、创先争优的良好氛围，这势必会产生积极的社会效应，吸引更多素质高、能力强、热爱农村的大学毕业生到农村施展才华、建功立业，从而形成一种周而复始、生生不息的良性循环机制，进而带动农村基层干部队伍素质的整体提高，推动农村经济社会的快速发展。

三、分类培养的实践途径

1. 在培养方式上要做到"整体培养"与"个体培养"相结合

大学生村干部作为共同的称号，其综合素质和任职状况既有群体的共性特征，又有个体的个性差别，因此在分类培养中，各级党委和组织部门不但要做到统筹兼顾、把握整体，而且要做到因人制宜、有所侧重，把大学生村干部培养成为一人多才、一专多能的新型复合型人才。首先，注重整体培养。刚到村任职时，由于生活环境反差大，大学生村干部容易产生畏难情绪和思想波动，此时，应着重在搭台子、促融入上下工夫，制定政策和培养措施时要集中体现大多数村干部的共性培养需求。其次，注重个体培养。对于"空降"到农村任职的大学生村干部，在进入稳定期后一般会更多地考虑何去何从，思想上容易波动，此时，要增强培养成效，适时"分流"，做到培养措施与大学生村干部个人需求、事业发展需要相统一。最后，注重动态调整。分类培养不是一劳永逸、一成不变的，其间，如果发现大学生村干部表现出其他方面的更大潜力，或暴露出以前未曾注意到的关键"软肋"，应实行动态调控机制，引导他们适时"转向"，不断优化事业发展路线。

2. 在推进力度上要做到"热启动"与"持续加温"相结合

实施大学生村干部分类培养需持续的外部动力，不仅要营造良好的开局氛围，而且要提供源源不断的动力支撑。一要高温点火。采取聘请人力资源专家授课和安排先进典型现身说法等别开生面形式，让大学生村干部对分类培养产生思想共鸣。二要持续添火。在分类培养过程中应时刻关注，经常给予指导，通过选树典型，营造"比、学、赶、超"的浓厚氛围，使大学生村干部学有榜样、赶有目标。三要把握火候。根据大学生村干部的热情变化情况，把握好分类培养的推进力度，并采取相应措施适时调整工作节奏，让他们始终有位有为，避免"忽冷忽热"。

3. 在检验标准上要做到"长得好"与"长得快"相结合

能否实现大学生村干部又好又快成长，是检验分类培养成效的试金石，应贯穿于分类培养的全过程。一要坚持"好"字优先，打牢成长成才之基。"长得好"是指大学生村干部得到全面发展，是培养质量的问题。在到村任职过程中，应鼓励和支持大学生村干部扑下身子，扎根基层，让其通过处理新农村建设中的大量棘手问题和矛盾，积累实践经验，提高驾驭复杂局面的能力，不断提升自身的综合素质。二要坚持能快则快，开辟优秀人才脱颖而出的"绿色通道"。"长得快"是指大学生村干部快速成长、早日成才，是培养速度的问题。建立健全大学生村干部择优选拔任用的机制，完善来自基层一线的党政干部培养链，利用公推公派和公开选拔等通道，让德才兼备、实绩突出、群众公认、潜力较大的大学生村干部向高层次发展，为新农村建设作出更大贡献。

统筹兼顾整合各方利益
因地制宜调整村官政策

——顺庆区大学生村官制度运行状况的调查与分析

西南科技大学材料科学与工程学院　　董洪岩

　　自 2007 年启动选聘优秀大学生任村（社区）干部工作以来，到 2011 年上半年顺庆区 20 个乡镇与 3 个涉农街道（西山、华凤和舞凤）共招录 175 名大学生村官，4 年来共有 54 人辞职（其中 50 人通过各项招考正常辞职，4 人由于旷工等原因非正常辞职），现在任村官共 121 人。为全面真实地了解全区大学生村官制度的实际运作情况，笔者前期面向全区大学生村官分发调查问卷（共收到 110 份有效电子问卷），后期走访顺庆区委组织部、人力资源与社会保障局、就业局、农经局和团委等部门得到顺庆区村官各项政策一手资料，最后根据顺庆区所辖乡镇（社区）的远近和贫富选取了 10 个乡镇和街道办事处（同仁、共兴、芦溪、梵殿、李家、金台、濂溪、华凤、搬罾和大林），于 8 月 8 日至 12 日与上述乡镇（街道）领导、村（社区）干部、村（居）民以及大学生村官们通过问卷与座谈的形式实地了解情况和共同研究分析问题。

　　根据前期调查问卷和后期走访座谈，笔者归纳出顺庆区大学生村官制度运行过程中的现状，存在的一些实际问题以及解决这些问题的可行性措施，以供上级主管部门参考。

一、顺庆区大学生村官制度运行的重大作用与意义

　　前期笔者共收到 110 份有效大学生村官调查问卷。据统计，其中大专生 39 人占 35.45%，本科生 70 人占 63.64%，研究生 1 人占 0.9%；男性 51 人占 46.36%，女性 59 人占 53.64%；中共党员（含预备）97 人占 88.18%，团员 13 人占 11.82%；工作一年的有 19 人占 17.28%，工作两年的有 56 人占 50.91%，工作 3 年的有 32 人占 29.09%，工作 4 年的有 3 人占 2.73%；全区目前大学生村官平均年龄 24.95 岁。

（一）优化农村干部文化素质

　　顺庆区现有村干部大部分只有高中、初中，甚至小学文化水平，他们虽然都拥有丰富的农村工作经验，但是缺乏现代化的眼光和市场化的视角，没有青年大学生的那样扎实的知识基础，因而不能适应建设社会主义新农村的新要求。大学生村官们利用自己较高的科技文化素质有力优化了顺庆基层农村干部的文化结构，同时利用远程教育设备为全区各村

带来了新的知识和新的观念，拓宽了农村干部的现代化视野，大学生村官们给顺庆区基层干部队伍文化素质建设带来了新的气象。

（二）提升行政信息办公水平

目前顺庆区绝大部分村干部都在 35 岁以上，文化层次不高，信息化办公水平急需提高，大学生村官们的到来不仅成为顺庆区农村远程教育工作的中流砥柱，还较大程度改善了顺庆区乡镇（街道）政府机关信息化办公的水平，一定程度上提高了顺庆区各级机关政府的行政办公效率。顺庆区一些乡镇因地制宜创新村官远程教育使用，譬如同仁乡共 9 个村有 5 个村官，乡镇要求他们平均 1 个人负责两个村的远程教育及其他相关工作，使得全镇所有农村的信息化工作消除了盲点。

（三）加强基层民主制度建设

顺庆区紧抓基层民主建设，不仅大力培养大学生村官们民主的作风，还要求各行政村（社区）委员会列席大学生村官们参加的所有会议并提出自己的意见和建议。特别是顺庆区村（社区）两委换届选举时，区委要求大学生村官们认真做好有关法律法规的宣传工作，不负上级重托，严格监督选举的流程，坚持公平正义，绝不徇私枉法，敢于向一切不法现象说不。

（四）普及国家支农惠农政策

顺庆区一方面加强对村官的涉农政策法规培训，另一方面村官们积极加大有关惠农文件的自学，并通过各种形式宣传到每户村民家里。譬如笔者了解到辉景乡村官冯小亚，创新宣传手段，将政策法规、办事流程、咨询电话印成卡片，发放到每位农户手中，受到广大农民的欢迎。

（五）营造地方和谐文明氛围

顺庆区大学生村官们响应国家建设社会主义和谐社会的号召，妥善处理各类基层矛盾，大力组织开展各项文化活动，丰富村民们的业余生活。笔者了解到金台镇和大林乡为全部大学生村官在乡镇和农村都安排了住宿，让他们吃进农村、住进农村，真正融入农村，了解村民所需，为群众办实事，他们创新农村文化活动，改观了以往农村闲暇时不少人打麻将的落后风俗。

（六）践行宗旨帮扶孤残病幼

顺庆区大学生村官们积极践行青年大学生的奉献精神，利用各种形式开展关怀帮扶活动。笔者了解到同仁乡 2010 年 8 月积极组织 5 名大学生村官帮助困难农户收割稻谷，村官彭青向笔者表示虽然很辛苦，但是收获非常大，希望以后多组织开展类似贴近村民的活动；梵殿乡村官杜翼坚持开展关爱留守儿童之家活动，受到上级组织的表扬；梵殿乡村官邓斯雅拿出自己的工作补贴捐助给本村一困难户等。

（七）助力顺庆基层经济发展

顺庆区大学生村官们利用自己的所学知识，积极助力顺庆区各项农村经济建设。笔者了解到共兴镇村官欧阳珊积极协助村干部招商引资，成功为本村引进花卉种植项目，得到村民和领导们的普遍赞扬；大林村官周勇积极参与管理本村蛋鸡产业园区，提出各项合理建议等等。

二、顺庆区大学生村官制度存在的一些不足与建议

（一）前期宣传与选拔存在的问题

1. 应加大顺庆选聘村官前期宣传

共兴镇有村干部反映新任村官到村报到之后较难很快适应新环境并开展具体农村工作，同时不少村官也反映报考之前对大学生村官工作缺乏了解。针对这类问题，笔者建议顺庆区每年应加大在全区、市高等院校以及各级乡镇和街道社区村（居）民中开展各种形式的村官招聘宣传工作力度，创新宣传的形式，譬如通过海报、报纸、电视、广播等形式广泛宣传，让更多的有志于服务基层的优秀大学生（特别是本地的）了解到报考顺庆区大学生村官的选聘数量、职位、聘期、报考条件以及签约待遇等，鼓励有志于服务基层农村的大学生回户籍所在地报考村官。为了让大学生们提前了解村官如何工作，更有针对性地报考适合自己的岗位，顺庆区可以利用寒、暑假开展在校大学生到村"实习"锻炼活动，让他们提前了解顺庆区农村的现实状况，熟悉村官的日常工作，为将来服务基层农村打好思想和技能基础。

2. 村官选拔制度存在一些不科学

李家镇有领导向笔者反映顺庆区某些地区存在一些不适合农村工作的村官，建议上级组织加强对大学生村官前期面试考察工作。为了选拔真正适合农村工作的人才，笔者建议国家应侧重选拔有关农、工、经类专业的优秀毕业生，不能片面强调过高的学历，同时加大面试所占总分的比例（现有面试占40%），面试中加强考察考生农村工作的实际能力，不过于强调笔试分数，在选拔人才时做到不拘一格降人才。同时加大面向"211"、"985"工程大学和农学专业人才的定向推荐招聘比例。继续坚持村官只填报具体乡镇不填报具体村政策，由乡镇政府（社区）根据本镇（社区）实际情况合理分配村官到村任职。

（二）日常管理与工作开展的问题

1. 村官制度运行有违政策初衷

国家有关法规规定，大学生村官是村级组织特设岗位人员。国家选拔优秀大学毕业生到基层农村任职的初衷是优化农村干部文化素质，服务社会主义新农村建设，同时培养大批经受过基层特别是农村艰苦环境锻炼、与人民群众有深厚感情的后备干部人才的需要，因此大学生村官严格意义上是需要驻村开展日常工作的，但是实际开展工作后不少村官反

映村上的工作并不需要我们的村官时时在村，很多属于临时性、突击性的工作，并且村务工作很多时候更需要一种人脉关系来处理，一些村上矛盾需要柔性的人情世故去化解，这对于很多来自于外地的大学生村官形成了严峻的考验，同时由于顺庆区乡镇（街道）政府长时间未有引进人才，造成乡镇（街道）政府人才的断档，随着目前政府信息化办公程度的提高，原有人员很难胜任新形势下信息化办公的要求，其次，由于各乡镇政府对于村官的安全考虑多数都在乡镇为他们安排了住宿，所以造成目前顺庆区不少大学生村官有很大一部分时间花在了乡镇政府的日常工作中，成为所谓的"乡官"、"镇官"。

我们应当理性分析此类问题的发生，虽然村官在乡镇（街道）工作一定程度上违背了国家村官政策的初衷，但是我们应该认识到村官在乡镇（街道）工作就不仅仅是服务于自己分配到的那个村，而是服务于整个乡镇（街道）的建设，这就好比由一个点到一个面的转化，同时村官也优化了所在乡镇（街道）的干部文化水平，提高了行政办公信息化的水平，这也是对顺庆区大学生村官们更大的锻炼。当然这并不能代表我们的村官就不用下村了，顺庆区大学生村官们仍然是各村远程教育管理、维护和使用的中坚力量，如果村官把所有的精力全部放在乡镇上，那么他们也不能真实地了解到基层农村的实际情况，更不可能为基层村民们办实事、办好事了。笔者建议顺庆区村官一段时间下乡的次数和时间（譬如每周2~3天）应该作为分管村官的乡镇（街道）领导干部各种考核的硬性指标，只有这样才能保证顺庆区大学生村官有时间能融入农村。

同时由于大学生村官定义为国家在农村的特聘岗位，每过2~3年需要重新签订劳动合同，属于一种类似"合同工"的性质，所以造成现实中一方面村委干部不愿意放手让有想法的村官施展拳脚，另一方面乡镇政府也不敢把一些优秀的村官放在一些责任重大的岗位上，因为他们随时可能以各种方式离开，这对于大学生村官们基层锻炼和顺庆区基层人才建设非常不利，怎样留得住这些人才，怎样更好地激励和发挥他们在顺庆区经济发展和文化建设中的作用，这是顺庆区大学生村官政策急需调整的一个重要方向。

针对现实两方利益冲突下造成的看似无法整合的矛盾，笔者向国家主管村官人事的部门提出以下一点想法：在全国条件成熟的地方，能否将服务期满一届并考核合格及以上的大学生村官纳入乡镇（街道）事业单位编制，作为驻村干部使用，由乡镇严格考核村官下乡工作情况，或者在《村（居）民委员会组织法》中设立村官职位，灵活选举过程，明确村官的权利和义务，由乡镇严格考核，并建立起他们正常升迁晋级的制度，真正让大学生村官们名正而后言顺，做到村官制度长久化。此建议旨在解决村官在村和在乡镇（街道）的矛盾，找到两方的利益共同点，既为乡镇（街道）政府引进了人才，也践行了村官服务基层、建设农村的初衷，同时也为顺庆区村官解决了身份问题和后顾之忧，稳定了人心，让他们好踏实工作。

2. 村官缺乏与上级的沟通机制

此次下乡调研不少村官向我提出了很多很实际的问题。譬如，李家镇有村官反映区上财政统一为每位村官划拨补贴的银行卡为工商银行卡，但是实际上全区各乡镇基本没有工商银行服务点，因此提议能否改用邮政储蓄卡或者信用社卡；梵店乡有村官提议能否像公务员一样，由区上每年统一为所有村官进行一次全面的身体检查；地处离市区较远的乡镇村官反映由于道路不方便，交通花费较大，能否让每次上来拿文件的形式更灵活一点，或者能否对他们的交通费进行一定的补助；也有村官提议能否对年终考核优秀的大学生村官们设立一种奖励形式，比如组织他们考察学习等。很多村官都向我提议顺庆区应该更加明确有关部门分别管理村官一些具体事务，可设立专门人员负责收集村官的具体意见和建议，并与上级各主管部门协调解决好这些问题。

特别针对顺庆区少部分来自于其他省（市、自治区）的大学生村官，由于他们需要较长时间在远离亲人和朋友的农村生活工作，因此所受到的各方面压力极大，很容易产生孤独感、失落感，笔者建议上级领导应加大对这些外地村官的关怀，通过谈心听取他们的真实想法，切实解决他们的实际困难，让他们找到"家"的感觉，让顺庆成为他们的第二个"家乡"。

3. 村官工作缺乏有效激励机制

华凤街道有大学生村官指出，现有财政补贴是由区财政局统一拨发到每个村官的银行账户上，虽然很方便和稳定，但是这种固定工资报酬制度并不能真实体现大学生在农村工作的优与劣，即工作出色、工作一般和工作散漫的村官待遇差别不大，久而久之许多村官容易产生懈怠情绪，对促进他们努力工作非常不利。

因此笔者建议，有必要出台关于大学生村官的工资考核办法，建立起村官补贴浮动机制，可比照公务员建立工资分级制度，采取更加严格的工资考核制度，可对两年考核合格的村官晋升一个工资等级，对一年考核不合格的村官下调一个工资等级，连续两年考核不合格的村官终止双方合同，同时下放村官考核和工资发放权由乡镇（街道）负责，把村官纳入乡镇（街道）的日常管理下，让乡镇（街道）对村官开展日常考核，对他们进行具体的奖惩。

4. 村级远程教育存在的一些问题

针对目前顺庆区农村青年劳动力大部分出去打工，在村多是老、弱、妇、幼的现状，不少村官反映远程教育的内容实用性不强，因此群众和党员参与积极性不高，全区各村远程教育播放大致维持在一周一次的水平，因此建议组织部远程办的同志加快农村远程教育信息内容的更新频率，创新远程教育的播放内容和形式，可加大针对妇女、老年人和儿童人群设置合适的远程教育内容，同时有部分村官反映所在村的远程教育设备容易损坏，希望上级加大对设备的更新和维护。

5. 对村官们的一些意见和建议

顺庆区参与调查问卷的 110 名大学生村官中，有 46.36％的村官表示报考村官的初衷是为报考公务员和事业单位作准备，有 27.27％表示是为了服务基层、创业农村，有14.55％表示是为了解决就业问题，有 11.82％的村官选择了以上多个选项。很多村官都表示当时是踌躇满志到农村来成就一番事业的，但是由于村官身份的临时性造成现实中村上具体事务工作的难于开展，同时顺庆区许多大学生村官均不同程度的借调到当地乡镇政府和上级机关事业单位，给不少村官心理上造成一定的落差。

（1）抓好本职工作，回归政策初衷：虽然 110 名大学生村官中只有 27.27％的人表示报考村官的初衷是为了服务基层、扎根农村，但是就笔者的广泛观察和接触，全区至少有90％的村官在实际工作中做到了不愧于组织的重托，但是为了更好地响应国家《"十一五"规划纲要建议》提出的要按照"生产发展、生活宽裕、乡风文明、村容整洁、管理民主"

的要求，扎实推进社会主义新农村建设的目标，真正回归国家村官政策的初衷，抓好服务基层、扎根农村的本职工作，顺庆区大学生村官们无论目前是否在村工作，都应怀揣一颗奉献农村、建设农村的心，合理调节在村、在乡的时间安排，为广大村民们提供热诚的服务，顺庆区各级乡镇（街道）政府应克服各种困难，引导村官们抓好在村工作，为实现顺庆整体经济、文化跨越式发展贡献自己的力量。

（2）运用所学知识，开拓工作亮点：前期调查问卷中绝大部分村官都表示自己大学所学专业对于目前的村官工作有点作用或者完全没用。针对我区村官大学所学专业五花八门的实际情况，如何更好地挥大学生村官专业优势，化学术优势为工作优势，笔者建议各村村官比照自身所学灵活运用到村务工作中，譬如英语、汉语专业的村官可利用所学专业知识开展对所在村青少年儿童（特别是留守儿童）的语言辅导，物理、化学专业类村官可根据所学知识进行科技、生活等知识的宣传和推广，艺术专业类村官可根据本乡镇的实际情况设点带动村民们丰富文娱活动，其他专业类村官可发动群众利用村委活动室建设小型图书馆等。

顺庆区现有大学生村官几乎全是担任所在村主任助理、村党支部副书记，有乡镇领导提议能否让全区大学生村官兼任所在村团支部书记，十分优秀的可任乡镇团支部书记等职务，让他们开拓工作领域，更多地发挥自己的优势为基层农村服务。同时为了使村官有更大的工作主动权，希望区上为顺庆区部分优秀大学生村官配备一定的工作经费，方便他们主动开展工作。

（3）加强自我调整，跟学先进典型：笔者认为顺庆区大学生村官理应达到对自我作为一个"自然人"和"社会人"的理性认识。所谓"自然人"，就是纯自然状态的人，是有独立思想、"吾口表吾心"、唯真理真相是从、不世故圆滑，同时争取个人利益最大化的个体。所谓"社会人"，是被社会环境改造并适应社会环境的人，为了遵循作为社会"固定规则"的人情世故，强调牺牲个人利益奉献于社会。大学生村官们从青涩的校园踏入到复杂的社会现实，完成了从一个自然人到一个社会人的过渡转变，他们响应国家号召毅然选择了服务基层、建设农村的伟大使命，纵然农村条件十分艰苦，但是绝大部分村官都毫无怨言，他们扎根农村，踏实工作，为民解忧，乐于奉献，经受住了困难的考验，可是我们也要认识到村官同时也是一个自然人，他们也有权利合理表达自己的个人诉求，但是大学生村官们也应认识到如果一味地抱怨并不能解决很多实际的问题，相反会给自己的人生带来许多的消极因素。大学生村官们应充分信任各级上级组织，一方面要认识到社会存在不公平的客观性，另一方面要合理向上级组织提出建设性意见和建议，并冷静沉着地规划自己的人生蓝图，少一分浮躁，多一分沉稳，这样才能成为一个合格的"社会人"。

针对有些大学生村官不知道如何有效地开展农村工作，拉近干群关系，建议顺庆区应加大发掘树立村官正面典型人物，加强典型人物的事迹报道和工作方法推广，在大学生村官中形成比学赶帮超的良好氛围，同时结合全区正在开展的"乡学文建明，村学王家元"等创先争优活动，积极鼓励全区村官比照优秀，检查自己，认真总结，努力工作。

（三）日常培养和待遇保障的问题

1. 村官日常培训应制度化

（1）自我、村委、乡镇、区市多级培养：虽然前期问卷调研笔者了解到顺庆区 110 名大学生村官中基本没有参加培训所占比例为 40.0％，1～2 次培训比例占 43.63％，3 次及以上的比例占 16.37％，但是通过后期走访实际了解到几乎所有大学生村官都有参加岗前培训和所在科室业务培训，顺庆区针对全区大学生村官们系统性的交流培训还是非常的缺乏，只有很少一部分村官 2009 年与各村职干部一起参加过在西南石油大学举办的为期一周的综合培训，而参加市级和省级培训的村官就更少了，村官平时的日常培训多数是由所在村干部和所在乡镇领导完成的。同时笔者了解到由于各乡镇村官之间接触机会不多，导致不少村官连某些其他地区村官的名字都没听过，全区大学生村官们急需一个交流、互动的平台。

笔者认为，首先，顺庆区大学生村官应从加强自我学习抓起，利用工作之余时间读各级文件、记涉农法规、学农业技术、理工作思路，并在工作实践中运用所学知识，坚持一段时间写一次个人总结日记，达到自我锻炼开展工作的能力。同时村委和乡镇（街道）要做好村官的政治学习和业务培训工作，让他们列席村（社区）、乡镇（街道）各种会议，并鼓励他们发表意见和建议，将村官们放到更具有挑战性的位置上锻炼他们。最后虽然客观上全区日常培训工作比较繁重，由全区统一组织所有村官学习培训各项负担较大，但是一年一次的全区村官系统培训还是非常有必要，这不仅有利于统一全区大学生村官的思想，提升他们的业务技能，更有利于全区大学生村官之间相互学习、交流经验。笔者建议我区应根据实际简化全区村官培训的形式，培训务必做到自愿、节约、高效和务实，同时灵活创新培训村官的形式，譬如可集中开展全区大学生村官下乡帮扶突击队等实践活动，使村官们能真正掌握所需的知识和技能。

（2）思想、业务、政策、素质多面培养：针对顺庆区有部分大学生村官由于国家对于大学生村官的某些政策调节显现出来的不满情绪，笔者建议顺庆区有必要专门针对全区村官专门召开一次思想座谈会，认真倾听大学生村官们对我们提出的各类意见和建议，合理引导他们调整、抒发情绪，统一全区大学生村官们的思想，稳定大家的人心，帮助他们对未来的工作作好全面、理性、清晰的规划。

各级政府部门针对大学生村官的培训不应局限于业务技能的培养，还应更加注重综合素质能力的培养。为了使他们成为一名有思想、负责任、会协调的全面的大学生村官，笔者建议顺庆区应采用"1＋2"的模式，即一名乡镇干部加上两名村委干部结对负责一名大学生村官的日常培养，让老干部言传身教指导村官们开展工作、提升素质，同时顺庆区可帮助有意愿的大学生村官们走进全区现有的各类图书馆（譬如政府新区图书馆或者各高校内图书馆），帮助他们快速自我提升。

顺庆区应科学规划全区村官轮岗上挂锻炼的制度，为他们提供更多岗位锻炼的机会，譬如每名大学生村官在村工作一年以后，就有机会被安排到乡镇（街道）政府、区级机关事业单位等部门，进行为期 2～3 个月的挂职锻炼，务必做到合理增加村官上挂锻炼的次数，减少村官上挂锻炼的时间，避免某些村官长期上挂的现象发生，使全区村官上挂锻炼制度规范化、有序化。

2. 村官保障制度还需完善

（1）各地补贴不规范：不少村官表示此次 7 月份涨补贴前，村官的待遇普遍偏低，自 2007 年以来未曾涨过补贴，缺少类似公务员比照企业单位一般职工收入的正常浮动机制，特别是专科生一个月 900 元，让不少村官都入不敷出，虽然此次补贴专科生从 900 元涨至 1 500 元，本科生从 1 100 元涨至 1 800 元，研究生从 1 500 元涨至 2 200 元，涨幅不可谓不大，但是目前越来越高的物价形势下，他们的生活压力仍然较大。虽然各乡镇对于村官们都有不同程度的生活补助、加班补贴等，并为家住较远地区的村官提供统一住宿，但是一方面由于各乡镇财政收入水平不一，另一方面由于缺乏上级相关部门的统一规划管理，造成各地村官的具体收入差距较大，容易造成各地村官心理上的一种失衡，对他们的工作产生消极影响。

因此笔者建议有必要由各级主管部门统一协调规划好大学生村官们的各种补助形式和额度，可以加入工龄补贴、年终考核奖等形式来提高大学生村官的待遇，同时比照一般乡镇事业单位人员补贴增长额度，灵活调整大学生村官们的各项补助，切实做好村官保障工作。

（2）五险一金不完备：根据前期问卷调查和后期走访，笔者了解到全区大学生村官年龄集中在 24～26 岁，因此不少村官都反映在现有的村官保障制度下，他们很难恋爱甚至结婚、生子、买房等，面对这些现实问题，很多大学生村官都感到非常迷茫，虽然顺庆区为全区大学生村官办理了养老保险和医疗保险，女生额外办理了生育保险，但是失业保险、工伤保险和住房公积金这一块目前还是空白，特别是住房公积金，在目前南充市房价居高不下的外部环境下，大学生村官们没有住房公积金的保障，更加难于实现自己的买房梦，这对于稳定我区大学生村官人心非常不利。目前顺庆区各部门正根据有关文件加紧落实全区大学生村官住房公积金制度，笔者建议在此基础上，顺庆区应加速完善全区大学生村官"五险一金"保障制度，全面落实有关保障政策，使他们能沉下心来扎根农村，建设农村。

（四）服务期满后去向机制不明确

1. 续聘村官与竞选村委制度完善

国家鼓励大学生村官们继续留村任职，主要通过两种形式：续聘村官和竞选村两委干部，目的很明确，就是为了留住人才继续为农村服务，但是真正实行起来都有各自的不完善之处。

续聘大学生村官作为村官的一项出路只能算权宜之计，今年下半年 10 月份 08、09 届还没有考录公务员、事业单位成功的大学生村官几乎全部向笔者表示准备续聘，但是他们仍表示会继续报考公务员和事业单位，除非国家能让他们村官的身份从一种临时特聘性质变为长效稳定机制。笔者建议国家应专门针对续聘到一定服务年限的合格大学生村官出台相关政策，明确他们的出路，比如在选拔乡镇（街道）领导干部、一般公务员或者事业单位人员时，采取适当的笔（面）试加分，或者同等条件下优先录用等，这也能激励更多大学生村官人才留下来继续为顺庆区基层农村建设服务。

另一项出路竞选村两委干部实行起来也非常困难，因为现有《村（居）民委员会组织法》规定竞选村委主任和副主任必须具有本村户口，顺庆区大学生村官虽然多为本区人，但是很少有人回到原户口所在村（社区）任职，虽然国家规定村官可以将户口转至任职所在村，但是现实中没有人这么做，这么做实行起来也非常难，牵涉到不少人由非农业户口转为农业户口，当然现实中可以在不改变户籍性质的情况下将户口转移至农村。为了让真正有志于服务本村的村官能进入村级两委，笔者建议顺庆区应出台相关具体政策，帮助有意愿的优秀大学生村官将户口迁至工作所在村，为他们竞选村两委干部提供适当的辅选，并明确竞选成功后可保留大学生村官的待遇，并享受相应村委干部的各项补贴。

2. 优秀大学生村官缺乏相应激励

客观上由于大学生村官到岗工作到一定年限后，牺牲了相当多的时间用在工作上，对于考试准备的时间却很难腾出大量时间和精力，造成很多村官报考公务员和事业单位的分数一年比一年低，根本没法和那些花费大量时间在复习上的村官、社会人员、应（往）届大学生竞争，对他们实际上是一种不公平，长此以往会在全区大学生村官群体中产生极大的消极影响。同时濚溪镇有村官反映，虽然国家现在以定向招录代替了村官公务员考试加分政策，但是现有定向招录政策招收的比例太小，而且不少还有专业限制，能顺利考走的毕竟是较少数。

虽然国家于 2010 年下半年已经明文规定大学生村官参加公务员考试不再享受加分待遇，但是笔者还是建议国家有关部门应该加大对部分优秀大学生村官（特别是一定年限内获评一个以上优秀的村官）建立合理的激励机制，这不仅是为国家选拔出优秀的人才，而且在村官群体中树立了典型，让村官们有了奋斗的目标。譬如可在国家选拔考录乡镇副科级领导干部、乡镇党委委员、一般公务员和事业单位干部等时给予一定加分的优惠，比如一次优秀加 1～2 分，最高加 6 分，并且同等条件下优先录取获评优秀次数更多的大学生村官。同时加大定向招录的比例，适当放宽招录的专业限制。

3. 扶持村官自主创业与另行择业

顺庆区应利用本区区位优势和产业优势，重点帮助和支持那些有创业意愿的大学生村官（问卷显示有超过 20％的村官有创业意愿），利用顺庆濚华工业园区、搬罾有机蔬菜基地、大林农业产业园等开展村官创业实践活动，聘请有关专家对他们进行信息咨询、项目选择和论证、创业培训等帮扶，顺庆区在现有适用村官的三项贷款政策（创业启动资金 2 000 元、场地租借补贴 2 000 元、小额担保免息贷款 5～8 万元）基础上，还应由区、镇、村三级财政出资专门成立"顺庆区大学生村官创业专项基金"，为村官自主创业提供资金保障。

对于聘期考核称职及以上，不再留村工作或不参加公务员、事业单位招考的村官，顺庆区应帮助和支持他们另行择业，可委托职业技能学校免费组织他们参加一次职业技能培训，鼓励和引导各类国有企业、非公有制企业等用人单位，优先聘用具有两年及以上农村基础工作经历的大学生村官。

4. 鼓励帮扶村官进一步学习深造

全区参与调查问卷的 110 名大学生村官均没有打算继续学习深造的，很多人表示当时考录大学生村官是出于服务基层农村和为报考公务员、事业单位作准备，经历 2~3 年的基层工作后，虽然国家规定报考硕士研究生可享受初试总分加 10 分和同等条件下优先录取的优惠政策，但是也仍然无任何优势和应、往届本科生竞争，而且村官考研成功后政府也缺乏一定的资助措施，这对于考上研究生就等同于失业的村官无疑更加没有吸引力，这项出路对于我区大学生村官基本上是一条还需修正的出路。

笔者建议顺庆区应配套村官在职或者离职考上研究生的福利措施，譬如可签订一份助学协议，规定村官考上研究生后由政府给予一定的学费、生活补贴，学习期满取得毕业证书和学位证书后必须回原地继续服务到一定年限，类似于定向培养，此举措也能进一步提升全区大学生村官的文化素质。

5. 采取措施留住大学生村官人才

由于顺庆区历史遗留原因造成近 10 年以来乡镇（街道）和机关事业单位一直未有招录新鲜血液，造成了全区普遍存在人才断档的问题。随着现代信息化行政办公提出的新要求，全区老一辈的乡镇及机关人员面临严峻的考验，大学生村官们的到来一定程度上缓解了这种压力，这也造成了我区目前许多大学生村官重心不在村上的现状，同时由于全区村官数量比较有限，很多村官抱怨乡镇（街道）的事务过多，占去了他们过多的时间和精力，很多村官也表示渴望进一步融入农村，但是心有余而力不足。

据统计，顺庆区 4 年来辞职的 54 人中，除去非正常辞职的 4 人，剩下 50 人仅有 6 人考录成为本区下辖乡镇的副科级领导干部，其他人绝大部分都是考录到南充市其他各县区的公务员和事业单位岗位。目前顺庆区各乡镇（街道）的大学生村官们已经对所在乡镇（街道）、农村（社区）的情况非常熟悉，工作正开展得如火如荼，但是由于顺庆区历史原因造成各类编制卡的非常紧，面向全区定向招录的口子还是紧闭，造成目前很多顺庆区的村官考到了其他县市区，以后全区各级乡镇（街道）招聘事业人员后又必须重新投入巨大人力和物力培养后再使用，这是对本区原有人才的极大浪费，眼下顺庆区严重的人才流失现象非常让人惋惜，不少乡镇（街道）的领导干部向笔者表达了想留住现有大学生村官人才的意愿。

为了解决这些矛盾，在此笔者提出以下两点建议仅供上级主管部门参考：一是全面推进现有乡镇（街道）、各级机关单位以及村支两委人员的信息化水平建设，加快整合梳理现有乡镇（街道）、各级机关单位以及村支两委的人员编制。目前顺庆区一方面存在人员超编的现象，另一方面又非常缺乏各类信息化办公踏实做事的人才，只有整理各级机关政府村委人员的编制，腾出位置来，才能为顺庆区进一步引进包括优秀大学生村官在内的各类人才作准备；二是适当开启顺庆区乡镇公务员和事业单位人员招录大门，注重招录本区优秀大学生村官，同时扩大村官中定向招录的比例和放宽专业限制。针对全区现有大量优秀大学生村官外流的现状，顺庆区必须采取果断措施留住他们，适当开启顺庆本地定向招录的大门，采取各种优惠措施吸引真正的基层人才。

大学生村官制度的健全和完善意义重大，影响深远。如果能整合各方之间的价值判断与利益选择，形成合力，切实解决顺庆区当前大学生村官制度运行当中所出现的问题，就能最大限度地发挥全区大学生村官们在顺庆区经济发展，特别是在农村经济发展中的作用，那么大学生村官制度必定会迸发出强大的生命力，为巩固党的基层执政基础、加强干部队伍素质建设、促进社会主义新农村建设作出巨大的贡献，成为党和国家社会主义事业长远发展的重要政治基础。

参 考 文 献

［1］中共中央组织部关于建立选聘高校毕业生到村任职工作长效机制的意见（组通字〔2009〕21 号）．

［2］从动因视角审视大学生村官制度——对衡东县大学生村官制度运行状况的调查与分析．大学生村官网．2011 - 06 - 28．http：//www. 54cunguan. cn/diaoyan/baogao/2011/0628/29140. html．

［3］四川省大学生村（社区）干部管理办法（川组通〔2008〕2 号）．

［4］中共南充市顺庆区委组织部关于实施"三管四培养"加强大学生村干部队伍建设的通知（南顺组〔2010〕86 号）．

［5］黄丹羽，张燕．北京延庆建立大学生村官"双选机制"报考大学生村官先过"实习关"．大学生村官园地．http：//cpc. people. com. cn/cunguan/GB/15164625. html．

［6］王天敏．对"大学生村官计划"的历史审视［J］．安徽农业科学，2007，35（34）：11208 - 11209．

［7］王烨捷．上海市崇明县给力政策留住大学生村官．中国青年报．2011 - 08 - 15．

［8］吴礼权．"自然人"、"社会人"与创新．东方网-文汇报．2011 - 01 - 23．http：//news. sina. com. cn/o/2011 - 01 - 23/085721860954. shtml．

［9］关于为选聘到村任职及三支一扶大学生建立住房公积金制度的通知（南财办〔2011〕46 号）．

［10］顺庆区大学生村官"五种角色"助推农村科学发展．南充市顺庆区深入学习实践科学发展观活动信息专报．2009. 10. 12. 第 106 期．

甘肃省静宁县选聘高校毕业生到村任职情况调查报告

甘肃省静宁县司桥乡司桥村主任助理　赵小周
甘肃省静宁县委组织部　闫必达

按照中央的安排，从 2008 年开始，静宁县积极响应党和国家的号召，把选聘高校毕业生到村任职（以下称大学生村官）工作作为一项重大任务和重大课题来抓，着力从"下得去、待得住、干得好、流得动"4 个方面创造性地开展工作，努力为大学生村官在农村安心干事创业提供好平台、服好务。

一、基本情况

从 2008 年 8 月选聘首批大学生村官开始到 2011 年 8 月，静宁县 4 年共选聘到村任职的大学生 63 名（2008 年选聘 7 名，2009 年选聘 8 名，2010 年选聘 26 名，2011 年选聘 26 名）。其中有 13 人担任村党支部书记助理，占选聘总数的 20.6%，50 人任村委会主任助理，占 79.4%；女大学生村官 23 名，占 36.5%；党员大学生村官 32 名，占 50.8%；大学本科学历的大学生村官 61 名，占 96.8%，大学专科学历的大学生村官 2 名，占 3.2%；全县有 2 名大学生村官通过甘肃省从村干部和村官考录乡镇机关公务员考试被录用为乡镇公务员，6 名大学生村官通过甘肃省考录公务员考试被录用为公务员，1 名大学生村官通过甘肃省基层政法机关招录公务员考试被录用为基层政法系统公务员，1 名大学生村官通过甘肃省选调生考试进入选调生队伍，录取人员中除了 8 名考录到县级以上单位的外，其余 55 名大学生村官仍然坚持在任职村工作。

二、基本做法

1. 搭建引进平台，着力确保大学生村官"下得去"

一是搭建待遇吸引平台。在工资待遇上，按照政策规定，被选聘的大学生村官每人一次性发放到位 2 000 元安置费，每月薪酬比照本地乡镇从高校毕业生中新录用公务员试用期满后工资收入水平确定，本科生每月 2 300 元左右，专科生 2 100 元左右，按月足额发放，福利、津贴等待遇由县财政参照县上全额事业单位管理人员的标准发放，并由县财政拨款为大学生村官统一办理了 1 200 元的医疗保险和 100 元的人身意外伤害保险。二是搭建岗位保障平台。为了激发大学生村官的积极性，按照上级部门管理要求，对大学生村官，原则上安排到新农村建设示范村、整村推进项目村、有产业合作经济组织的村和有其他项目的村工作，并结合大学生村官的专业、特长和任职村的实际需要，让他们专门负责农村党员干部现代远程教育接收站点等有技术难度、感兴趣的工作。三是搭建帮扶平台。为了让大学生到村后干事业有后盾，静宁县委组织部协调县发改局、人力资源和社会保障局、交通局、农牧局、林业局、水务局、扶贫办等部门在项目的投向、资金的扶持和技术的指导上，向大学生村官任职村倾斜，全力帮扶大学生村官在带领村民脱贫致富上多作贡献。

2. 抓好教育培训，着力确保大学生村官"待得住"

一是引导大学生村官实现从"校门"到"农门"的转变。静宁县在大学生村官到村任职前都要安排7天左右的岗前培训，邀请有关农业专家教授技术、有经验的村干部讲授经验等方式，加强对大学生村官关于农村经济社会发展方面的专项培训，让大学生村官对"三农"有基本的感性认识；到村任职后，让大学生村官吃、住在农家，培养和村民的感情，以逐渐适应农村的生活，做到由"校门"向"农门"的转变。二是帮助大学生村官实现从"学生"到"干部"的转变。静宁县教育大学生村官要有甘当"小学生"的精神，要向农民、村干部和有农村工作经验的同志学习，掌握基层工作方法；并鼓励大学生村官要有勇于担当责任的能力和勇气，不要被暂时的困难吓倒，提高自己胜任角色的能力，实现从"学生"到"干部"的转变。三是引导大学生村官实现从"短期服务"到"长期扎根"的转变。静宁县在大学生村官中开展经常性教育，让大学生村官认识到农村发展非常需要具有现代知识的大学生，到村任职也是对他们的一种磨练，是人生一笔难得的财富。同时，在全县大学生村官中广泛开展了"学习沈浩同志先进事迹"、"学习杨善洲同志先进事迹"的主题实践活动，激励他们在新农村建设中建功立业，实现自己的价值。

3. 完善考核管理，着力确保大学生村官"干得好"

一是坚持"跟踪培养"，为大学生村官干事创业提供坚强后盾。静宁县经常组织干部深入到大学生村官所在的村社，对他们的工作实绩、考勤、学习情况逐人记录备案，帮助解决遇到的实际困难，实行跟踪服务。同时，要求由乡级包村领导担任结对帮带人，通过言传身教提高大学生村官分析问题、解决问题的能力，尽快成长为高素质的乡村后备力量。二是注重"适时增压"，为大学生村官锻炼成长提供广阔舞台。静宁县把理清村级发展思路、传授农业实用技术、争取支持新农村建设项目资金、带领村民脱贫致富等作为大学生村官的工作方向，并根据自身能力有针对性地承担起一些新农村建设中科技含量高、实施难度大、工作环境苦的重、难点工作，适时为他们压担子、加动力。三是加强"考核激励"，为大学生村官创先争优创造良好氛围。静宁县专门制定了《选聘到村任职高校毕业生管理实施细则》，建立了日常管理机制，要求大学生村官根据实际工作情况每天填写好《工作日志》，每月向县委组织部报送学习、思想、生活情况，每季度由乡党委专门报送工作开展情况；并会同人事部门定期对大学生村官的工作进行考核，建立业绩档案。

4. 畅通流动渠道，着力确保大学生村官"流得动"

一是鼓励大学生村官参加招录公务员、事业单位招聘等考试。静宁县根据国家要求，按照"本人自愿、组织审批"的原则，对凡是符合考试条件和政策规定的大学生村官，县委组织部积极为他们办好各种手续，保证他们能够顺利考试，并对参考人员进行考前集训，以提高应试能力。目前，全县已有10名大学生村官通过公务员考试被录用为乡镇公务员。二是支持大学生村官继续留村任职。对 2008 年选聘的首批大学生村官期满留任村干部的，保留选聘大学生工作、生活补贴，同时可享受同级村干部补贴。通过政策鼓励，2008 年选聘的首批大学生村官中有 2 名愿意在村上留任，继续为群众服务。三是帮助大学生村官实现自主创业。对本人愿意自主创业的聘任期满的大学生村官，静宁县通过向上级有关部门申请资金等方式多渠道筹措资金，设立选聘大学生创业资金，采取担保、贴息、补助等方式，帮扶大学生村官创业。目前，帮助界石铺镇继红村党支部书记助理杨众举申请扶持资金 3 万元作为养殖园区的启动资金，为他搭建了创业富民的平台，目前运转良好。

三、取得的主要成效

1. 充实到基层组织中去，加强了基层组织政权

目前，静宁县村干部普遍年龄比较大，文化程度比较低（全县 902 名村干部平均年龄为 48.3 岁，高中以上文化程度占 1/3 左右），已经难以适应农村经济社会发展的需要。大学生村官普遍学历较高，年富力强，思维活跃，对新知识、新政策接受能力和转化能力较好，到村任职后在村级文明创建、档案管理、项目引进、村级日常事务管理等工作中充分发挥党员干部的带头作用，产生了"鲶鱼效应"，带动了村干部加强自我学习和主动干好工作的积极性。李店镇五方河村党支部书记助理樊伟到村任职后，积极为村里经济发展出谋划策，协助村"两委"大力发展苹果产业，增加了农民收入，村班子受到了群众拥护，村党支部书记王春林说，"自从来了大学生，我们工作的积极性被他带起了，基层组织政权得到了加强。"

2. 深入到农民群众中去，密切了党群干群关系

大学生村官下到基层一线后，延伸了党政干部的培养链，密切了党群干群关系，为党政机关储备了一批与人民群众有血肉联系的党政干部后备力量。大学生村官在带领群众进行农业生产、建设新农村的过程中，得到了群众的信任和支持，在处理重大事件时往往大学生村官在村民中能够说的起话，群众愿意让不涉及利益关系的大学生村官处理村级事务，改善了党群关系。余湾乡张沟村村主任助理柴王宁在本村旧村改造中，善于应用平时和群众结下的良好关系，在处理违章建筑拆迁、挡道树木移除过程中，能够处理好各方利益关系，群众都爱找他为自己"评评理"，村党支部书记张双虎称赞道，"小柴和群众关系很好，对群众很有感情"。

3. 投入到新农村建设中去，促进了农村社会发展

大学生村官到村任职后，在协助村"两委"带领村民进行新农村建设的过程中，他们能够坚持理论联系实际、密切联系群众的工作作风，充分尊重农民主体地位，在旧村改造、危房改造、道路硬化等项目开展过程中，严格按照群众意愿立足现有条件开展建设，始终把产业增收富民、乡村文化建设、生态环境保护等作为新农村建设的重中之重，积极培育支柱产业，打造农民多渠道增收的门路。司桥乡司桥村村主任助理赵小周在本村新农村建设中，申请资金对全村 6 个社进行了以道路硬化、危房改造、绿化工程、村级文化广场建设等方面的新农村建设，先后成立了村工会、残协等服务群众的组织，并专门筹资 5

万多元投入教育基础工程，使教育条件明显改善，村主任司致炳对此很满意，"小赵是个能为老百姓干实事的人，他来以后村上变化很大"。

四、存在主要问题

1. 受身份的影响，思想不够稳定

静宁县大学生村官和其他省市大学生村官一样，按照中央精神，作为村级组织的特设岗位人员在村工作，都没有事业岗位编制，所以造成一些大学生村官思想上的不稳定，有些大学生村官有"身在农村心在外"的问题出现，总想"往出飞"，没有"安营扎寨"的意识，是影响大学生村官队伍稳定的最主要因素。

2. 依赖思想较重，自主意识缺乏

个别大学生村官到村任职后，由于没有担任主要领导职务，存在"推日下山"、"干好干坏一个样"的不上进思想，加上个别乡、村两级班子对大学生村官管理上存在"多一事不如少一事"的心理，不敢给大学生村官压担子，在重要工作和重大活动安排和任务分解上不给大学生村官展示自我的机会，造成了大学生村官工作上惯于按部就班，缺乏创造性和主动性，创新意识不强。

3. 出路还比较窄，流动出口不畅

聘用期满的大学生村官何去何从已成为整个社会关注的焦点，毫无争议的成了大学生村官的最大顾虑。面对中央出台的大学生村官期满后的 5 条出路，考录公务员仍是大学生村官的首选，但由于招录渠道窄，招录名额少，约 80%（静宁县数据）大学生村官表示考不上公务员只能留村担任村干部，但留任没有编制保证，仍然"不稳定"；面对自主创业、择业和深造的政策鼓励，大多数大学生村官表示个人能力还达不到。

五、思考与建议

1. 进一步解放思想，扎实做好大学生村官定编工作，解决好队伍不够稳定的问题

大学生村官年富力强、朝气蓬勃，正是干事创业的黄金期，但是他们毕竟还很年轻，阅历和经验都比较少，要想让大学生村官不受外部嘈杂环境干扰安心在村工作，最关键的还是要解决好大学生村官的岗位编制问题，省市要给予大学生村官以政策倾斜，在定岗定编时将大学生村官考虑其中，让他们有更多的机会通过考试录用、招聘等形式转变身份，实行"转变身份不转变岗位"的灵活制度，实现"三年在村保证能待得住、干得好，三年后自主有序流动"的健康发展模式。

2. 进一步优化环境，不断提高大学生村官综合素质，解决好干事能力不强的问题

大学生村官在村工作，一般担任的是助理职务或者副职，发言权在一定程度上受到约束，因此负责大学生村官日常管理的乡村两级特别是村一级要给予大学生村官更加宽松的工作环境，在加强监管和正确指导的前提下，让他们充分发挥个人的主观能动性和创造性，根据自身所学、所长，放开手脚带领群众发家致富，在锻炼中提高综合素质。大学生村官也要注重自我修为，以"富民强村"为己任，协调好各方面关系，做好任期内规划，着力抓好落实，切实为群众办一些力所能及的好事、实事。

3. 进一步加强考核，着力促进大学生村官有序流动，解决好出口渠道狭窄的问题

让大学生村官长期呆在农村是不现实的也是不符合发展规律的，大学生村官有序流动不仅可以创造农村发展"源头活水"的良好氛围，也有利于自身进步成长和国家选才用才。县乡两级要进一步明确大学生村官任期内的职责和任务，建立健全考核体系，分阶段将考核结果记入个人档案，作为工作调整和提拔使用的重要依据；并要大胆创新，通过"公推公选"把政治上靠得住、工作上有本事、作风上过得硬、人民群众信得过的大学生村官选拔到合适的岗位和领导班子中去；对于合同期满后自愿留任、创业、深造、考公务员的大学生村官，在考核合格后也应尊重其选择，积极为他们创造条件，促进大学生村官多口径良性流动。

政策引入 措施引领 激励引导

力促大学生村官成为农村经济发展的"引擎"

——襄城县大学生村官创业调研报告

中共襄城县委常委、组织部长 王明坤

2010 年 12 月 5～9 日，襄城县委组织部抽调人员组成调研组，对全县大学生村官的创业情况进行了专题调研，调研组采取问卷调查、当面座谈、走访了解、实地查看等形式，基本掌握了全县大学生村官的创业状况，了解了大学生村官的创业企盼和愿望，并就如何引导、激发大学生村官的创业激情进行了沟通、交流、协调。

一、全县大学生村官创业概况

自 2008 年 10 月份以来，全县共面向社会选聘 531 名大学生到村任职，其中，男 286 人，女 245 人；本科学历 158 人，大专学历 373 人；两年多来，全县 531 名大学生村官中，创业取得明显效益的 161 人，占 30.32%；已有初步成效、正处在起步阶段的 178 人，占 35.21%；已有创业计划的 164 人，占 30.88%；有明显创业愿望的 19 人，占 3.57%；无创业愿望的 9 人，约占 1.69%。从目前情况看，我县大学生村官创业群体中，自主创业的 125 人，辅助创业的 36 人；涉农项目 132 个，商贸项目 26 个，企业项目 3 个。

二、我县引导大学生村官创业的办法和措施

我县在大学生村官创业中坚持"引导、扶持、服务"的原则，激励、帮扶大学生村官创业，做到敢创业、能创业、创成业。

1. 引导转变观念，激发创业热情

为了使大学生村官从"飞鸽牌"变成"永久牌"，成为扎根农村、引领和服务新农村建设的优秀人才，我们注重引导、鼓励大学生村官发挥自身优势，转变观念，主动创业，安心创业。县委书记崔国欣亲自给大学生村官作创业动员报告，并结合自身工作体会，教育大学生村官要在农村立志创业、创大业，靠创业带领群众致富，靠创业实现人生价值。县大学生村官管理办公室每月召开一次大学生村官工作例会，把"大学生村官如何创业"作为一个主题进行讨论研究。一是通过聘请专家讲课、远程教育点学等形式，对大学生村官进行涉农政策、企业管理、养殖技术和蔬菜种植等知识培训，增强创业的自信心。二是

由"村官办"分析形势，介绍外地大学生村官的成功实例和成功经验，坚定创业的信心。三是各乡（镇）的大学生村官代表现身说法，让大学生村官相互交流创业的过程或成效，并正确引导他们树立创业理念，逐步实现自己的创业梦想。

2. 强化帮扶引导，搭建创业平台

为加快推进和保障大学生村官想创业、敢创业、能创业，我们坚持政策上鼓励，制度上强化，资金上保障，强力推进大学生村官创成业。一是实行激励机制。要求各乡（镇）党委每季度上报一次大学生村官创业情况，半年进行一次观摩评比，年底组织验收。对创业成绩突出，并带领群众致富的列为村级后备干部重点培养，并要求乡（镇）在经济上给予一定奖励。二是制度上强化。建立乡（镇）党政班子成员、村"两委"主要负责人和农村致富带头人三者同时结对联系的"3＋1"帮扶机制。三是资金上保障。组织部门积极协调农业、林业、畜牧、水利、发改委、工信局等部门项目和政策性资金上给予扶持。另外，还积极协调金融和企业部门就大学生村官创业给予小额贷款扶持和项目指导。

3. 开展主题活动，确保创业热情

县委组织部和县"村官办"通过举办"广阔天地搭舞台，扎根基层展才华"演讲比赛、"襄城县首届大学生村官运动会"、"村官进千户、惠农到万家"等一系列主题活动，进一步激发全县大学生村官的干事创业热情，形成人人思创业，人人谋创业，人人都有创业计划的大好局面。如湛北乡充分利用尚庄村常年种植反季节大棚西瓜的优势，投资 20 万元在紧邻尚庄的杨庄村反租承包了 70 亩土地，由杨庄村支部书记助理杜俊鹏牵头，其他邻村的 2 名大学生村官共同参与，创办了湛北乡大学生村官"创业示范园"。"五一"前后西瓜上市，一次性收回前期投资的 30 万元，为其他乡（镇）扶持大学生村官创业提供了有益借鉴。为此，杜俊鹏本人也分别于 2010 年 8 月、2010 年 11 月，获得"河南省农村青年创业致富带头人"和"河南省百名优秀大学生村干部创业之星"荣誉称号。

4. 搞好舆论宣传，优化创业环境

我县充分发挥各种网络及新闻媒体的作用，在《襄城在线》网站开辟大学生村官创业专栏、在新闻节目中制作专题、举办创业论坛等方式对大学生村官创业事迹进行报道，实现"近学有榜样、远学有目标"，引导大学生村官选项目，定模式，投身创业。山头店乡蔡冯村支书助理杨洋，利用本村经济基础比较好、交通区位优势明显的特点，协助村"两委"成功流转全村 1 300 亩土地，并规划建设果蔬基地、精品烟草示范基地等高效现代农业园区，成立了"新生代农业开发公司"。杨洋的先进创业事迹，经县电视台整理拍录，在《百姓 360》和《凝视襄城》专题栏目中播出后，引起了不小的反响。

三、大学生村官创业的成效

1. 更新观念，激发了创业热情

通过积极推进大学生村官创业，不仅从思想上实现了大学生村官从就业到创业的改变，而且进一步增强了大学生村官扎根基层，干事创业的信心和决心。库庄乡水坑陈村主任助理程伟伟承包 38 亩土地种植烟叶，他能够根据市场行情的变化迅速反应，选择经济效益更好的农作物品种，去年实现烟叶收入 7.8 万元，但他并不满足，又在任职村紧邻文化河南岸建立一个规模的波尔山羊二代养殖场，现已存栏 186 只，以此带动其他相关产业的发展。

2. 锻炼了意志，增长了才干

在创业过程中，对市场信息的把握，对创业项目的选择，对创业项目的运作经营都是对大学生村官个人素质和能力的提高和锻炼，必将对大学生村官的成长起到积极的推进作用，也为我们选拔培养基层一线干部提供了更多的选择。如紫云镇张村的支部书记助理丁幸超，利用在高校所学知识帮助父亲建成了存栏 3 000 多只蛋鸡养殖场，仅销售鸡蛋一项月收入 3 万元左右。同时，还积极帮助任职村 16 户养殖户搞好防疫工作，受到了群众的一致好评。而且，调研组还了解到，由于其突出表现，紫云镇党委在征求全村党员干部群众意见的基础上，并按照组织程序任命丁幸超同志为该村党支部书记。

3. 带动群众致富，密切了干群关系

双庙乡郭白村主任助理朱柯桢创建的柯桢机电厂，主要生产食品机械，年销售收入达到 170 余万元，利税 10 余万元，并带动 20 名下岗职工或农村富余劳动力就业。王络镇西村的支部书记助理杨晓鸽和村里的养殖大户耿福德一起投资 2 万元建起了小型养猪场，并负责宣传、销售、财务统计工作，通过多方努力，养猪场取得了良好的效益，起到了很好的示范带动作用，现在村里已经发展到 26 户养猪专业户。另外，大学生村官利用知识和特长，慰问贫困群众 82 户，提供帮扶资金 3 万元，成为密切干群关系的桥梁。如王洛镇西村党支部书记助理杨晓鸽长期帮助村里一位双目失明的老人，并与他结成帮扶对子，经常帮他解决实际生活困难。同时，还先后帮助村里的多户贫困家庭制定了详细的扶贫创业计划。

4. 帮助村办企业做大做强

山头店乡蔡冯村支部书记助理杨洋在学校学的是人力资源管理专业，从 2008 年 10 月份到村任职以后，就开始了自己的创业调研，经过调查发现蔡冯村的村办企业规模小，管理方式落后，人力资源配备不合理。在他的努力下，对村办企业进行了科学的改制，并对人力资源配置进行了合理调整，加大对外宣传力度，有力促进了企业的良好发展。同时利用自己学习的计算机技术，注册了"河南省新生代农业开发公司门户网"，有力地提高了公司的知名度。通过一系列的措施，使蔡冯村服装厂和"鱼跃龙"门业有限公司在 2010 年第四季度的生产效益提高了 10 个百分点。

四、几点体会

在引导全县大学生村官干事创业的过程中，深切感受到大学生村官创业的艰辛，但同时也为他们不折不挠的奋斗精神所感动。

1. 创业的艰辛是大学生村官的普遍共识

大学生村官是一个特殊的创业群体，其特别之处不只在于他们太年轻，更在于他们涉世不深，工作经验不足，思想观念、知识结构、为人处世等还不够成熟。不经过工作的磨练，就直接去创业，所遇到的困难之大是可想而知的。有些创业的大学生村官还没有来得及品味创业的辛酸苦辣，就可能因为资金"瓶颈"或一时决策失误，不得不过早地结束创业历程。

2. 构造"暖房"是大学生村官创业的前提

为避免失败的创业和不当的创业行为对大学生村官产生的不良影响，要为大学生村官构造创业的"暖房"。针对创业大学生村官及大学生村官创业的薄弱环节，采取相应的扶持措施，包括组织创业培训、简化创业手续、提供创业资金支持和支持大学生村官创业服务机构的发展等，引导大学生村官创业，提高大学生村官创业成功率，促进大学生村官创业事业健康发展。

3. 政策性倾斜是大学生村官创业的基础

大学生村官是一个特殊的群体，既不是"官"，也不是"民"，特别是在创业方面，大学生村官往往因为没有相关政策而实现不了自己的创业愿望。因此自上而下制定出台关于扶持大学生村官创业的政策就显得尤为重要。

4. 相应的资金扶持是大学生村官创业的关键

大学生村官从学校走向农村，仅靠每月生活补贴实现创业愿望可能性极小，需要建立健全大学生村官创业帮扶长效机制，如成立大学生村官创业基金或通过信用担保公司给他们提供相应的资金支持，使他们摆脱创业无资金的尴尬局面。

五、存在的问题

1. 创业观念有待加强

从调查来看，虽然大学生村官都有强烈的创业愿望，但多存在于创业的冲动上，存在于空想上，对如何选择项目，如何经营，如何筹措资金，心中无数。其原因有三：首先，大学生村官原则上在村里工作3年，3年后何去何从、患得患失的心态影响着他们的创业决心。其次，许多大学生村官都是一个人打拼，还要忙于村里计划生育、秸秆禁烧、综合治理等中心工作，如果自己创业，会面临无暇顾及其他工作，造成两头不能兼顾。再次，部分大学生村官怕失败不想冒险，将考公务员和考研作为自己最终的目标，而不是想着怎么带头致富，发挥示范作用。

2. 创业技能亟待提高

目前大学生村官在创业项目选择上大多选择了种植、养殖、加工等传统农业项目，但学涉农专业的少，学管理的少。更重要的是在创业氛围下，一些大学生村官不了解市场，不了解相关政策法规，不评估当地实际情况，也不作足够的心理准备，就想当然按自己的创业"规划"向前冲，可一干起来，才发现自己根本不具备解决问题的能力。

3. 创业的环境有待优化

目前，虽然我县为鼓励大学生村官自主创业出台了一些优惠政策，但是大学生村官创业之路还是很艰难，除了与大学生村官创业者本身条件有关外，更多的是因为缺乏完善有序的创业环境。比如对于享受大学生村官自主创业优惠政策，操作起来麻烦，有的在经营领域、融资渠道和税收优惠等关系到大学生村官创业的关键问题上，扶持的力度有待于务实和完善。

4. 资金短缺

大学生刚刚从学校毕业，自有资金几乎为零，再加上大部分大学生村官都是农村出身，家庭能够提供的财力有限。而目前，大学生村官选择的创业项目是种、养、加方面的，加上没有很好的项目，不能有效地吸引投资商进行投资。尽管银行小规模的贷款对于急需资金的大学村官来说能够起到些帮助作用，但还是很有限的。资金短缺或不足已成为阻碍大学生村官创业的第一因素。

六、对策和建议

1. 加强大学生村官创业引导

要端正大学生村官创业动机，注意培养大学生村官热爱农村、热爱农民、扎根基层的主人翁意识，让大学生村官真正做到了解新农村建设情况，掌握"三农"工作的方针政策以及创业工作各项法律法规，把农村作为自己建功立业的舞台，将大学生村官创业统一到创业富民的共同目标上来，避免创业短期功利性。

2. 加强大学生村官创业培训

应加强创业技能培训，重点培养和提高大学生村官动手能力、组织管理能力、人际交往能力和创业团队管理与运作能力等综合能力。加快优质创业项目库建设，逐步提高大学生村官创业的档次和水平。应加强大学生村官创业风险意识培训，免费提供创业风险预警信息，提升大学生村官规避风险的能力。

3. 加大帮扶力度，形成齐抓共管

积极协调农业部门、发改委、金融、工商、税务和企业等部门投入到大学生村官创业活动中来，多方联动，形成合力，为他们创业创造良好环境。在政策允许的条件下，在大学生村官办理工商注册、税收减免等方面提供优良的服务，为大学生村官创业贷款提供优惠的政策，为大学生村官创业提供适宜的项目。在农业方面的政策性资金向大学生村官创业倾斜。

4. 建立大学生村官工作长效机制

组织部门牵头抓总，协调有关单位建立和完善大学生村官教育培训、考核激励机制，从制度上加大对大学生村官创业的支持力度，使大学生村官创业无后顾之忧。

5. 着力破解大学生村官创业过程中存在的融资难题

结合县域实际和大学生村官的创业状况，在条件许可的情况下，运作并设立大学生村官创业"基金会"，同时协调有关部门成立大学生村官创业"信用担保服务公司"，为大学生村官创业提供及时有效的资金支持。

山东省临清市关于大学生村官创业情况及期满出路的调查报告

山东省临清市烟店镇冯圈村主任助理　赵金芝

选派大学生进村任职是党中央为改善农村基层干部队伍结构、培养新农村建设骨干力量和党政干部后备人才而实施的一项重要举措。大学生村官作为一个特殊的群体，他们思想活跃、思路开拓、工作方法灵活，为农村基层组织建设和新农村建设注入了新鲜血液和强大力量。随着我市大学生村官陆续期满，我们通过问卷调查、实地走访、座谈交流等形式，对大学生村官创业情况及期满出路进行了调研，了解并掌握了我市大学生村官目前的工作情况及创业现状。

一、我市大学生村官现状

2008 年以来，临清市共选聘和接收省大学生村官 255 名（市选聘 2008、2009 两届，接收省聘村官 2008、2009、2010 年 3 届），全部派驻到村担任村党支部书记助理或村委会主任助理。目前，全市大学生村官中，考上公务员、事业单位的有 60 人，期满安置的有 95 人，有 14 名大学生村官被任命或推选为村党支部书记、副书记、村委会委员。有创业意向的达 73 人，实现自主创业的有 11 人，有 5 名大学生村官创办了经济实体项目。

二、我市对期满大学生村官安置情况

临清市畅通"安置、招考、创业"3 种渠道，妥善分流安置大学生村官，拓宽大学生村官"出路"，确保了大学生村官待得住、干得好、流得动。

1. 严肃考核制度，择优基层进行就地安置，畅通"安置"路

制定了大学生村官管理考核办法，坚持"监督与管理齐抓，考核与任用并举"的原则，建立日常三级考评制度。即：市大学生村官管理办公室年度考评、乡镇党委政府季度考评和驻村"两委"干部、党员、村民代表月度考评。采取个人述职、民主测评、走访了解、民意调查等方法对大学生村官的政治素质、工作实绩、群众满意度等情况进行量化考核。大学生村官聘任期满后，市委组织部在日常考评的基础上，进行期满综合考核鉴定，考核成绩 90 分以上的定为优秀等次，落实乡镇事业编制，聘期计入个人工龄。现已有 95 名符合条件的大学生村官落实了相关待遇；对达不到优秀标准的，解除聘用合同，引导另行择业。对有意愿长期在村级工作，同时表现优秀、党员群众认可的，推荐其参加村"两委"换届选举，提名为候选人；对在村工作期间表现特别优秀、工作能力强的大学生村官，由乡镇党委直接任命为村党支部书记或副书记。

2. 积极推荐，督促学习，支持招考深造，畅通"招考"路

（1）创造学习条件：结合大学生村官上进心强的特点，在日常学习中积极创造有利条件，在部门单位以及研究生招考时，及时提供相关信息，在工作学习时间上统筹安排。实行"2＋1"帮带制度，明确乡镇领导班子成员、村党支部书记与任职大学生结成帮扶对子，帮助他们及时解决工作学习中遇到的问题。

（2）强化集中培训：市委将大学生村官培训纳入全市干部培训总体规划，结合每年工作重点，进行1次专题培训。同时，适当增加公务员考试相关内容，使每一位大学生村官在熟悉农村政策、掌握农村实用技术的基础上，提升应试水平。培训结束后进行结业考试，写出心得体会，并要求大学生村官每年撰写一篇农村工作调研报告，提高文字写作能力。

（3）搭建学习平台：建立大学生村官QQ群，实行大学生村官每月交流会例会制度，为大学生村官提供工作学习交流的平台，使其相互学习，互通有无，共同提高。目前，全市255名大学生村官中，考录各级公务员及事业单位的有60人。

3. 加强政策扶持，鼓励引导自主创业，畅通"创业"路

我市大学生村官工作管理办公室与金融部门联合帮助和支持有创业意愿、创业能力、创业优势的大学生村官，对自主创业的在资金信贷利率、信用担保等方面给予优惠。同时，协调经信、商务、农业、科技、工商等相关部门对创办致富示范项目和科技示范基地的，在信息咨询、项目开发、创业培训、工商登记、行政审批等创业过程开辟"绿色通道"，全力给予支持。乡镇党委经过政策指导、方法帮教、跟踪服务，定期进行走访交流，并为其解忧排难，为大学生村官创业提供全方位服务。目前，实现自主创业的有11人，有5名大学生村官创办了经济实体项目。

三、我市引导大学生村官创业的措施

临清市选聘大学生村官之后，采取有力措施，积极探索大学生村官创业有效形式，鼓励引导大学生村官扎根农村干事创业，努力为大学生村官创业提供指导、服务、激励和扶持等后盾保障。

1. 加强宣传教育，营造浓厚创业氛围

注重组织引导，对新上任的大学生村官进行集中岗前培训，邀请市直有关部门和全市各类创业先进典型作专题报告，就大学生村官创业有关注意事项、政策等进行讲授，激发大学生村官创业的热情。开通大学生村官创业咨询热线，举办大学生村官创业座谈交流会，开展"放飞梦想、激荡青春"主题演讲比赛，充分利用临清党建网和大学生村官QQ群等信息平台，让大学生村官进行创业经验交流、互通有无。对大学生村官创业坚持"三个一"制度，即每月进行一次例会交流，市委组织部组织乡镇及市直有关部门召开工作例会，总结工作部署任务；半年举办一期创业座谈，召开大学生村官创业座谈会，交流工作经验，解决存在问题；年终开展一次工作考核，市委组织部联合乡镇党委对大学生村官进行工作考核，把创业情况列为考核的重要内容，与大学生村官期满安置、提拔使用挂钩。

2. 加强协调服务，全力支持创业带富

（1）健全组织：市委专门成立了大学生村官创业工作领导小组，并与金融部门联合成立了金融支持大学生村官创业工作办公室，重点帮助和支持有创业意愿、创业能力、创业优势的大学生村官，对自主创业的在资金信贷利率、信用担保等方面给予优惠。

（2）协同配合：市委大学生村官创业办公室协调经信、商务、农业、科技、工商等部门对创办致富示范项目和科技示范基地的，在信息咨询、项目开发、创业培训、工商登记、行政审批等方面开辟"绿色通道"，全力给予支持。

（3）重点扶持：乡镇党委建立"四包三定"机制，即对有创业意向的大学生村官包项目筛选、包政策指导、包方法帮教、包跟踪服务、定期走访、定期交流、定期解忧，为大学生村官创业提供全方位服务。

3. 加强典型培养，发挥示范带动作用

市、乡两级根据工作情况，选出在创业富民上表现突出的大学生村官进行重点培养和宣传，树立大学生村官优秀典型。通过举办先进典型事迹报告会，宣传大学生村官创业致富的典型事迹，激发大学生村官扎根基层、奉献农村、服务农民的决心和信心。同时在临清电视台、临清党建频道、临清周讯等媒体开辟专栏，对他们的典型事迹进行宣传报道，增强干部群众对大学生村官自主创业的认同感，形成全社会了解、支持和参与大学生村官工作的良好氛围。

四、我市大学生村官创业及期满出路存在的问题

当前大学生村官创业中虽有典型事例，但还存在着一些薄弱环节及突出问题，主要体现在以下几个方面：

1. 缺乏独立自主意识

目前，很多大学生村官对上级政策及组织部门过于依赖，缺乏独立自主意识。大学生村官的"五条出路"中，多数村官只盯住了考公务员和事业编制，或者是等乡镇事业编制，缺乏工作主动性。

2. 缺乏创业意识

很多大学生村官当初只是把这一职位作为临时性、过渡性岗位，或者想把此作为通过考试进入公务员队伍、事业单位等的翘板，认为"干得好不如考得好"，而不想创业，更谈不上在村里带富创富了。

3. 缺乏创业经验

由于受专业、经历、知识等方面的制约，大学生村官创业"有知识缺技能、有热情缺经验"的现象较为普遍。同时，对如何创业、怎样创业了解得不够多。

4. 缺乏政策扶持

各级党委、政府积极鼓励支持大学生村官自主创业，并制定了一些扶持措施，但总的来说，扶持力度还不够大，落实情况不够好，重视程度还不够高。

五、对于我市大学生村官创业现状的思考

大学生村官创业是一项系统工程，要注重从选拔上把关，从思想上引导，方法上跟进，健全各项工作机制，让更多的大学生村官融入基层、干事创业。

1. 思想要解放，观念要转变

大学生村官自身要转变观念，解放思想，不能局限于公务员、事业编制的"铁饭碗"的传统观念里。树立远大理想，不断提高目标，以免被安于现状、好逸恶劳的意识腐化。

2. 创业的意识要"自主"，人格要独立

对有创业梦想和创业热情的大学生村官来说，政策上的支持与鼓励都只是外部因素，自主创业关键还是要"自主"。党委政府在实际推进过程中，既要积极，又要理性，坚持参与但不干预的原则立场，从政策、项目、资金等多方面为村官搭建创业平台，提供服务和保障，避免大学生村官"被创业"，杜绝出现"拔苗助长"、好大喜功和弄虚作假的现象。

3. 选拔村官过程要有选择性

目前，在大学生村官选拔的过程中，加强选择性，组织部门应把好关。同时，加大对农学、农村经济社会发展相关的人才进行选聘，把有利于农村发展的人才输送到基层。

4. 突出的创业难题需及时化解

事实表明资金不足、缺乏创业技能及项目引进，是大学生村官创业路上的三大障碍。因此，化解这三个创业难题是有关部门、乡镇党委政府的突出任务。在实际工作中，提高创业项目选择的科学性，避免眼高手低和不切实际；鼓励银行提高针对大学生村官的贷款额度，设立一定规模的专项创业扶持基金，拓宽融资渠道；加大创业引导培训和专业技能培训力度，不断储存大学生村官成为科技兴农和基层致富的软实力。这些困难的解决，不仅需要上级各部门的关注，大学生村官自身更要努力去攻克。

5. 创业能力培养需加强，激励机制应同步完善

培养和提高大学生村官的创业能力是促进大学生村官在农村基层成长成才的核心任务。要在机制建设上提供保证，确定系统性、针对性的创业能力培养规划，加强创业研究，结合村官任职本地，因地制宜进行引导，总结成功经验；加大村官创业教育投入，完善村官创业激励机制，营造自主创业的良好氛围；建立健全大学生村官的创业能力培养，开创科学合理的提高大学生村官创业能力的发展道路。

益阳市采取四项措施激发大学生
村官队伍活力

湖南省益阳市委基层办

近年来，我市按照"优化服务、强化管理、典型引导、科学流动"的总体思路，四措并举助推大学生村官成长成才，有效激发了大学生村官队伍活力。据统计，全市576名大学生村官，成功创办大学生创业园1个，领办或创办经济实体15个，通过公开考试进入公务员队伍或者事业单位177名、另行择业6名、考取研究生1名。

一、联系帮带促"工作入门"

良好的组织环境是大学生村官健康成长的重要保证。市委对选聘高校毕业生到农村任职工作高度重视，对大学生村官实行了区县（市）委、乡镇（街道）党（工）委、村党组织三级负责人结对帮带的"3+1"培养模式，帮助大学生村官尽快熟悉情况、进入角色。市委书记马勇，市委常委、组织部长彭爱华等领导十分关心大学生村官的成长成才，多次深入基层进行调研，看望、慰问、勉励大学生村官。到村任职的大学生在各级领导的指导帮助下均能较快适应本职工作，没有出现"水土不服"的现象。

二、跟踪服务促"思想扎根"

市、县两级均成立由组织部门牵头，人力资源和社会保障、财政、团委、妇联等单位参加的大学生村官管理服务联席会议，对大学生村官的教育管理、工资福利、生活保障等方面的落实情况进行协调会办。各区县（市）精心安排大学生村官的学习生活，做到有必备生活用品、有固定地点就餐、有专门交通工具、有党报党刊阅读，同时明确专人与大学生村官定期交流谈心，定期召开大学生村官工作会议、座谈会和创业推进会，让他们相互交流，取长补短，共同提高。2008年以来市、县两级共召开大学生村官工作会议和座谈会50余次，编写工作简报210多期。为了营造大学生村官成长成才良好的社会环境，2010年我们精心策划了大学生村官专题电视节目——益阳电视台《第一访谈》大学生村官之路节目，2011年会同省委组织部摄制了电影《村支书》（又名《大学生村官》），社会反响良好。

三、强化培训促"能力提高"

围绕社会主义新农村建设主题，采取"统一调训、分散自学、年度考评"的办法，实行"每月一讲、每季一评、半年一查、每年一考"的"四个一"制度,定期给大学生村官"充电",让他们在学习充电中开阔视野、增长见识、提高本领。同时积极引导、发动大学生村官参与上级组织部门举办的各类交流学习活动,做亮唱响我市大学生村官管理服务品牌。在 2010 年省委组织部举办的大学生村官"燃烧青春·奉献基层"主题征文竞赛活动,我市荣获一等奖作品 2 篇,二等奖作品 8 篇,三等奖作品 8 篇,获奖作品数量名列各市州第一名,被省委组织部授予"最佳组织奖"。2011 年 11 月下旬,我市陈熹柳等 3 名大学生村官参加了全国大学生村官培训班,创作的节目在晚会上演出,受到中组部部长李源潮、农业部部长韩长赋的亲切接见。

四、建章立制促"管理科学"

制定了《益阳市选聘到村任职高校毕业生管理实施细则》,对大学生村官的岗位职责、目标任务、考核奖惩和日常管理作了进一步细化。同时按照跟踪考察、动态管理的要求,建立健全了相关工作制度,对大学生村官实行了工作日志、实绩月评、季度检查、年终考核,有力地促进了大学生村官的工作开展和作用发挥。

吉水县大学生村官及村建工作
调研报告

江西省吉水县金滩镇塘下村大学生村官　　肖红军

根据市委组织部要求，近日，吉水县委组织部组织人员采取走访、座谈等形式，深入乡村、深入大学生村官中间，就大学生村官工作和村建工作进行了调研，现将调研情况报告如下。

一、大学生村官工作

（一）主要做法和经验

2008年以来，我县按照中组部、教育部、财政部、人力资源和社会保障部《关于选聘高校毕业生到村任职工作的意见（试行）》（组通字〔2008〕18号）和《江西省大学生村干部管理办法（试行）》等文件要求，着力抓好大学生村官的教育培养、管理服务、考核激励，确保了大学生村官待得住、干得好、流得动。

1. 着力培养教育，提升大学生村官队伍整体素质

（1）开展岗前培训：培训内容包括党的农村政策、涉农法律法规知识、农业实用技术、村务管理、农村工作方法等，打牢大学生村官农村基础知识，利于其尽快进入工作角色。

（2）定期开展学习讨论：每季度召开一次全县大学生村官座谈会，互相交流学习生活工作体会，共同探讨解决工作难题的方法，不断提高其理论水平和实践能力。在张广秀学习讨论会上，全县大学生村官普遍感佩其敬业奉献精神，决心在日后工作中学习贯彻之，并全体签名写封信给张广秀。

（3）实行网络培养：在吉水党建网开辟"大学生村官"专栏，刊登大学生村官有关政策和大学生村官撰写的工作学习心得等文章，拓宽大学生村官学习交流平台。

（4）实行结对培养：指定挂村乡镇干部与大学生村官结对子，负责做好大学生村官的传帮带，要求多教方法、常压担子，有意识地安排急、险、难、重任务，锻炼大学生村官工作能力。

2. 立足管理服务，促使大学生村官发挥作用

（1）严格请销假制度，防止大学生村官脱岗：要求大学生村官外出请假需提交请假条，经乡镇党委同意，再报县委组织部批准。

（2）明确工作职责，避免大学生村官有岗无责：要求大学生村干部任职期间重点协助村党组织和村委会做好政策学习宣传、党员教育管理、文化知识传播和农业科技推广等工作。全县大学生村官则普遍发挥文化水平高的优势，主动承担了本村文职工作——出黑板报、写会议记录、公开党务和村务信息等。党员教育管理方面，各村大学生村官担负起远程教育终端站点管理员职责，每月为农村党员选播实用性强、观赏性强的节目，受到党员普遍欢迎。新农村建设、农技推广等工作都有大学生村官忙碌的身影：文峰镇低坪村是新农村综合示范点，大学生村官吴静白天下农田、上公路，指导农民发展葡萄产业、监督公路建设质量，晚上走家串户做村民思想工作，统一村民思想，调动了村民建设新家园的干劲；水南镇村背村大学生村官胡财星利用农田冬闲时机，指导村民种植马铃薯 40 亩，每亩为村民创收 3 000 余元……

（3）创优工作环境，鼓励大学生村官创业带富：县委组织部在资金、项目、技术等方面积极为大学生村官创业创造条件：做到及时足额发放大学生村官工作生活补贴资金和一次性安置费，积极协调金融机构贷款给大学生村官创业，将创业大学生列为市县乡各级党员创业帮扶对象，协调乡镇党委扶持大学生村官创业。全县涌现了数个大学生创业带富典型——白沙镇河口村大学生村官邓志贤，邀请 3 个同学承包水面 60 亩养鹅、养猪，参与组建鹅业协会，购买货车运输鹅、猪直接销售给农产品加工厂，为养殖户争取了高的销售价格、节省了运输成本。

3. 注重考核激励，激发大学生村官工作动力

严格组织大学生村官考核，一年期满、聘用期满考核分别由乡镇党委和县委组织部组织进行，按照民主测评、民主谈话、自我评价、组织鉴定等环节评定大学生村官考核等次，考核等次作为大学生村官统一安置的重要依据。同时，注重宣传大学生村官先进典型，每年组织一次全县先进大学生村官远教管理员评选，建党 90 周年之际，组织全县大学生村官推选全市优秀大学生村官表彰对象，增加大学生村官荣誉感，形成学习先进、争当先进的浓厚氛围。

（二）存在的困难和问题

1. 大学生村官存在"水土不服"、"独在异乡为异客"现象

大学生村官有着政策背景，但在"村民自治"体系中，终究是"局外人"，没有决策权，一旦遇到些固执、保守甚至武断、霸道抑或惯于维护自己权威和"领地"、私心较重的"村支两委"主要领导，其工作开展的难度和作用发挥的空间就极其有限。大学生村官的选拔权在中央和省，必然会出现一些跨县、跨市甚至跨省就任的大学生村官。这样的大学生村官不但面对当地语言及当地风俗习惯的障碍，而且"独在异乡为异客"，常年远离亲人和朋友，在农村甚至连同龄同层次的人都极为少见，村民们又"各自为政"进行农村生活工作，大学生村官们遇到和承受的生理、心理困惑、苦闷和压力值得重视。

2. 大学生村官身份定位尴尬和知识构成存在缺陷

大学生村官政治身份上明确为"村级组织特设岗位"的"非公务员"，在工作中，他们既没有国家"公务员"的"职责和权力"，又没有本土老村干部们的丰富人生阅历和工作经验；面对的又都是相对来说文化素质最低、组织程度最低、思想觉悟最低而利益关系冲突最直接、最明显、最紧张的领导个体和工作群体。责任心和事业心驱使他们要有所作为，而习惯势力、利益纠葛和职责能力，又使他们步履维艰。由于既无经验优势又无权力权威，更缺少人脉资源辅助，大学生村官要开展工作，既要有专业知识"当家"，又要具备些政治、经济、科技、法律、历史、人文、地理、民俗甚至文艺、体育等方面的特长，像"万金油"一样，才有利于工作的开展。而现行教育体制和模式培养，恐怕一时难以满足如此要求。

3. 大学生村官思想不稳，安心服务"三农"的不多

两年聘用期，时间不长不短，较多人将之当做择业的一个缓冲期和进入公务员的"跳板"，到岗即开始准备公务员、事业干部等各种考试，少有人立志扎根农村、服务农民、发展农业。

（三）意见建议

1. 要立足本村培养大学生村官

要有意识、有目的地培养本村在读大学生，鼓励其定向回村作为村官后备力量。在已选拔的大学生村官中，要尽量让大学生村官选择自己所居住地的或者自己熟悉的行政村作为服务地，这样可以避免语言以及当地风俗习惯等障碍，也有利于解决食、宿等问题。也不妨设置报考本村为报考大学生村官的一个硬性条件。

2. 要优化政策扶持大学生村官干事创业

大学生村官普遍毕业时间短、资金少，有创业热情往往缺少资金支持，建议在创业贷款、创业基金等方面出台相关政策，鼓励大学生立足基层创业致富，带领身边群众共同致富。

二、村建工作

（一）主要做法和经验

近年来，我县创新举措加强农村基层组织建设，村级组织核心作用日益显现，村"两委"班子职责分工明确、关系协调，农村经济和社会事业得到进一步发展。

1. 大力推进基层民主建设，凝聚民心促发展

不断完善村民自治制度，探索公推直选村党组织书记，在 2008 年村党组织换届中拿出部分行政村试点公推直选村党组织书记，强化了农村党员和群众的民主意识。2010 年印发《吉水县农村"四议两公开"工作法实施办法》，规定所有村级重大事项，如村民自治章程、村规民约、村级发展规划、村集体资产购建和处理等必须按照村党支部会提议、村"两委"会商议、党员大会审议、村民代表会议或村民会议决议的程序进行，并将决议公开、实施过程和结果公开，让干部学会了协商和妥协，让村民群众认同并遵守民主的程序和少数服从多数的"游戏规则"，受到干部群众普遍欢迎，凝聚民心营造了和谐的发展环境。

2. 全面推进村级活动场所建设，构筑阵地促服务

根据各村实际情况，采取财政拨付、乡镇配套、县管党费补助、村级自筹、部门单位支持的资金筹措办法，安排实施村级活动场所新建或改建工程。通过 4 年村级活动场所攻坚战，目前全县 249 个村，除 2010 年几个水毁村计划迁建，其他村均建起了村级活动场所。各村在村级活动场所推行规范化，按照因地制宜、量力而行、统筹推进、便民实效原则，推行"管理制度化、党（村）务公开化、服务便民化、环境优美化"为主要内容的规范化建设，拓展村级活动场所功能，将其建成了办公议事中心、组织活动中心、教育培训中心、便民服务中心、文化娱乐中心。

3. 强力推进农村干部队伍建设，配优班子强堡垒

加强重点干部管理，实行村党组织书记县委组织部管理，其他村干部乡镇党委管理。强化村干部的考评和监督，先后印发了《吉水县村级班子和村干部考评办法（试行）》和《吉水县村干部监督管理暂行办法》等文件，促使村干部发挥作用、保持廉洁。为提高村干部队伍整体素质，我县开全省之先河，实施"村官大学生"工程，即 2006—2010 年，通过组织村干部参加省委党校函授，用 5 年时间为全县每个村培养一名村官大学生。加强村级后备干部建设，今年举办三期村级后备干部培训班，培训 160 余名后备干部，为村级班子换届储备力量。落实"一定三有"政策，激发村干部干事创业动力，将村党组织书记、村主任报酬纳入乡镇财政统一发放，实行村党组织书记、主任参加基本养老保险制度，鼓励优秀村支部书记、主任参加公务员、事业干部招考，2008、2009、2011 年分别有 3 名同志考录乡镇机关、2 名同志考录事业单位、1 名同志考录乡镇副职领导岗位。调整增加农村离任"两老"生活补助标准，将任职 10～15 周年的离任"两老"生活补助提高至每月 80 元，将任职 15 周年以上的离任"两老"村干部生活补助提高至每月 100 元。

4. 扎实推进创先争优活动，履诺践诺当先锋

全县各村以创建先进基层党组织、争当优秀共产党员为内容，因地制宜确定活动载体，开展了"树形象、促和谐、争一流"、"三培两带两服务"、"有事请找我，我为你服务"等主题活动，推行"年初承诺、年中履诺、年底验诺"的公开承诺活动，党组织形象改善，党员创先争优意识增强。在农村大力开展"三培两带两服务"主题活动。推行"双向培养、双向考察、双向公示"模式，在外出务工经商人员中发展党员，优化党员队伍结构，增强了党员先锋形象。

（二）存在的困难和问题

一是一些农村干部工作理念落后，不能很好地适应新时期工作需求；二是农村党员干部队伍结构老化，超龄任职现象仍然存在；三是农村党员队伍结构有待优化，整体素质有待提高。

（三）意见建议

1. 要加强村干部教育培训，培育工作新理念、新方法

改变村干部以往村务管理意识，增强服务村民观念；扭转"软办法不顶用、硬办法不敢用、新办法不会用"的村干部工作手段缺乏局面。

2. 要制定村干部培养规划，确保农村事业后继有人

建立村"两委"后备干部人才库，采取教育培养、跟踪考察、实践锻炼等方式，在致富能手、退伍军人、在外经商人员、回乡创业人员和民营企业负责任人中积极培养村级后备干部，扭转一人退职全村瘫痪现象。

3. 要综合施策，发挥党员队伍先锋模范作用

要推进党内民主，尊重党员主体地位，扎实开展好"三会一课"、无职党员设岗定责等活动，增强党员先进意识、荣誉观念，促使党员自觉向党组织靠拢、积极发挥模范带头作用。要实施"掘源"工程，发展党员壮大队伍、提升素质。在外出务工经商人员、致富能手、回乡创业人员和民营企业负责人中挖掘发展党员源泉，确保发展的即优秀的，增强党员队伍示范性，提高党员队伍吸引力。

变"输血"为"造血"建立大学生
村官队伍工作长效机制

四川省理县县委组织部　张继红　张国洪

为进一步加强和改进选聘高校毕业生到村任职工作，确保大学生村干部下得去、待得住、干得好、流得动，我县采用问卷、电话访谈的方式在全县范围内就大学生村干部的管理工作进行了深入调研，共发放问卷 90 份，收回有效问卷 85 份，调阅相关文件和资料，对数据进行分析整理。现将有关情况报告如下：

一、理县大学生村官队伍现状

自四川省 2007 年率先启动实施招聘大学生到农村基层任职计划以来，理县累积选聘 111 名大学生到村任职，专业包括：理科类 4.5%、工程技术类 8.1%、人文社科类 45.9%、旅游发展类 7.2%、计算机类 9.1%、法学类 9.9%、经济学类 8.1%、艺术体育类 4.5%、农林牧业类仅占 2.7%。2011 年服务期满 81 名，截至目前在岗大学生村官 63 名，在保障机制并不成熟的背景下，村官的流失速度由 2008 年的 9% 快速增长至 2009 年的 42%。随着中组部《关于做好大学生村官有序流动工作的意见》中给出的五条出路（留村任职工作、考录公务员、自主创业发展、另行择业、继续学习）意见的实施，2010 年村官流失率明显减缓至 34%，平均每年流失率为 28%，大学生村官工作长效已显初效。

毋庸置疑，大学生村官政策在理县实施近 4 年来，在总体上实现了政策制定的初衷和目标。村官深入到相对落后的农村基层组织任职，改善了村级干部年龄老化、视野狭窄和知识匮乏的问题，促进村级民主管理，进一步提升村"两委"工作的程序化、规范化、科学化。村官在农村的生活、工作过程中，掌握了一些农业生产方面的技能，磨练了意志，锻炼了体魄，培养了和社会最底阶层的感情，加深了对三农的认识，提高了个人的整体修养和素质。他们的进村入户也给落后沉寂的山村带来观念、理念的冲击和改变，部分村官运用自身的专业特长和相对宽泛的知识理念，在农村产业结构调整、发展集体经济、增强法律和环保意识等方面起到了积极甚至关键的作用。

二、大学生村官队伍存在的问题

大学生村官政策从实施的效果来看，在党和政府的"战略性人才工程"这一目标上体现得较为充分。但是一路走来近 4 个年头，相对农村而言，这仍然是一种"输血"机制，没能发展成为"造血"功能，主要体现在以下几个方面：

1. 大学生村干部的选聘机制还不健全

农村的建设发展需要不同层次的人才，但是理县的农村并没有发展到相当程度，更多的还是需要懂得种植、养殖、财务、法律等专业人才，而在大学生村官招聘中，只是依样画葫芦按全国、全省的招收标准进行"一村一名大学生"的数量招聘原则，对于质量没有做出明确要求，这为选人的盲目性埋下隐患，聘进大量不适合本地农村建设发展的专业类型人才，导致大多数村官专业知识不对口，学无所用，难以发挥自身优势，对自身和农村发展的作用大打折扣。

2. 个别大学生村官适应环境的能力还不够强

村官中出现了"水土不服"的现象。有的缺乏吃苦耐劳的奋斗精神；有的不熟悉当地农村的自然历史条件、语言、风俗习惯等；有的与村"两委"干部难以磨合；有的把当村官作为人生的"跳板"，在其位不谋其职，一门心思准备伏击跳槽，无所作为。

3. 大学生村官的使用机制还不完善

由于大学生村官的工作或由于专业不对口，或因为难以转变角色，或部分借调在乡镇上扮演"秘书"角色，出现"村官不在村"的现象。多数村官也只是协助村党组书记，帮助村委会主任打杂跑腿，不能参与到农村建设发展的各项事务中去，大学生的优势难以得到发挥。我县更有近 90% 的大学生村官也习以为常地把自己的角色定位在打杂跑腿上，认为"自身能力得到了基本发挥"。现今，大学生村官基本上都处于"无权力"、"无平台"的状态之上，由于村官属于短期缓解型，任期较短流动较快，造成原来的基层干部大都不愿放权，无法给予大学生村官足够的权力；加之过半数的大学生村官是同期公务员和事业人员招考的落地者，他们中的许多人不甘"失败"，只是把村官当做是"跳板"，一门心思备战公务员和事业单位考试，对任期内的政绩缺乏规划和期望，满足于打杂跑腿的工作，这一现象无疑既令人忧虑，也值得深思。

4. 大学生村官普遍担忧出路问题

党和政府对大学生村官给出的五条出路，充分体现了党和政府对大学生村官的关怀，也体现出建立大学生村官工作长效机制的决心。但是，五条出路在实际操作过程中存在一系列问题：一是大学生村官是一个过渡性岗位，继续留任村官工作岗位，意味着只是把过渡期延长，其尴尬的身份和微薄的收入仍然没有得到解决，进入村"两委"更是在选举法和经济收入上受到制约；二是我县行政编制的趋于饱和使得从大学生村官中吸收公务员的能力十分有限；三是我县占 68% 大学生村官当选村官的原因是为享受公务员定向招录优惠政策，加之受制于我县经济发展水平使得自主创业和自主择业道路坎坷，村官的五条出路越来越窄。

三、关于加强大学生村官队伍建设的建议

基于目前存在的这些问题，根据我县实际情况要侧重于以建立一支规模适度、结构合理、素质优良、充满活力、待得下、留得住的大学生村官队伍为基本功能的长效机制，确保我县农村向现代化的新型农村迈进。没有农村的现代化，就没有整体的现代化，没有农村的全面小康，就没有城乡一体化可言，农村的发展关键在人才，在于要有足够懂技术、

有眼光、能经营、善管理、愿意带领村民致富的村干部。为构建这种长效机制，要在选人、培养、激励、保障这四个方面下工夫。

（一）细化选人标准，充分发挥大学生优势

选人是人力资源开发与管理的首要环节，它决定了组织可以获得什么样的人力资源，是组织得以发展的人力基础。我们需要建立一套科学合理的选人机制，在基层每年逐级向上递交的"大学生村官需求说明"中增加专业技能限制，达到数量与质量需求相结合的村官招聘标准。引进的大学生村官要具备当好村干部的基本要素和能带领村民致富的技能学识，不以"优秀"为唯一标准，把农林牧业类人才引入适合发展农林牧业的村、把经济管理类人才引入集体经济收入较高的村、把旅游发展类人才引入历史悠久、民族文化深厚的村……专才专用，充分发挥大学生优势，建设农村发展农村。

（二）建立培育系统，培育合格的后备人才

选聘高校毕业生担任村官，既是支持社会主义新农村建设、推动农村经济发展的现实需要，也是培养和锻炼后备力量的有效途径。通过村官初任培训，大学生能够较快完成从大学生到大学生村官的身份转变，从城市到农村的空间转换。我县计划生育与人口、农业、水利、旅游等部门对其进行的专业培训更是看准了大学生村官的能力和作用，为农村发展培育合格的后备人才。培训教育即是对其能力的培养和开发，也是促进交流沟通的重要渠道，村官的交流沟通既实现了个人能力的提升，也带动了村与村之间的信息交流。因此，要坚持长期培训意识，建立培育系统。

不光要在岗位上要配备"导师"，也要建立健全各级党组织和各有关部门对他们的帮扶、指导和培养机制，通过进一步完善大学生村官的有关政策，把关爱、帮助、培养落到实处。首先，在岗位上可以借鉴"老党员当导师"的方法，选取一批有经验的乡镇、村干部党员作他们的"成长顾问"和"工作导师"，手把手地教给他们岗位必需的沟通技巧和处理问题能力，并由易到难地让他们从"见习"到"实习"，平稳过渡，茁壮成长。其次，要准备充分。通过培训使他们掌握农业农村的基本政策和岗位所需的专业技能，尽可能在最短时间内了解农村和农民，缩短"磨合期"。

进一步创新培训机制，大学生是未来社会的主流人群，大学生村官是目前和将来村"两委"的重要组成部分，针对目前把村干部与村官分开进行各项专题培训的机制泾渭显得过于分明。在自然条件和民族文化的推动下，理县的乡村旅游必将蓬勃发展，在村官中旅游发展类和经济类占到15.3%，我们不仅要看到村官学识广、掌握快和可塑性强等方面，对其进行技术类专项培训，更要看到村官是村"两委"的生力军，让他们同村干部一起参与规划决策类培训，在增进村干部与村官交流沟通的同时，充分利用村官相对广泛的学识和专业特长，促进农村更科学更快速建设发展成为新农村。

（三）在其位谋其政，充分调动主观能动性

我们要坚持知人善任，既注重激励保障，又强化竞争择优，力求充分调动他们的主观能动性，逐步建立一支规模适度、结构合理、素质优良、充满活力的大学生村官队伍。

坚持经常性的以问卷、活动等形式了解他们的想法、困难、需要，及时给予引导和关心，给大学生村官指方向、解难题、压担子、促成长，让他们有所作为；督促基层政府创造条件，帮助大学生村官施展抱负，体现价值；继续通过公开、公平、公正的形式，将那些能力较强、业绩突出、群众公认的村官选录进公务员队伍。

（四）完善保障机制，建立工作长效机制

通过调查显示，愿意留任的大学生村官的比例并不是很高，且离任的最主要原因是因为福利劳保待遇低，大学生村官中最低收入为中专学历的 900 元/月外加 1 000 元/年的一次性生活补助，而村"两委"中的最高收入为村党组书记的 860 元/月，工资福利的"降低"是村官不愿进入村"两委"的直接因素，我们可以借鉴广安市推行的"一保留四优先"中的"一保留"制，即：授予村官"村民"身份参加选举，凡是当选村"两委"委员的大学生村官，既保留大学生村官工作、生活补贴，又享受同级村干部补贴。在破除留任村官进入村"两委"的法律限制的同时解决待遇问题，必将掀起大学生村官参选村干部的热情和改变部分大学生村官服务期满后离开农村的想法。

党和政府实施大学生村官工程是一项具有长远战略意义的重大举措，根本目的在于为农村输送新鲜血液，增加农村智力资源，扭转人才短缺现象，为农村全面建设小康社会和社会主义新农村建设提供才智。这是一项有利于解决"三农"问题、促进农村可持续发展、有助于解决大学生就业，有利于培养社会主义建设和领导者的重大工程。我们要坚持做到以"待遇留人"、"感情留人"、"事业留人"，构建大学生村官工作长效机制，相信大学生村官在经过社会实践的历练和艰苦环境的考验后有朝一日能够承担起更大的责任。

乡村创富典型

抓党建引领新农村建设①

——记山西省平顺县西沟乡石埠头村党支部书记陈帅

《村委主任》杂志社供稿

陈帅，2008年12月被选任为西沟乡正村党支部书记。2011年1月担任石埠头村党支部书记。到村任职以来，他爱岗敬业、脚踏实地，着力班子建设，强化民主管理，有力地促进了新农村建设。2010年10月被山西省委组织部、宣传部、人力资源和社会保障厅、团省委、农业厅联合表彰为"山西省优秀大学生村干部"、"山西省五四青年奖章"，2010年10月被团中央吸收为"中国乡镇企业家协会会员"。

一、实施党建网联工程，全面提升战斗堡垒作用

西沟乡正村设3个村民小组，有村民63户270人，党员19名，国土面积914亩，耕地210亩，村民以种植玉米、谷子等农作物为主要经济来源，2010年农民人均收入2780元。俗话说，村看村，户看户，群众看的是党支部。他上任村党支部书记以来，针对农民收入不高、支部战斗堡垒作用发挥不强的现状，积极把创建"创业型、富民型"农村党组织作为重要抓手，并按照"分级、分类、分工"的原则，采取条块结合、以块为主的方式，划分了3个党建网格，把党员、群众、党建资源全部纳入网格，采取"一建二挑三落实"模式运行，使每个党员肩上有担子，手上有任务，带头创业致富，带动村民共同发展。"建"就是党支部按照村民小组的居住区域划成3个片，建立了3个党建网格小组，每项工作任务都下派到各小组来完成；"挑"就是每个网格小组长要挑起担子，负责完成本网格区域的各项工作任务；"落实"就是每个网格小组长把任务落实到每名党员，党员通过联户方式完成任务。例如：在今年街巷道硬化工程中，党支部结合街巷道路规划，把任务分解到3个党建网格小组，分头做群众工作，每一网格小组陈帅都亲自参与，哪组有困难、哪户有障碍，他就会出现在哪里。第3网格小组组长张廷勤按照支部交给的任务，将任务分解到本小组6名党员手中，分头去做群众工作。针对拓宽路基需拆除厕所5个、猪圈4个、院墙2处的任务所涉及的几个钉子户，党员张天珍说服不了，找到了陈帅，他二话没说，连续3天，起早贪黑，苦口婆心，耐心说服村民，主动拆除障碍，10天时间300米的巷道路和户通路全部完成。在发展核桃、山桃规模种植项目中，村民鉴于以往失败的经历，不敢种植。陈帅便带领两委干部上山头、下地头，找专家、请能人、查找以前

---

① 本文由《村委主任》杂志社供稿。

树苗大量死亡的原因，并带领两委干部和党小组长、党员先行种植，20 亩核桃树成活率98%。村民看到了希望，积极性高涨，目前全村共种植核桃树 200 余亩，拓宽了村民增收致富路。

二、建立"一簿六卡"制度，着力强化民主科学管理

农村工作事无巨细，异常琐碎。作为村干部，要时常面对各种错综复杂的矛盾，办事不公，就会损害群众利益，伤害群众感情，影响干群关系。陈帅担任党支部书记后，一是建章立制。不断完善党务村务财务公开、民主决策、民主管理等制度。他利用两个月时间，一家一户地串，一次一次地访，访遍了全村 2 个自然庄 63 户村民，并制定"一簿六卡"（"一簿"即一部村民档案，包括动产、参加社保、教育、家庭收入、家庭规划和参加医保等情况，对每个村民的基本情况做到底清数明。"六卡"即两委联系卡、工作绩效卡、民主测评卡、党员义务卡、生活保障卡、村务公决卡），有效解决了各项村级事务。正村道路硬化问题一直解决不了，4 年先后 3 次动工都半途而废，村干部与群众心里隔着"一堵墙"，群众对干部不信任、不支持。推行"村务公决卡"后，陈帅组织召开大会进行讨论表决，制定了道路硬化工程实施方案，公开征求党员群众的意见和建议，从资金预算、工程管理到工程招投标，全部实行公开、透明的民主化管理，接受党员群众的全程监督。党员韩双娥，长期在外经商办企业，收入丰厚，但对村上的事漠不关心。陈帅主动上门，与她聊家常谈乡情，使她的思想受到了很大触动，主动填写了"党员义务卡"，决心带领群众共同致富。二是推进党务公开。实行"四议两公开"工作法，对于土地承包和租赁、村集体资产处置、财务开支、征地拆迁、宅基地审批等涉及群众利益的重大事项、群众普遍关心的热点难点问题，阳光操作，明确公开内容，规范公开程序和形式。

三、运用广大群众智慧，积极化解基层矛盾纠纷

俗话说，"清官难断家务事"。对于邻里之间、家庭内部等矛盾纠纷的处理，婆媳、妯娌、邻里往往各说各有理，陈帅决定成立"义务调解小组"，由威信较高、群众工作经验丰富的村民组成。小组成员充分发挥各自优势，从矛盾双方利益均衡角度来调和、从私人感情关系来劝和、从社会伦理家庭道德层面来讲和，用群众的智慧来解决群众的问题。

1. 现任干部身先士卒，勇于担当

受传统思想观念束缚，计划生育是农村的老大难问题。正村一农妇，已经生育了 2 个女孩，公婆非要她生个孙子，硬是不让做节育手术。陈帅就一有空去她家，给公婆讲计划生育政策和双女户的优惠待遇。开始公婆还是不以为然。一次，公婆买了斤①橘子，两个孩子抢起来。陈帅不失时机地说，一斤橘子，一个孩子尽着吃，两个就得分着吃，三个就要抢着吃。当老人的总希望孩子们有出息，有没有不在于男女。公婆心动了，考虑了一

---

① 斤为非法定计量单位。1 斤＝500 克，下同。

会，答应第二天就让儿媳去县里做节育手术。就这样，说了一个又一个，说服了公婆说公爹，说服了丈夫说媳妇。八例手术节育对象半年时间都做通了工作。

2. 卸任干部发挥余热，老当益壮

老干部用好了是财富，用不好是包袱。正村曾经是全县有名的矛盾村，个别老干部不但不帮助村两委解决矛盾，甚至有时候还会利用威信鼓动村民扰乱两委工作。陈帅便主动上门，有事与他们商量，有空找他们谈心，老干部的价值在陈帅的诚心邀请中再次得到肯定，自然乐此不疲。2009 年，正值全县上下大搞环境卫生整治，正村环境卫生整治中涉及 53 户群众的猪圈、厕所拆迁工作，其中有 12 户村民以种种借口不配合拆迁，对立情绪较大。老干部张支平积极调解，时隔几天，10 户村民很快按照要求顺利拆迁。

3. 致富能手积极帮带，和谐发展

张月平是村里旱地蔬菜种植大户，家庭经济收入可观。2010 年，张军亮夫妇也搞起了旱地蔬菜种植，但是由于夫妻俩年龄偏大，对蔬菜种植技术接受能力差，收入远远低于其他种植户，多次找张月平传授种植经验。由于怕影响自己，张月平推三脱四。久而久之，两家有了心思。陈帅上任后，运用所学知识帮助张月平分析市场趋势，理清互利共赢原理，并建议张月平成立专业合作社，把全村种植户联系起来，走产业化、规模化发展道路，实现利益共享，风险共担。张月平终于想通了，答应帮助张军亮，马上召集几个种植户一起商量，每天派人到他们家盯着，从整地育苗、成苗管理到采摘销售等全程提供技术指导，当年张军亮家的年收入就增加了 6 000 元。

信息科技服务合作社
微博卖瓜打造畅销品牌

重庆市农村合作经济经营管理站　陈　波

重庆市武隆县沧沟乡大学生村官紧密结合当地产业发展，发挥自身特长，灵活应用网络信息科技，主动应对不利于西瓜消费的负面舆论，突破了农产品"卖难"，提高了农业效益，增加了农民收入，成功打造出"沧沟西瓜"品牌和现代农耕文化，为当地产业可持续发展作出了积极贡献，为大学生村官如何服务好新农村建设进行了有益探索。

一、大学生村官微博卖瓜背景

沧沟乡地处重庆市武隆县东南隅，世界自然遗产地后坪天坑核心区，境内风景优美，水质天然，土地肥沃，是种植优质西瓜的理想场所。沧沟乡种植西瓜已有 30 年历史，由于缺乏组织，面积徘徊不前，品牌做不大，技术没有提高，产量上不去，效益不稳定，没有形成产业，处于自生自灭状态，直到 2006 年政府部门引导成立专业合作社。

重庆市武隆县惠众西瓜专业合作社以沧沟乡为基地，以打造重庆市最大的优质西瓜生产基地为目标，成立 4 年以来种植面积由 450 亩增加到近万亩，增长 20 倍；入社社员由 136 户增加到 1 333 户，增长 10 倍。

西瓜种植面积上去了，如何把 2 万吨西瓜卖出去又成了难题。尤其自 2011 年 5 月江苏丹阳市"瓜裂裂"事件（被曝光使用膨大剂）成为网络热点后，人们"谈瓜色变"，直接导致全国不少地方西瓜未上市先遇冷。如何未雨绸缪，突破网络负面舆论影响重围，对重庆市偏远的武隆县沧沟乡西瓜产业发展是一个严重考验。

二、大学生村官微博卖瓜纪实

在沧沟乡党委政府的领导下，汪晓峰等 5 名大学生村官们与西瓜产业的组织者惠众西瓜专业合作社共同谋划，密切配合，共破难题。决定顺势采用时下盛行的网络微博开展营销宣传，以实名＋照片形式注册微博，合作社瓜农们在大学生村官的帮助下，在微博上传自家瓜地的照片、介绍西瓜长势、分享种瓜心得，主动引导关于西瓜消费的网络舆论。

按照分工，惠众西瓜专业合作社精心选择推荐任洪宇、汪兴树、刘素梅等 10 名优秀成员充当瓜农微博代表，并负责专门培训和后续技术指导，统一质量标准，提供无公害生产物资，统一规范绿色原生态种植技术，并通过瓜农代表微博实时发布整个过程；全乡 5 名大学生村官为瓜农分别在新浪和腾讯网开设微博，其中，大学生村官汪晓锋毕业于重庆文理学院，他负责管理官方微博。"沧沟瓜农罗仁辉"的管理员吴小蓉毕业于重庆师范大学。

自 4 月开通微博后，村官们每周都要走进瓜地，用文字和镜头记录下西瓜长势，有时一条微博短短几十字，要反复修改许多次，保证村民语言的"原生态"。比如，瓜农肖发云的个人微博上，短短几行字间洋溢着喜悦："西瓜销售已差不多结束了，我地里也只有少数几个二茬瓜了。今年仅凭卖西瓜，我就实现了万元增收。哈哈，好高兴！"这条微博是大学生村官何凤利发出的，与何凤利结对的，是肖发云、左昌谷两位瓜农。

6 月 30 日，由汪晓峰等大学生村官共同策划的"沧沟瓜娃 COSPLAY 童星选拔赛"正式启动。通过"西瓜微博"发布信息，诚邀全国范围内 3～13 岁的小朋友，通过 COSPLAY 这种简单有趣的形式，在微博上展示自己，以文化活动助推西瓜产业发展，帮助实现沧沟西瓜"阳光、生态、增收"的目的。由网络投票产生的 6 名活泼可爱的孩子化身为 6 款瓜娃形象，现场以舞蹈、走秀等方式，展示沧沟西瓜倡导的真、纯品质，角逐沧沟西瓜形象代言人。通过激烈角逐，狄林锦小朋友获沧沟瓜娃 COSPLAY 童星选拔赛第一名，被聘任为沧沟西瓜形象大使。

三、大学生村官微博卖瓜效果

微博卖瓜在新浪微博引起高度关注，连续两天排在新浪微博 1 小时热词第一名，一周内点击率超过了 800 万人次。"武隆、沧沟、微博、卖瓜"不经意间成了新浪微博的热词。"微博卖瓜"更是在 2011 年 5 月 5 日一跃成为新浪微博一小时热词榜第一名，成为当日的热门话题，短短半日，沧沟瓜农和沧沟西瓜官方微博的点击率就高达 280 多万次。据了解，自 4 月 26 日微博开通以来，沧沟瓜农们的微博就受到大量粉丝的关注，被粉丝戏称为"庄稼地里的微博"。粉丝们除了关注瓜地长势，还在评论中为瓜农增收出主意、对沧沟西瓜的购销问题提建议，甚至还有其他地区栽种西瓜的瓜农微博留言希望切磋探讨种植西瓜的技术……粉丝们对于沧沟乡微博上卖瓜的创举，纷纷表示"有创意"、"有才"，尤其是种植全过程的实况发布，不仅让大家更了解绿色生态西瓜的种植，还增加了对沧沟西瓜的食品安全信心。在新浪微博上，还有人发起了"你怎么看待瓜农微博卖瓜？"的调查投票。有 40% 的网友认为"能紧跟潮流利用微博卖瓜，有创意"，有 36% 的网友认为这是"年轻力量改变传统农业的好例子"，还有 15% 的网友感慨："瓜农伯伯很可爱！"

沧沟西瓜微博一开通就登上《重庆日报》区县新闻头条、《重庆日报农村版》头条，《重庆商报》、《重庆晚报》、华龙网、大渝网首页焦点新闻等媒体争相报道武隆沧沟微博卖瓜事件，人民网、新华网、凤凰网等 60 余家知名网站进行了转载。中央电视台财经频道《第一时间》高度评价了这一做法，并电话联系县委宣传部关注此事件；重庆卫视、武隆电视台相继深入沧沟乡采访报道。2011 年 5 月 9 日，中央电视台财经频道《县域经济报道》报道了本次事件。因"微博卖瓜"走红，许多地区效仿开微博卖葱、卖菜，浙江《今日早报》等多家媒体报道称蔬果销售已跨入"E 时代"。

沧沟西瓜开通微博的消息在网络上火热传播的同时，也引起了众多粉丝对沧沟乡、对武隆的浓厚兴趣，表示将会在西瓜成熟时去沧沟看瓜地、吃西瓜，亲自去拜访这些淳朴可爱的瓜农。

"微博卖瓜"这一创新举措，引起了中央电视台、重庆日报、大公报等180多家境内外知名媒体给予持续关注，新华社、重庆电视台等知名媒体进行深度报道，得到各级部门和领导的充分肯定。

开展微博卖瓜以来，全乡2万吨西瓜不仅抢售一空，平均收购价格也比去年翻了一番。惠众西瓜专业合作社年产值由50万元增加到2 000万元，增长40倍；批发均价由0.6元/千克增加到1.4元/千克，翻了一番；亩均产值由800元增加到3 000元，增长4倍；销售市场由乡内发展到市外，品牌由名不经传发展到市内外知名。沧沟西瓜产业在规模、技术、品牌、销售等系列发展中，迎来了高速发展的新时期，极大地调动了瓜农的积极性，促进了产业发展，瓜农靠微博卖瓜撑起了一个乡土品牌，沧沟西瓜在互联网上正在形成一种品牌效应。其中一名微博瓜农任洪宇在短短的两个月时间收入10多万元，他说："今年种西瓜赚了，多亏大学生村官帮我们开微博啊！"

四、大学生村官微博卖瓜取得成功的原因

微博卖瓜是一个通过新浪微博成功营销的典型案例。能取得如此显著效果，其中一个重要原因在于当地政府部门充分发挥了人才和科技的作用。

（一）大学生村官的参与解决了合作社发展人才缺乏难题

从2008年3月中央决定在全国推进大学生村官工作开始，至今已经整整4年。据不完全统计，目前在任的大学生村官总数已经超过20万人，重庆市到2012年将基本实现一村一名大学生村官。农村基层终于盼来了大学生人才，但是大学生村官如何在新农村建设中找到着力点，结合自身优势发挥作用，目前全国都还在探索，据中国农业大学胡跃高教授主编的《全国大学生村官报告》调查数据显示，2008—2010年，有77%的大学生村官有被乡镇借调的经历，其中23%的人被长期借调到乡镇而不在村里工作。调查表明，被借调到乡镇的大学生村官大部分精力被用在收发文件、撰写材料、接听电话等日常琐事上，有些人在某种程度上还成了"乡官"，这显然有违大学生村官工程实施的初衷。调查发现，阻碍大学生村官"下得去"其中一个原因，在于有一些基层干部认为大学生村官缺乏基本工作经验，怕"出乱子"、"捅娄子"，便不敢放手，以至于一些大学生村官在进村"最后一公里处"被"搁浅"；不知道如何把自身知识文化优势与农村工作结合，也是一个重要原因。如何让大学生村官真正"下得去"深入农村基层第一线，发挥出人才优势，还需要得到社会各界的高度重视和努力。重庆市武隆县沧沟乡大学生村官们发挥熟悉网络科技和青年人思维活跃的优势，与当地主导产业西瓜和产业组织者专业合作社紧密结合，通过互联网发布微博信息，消除、突破了瓜农与外界联系的屏障。大学生村官很好地发挥了自身特长，找到了结合点，实实在在为百姓做了点事。

（二）网络微博时尚又经济

较论坛、博客、播客等而言，微博作为一种新兴的传播平台，不需要高端的数码设备

投入，也不要求掌握熟练的计算机应用技巧，仅通过手机短信和彩信就能完成微博的发布过程，微博是当前网络科技的一大创新。自新浪微博两年前上线以来，微博便以易操作、成本低、传播快、黏度高、互动性强等特点受到网民追捧，我国微博用户呈现爆发式增长。新浪微博注册用户已经突破 3 亿大关，用户每日发博量超过 1 亿条，新浪微博用户总量、每日发博量、日活跃用户总数等同比上一年增长了约 300％，一些精明的商家也开始运用这一新兴网络工具进行产品营销。利用互联网进行农产品营销，减少流通中间环节、缩短供求链条、拓展信息渠道，也许是打破"菜贵伤民、菜贱伤农"怪圈可行之法。按照微博的传播规律，沧沟乡大学生村官每发布一条信息，就会有上千的"粉丝群"关注。而要达到同样宣传效果，如果换成做传统广告，沧沟一个穷乡根本承受不起。

五、一点建议

"三农"要发展，组建专业合作社提高农民生产经营组织化程度是关键，而当前农民专业合作社数量已经不少了，但是因各种各样的原因，真正发挥作用大的并不多，而发展瓶颈之一就是人才缺乏，建议各地研究总结重庆市武隆县沧沟乡大学生村官应用信息科技服务当地产业，取得显著成效的做法，各级政府部门创造政策环境，给大学生村官提供条件"待得住"，更提供机会"干得好"，鼓励大学生村官领办、合办、参与农民专业合作社发展。不但鼓励在任的大学生村官参与农民专业合作社工作，同时还鼓励支持更多的大学生人才直接到农民专业合作社就业。

游客书屋提升大榛峪村民俗
旅游文化内涵

北京市怀柔区渤海镇大榛峪村党支部书记助理　李学文

2010 年 10 月在渤海镇大榛峪村建立的专门给城里游客看的农家书屋，如今却受到越来越多城里人的青睐。他们在选择京郊游时，农家书屋俨然成为他们的一个重要选择。

一、游客书屋成立背景

北京交通大学计算机与信息技术学院 2007 级学生党支部为响应学校学工部关于开展红色"1＋1"主题教育活动的号召，积极在校内募集图书，并策划在大榛峪村举办以"构建图书角，共话新农村"为主题的活动，将所募集到的图书捐赠给村里的图书阅览室。

但是村里的图书阅览室，有着 4 000 多册图书，有文学类、计算机类、工具书、历史类、文化类等，种类丰富，但借阅的村民比较少，利用率相对来说不高。经过一段时间的入户走访调查后，发现：村中年轻人和中年人或忙于农活、或务工经商、或限于文化水平而没有养成较好读书的习惯和乐趣，另一方面，农闲娱乐时间基本上被电视、麻将所占据等；学生则因为周一至周五住校，周末回家之后主要是写作业、看电视、玩耍等，也很少借书；老年人看书的就更少了。基于此，要是把所捐图书放在村图书室，也难以提高村民读书的兴趣，甚至可能会有资源浪费之嫌。

另外，大榛峪村借助国家 3A 级景区——响水湖长城风景区和村域内丰富的生态旅游资源，已经发展成为一个远近有名的生态旅游专业村。要是把捐书这件事与旅游挂上钩，效果肯定会更好。因为，很多大学的班级和社团以及很大一部分的城里人，都会在周末或者节假日组织春游或秋游等活动，活动地点主要选择郊区，食宿在农家院。很多人还会带上一两本喜欢看的书，在闲暇时阅读。正是因为这，一个创意"游客书屋"也就呼之欲出。北京交通大学学生募集的图书直接捐赠到农家院中，主要是供城里来的游客阅读，书屋名字就叫"游客书屋"，并成为京郊首家以游客为服务主体的农家书屋。

二、游客书屋发展现状

游客书屋成立后，因其形式新颖，又符合现代人的京郊游的需要，吸引了新华网、农民日报、中国日报网、北京日报、京郊日报、千龙网、北京人民广播电台、怀柔电视台等数十媒体的报道或转载。

游客书屋里拥有图书近 400 册，涉及文学、历史、经济、管理、英语、计算机、杂志等多个类别。书屋的建立，有着多重的意义：通过丰富红色"1＋1"活动形式，为高校学生服务新农村的建设开辟更为广阔的空间，进而更有效地进行城乡共建。同时，书屋作为农家院的旅游特色服务，将引起游客的极大兴趣，这样提高了大榛峪村农家乐的文化含量，从而提升农家院的知名度和美誉度。来这里的游客可以在闲暇时间免费借阅图书，增添求知的乐趣，促进游客的文明旅游。农家院的经营者可以通过书屋进行不断地自我学习充电，提高经营管理水平。

游客书屋建立至今，取得了很好的效果。有一个周末，游客王小姐就说"这里阳光好，空气也清新，在院子里读读书，真是一种享受。"农家院主人李凤琴说："之前有一天，该吃午饭了，但是却有几位游客不见了，经过一番寻找，才发现他们正在这里安安静静地看书呢。甭说，这个书屋还真管用。"

现在游客书屋在农家院主人的精心管理下，正在不断创新书屋管理模式，发布了《游客书屋诚信阅读条例》，引导游客诚信阅读，即：游客在农家院里吃饭住宿时，可以随时借图书并在院里任何地方阅读，只需要游客离开时把书及时还上即可。

三、游客书屋现实意义

北京城市化的发展带动了京郊游的发展，京郊地区基础设施的不断完善又吸引了更多的城里游客。民俗旅游业已经成为了绝大多数民俗村的支柱性产业，比如大榛峪村通过大力推进民俗旅游业，在 2010 年，全村总收入为 1 270 万，其中民俗旅游业总收入为 1 062 万，占 83.6％，农民人均纯收入 10 500 元，比 2009 年（农民人均纯收入 9 500 元）增长 10.5％。

但是，目前京郊很多地区的民俗游有着一种趋同的形势，有特色或者说特色显著的民俗村并不多，容易引起游客的审美疲劳，或者是倦怠心理。而游客书屋的出现，既增加了旅游村的服务特色，又能够给游客在忙碌奔波一天之后的一种精神享受，具有较强的现实意义和推广意义。

1. 游客书屋通过高校学生募集而来，书源充足，成本低廉

各民俗村或者民俗户可以在大学生村官的活动下与高校学生建立起联系。各民俗村或者民俗户给高校学生一个学习实践的平台和机会，高校学生负责在学校里面募集图书并与民俗村或民俗户对接，并建立起长期的联系。

2. 游客书屋能够增加农家院服务特色，引导游客文明旅游

很多人选择京郊游时，白天一般是游览景区，晚上时则会唱歌、聊天、打牌等，缺少一种更高的境界。但是，来到农村郊游的游客，大部分都是拥有了一定的文化水平，有着比较强烈的求知欲，因此游客书屋的出现，可以让游客在闲暇时间免费借阅图书，增添求知的乐趣。同时又提高了农家乐的文化含量，从而提升农家院的知名度和美誉度。

3. 民俗户经营者可以利用游客书屋提高自身的经营管理水平

农村当中绝大多数民俗户经营者的文化水平都不是很高，加上互联网在农村的普及程度还不高，民俗户经营者获取外界信息或知识储备的渠道受限。而游客书屋可以弥补这一缺陷，引导民俗户经营者在闲时阅读有关经济管理类、服务类、饮食烹调类的图书，进而不断提高服务质量和服务水平，促进农家院的增收。

　　游客书屋目前还是一种非常新颖的旅游服务模式，为大榛峪村的民俗旅游提升了更多的文化内涵，并成为游客们的一个重要选择。现在，大榛峪村正在积极争取更多的游客书屋落户，进行学习型村庄的建设，并让游客书屋逐步成为一个城乡互动交流的纽带和平台。

凝心聚力求发展　引领村民致富路

——苏阳红种植专业合作社党支部党建典型案例

福建省福安市赛岐镇苏阳村　王　艳

苏阳红种植专业合作社成立于 2007 年 5 月，是由 60 户杨梅种植大户在互惠互利的基础上自发形成，并按照"民办、民管、民受益"的原则组建而成的群众性组织。合作社党支部于 2010 年成立，现有党员 5 名。党支部成立后，积极带领村民探索现代产业发展模式，开拓农民、集体经济和合作社三赢的发展路子，为社会主义新农村建设提供了强有力的发展动力。

一、合作社党支部成立背景

赛岐镇苏阳村共有 1 153 户 4 630 人，拥有福安市引种东魁杨梅最早、面积最大的杨梅基地，全村几乎家家户户都在种植杨梅。杨梅产业已成为该村经济收入的主要来源，并且涌现出一批杨梅种植大户和生产能手。但随着该村杨梅产业发展，农户的小生产与大市场间的矛盾越来越凸出。2007 年 5 月，在杨梅种植大户刘锦铃等的牵头下，该村成立了苏阳红种植专业合作社。为进一步探索党组织建在产业链上的新模式，将党组织优势与合作社产业优势有机结合，发挥合作社党员的"双带"作用，苏阳红种植专业合作社于 2010 年成立了党支部。

二、主要做法和经验

合作社党支部实行"合作社＋经济组织＋科技示范户＋农户"管理模式，适应了东魁杨梅产业发展的要求，一开始就表现出较强的生命力，在推动东魁杨梅产业发展和建立"创业型、富民型"党支部的过程中发挥了重要的作用。

1. 完善管理，练好"内功"夯基础

合作社党支部成立后，定期组织党员进行交流学习，让合作社党员紧紧把握科技政策脉搏，学好技术，用好技术，由合作社党员带头，社员参与，以股份制形式创办了各种组织实体，现已组建"杨梅产销联合体"、"杨梅农资服务部"、"东魁杨梅科技示范园"等合作经济组织。村民刘锦铃同志出任首任合作社理事长，由社员推荐 5 名经济能人任理事。合作社建设做到"九个有"，即有牌子、有场所、有骨干、有专线电话、有科技宣传栏、有相关制度、有服务网点、有服务联系卡、有专用记录簿。财务制度实行《农民专业合作社财务会计制度》，达到规范化要求，还编制了一整套符合自身实际的发展计划和工作措

施，为合作社的发展打下良好基础。

2. 规范运作，设岗定责强服务

合作社党支部实行党员社员设岗定责制度，根据实际设立了生产资料购买岗、田间管理岗、产品销售岗，每个岗位各确定 1～2 名骨干党员为领岗人员，明确岗位职责和年度目标要求。生产资料购买岗主要负责统一购买生产资料，在技术引进、栽培技术更新、生产资料使用上，统一联系商家，统一购买，保证产品质量，节省生产成本；田间管理岗主要负责实行统一育苗、统一施肥、统一病虫害防治、统一浇灌，确保了不同生长阶段的技术保障；产品销售岗主要负责培育合作社专业人营销队伍，设立固定销售网点，促进果品流通，解决成员果品销售难问题。2010 年，合作社销售东魁杨梅鲜果 800 多吨，实现销售收入 700 多万元，社员亩均效益 6 000 多元，户均增收 1 500 多元，发放各种培训资料 1 400 多份。

3. 搭建平台，破解难题解民忧

为解决群众的资金和技术难题，合作社党支部积极搭建平台，为村民提供担保贷款和种植技术培训。近年来，共为群众担保贷款 150 多万元，基本解决了群众扩大生产所需资金。同时，依托杨梅省级科技信息示范基地，聘请福建省农业科学院地热所、福建省果树所、福安市农业局等单位的东魁杨梅种植专家为常年顾问，邀请该村大学生村官担任助理，会同苏阳村果业协会成立东魁杨梅技术服务队，举办技术培训，发放技术资料，到种植户的田间地头进行巡回指导。一年多来，合作社党支部依托市农业局、市果业协会和市劳动局，共举办科技实用技术培训班 8 期，受训人员达 430 多人次。

4. 广泛宣传，聚集优势谋发展

为进一步扩大苏阳杨梅的影响力，合作社党支部创建了苏阳村网站，并在中国新闻网、东南网、《闽东日报》等重要媒体宣传苏阳杨梅；积极承办"杨梅节"，以杨梅为媒，广交朋友，现已连续两年承办"杨梅文化节"；牵头建立了东魁杨梅原种采穗园 100 亩，育苗基地 10 亩，为福安市及周边县市果农提供产品及农业部无公害农产品认证，注册了"苏阳红"、"苏阳"、"安魁"等商标，2010 年"苏阳"牌杨梅被评选为"福建省名牌农产品"。合作社在当地的知名度不断提高，服务范围辐射越来越广，苏阳杨梅品牌影响力持续扩大，热销浙江、广东、港澳等地，供不应求。

5. 结对帮扶，"双联双带"助民富

为促使党员、社员更好地联系和服务群众，合作社党支部结合实际，制定了"双联双带"制度，即合作社党员联系科技示范户，带头致富；科技示范户联系种植户，带动群众共同致富。由 1 名党员与 2 户科技示范户结对，1 户科技示范户与 10 户果农结对，开展"四个一"活动，即提供一条销售信息、传授一项致富技术、解决一些实际困难、树立一种全新理念。活动开展以来，合作社党员分别与 10 户科技示范户和 100 户果农结对挂钩，认真宣讲"三农"政策，积极帮助指导果农种植，共同探讨种植技术，解决存在的问题。

三、主要成效

通过合作社党组织，不仅为村能人党员、科技示范户创业富民提供了舞台，也为农民增收提供了助力，同时也有力地推动了农村党的基层组织建设、农业转型发展和农民增收致富。

1. 为村能人党员、科技示范户创业富民提供了新舞台

通过鼓励和引导能人党员、科技示范户进入农民专业合作社，充分发挥他们在科技推广、产销服务、带动果农进入市场等方面的作用，帮助他们实现在农村创业、富民、成才的梦想。党支部成立以来，通过培训、"一对一"帮扶、组织社员骨干参加农函大、农广校学习等方式，合作社的 60 户社员都掌握了 1～2 门实用技术，成为该村农业生产的"土专家"和"田秀才"，平均收入达 15 000 余元。同时，通过"双联双带"，社员帮扶联系的东魁杨梅种植户达 100 多户。

2. 为促进农民增收致富开辟了新渠道

合作社党支部在发展过程中注重与当地产业发展相结合、与市场需求相结合、与培养新型农民相结合，通过送信息、送技术、解难题，示范带动周边农户。2010 年以来，合作社党员、科技示范户共为群众提供有效信息 2 000 多条，解决技术难题 500 多个，为果农贷款 50 多万，带动 50 多户农户脱贫致富，有力地促进了农民增收。2010 年种植户人均纯收入 8 820 元，比 2009 年增加 26.8%。

3. 为农村基层党组织增添了新活力

党支部实行"双向培养"，鼓励有条件的村干部、党员主动加入合作社，要求他们努力学习科技种植技术，增强致富本领，发挥好党员干部的带动作用，同时注重在合作社实用技术人才中培养党员。截至目前，有 2 名党员担任村两委干部，有 1 名党员成为福安市党代表，有 4 名党员通过培训成为致富能手，有 2 名合作社社员成为党员。通过合作社党支部，增强了农民的合作意识、民主管理意识和创新意识，培养了社员之间的互助诚信精神，进一步密切了干群关系，保证了党组织的凝聚力和感召力，为党的基层组织建设增添了新活力。

四、探索与启示

1. 要科学定位关系

合作社中建立的党组织属功能型党组织，在合作社中要发挥好组织引导、服务监督、示范引导等方面的作用，从实际出发，尊重农民意愿，注重创造精神，做到出谋划策而不直接决策，主动参与而不越权干预，做到边引导、边发展、边规范，为合作社的长远发展提供组织保障。

2. 要创新工作模式

合作社党组织要发挥作用，必须有一个好的党建模式，在创新管理模式上寻求突破。在方向上，要注重市场、选准产业；在形式上，要依法规范、尊重自愿；在管理上，要突出科学发展、规范发展。党组织要依托合作社这个载体来开展工作，将党组织作用发挥在致富项目上，党员示范在创业岗位上，真正达到建立一个组织，培育一个产业，开拓一个市场，致富一方群众，不断提升党组织的威信和吸引力。

3. 要更新选人观念

合作社要发展，关键在于社员的积极性。在对象上，要突出党员、抓住能人，要大胆

培养和吸收有想法、能创业、会发展、甘奉献的各类致富能手加入到合作社党组织，努力把党员队伍建设成为致富、带富的先进群体。同时，要积极创办各类经济实体，联合多方资源，把党组织建设成为优秀人才密集的先进组织，这样才能不断增强凝聚力、战斗力和创造力，进一步提高合作社影响力。

农村天地　大有作为

河南省兰考县葡萄架乡副乡长、兼任董庄村党支部书记　程广京

早在 1955 年，毛泽东同志在中共河南省委许昌地委农村工作部编印的《郏县大李庄乡进行合作化规划的经验》上批示："农村是一个广阔的天地，在那里是可以大有作为的"。而 56 年后的今天，在中国农村的田地里正活跃着这么一群高学历的"村干部"，他们被称为"新知青"。

——引题记

一、人物档案

程广京，出生于 1986 年 12 月，中共党员，河南省兰考县人，本科学历。2008 年 12 月参加大学生村干部工作，现任兰考县葡萄架乡副乡长、兼任董庄村党支部书记、葡萄架乡大学生村官联谊会会长、佳乐蔬菜专业合作社理事长等职。

任职以来，多次被推荐为河南省大学生村干部代表进京参加大学生村干部有关会议，多次受到党和国家领导人的亲切接见和表扬，其事迹多次被中央、省、市、县媒体作为榜样进行过报道。

曾被评为"河南省优秀大学生村干部创业之星"、"开封市十佳大学生村干部"、"兰考县十杰大学生村干部"、"开封市优秀共产党员"、"开封市新长征突击手"、"开封市五一劳动模范"、"开封市创先争优党员之星"、"2011 年度中国大学生村官十大新闻人物"等荣誉称号，并入围"中国新农村十佳建设带头人"行列。

二、传奇故事

（一）"瞒着父母当了'官'"

程广京出生在国家级贫困县兰考一个普通的小村庄，父母都是淳朴、老实巴交的农民。当他还是个孩子的时候，妈妈就对他说："好好读书吧，读书是你脱离农业不和土坷垃打交道的唯一出路"，这句话当时深深地根植在了他的心里。后来大学毕业了，凭着优异的学习成绩和在社团里的突出表现，临近毕业时，无数的集团公司向他抛来了橄榄枝，其中也不乏企事业单位，在众多工作摆在他面前时，他听从了父亲的建议，选择了当时待遇并不是十分好的上海工程技术大学新知学院任教。爸妈当时很高兴，逢人就说："总算没有白花钱，没有瞎培养，好歹也跳出了'农门'，再也不像我们'面朝黄土背朝天'这样受苦受累了。"从教的过程中，他得知家乡正选聘大学生到村任职的消息，便随即乘车

赶回家乡瞒着父母报了名。

经过层层选拔，他被录取了。他便迅速地把自以为是喜事的消息告诉了父母，谁知道换来的却是父亲的大发雷霆。"你一个刚毕业的大学生，你会什么啊，才从农村走出去了，现在你又要回来，你以为农村的事情好做啊，琐碎杂乱，不是你想的那么简单，给你一百个、一千个本事你也打造不出个'华西村来'，面对父亲的指责和训斥，他那晚失眠了。

最后，经过几天不吃饭和反复做父母的思想工作，他换来了这份来之不易的工作，决定用科学文化知识回报家乡的父老乡亲，成就自己儿时的梦想。最后他被分到了董庄村，担任党支部副书记一职。

（二）"群众把我当回事"

董庄村地理位置偏僻，下辖两个自然村，8 个村民小组，2 568 人，人均耕地面积不足 1 亩，是一个典型的农业村、贫困村、棘手村。

他上任时，村里工作几乎处于半瘫痪状态。上班第一天，他并没有召集村班子成员一起开会，而是静悄悄的一个人开始挨家挨户进行走访，然后回去写日记作总结。通过走访，发现该村部分村民存在着思想保守，接受新事物能力不强等是导致贫困局面的根本原因。接着，他运用远程教育组织群众学习党在农村的基本路线、方针、政策，并利用所学的知识从网络上下载先进党支部的致富经验宣讲片，特色种植、养殖技术指导片。为了更好和党员群众打成一片，他还成立了"董庄村党员之家"和"大学生村干部服务站"。

有一次，一位叫项保民的村民拉一车麦子经过时，他便主动走上前帮其推车。当项保民得知他就是在该村任职的大学生村官时，激动地说："早就听说俺村来了个好村官，他人好，为人办事实诚，今天我算是看到了"。就这么一件小事，通过项保民的口一传十、十传百，"程支书是个好人"很快在村民心中扎了根，村民们见了他都会主动和他打招呼，就连两家发生争执，只要他上门都会给个"面子"，痛痛快快地将大事化小，小事化了。

村里的变压器由于年久失修，导致多年来村民生产生活用电难的局面。他得知此事后，便多次垫资到电业局联系，为村里安装上两台新的变压器，结束了以往"一会一小停，两天一大停"的局面。

多年来，董庄村的"水泥"路在附近是出了名的，"晴天一身土，雨天一身泥"是对该村"水泥"路的真实写照，出行难严重影响了该村的经济发展。上任之初，他就表下决心一定要帮助村民解决出行难这一困扰他们多年的难题。在他的努力下，该村共修水泥路5 000 余米，现已经形成了"三纵三横"的道路网，成为远近闻名的水泥路面全覆盖村，为村内的经济发展注入了前所未有的活力。

在大旱面前，他更是冲在最前面，看到村内机井坏了，河道拥堵了，全村 1 000 余亩田地无法灌溉时，便立即筹集资金，请来打井专业队，今年来新打机井 83 眼，修复旧机井 20 眼，疏通河道 3 000 余米，保证了粮食的大丰收。

（三）"百姓冷暖记心间"

工作之余，他还时时刻刻把群众的吃住冷暖挂心间，残疾人翟保忠、重病患者王平军、老党员田红奎、困难户马凡、败血症女孩刘凤娜……常常帮助他们解决困难，除帮助他们申请五保户和低保户的同时，还拿出自己的积蓄进行帮扶。每逢节日，他都从自己仅有的工资中拿出一部分为老党员、贫困户送去面粉、油、棉被等生活必需品；极端天气来临时，他又一次次来到困难户家庭嘘寒问暖。

翟保忠身患残疾多年，家中除了常年患病卧床不起的母亲，还有一个上初中的孩子。他多次找他谈心，并想办法帮助申请了五保户和政府帮扶，并多次自费为其送去慰问品和生活用品。看到他家的房子实属特重危房时，多次与城建所联系，取得了危房改造资金，帮助他们修建了房屋，解除了住房问题。在他的鼓励下，翟保忠还发展起了养殖业，目前已养殖生猪 10 余头，年收入达 8 000 余元。农忙时节，他又冒着 38℃ 的高温帮贫困户收割小麦，并拿出自己的积蓄帮其购买农作物的良种，以便下季有个好收成。

在葡萄架乡乃至兰考县，败血症女孩刘凤娜的病情牵动着每一个人。程广京更是多次来到家中了解情况、询问病情、奉献爱心，并及时向领导作出汇报，请求援助。在领导的关怀下，乡政府领导带头为其捐款，帮助他们渡过难关。目前，程广京还将此事形成文字图片，传送到了国务院扶贫办所属的《中国扶贫杂志》，争取通过以杂志报道的形式为其募得善款，进行着一场前所未有的爱心接力。

当看着村里的运输车辆越来越多时，他便积极与运输能手协调，组织成立了该村第一个运输专业队，并多渠道为他们开展业务。目前，该专业队已拥有大小运输车辆 30 余辆，年经济收入达 100 余万元。

为缓解劳动力过剩的情况，他又多次与劳动部门协调，3 年来共输送外出务工人员 1 200余人次，为村里带来了近 4 000 余万元的收入。

在他的努力下，董庄村由于现在的"人人有事干，人人找活干"，早些年遗留下来的酗酒闹事、打牌赌博等陋习也逐渐销声匿迹了。群众的观念新了，心气顺了，干事创业的积极性也大了，这一切更加激发他带领群众发展经济的积极性。

（四）"带头创业促发展"

对于董庄村这样一个豫东典型的农业村，在缺乏资金，缺乏技术的情况下要想上项目，求发展，实非易事。为此，在开始找项目时他每天都连续工作 16 小时以上，鞋子磨破了好多双，脚上起了好多水泡，为尽快打开发展局面倾注了大量心血。经过调查、摸排，他最终确立了以"加快调整种植业、重点发展养殖业、迅速拓展劳务经济"的目标，很快就决定在村北建立特色种植示范园，并自费"三赴"寿光请来了蔬菜技术员。

当得知有的村民想建，资金又不足的情况下，程广京便多次冒着酷暑，硬是骑着电动车奔波 40 余千米到有关部门申请创业基金，他的努力和创业激情打动了领导，最终争取到了农民工返乡创业基金 60 余万元，解决了搭建日光温室资金难的困境。当种植户翟书库拿到贷款时激动地说："对亏共产党为我们派来的好村官广京，虽说人家年轻，但是能力却很高，不愧是大学生，我没有工资本作抵押，他就自愿拿着工资本为我贷款，这样的好村官，难得啊"。他还通过县大学生村干部创业贷款和用来结婚的钱，投资 5 万元建造了两座日光温室作为示范棚和一座育苗棚为农户免费育苗。建设期间，他起早贪黑，每天工作都在 15 小时以上，导致他明显消瘦了、黑了、白头发多了、手上的茧更厚实了。有一天深夜下大雨，为了盖塑料薄膜保护墙体，程广京又骑着电动车冒着大雨来到建设工地，迅速的爬上 3 米多高的墙上，一不小心滚了下来，导致他左手腕骨折，但他毫无怨言，还是一如既往地投入到建设中去。

他紧抓时机，敢为人先，发挥自己的特长，自筹资金创办了兰考县佳乐蔬菜专业合作社，并担任合作社的理事长和信息联络员。合作社采用"合作社＋农户＋大学生村官＋贫困户"的模式进行运作，实现入户社员"种、产、购、销"一条龙服务。在此基础上，他还创建了合作社网站，以进一步扩大知名度。

2010 年底，在蔬菜价格普遍较低、难以出售的情况下，他又带领菜农跑门路、找市场，并通过网络、在《河南日报》刊登销售信息、把菜运到市场上叫卖等途径，帮助菜农销售蔬菜 10 万余斤。

截至目前，示范园区共建有标准化日光温室 36 座、陆地蔬菜瓜果 112 亩，实现销售收入达 400 余万元，带动村内 20 户贫困群众脱贫致富，一度打破了"一亩园十亩田"的神话，达到了"一亩园三十亩田"的效果，吸引了商丘、新乡、亳州等地大学生村官前来学习取经。该示范园区被确定为"兰考县大学生村干部创业示范园区"，并多次带领大学生村官前来考察学习。

如今，董庄村日光温室成了葡萄架乡周边乡镇乃至兰考县的品牌，现在的佳乐品牌蔬菜在当地已经小有名气，在当地人们心中已逐渐形成了"买鲜菜，到佳乐"的良好口碑。

近年来，由于村民生活水平的不断提高，肉制品和蛋禽品等一类生活必需品的需求量越来越大。经多次调研考察，程广京找到了青年技师付建民，投资 15 万元建成了占地 3 亩，年出栏 800 余头的生猪养殖场。并承担着免费为村民提供养猪技术、免费配种、低价供应饲料，及时提供各方面养殖信息等义务，生猪养殖场的建成，成为村里规模养殖的领头羊。养殖场的建成，大大激发了群众的养殖热潮，村里新发展养殖户 56 家。村民马德军、翟晓辉等 20 余户相继投资 70 余万元引进良种肉牛 100 余头，做起了散户饲养。背靠大树好乘凉，村里养猪、养牛、养羊、养獭兔的人逐渐增多了起来，养殖大户也增加了近 10 倍。当看着村里的奶牛养殖户数量不断增多，村里成立了董庄村奶牛养殖协会，并运用网络及远程教育定期给养殖户观看养殖防疫宣传片，将养殖知识的重点、难点打印成册，免费发放给养殖户。

截至目前，养殖户生猪存栏数量已达 1 500 余头，存栏肉牛 200 余头，獭兔 12 200 余只，家禽数量 11 000 余只，董庄村全年畜禽业总产值就达 400 余万元。

2011 年末，在程广京的恳切请求和帮助下，在外务工青年翟留强被他孜孜不倦的精神所感动，随即和他创办了董庄村有史以来第一家企业——红双喜家具制造有限公司，该公司的建成，解决劳动力 20 余人，同时也为董庄村招商引资开了先河。农民人均收入也由 2008 年的 1 600 元增加到现在的 5 300 元。

在 2011 年村党支部换届选举工作中，由于成绩的突出和全村党员群众的一直认可，他以全票当选为村党支部书记，成为开封市 2011 年村级组织换届选举工作中产生的第一位从大学生"村官"中"两推一选"的村党支部书记，是开封市最年轻的党支部书记，也是该市从大学生村官中选拔的唯一一名村支部书记。

相信在不久的将来，董庄村会像程广京想象的那样，将以村北集蔬菜瓜果种植，村南为优质果园为一体的新董庄将得以呈现在我们的眼前。

（五）"平凡岗位赢尊重"

程广京虽在平凡的岗位上，在最基层，但做出的成绩，带领群众发家致富奔小康的先进事迹也得到了从中央到地方各级领导的肯定和赞扬。

2009 年 11 月 22 日，程广京作为河南省唯一一名大学生村官代表参加了由中共中央组织部、共青团中央网络影视中心等在北京人民大会堂共同组织的"责任与机遇——青年人才服务社会主义新农村建设研讨会"，并受到了中共中央组织部、团中央等领导的亲切接见；11 月 29 日，受邀来到江苏工业重镇无锡参观了当地的著名企业并和知名"村官"进行了座谈；2010 年 12 月 1 日，他又一次作为开封市唯一一名大学生村官在全国政协礼堂受到了中共中央政治局常委、全国政协主席贾庆林，中共中央政治局委员、国务院副总理回良玉，中组部常务副部长沈跃跃等党和国家领导人的亲切接见，并合影留念；2011年 5 月 5 日，作为开封市唯一一名代表在全国政协礼堂受到了中共中央政治局委员、全国政协副主席王刚、全国政协副主席李金华、团中央书记处常务书记、全国青联主席王晓、团中央书记处书记汪鸿雁、国务院扶贫办主任范小建等领导人的亲切接见；5 月 28 日，他又受到"全国大学生村官论坛"的邀请，赴河北邢台参加农业部举办的研讨班；6 月 16日作为开封市代表参加了由农业部在山东威海西霞口举办的大学生村官培训班；2010 年12 月，经县委常委会研究决定破格提拔程广京为副科级干部，在他的要求下继续在董庄村带领群众发家致富奔小康；2011 年 12 月程广京成为河南省第一位从大学生"村官"中"两推一选"的村党支部书记。

任职两年来，组织也给予了他莫多的荣誉。相继获得"开封市新长征突击手"、"河南省十杰百优大学生村官创业之星"、"开封市十佳大学生村干部"、"兰考县十杰大学生村干部"、"开封市五一劳动奖章"、"开封市优秀共产党员"、"开封市创先争优党员之星"、"2011 年度中国大学生村官十大新闻人物"等荣誉称号，并入围"中国十佳新农村建设带头人"候选人行列。

他做出的成绩也得到了上级领导的赞扬，为此，中组部领导评价他说："程广京带领群众脱贫致富，为村民排忧解难作出了突出贡献，是我们大学生村官工作的缩影，是一名难得的优秀大学生村干部"。

磨练中成长 奉献中成才①

——"80后"大学生村官成为村民"主心骨"

山西省河曲县沙坪乡前麻地沟村党支部书记兼村委主任 王志刚

近年来，河曲县沙坪乡前麻地沟村成了全县的几个天字号新闻的主角——从前远近闻名的"上访村"、"问题村"变成"省级新农村建设试点村"，村民户均收入达到4万余元，由全县有名的"落后村"变成了"富裕村"。这一切的改变都来源于一名"80后"的大学生"村官"——王志刚。

王志刚，男，中共党员，大学学历，2004年毕业于忻州师范学院计算机科学与技术专业，2007年经组织公开选聘，选派到沙坪乡前麻地沟村担任村主任助理。2008年，在全省第八届村级组织换届选举过程中，高票当选为前麻地沟村党支部书记兼村委主任，成为全县乃至全市首个"一肩挑"大学生村官"一把手"。

刚刚上任不到3年的"娃娃官"竟然在今年9月份全省大学生村干部工作河曲现场会上受到了山西省委常委、组织部长汤涛同志的亲切接见，一见面，汤部长一眼就认出了他，亲切地说："你就是王志刚，早听说你的事了……"颇具传奇色彩的王志刚经过上任3年的洗礼，被村民夸赞为"大本事的小当家"，成为村民的"主心骨"。

一、挑重担，塑核心，做新农村建设的"领路人"

4年前的春天，刚从学校毕业不到2年的王志刚，已经靠着自己的打拼在忻州开办了一所属于自己的计算机培训学校，随着生源的增加，经营规模逐渐扩大。一个偶然的机会，他从电视里看到了全省选聘大学生村官的新闻，仿佛瞬间被点醒，通过县委组织部的公开选聘，被选派到前麻地沟村担任村主任助理。

说起前麻地沟村，当时，在河曲，人人都知道那是一个典型的"问题村"。由于村里有煤矿，一直以来，村里的老百姓都是靠着"煤"在发财。然而，在2007年，由于国家资源政策改变，村办煤矿由于资源整合而关闭，由此而引发的一系列矛盾彻底打破了维系多年的平静。由于干群矛盾，村干部相继辞职，村内大小事务无人问津，村内秩序全无，在一些"冷言恶语"的挑唆下，群体上访事件时有发生，村里人心涣散，打架斗殴、聚众赌博成风，无政府、无组织、无法纪之风在村里蔓延开来，村"两委"班子彻底瘫痪。

刚到村，王志刚就遇上村民张彩琴等人因拦截煤车，发生打斗，造成流血恶性事件。

---

① 本文由《村委主任》杂志社供稿。

面对眼前的情景，初来乍到的他不但没有临阵退却，而自掏腰包妥善安排了受伤群众。积极召集村民开会了解情况。在近乎争吵的气氛中开了整整一夜，光会议内容记了整整一大本。看着这位毛头小伙子的举动，开会的村民开始对他刮目相看了。会后，有人提议"就让这个娃娃来代理咱村的村长吧……"，听到这样的话，王志刚觉得值了，从此开始了他在前麻地沟村的"戎马"生涯。

一面是已逐步走上正规的培训学校，一面是矛盾丛生的偏僻小村，年迈的母亲心里结了个"疙瘩"——好不容易在外面站稳了脚，怎么又回来了？还到了一个连书记、乡长都倍感"头疼"的"瘫痪村"？面对母亲的询问，他安慰母亲说："先适应几天，等村里没事了，我就回去办学校……"而此时，他却悄悄瞒着家里把培训学校的一切低价转给了别人。

在村里一住就是一个月，尽管缺乏农村工作经验，但是面对特殊而复杂的村情，他边做边学，边学边做。每天吃的是方便面，喝的是自来水，年迈的老母亲没人照料，只能托付给邻居照顾，自己天天打电话给母亲报平安，说自己很好。住在村里，深入每家每户进行走访调查，与村民们促膝长谈，了解民情。每天晚上，再晚再累，他都要把了解到的问题和矛盾进行全面总结。经过近一个月的时间，问题弄清了，他将其归纳为"两个问题"和"一个矛盾"，即"因村集体账务不清导致村务不公开问题"和"因采煤引起的村民耕地塌陷问题"以及"村与煤矿之间的利益补偿不能平衡的矛盾"。为了圆满解决村里的矛盾，他将自己的调查结果形成了上万字的调查报告，并提出解决方案，征求乡党委意见。

在乡党委、政府的支持下，他连续召开全体村民大会。在大会上，他将近几年账务存在的收支不平衡、不明确的现象一一进行了公示清理，并选举临时理财小组和审计小组，建立了一套切实可行的村财务管理制度。依章理财，民主理财，村民们对他鼓起了掌声。就煤矿采煤引起的土地塌陷问题，与矿方多次协商，最终把给村里造成的利益影响给予经济补偿，以每年28万元固定回报时，村民们接纳信任了他。

矛盾的圆满化解，说服了全体村民，也给乡政府交上了一份满意的答卷。最后乡村两级一致推举他代理支部书记和村委主任，主持前麻地沟村"两委"工作。在2008年的村级组织换届选举中，王志刚以224票得219票的高票率当选。在选举会上，德高望重、任职多年的原村党支部书记丁四文说："长的是张娃娃脸，做的却是我们这些大人也做不到的事情。有文化就是有文化，有胆识就是有胆识！我们老百姓也没走眼。"老书记话还没说完，群众就自发地报之以热烈的掌声。

二、夯基础，强公益，做农民群众的"贴心人"

矛盾的顺利化解，让他在村里有了威望；上级领导的充分肯定，更加坚定了他干事创业的信心。

上任后，他积极团结村"两委"班子，按照"集体出一点，社会集一点，政府拨一点"的工作思路，从公益事业入手，为群众办了一件又一件好事、实事。

"群众看党员，党员看支部"。当他看到村委会办公的三孔窑洞，由于年久失修，严重影响村里的正常工作，村里的党员没有活动场所的情况下，主动积极争取上级资金，并自筹资金 5.7 万元，新建了占地 120 米² 的集党员活动室和村委会办公室、图书室为一体的村委会办公室，硬化了村委会大院；安装了体育健身器材；购买了 100 多套图书；启动了红白理事会；开通了"农村党员教育网"，为村里党员提供了工作、学习和活动的平台。

村里原有旧戏台一个，早已破败不堪。村里人因缺少休闲娱乐成了一块"心病"，2008 年 5 月，村里积极筹资 5 万余元让舞台恍然一新。如今，走进村委会大院，村民们自娱自乐的场面随处可见，村里的党员和群众感慨地说"我们又有了自己的新乐园"。

村里自来水管网老化，导致渗漏严重、供水不足和水质不佳，不但降低了群众的生活质量，还加重了集体和村民的经济负担，他积极会同支部班子成员，一起多方筹集资金 8 万余元，历经 4 个月精心改造，终于顺利完成了全村"二次改水"工作，受益村民达 300 余户。

为了改善村里的医疗条件，做到"小病不出村"，2009 年，村自筹资金 2.57 万元，争取上级局拨付的 1 万元率先在全乡新建村级医疗卫生所。卫生所占地 76 米²，下辖五室：输液室、保健室、药剂室、治疗室和诊断室。购置医疗设备，聘请医生，极大改善了村里医疗条件。此外他还积极组织村干部给每位村民都入了医疗保险，使全体村民免费享受农村合作医疗；同时免费给村里 60 周岁以上的老人办理了养老保险。

2010 年 4 月，山西忻州神达台基麻地沟煤业公司正式动工建设年产 90 万吨新型煤矿。前麻地沟作为矿区所在村，王志刚从中看到了煤炭资源整合带来的发展机遇，经多次协商，跟山西忻州神达台基麻地沟煤业公司达成协议，签订了《合作补偿协议》，根据补偿协议，所有村民可享受每人每年 2 000 元生活补助金，2 袋白面，2 袋大米，每户 2 桶食用油，每户供炭 10 余吨。村民的生活福利再次有了新的提高。年底在本村煤矿因整顿不能开采的情况下，他又积极从邻县调回了 100 多吨煤，解决了村民们的"取暖"问题。闲暇之余，还积极组织村里退休人员编写了"前麻地沟村志"和"丁氏族谱"，现已出版发行。

付出总有回报，他所做的一切不仅受到了群众的认可，更得到了上级领导的肯定，2008 年以来，前麻地沟村先后获得了"省级新农村建设试点村"、"文明和谐建设先进村"等多项荣誉称号。

三、调产业，增收入，做群众致富的"带头人"

在改善村基础设施之后，王志刚的工作重心放在了如何让村里加快发展，增加群众收入，让老百姓更加富裕。

"前麻地沟村是典型的'煤炭村'，煤炭总有挖完的一天，到时怎么办？"王志刚早想到了这个问题，煤炭资源整合后，他积极组织村党支部成员统筹规划，转变思路，改变传统依赖性、单一性的发展模式，确定了"以工促农，工农并进"的发展思路。

方向明确了，他说干就干。他抓住整合的机遇，积极与矿方协调，一方面在位于村西的冯家坡实施造地工程；一方面投入 230 余万元资金在村里实施加固石赫浪大坝工程。在原大坝的基础上进行加宽、加高、加固；在泄洪区修筑涵洞 3 处，使排水沟渠疏通，并打通通乡公路与西沟住户的连接路，不仅使新造的 108 亩良田免受洪水威胁，大大改善了村里通行。

凭着丰富的煤炭资源和便利的交通，他又带领村民投入资金 35 万元，成立了腾达前麻地沟村运输协会，通过运输协会的合理化运营，提高村民收入。目前，村里共有大、小运输车辆 110 辆，几乎户均一辆，每 4 人均一辆。村里同煤业公司合资成立运输协会，进行统一的经营和管理。截至年底，村里共计可净收入达 700 余万元，户均收入达到 4.2 万元，人均收入超出了全县人均水平。

此外，他积极鼓励村民"亦工亦农"，积极发展农业，为了提高村民种植"脱毒种薯"的积极性，他对本村脱毒种薯种植户良种进行全额补贴。

按照"一村一品"的发展思路，2009 年底，他积极与村"两委"班子沟通，组织全村外出的"知名"人士在村里召开了茶话会，共商本村的发展大计。在大家的帮助下，与内蒙古农科院达成了"胡萝卜七红"种植协议，2010 年，试种 6 亩，平均亩产达到3 500～4 000 斤，每亩获得 3 000 余元收益。

一路走来，一路汗水；一路坎坷，一路光环。由于王志刚的出色表现，他先后被县委、政府授予"大学生村官创业典型"、"优秀共产党员"的荣誉称号；被市委组织部授予"优秀大学生村干部"，被市科协授予"优秀科普知识志愿者"荣誉称号；今年县乡换届期间，全票当选为政协河曲县第八届委员会常委；政协忻州市第三届委员会委员。

勤劳必有秋实可掇。从这位"80 后"大学生"村官"身上，看到的是前麻地沟村的未来和希望。

农村是片广阔的天地，是座历练人生的大熔炉。当王志刚回首履任"村官"的 4 年来，依然自信地说，农村的事还很多，它像一条无限延长的省略号。

创业富民　激扬青春[①]

江苏省连云港市赣榆县柘汪镇人民政府西林子村

《中国农民合作社》编辑部组织的"新村官　新合作"征文稿

一个创业项目，被作为"赣榆县优秀创业成果展示项目"、"连云港市大学生村官特色创业项目"、江苏团省委"一村官一团建"项目，先后被上级部门选拔和推荐参加了"连云港市第三届创业项目推介会"、"第三届江苏省农民合作社产品展销会"、"海峡两岸项目交流会"，获得 2010 年"连云港市创业项目设计大赛"、江苏省团委第二届"江苏省农村青年创业大赛"等诸多奖项；一个创业实施地点，被作为"赣榆县大学生村官创业示范点"，在创业示范点的基础上，通过开展系列特色活动加强基层团建工作，形成"村官创业＋基层团建"联动模式，携手高校建立了"淮海工学院大学生社会实践基地"，搭建校企合作平台；一名大学生村官，通过艰苦奋斗、自主创业，带领当地农民就业和致富，促使更多大学生村官加入合作社共同创业增收，充分发挥着示范带头作用，被省市媒体多次报道宣传，成为当地小有名气的"名人"。

这一切，还要从创业之初说起。

2008 年 6 月，我毕业于苏州大学行政管理专业，同年 7 月通过江苏省委组织部选拔考试，作为一名省选大学生村官来到连云港市赣榆县柘汪镇西林子村，现担任西林子村党总支副书记、村委会副主任、团支部书记、"赣榆县大学生村官创业示范点"负责人。

一、创业之初：天将降大任于斯人也，必先苦其心志，劳其筋骨

大学生村官就如同"挑夫"一般，一头担着党和政府的重托，一头挑着群众的期望，哪一头的责任和分量都不轻，哪一头都需要辛勤的努力和执着的耕耘。大学生村官除了做好基础设施建设、村务管理等本职工作，如何更好地发挥在创业富民中的带头作用、带动更多的群众致富增收，也是我参加村官工作后一直在思考的问题。由于我所任职的村，紧靠大海，以海兴村是我们村的产业导向，在对当地企业进行了深入考察后，我大胆提出了"以创新促进创业，以创业带动致富"的创业思路。这期间，当我了解到市场上有一份"海虾调味粉"的加工配方，产品一直用来作为辅料，我就在想，能不能在此基础之上将它创新成一种独立用途的产品呢？毕竟原材料来源于大海。在做了充分的市场现状调研和风险分析之后，我找到质监部门和高校科研团队帮忙，在配方升级的基础上生产出了能够

---

① 本文为农业部管理干部学院《中国农民合作社》编辑部组织的"新村官　新合作"征文稿。

作为独立调味料的"虾精",这成了我最终筛选确定的创业项目。

可是启动资金从哪里来呢?项目预算总投资 112 万元,我从家里及亲朋处筹集 21 万元,通过县委组织部、团县委等部门协调,先后两次争取到贴息贷款 15 万元,村里也先后予以协调贷款 20 多万元。对于剩余的资金缺口,我想到了招商引资,并在村干部的陪同下先后 6 次带着礼物登门拜访一位有意向购买村里一家老旧紫菜加工厂的山东客商。虾精市场前景可观,可是这么大一笔资金投给一个从未创业过的年轻小伙子,客商犹豫不决,争取了 3 个月依然毫无所获。第 7 次登门时,我带着一本熬了好几夜完成的 100 多页的项目管理手册,并主动要求负责项目的用工管理、相关手续证件的办理、对外宣传、争取和协调资金等主要工作,客商被我的诚意感动,双方签订了合作协议,由我领办虾精调味料创业项目,客商予以资金支持并以出资额入股该项目。接下来跑工商,跑质监,忙注册,忙办证……着实让我深深感受到了"麻雀虽小,五脏俱全"蕴含的深刻道理,其中的辛酸让我体会到了首次创业的不易。有时候忙得一天都吃不上一顿饭,甚至有时想过放弃,但每次想到可以通过自身的示范作用,带动周边干部和群众创业致富,我还是一次次坚持了下来。

二、创业富民:吃水不忘打井人

我的创业项目坐落在江苏省连云港市赣榆县柘汪镇西林子村,项目占地 12 亩,紧靠海边,于 2009 年 1 月份开始筹备,8 月开始投产试销。项目风险小,不受自然灾害等影响,生产销售周期不受限制,原材料来源于连云港海边,方便快捷。虾精调味料是在鸡精调味料基础上开发出的新型调味料,以沿海海虾为主要生产原料。产品集海鲜、营养于一体,较市面上其他调味料具有鲜、香、营养、健康、兼具海鲜口味这五大特点。产品用于炒菜、煮汤、火锅、点心、腌渍酱菜、烧烤和快速食品制作的调味料。基于海虾独特的营养和保健价值,虾精调味料有望取代味精和鸡精成为第三代营养调味品,在市场上属于创新型的一个新品种,填补了市场空白,只要有餐饮的地方就有产品的销售空间,具有广阔的市场前景。目前我的创业项目已申报了国家发明专利。

创业近两年来,实现毛销售收入近 100 万元,共吸收就业人员 29 人,帮带脱贫户数 10 户,免费组织技术培训 11 场次,累计培训人数达 82 人,有效带动当地一大批群众增收和致富,实现年人均创收近 1 万元,还带动海虾米供应、纸箱制作与包装、物流、餐饮小吃等产业不断形成产业聚集,具有良好的经济和社会效益。

在我和其他村干部的共同努力下,村"两委"干部形成了"争表率、比带头"的富民增收氛围。

我以大学生村官的日常工作和创业示范点等有利条件为依托,整合村官创业社会资源,积极配合地方部门工作,通过创办青年人社会实践基地等聚集区域、搭建党建团建平台、推动校企合作等方式和途径,带动当地留守青年儿童开展系列党建团建活动,丰富党建团建内容,加强当地基层建设。截至目前,我的创业基地业已建立了"淮海工学院大学生社会实践基地"一处,与高校科研团队合作申报省市级科技项目 2 项,组织开展了"大学生社会实践"、"一二九纪念运动"、"爱心基金"、"大手拉小手友情支教活动"等系列特色活动，为青少年社会实践和培训免费提供平台，被团省委作为"一村官一团建"项目，先后带领当地部分群众和数名大学生村官通过加入农民专业合作社等形式，互帮互助，共谋发展。

三、创业感悟：不经历风雨，怎么见彩虹

农村的工作是艰苦的，但艰苦之后收获的是喜悦；农村的工作是平淡的，但平淡之中收获的是精彩。在基层，只要肯干事、能干事、干好事，就能得到组织的肯定和群众的拥护，凡事只要"用心"，就能有所为，有所大为！

通过我自身坚持不懈地打拼，在各级党委政府部门的大力指导下，在社会的广泛关注下，我的村官工作和创业项目先后被《新华日报》、《连云港党建》、《连云港日报》、《现代快报》、《连云港广播电视新周刊》、《苏大简报》、《乡镇论坛》、人民网、江苏省机关党建网、江苏省大学生村官网、江苏农业网、江苏省共青团网等宣传报道，我也有幸做客连云港电视台，接受了《李华·分享》节目的电视访谈。项目实施地点也被赣榆县委组织部评定为"赣榆县大学生村官创业示范点"，我本人也先后获省市创业比赛大奖。作为大学生村官代表，我于2011年4月受到母校邀请，参加了2011年新一轮高校村官选聘工作的新闻发布会宣讲，并被聘为"苏州大学校外兼职辅导员"。

创业离不开各级组织和领导的重视与支持，是上级组织给予我们年轻人敢闯敢干的舞台。这期间上级部门对我们大学生村官创业提供的创业培训、贷款支持、技术指导、宣传报道等显得尤为重要。我们大学生村官，肩负着组织的重托，肩负着群众的期望，肩负着历史赋予的特殊使命，而带头创业富民，这是我们大学生村官的使命之一。

我的创业宣言是：激扬青春，奉献社会，懂得感恩！

徽州　我的第三个家

安徽省黄山市歙县深渡镇绵潭村大学生村官　杨俊森

上大学的时候就知道"安徽"一词的由来：安庆府和徽州府首字合成，关于歙县最初的印象也就是琼瑶的《梅花三弄》中牌坊群和闻名遐迩的黄山风景区，至于对徽州的文化和风俗却知之甚少，以甚至于第一次去黄山，朋友带我到戴震公园游玩，连戴震是谁都不甚了解。不知不觉来到美丽的江南水乡——歙县已经近5年了，在这5年里，我由学生到农民，由大城市到农村，由田间地头走进中南海……我有3个家：母亲所在的地方、母校、我们村。母亲有生我育我的恩情，母校给予我知识和人生坐标，在我们村我获得了我的事业起点和难忘的父老乡亲。

一、坎坷下村路

毕业后，本着先就业再择业的思想，我经学校推荐来到了省农委《安徽农学通报》编辑部上班，在这里我接触到一些来自省内外农业一线的理论专家和农技专家，使我了解到了国家发展农业的大体方针和政策。但身处偌大个城市，我并没有归属感，我怀恋下乡挂职时和村民相处的成就感，这更加触发了我到农村一线创业的念头。2007年9月，当得知自己被黄山市"一村一名大学生"计划录用后，我毅然辞去编辑部工作来到了黄山市歙县深渡镇绵潭村担任大学生村官。

还记得，2007年9月份接到通知去报到上班，我把自己的衣服、被子分别装在两个大旅行袋内，只身一人来到歙县县城，在汽车站附近，找了一家每晚只要20元的旅馆住下。9月19日，参加黄山市委组织、人事局召开的大学生村官到村任职动员大会，会后每个县把各自的大学生村官领回去，然而我们歙县人事局带队的领导说要等县里研究决定后才能知道每个人在哪个村上班，现在各自回家再等通知，于是我只好回到旅馆等待县里开会分配。

由于我是外地人，在黄山市没有亲戚可以投靠，长期住在旅馆开销还是很大，我很想早一点到村里去报道上班。第二天，我到县人事局办公室咨询自己什么时候能去上班，得到的回答是等待县领导研究，可能要过了十一才能上班。抱着能早一点到村里上班的念头，我执着地坐在人事局办公室等人事局长，从早上等到下午，终于在快下班的时候等到局长了，原来是位女同志。简要汇报完情况后，她说现在领导已经下班了，让我明天早上再过来吧。

第二天一大早，我就在人事局长门前等着局长。局长告诉我，像我这种情况，外地的、本地又没有亲戚可以投靠的很少，每个大学生具体分配到哪村人事局基本已经确定了，但要等县委书记批示后才能最后确定，最近县委书记出差，不知道书记在不在办公室。她当着我的面拨打了县委书记办公室电话，恰巧书记接了电话，在汇报完我的情况后，县委书记同意我提前下村。接着，局长又询问我所学的专业是什么，我说我是学园艺的，她高兴地告诉我歙县有个绵潭村，是有名的"三潭枇杷"主产区，我既然是学园艺的下到村里可以得到重用。于是她打了个电话给镇长，然后要我立即到镇上报道。我一看表，已经10点多了，于是赶紧到旅馆拿上自己的行李坐车往镇上赶。

从县城到镇上，感觉车子逐渐走进了大山。到了镇办公室说明情况后，办公室工作人员告之我镇长上午不在，于是我就溜到镇政府外面，在橱窗下看报纸。不一会，过来一个70岁左右、身高约1.7米的老头，大声喊"哪个是到我们村的大学生啊"，我走过去说我就是，并问他是村长还是书记，他说他是会计。不一会，他叫了一辆桑塔纳轿车，拿上我的两个大旅行包上路了，一路上发觉是沿着新安江在走，河两边的山上都是枇杷树。不一会，在路上遇到正骑着摩托车的村主任，村主任把我们带到路边一户人家门前停下来，我便知道到村里了。村主任热情地帮我拿旅行包，介绍说这是他家，午饭我们几人一起吃的，喝了一瓶啤酒，就这样，我来到了我们绵潭村。

二、入乡就得随俗

至今我还深深地记得，到村里的头一天晚上，村主任带我到村里一户办婚宴的人家吃喜酒，我说别人办喜事没贺礼不太好意思去，他说："没事，在村里凡是办红白喜事都要请村里的主要干部过去吃上两天，这也算是捧场。"酒桌上，村主任问我会不会喝白酒，我说不会，他便说你们这些毛孩子到村里能干什么事情，就是跑跑腿、喝喝酒罢了。

我在村主任家吃住了近一个星期，然后村里安排我住在村委会妇检室，弄了张桌子放在在会计室就是我的办公室，自己买了电饭煲、电磁炉放在民兵营办公室烧饭。在给我收拾房间的时候，村主任问我会不会用电脑，我说会用，村主任带我到一个落满灰尘的纸箱前，说这是05年国家配备的文化共享工程的电脑，摆在村里没人会用就一直闲着，现在归我使了。我把纸箱打开，把电脑装上，过几天拉了根电话线拨号上网。这样虽然身处乡村，我也建立了一条和外界联系的通道。

在村里住下了，才发现村里的居民都居住得很集中，有点像城中村似的，一户挨着一户，吃饭的时候大家都端着饭碗聚在一起边吃边拉家常，但皖南方言很难听懂，我不知道他们在说些什么。我住的村部二楼妇检室里，每天都能看到村庄的炊烟、听到四周邻居的鸡鸣狗吠，突然意识到自己身处一个小山村，感到很孤独和凄惨。到村一段时间后，我才得知村主任、书记家的儿子都和我同龄、大家都属猪，但他们大学毕业后都在外面大城市上班，这也无形中拉近了我与他们之间的距离。有时候村主任骑着摩托车带我到外面办事，路上遇到不认识我的，和村主任打招呼时还会问他"坐在后面的是你的儿子呀"。

由于刚到村里，对村里的事物也不太熟悉，除了一开始到村两委主要干部家吃了几顿饭、整理下村委会，呆在村部我几乎没什么事情可干。于是我就在村里闲逛，闲逛时发现村里竟然还有卫生院和信用社，后来才知道2004年以前我们村隶属老漳潭乡，2004年撤乡并镇，漳潭乡并入深渡镇，但原漳潭乡卫生院、信用社都在我们村，并且保留下来了。我就主动到这些单位走动，首先和他们熟悉，和"单位人"沟通，也就无形中减少了身处山村的孤独。慢慢的我也学着农户的样子，吃饭的时候自己手里端着碗走到路口或者河边码头，听他们聊天，偶尔也和村里的小媳妇说上两句，渐渐地也就混熟了。

三、快节奏的村官工作

通过几个月的相处，我逐渐能听懂一部分村里话了，于是我更加深入到村民中去，和他们打成一片，赢得他们的信任和支持，在处理村里日常事务中锻炼自己的办事能力，练习自己的为人处世之道。

我利用自己的专业优势、掌握的政策信息和当地的产业特色，翻山越岭，深入果园，与老农交谈，搞枇杷产业调查研究，并开办"歙县绵潭枇杷专业合作社"，积极吸纳果农入社，统购统销，向上积极争取项目、资金扶持，完善枇杷园内基础设施，修建了近 2 万米进园道路、1 000 口蓄水池；科学管理果园，实行"3414"测土配方施肥、灯光诱虫等先进管理措施；开办枇杷膏加工厂，注册"黄山天鸽牌"、"晖旺"商标，取得 QS 认证，把枇杷膏、枇杷蜜成功打入市场。终于，我给当地果农带来了的实实在在的效益，村里的枇杷产业进入了良性循环，我也受到了当地村民和政府的欢迎。

四、在工作中产生情感

我经常到农户家走访，和村民打成一片，还记得有一次到我们村的一个自然村竹棵给重度残疾人办证拍照，我爬山整整用了一个半小时，到了山上看到的是杂乱无章低矮的土房，我当时心里就想：如果是我，打死我也不再山上住！为什么他们不搬走呢，在山上生活多不方便啊。但转念一想，他们不在山上住在哪住呢？其他地方没有他们的立足之地啊。经过询问，我来到了一排低矮的土房子前面，推开虚掩着的门，看到一位头发蓬松、靠在门边床上的女人，我想着就是我要找的人了。经过和她的聊天，我知道她叫汪桂娥，她 5 岁的时候患了小儿麻痹症，从小长这么大从来就没有下过这座山，父亲母亲都去世了，有一个哥哥前几年也去世了，嫂子改嫁到本村另外一个自然村，在山的那边，但好心的嫂子还是经常回来看她，给她料理家务。当我说明来由给她办理残疾证及政府补助的时候，她对着照相机镜头显得那样的紧张和激动，我想这也许是她生平第一次照相的缘故吧。当我下山的时候，我才体会到，不是他们不想搬走，但是山下没有他们的立足之地啊。山区的农村是这样的贫瘠，真的需要我们这一代乃至好几代人的奋斗来改变她们的面貌！

还有一次我一个人在村部里面上班，看到一位衣衫破旧、满身污浊的中年男子拄着拐杖来到办公室，怯生生地问我身上有没有钱，我问他怎么了，他说是看病身上没钱了。经过了解才知道他是我们自然村山上的一位五保户，53 岁了，一直没结婚，和一位 80 多岁的母亲住在一起，他叫吴春水，患有先天性坐骨神经痛，行走不便，我曾经在山上为他现场办理过残疾证，大夏天他和母亲睡在一张门板上，没有凉席，锅灶就在门的旁边，一间土房子还漏水。我问他要借多少，他说要 100 块，当时我摸摸身上的钱不够就跑到银行借了 100 块给他。直到我离开绵潭村他都没有还我的钱，我想他不是不想还，而是无力偿还。

我为农民兄弟所做的工作虽然不多，但组织上一直很关注关心我，给予了我很多很高的荣誉。2008年10月，我被评为"中国首届十佳大学生村官"，得到了胡锦涛总书记的批示和称赞，在中南海受到了国家副主席习近平、中组部部长李源潮等中央领导的亲切接见。这一切都得益于党的好政策，为我们大学生村官在农村提供了一个展示自己的大舞台。我清楚地知道这是我们大学生村官肩负起党、国家、人民和时代赋予我们的伟大使命的结果，是组织给予我们的特殊礼遇，饱含着广大关心支持"三农"事业发展的人们对我们大学生村官的厚望。得到组织高度肯定的我们内心此时的激动，是难以用语言来表达的。我们唯一能做的就是更加努力地工作，为农村的发展作出自己应尽的贡献。

五、经历过，才懂得珍惜

2009年9月底，我与黄山市其他近300名大学生村官一样合同到期了，市里相应地出台了政策，准备拿出到期后村官人数30%的名额招考乡镇事业单位，我当时真的舍不得离开工作了2年多的村子，恰在此时，9月10日我们村主任感觉身体不舒服到医院检查，发现患上了突发性食道癌晚期，村党支部书记是镇民政办主任，平时工作就很忙，村里一大堆事务等着有人要处理，例如：2010年新型农村合作医疗费用的收缴、重度残疾人低保申请核实、农电整改、新农村建设达标验收、农民技术培训、计划生育检查、民生工程项目验收等，9月16日，村主任做完手术后，我和村党支部书记到医院看他，村主任身上插着管子，手指上夹着脉搏仪，嘴上带着氧气罩，他看着我，用微弱而颤抖的声音说：小杨，你是不是到期了，要走了？我说：主任，我不会走的，我会继续待在村里，把村子里的事情做好。然后我把近期村里的各项事情向村主任作了汇报，由于村党支部书记要外出培训，回到村里后我成了名副其实的"一把手"，主持召开了村两委会，把近期的工作作了布置。由于村里的工作我都协助干过，现在一个人干起来也是得心应手。但是，由于村里的事情太多，书也没有看好，10月17号的乡镇事业单位考试没有考好，笔试通过了，面试没过关，与此同时，我经常照顾的孤寡老党员李风化奶奶也病逝了，他远在泰国的儿子终于回来了，给她送终，当时的我心情十分沉重，也没有多想，就一心一意地扑在工作上，把村里的各种事情办好，我想这也对得起绵潭村2 000多父老乡亲吧，我要用实际行动证明，我能在农村干下去，能留得住，能体现自我价值。此时我的合同已经到期，在村里上班是没有任何工资的，都是"义务奉献"。我十分感激的是，我的做法，得到了村民们和当地干部的认可，大家都说：小杨，你不要走了，给你在村里介绍个对象，就留在我们绵潭村吧！2009年11月当考上事业单位的村官同事都已经上班了，没有考上的已经离去另谋职业，而我仍然待在村里工作，家里几次三番打电话过来催促，说没考上就到深圳姐夫公司上班，但我知道现在村里离不开我，我不能走。2010年春节，当我安排好村里的工作，把村主任从医院接回家里，再回到家里已经腊月29日了，家里祖坟都没来得及祭拜就过年了，今年过完春节回，我刚来到村里上班，县委组织部喊我过去谈话，告知我经组织研究准备把我安排在绍濂乡行政服务中心上班，我当时心情十分激动，当组织让我做发言表态的时候，我说：感谢组织对我们全县大学生村官的关怀，我会继续努力，争取在新的岗位上干出新的成绩！回到村里后，村里的老百姓得知情况后都为我感到高兴，都要请我到家里做客，我要走的那天晚上，一夜未眠，上半夜我和村"两委"干部和部分村民一起喝酒聊天，最后我都忘了是谁把我扶上了床，下半夜他们都走了，我一个人醒来睡不着，一个人站在村里新安江边的埠头上，看着一江春水流去，回想着我4年来的种种村官历程，不禁感慨万千，我还记得当我外出回到村部，打开厨房门看到村民们给我送的白菜、鸡蛋等蔬菜；记得我给村民销售掉枇杷时那脸上幸福的笑容；记得我给孤寡老党员喂药时奶奶那慈祥的眼神；记得那熟悉的一张张相处了2年多熟悉的面孔；记得山村那宁静的夜晚，我办公室那盏昏暗的白炽灯……当我即将离开村子来到绍濂上班的时候，我到李奶奶坟前向她告别，记得奶奶病危的时候说：小杨，你要走的时候一定要告诉俺，让俺知道你到哪里去了。纸钱随着风来回飞舞，我的心情也随着它随风飞扬："奶奶，我走了，我会经常回村来看您的！"

六、新的转折和磨练

转眼间，村官任期结束了，经组织安排，现在我被歙县绍濂乡行政服务中心破格录用在乡行政服务中心，继续扎根皖南山村，服务"三农"。这也是我的心愿和期盼。到了乡里工作，身份转变了，成了乡里的干部，和以前在村里时的立足点和视野不一样，乡里做事是分工不分家，我现在同时在乡农业站和综治中心等工作，综治工作要求做好社会治安综合治理工作，需经常下乡，调解民事纠纷，维护农民权益和社会稳定，农业站是服务乡里发展农业生产。在新的岗位，我边干边学，很快就承担起了共青团、综治、信访、外宣、辅警、农技等各项工作，并得到了领导和同事们的认可。

虽然我现在的工作不在我们村所在的乡镇，但我还经常回"我们村"转转，看到我心爱的枇杷园又果实累累、亲爱的父老乡亲和我热情地打招呼、熟悉的新安江码头……我觉得很亲切、很温暖……

七、发扬创业精神，继续服务群众

2010年5月我和乡党委书记回母校参加"首届安徽省大学生创业论坛"，再次回到母校发现变化极大，不禁感到自豪和骄傲。当在学校食用菌研究所参观的时候，看到长势良好的各种食用菌，并受到校友王中华、苗娟栽培食用菌引领群众致富的启发，打算回乡搞食用菌种植，当时就得到了随行的乡党委书记的支持。经过学校专家到我乡实地考察参观，初步确定我们乡适合搞食用菌栽培，最后经乡里研究准备搞珍稀食用菌高效栽培示范，种植猴头菇，用我们乡石耳村的安徽省第四批选派干部挂职经费作为该项目的启动资金，很快项目报送到县农委和组织部，得到了批准。2010年10月底我再次回到母校实施该项目，并在食用菌研究所跟着何华奇老师学习了一整套食用菌的栽培和管理技术，并怀着无比自豪的心情参加了学校60周年校庆，有幸与历届校友共聚一堂，交流学习。11月16日我将已经接种并发菌的2 000多棒猴头菇运回乡里，随即与黄山市最大的餐饮企业——披云食府建立了长期供货协议，价格在每千克40元以上，他们专门推出了特色菜肴——绍濂猴头菇，并且有多家客户主动与我们联系索要货源，产品供不应求。乡里也组织农户到菌棚参观，结合实际，我为他们讲解了食用菌栽培基本知识，看到名贵的猴头菇长势喜人和诱人的市场前景，有许多农户当场表示要引进种植。该项目还受到县农委、石耳村村民的充分肯定。2011 年底在 2010 年试种的基础上积极与县农委对接，在绍濂村（原五丰村与石耳村合并）6 组韩德荣户进行推广，共计向农户推广种植了 3 000 棒猴头菇、1 000 棒杏鲍菇。为节省成本，在县农科所拌料，引进母校的菌种接种，再运回农户进行培育，对农户进行指导。看到韩德荣户种植成功后，村民种植积极性都很高，自发成立"歙县德荣食用菌种植专业合作社"，韩德荣为社长。下一步，合作社打算在绍濂村建立 2 个标准化大棚示范种植食用菌，带动周边农户发展食用菌产业，将食用菌产业发展成为绍濂乡的一个特色产业。

在最后，引用明代吕坤的一句话和校友们共同勉励：大事难事看担当，逆境顺境看襟度；临喜临怒看涵养，群行群止看识见。（创业感言）

村民贴心人榜

青春无悔村官路

西藏日喀则仁布县帕当乡切村支部副书记　王东海

"做村官，不能急，也不能理想化。必须从小事做起，一件小事、一个帮忙，村民都会看在眼里，记在心上。感情就是这样慢慢建立起来的。"

——摘自王东海的《大学生村官工作日志》

帕当乡切村的干部群众现在一提起汉族大学生村官王东海，就竖起大拇指不停地念着"呀咕嘟"。

一、坚定信念，义无反顾，走上高原村官路

2009 年 7 月，王东海毕业于中南民族大学，毅然放弃内地优越条件，以优异的成绩被录取为西藏的一名大学生村官，担任仁布县帕当乡切村党支部书记助理一职。刚到帕当乡切村时，地势高寒，自然环境恶劣，经济落后，语言又有障碍，导致工作打不开局面，王东海对未来的发展方向感到迷茫，甚至有了辞职回家的念想。在强烈的思想斗争中，王东海想起了群众隆重的欢迎仪式和满怀期待的目光，想起当初选择村官路时下过的决心，作出一个艰难的决定，"留下来，为老百姓干点儿事！"

二、坚定立场，努力工作，不忘村官职责

1. 学好藏语，克服语言障碍

到村后，每天清晨，他一遍又一遍学习背诵藏语词汇，他的藏语学习笔记本上密密麻麻地记满了用音译标注的藏语词汇。平时在村里主动与群众进行由浅入深的藏语交流，遇到绕口不懂的藏语就及时向乡里的藏族干部虚心请教。同时，他充分利用农村党员干部现代远程教育平台收看藏语节目，以提高自身口语表达能力。通过两年多的不懈努力，王东海基本上攻克了语言难关，目前已可以使用较为流利的常用藏语与当地的藏族干部群众进行交流。

2. 立足实际，加强学习，不忘村官职责

针对西藏地处高寒、自然条件差、经济相对落后、反分裂斗争严峻等实际情况，王东海始终把讲政治、勤学习作为一项重要任务去完成。他时刻不忘村官是"政策法规的宣传员，村情民意的调查员，富民强村的促进员，科学技术的推广员，群众事务的代办员，贫困村民的救助员，村委干部的监督员"七大使命，工作之余，他通过农村党员干部现代远程教育、报纸杂志、互联网等平台认真学习中央第五次西藏工作座谈会精神，充分认识新时代做好基层工作的重大意义，明确了大学生村官的神圣职责和重大使命。同时，利用创先争优和基层建设年活动契机，主动学习新时期西藏工作重大方针政策，特别是在反分

裂，维护稳定方面，他自掏腰包购买西藏历史书籍，详细了解掌握历史遗留因素，在自学的基础上，广泛宣传中央对西藏的优惠政策、援藏扶持、发展倾斜等方面知识，引导和带领群众在思想上和行动上与党中央及上级党委保持高度一致，自觉反对分裂、维护稳定、促进和谐。此外，为推动基层经济建设，王东海充分利用自身文化水平高、把握政策准等优势，购买了《西藏历史百科全书》、《每天学点经济学》等书籍，积极汲取书中知识，服务基层建设。

三、关心群众，立足基层，造福一方百姓

1. 心系群众，了解村情，掌握群众所需

工作3年来，他积极参加村两委工作会议60余次，先后参与了村务公开、沼气建设、安居工程建设、德米水塘维修、农网电建设、抢修防洪坝、养老保险、农保、村委会建设等一系列工作，提出了符合切村发展的可行性意见、建议20余条，参与大小保安行动30余次。为全面摸清基层情况，掌握群众所需所想。在攻克语言难关后，他用最短的时间走访了全村61户家庭，将每户群众基本信息、困难诉求、建议意见等详细记录在笔记本上，并建立了"贫困家庭档案资料库"，针对贫困户需求，协调有关单位拟定了农牧业生产加工厂、饲养牦牛脱贫、网围栏项目、维修扩建恰雄水渠和水塘等可行性项目。针对困难党员，积极向乡镇党委、县委争取"六心"工程帮扶项目。目前，部分项目资金申请已有了着落，来年将投入实施。

2. 积极进取，寻找出路，提高农民收入

为更好地服务群众，让群众尽快走上致富路，他整合帕当乡切村的剩余劳动力和致富能手，以切实增加农牧民群众收入为出发点和落脚点，2010年11月他带领全村有一定技术的农牧民群众共同出资成立了"帕当乡切村劳务输出合作社"，2011年5月顺利办理了各项资质证明材料，拿到了营业执照，注册资金80万元，目前合作社年接手工程资金50万元，人均增收740.7元。目前合作社在王东海的提议下，购买了一辆20吨的载货卡车，在他的努力争取下，货车已经在拉日铁路工地上开始运营，预计年收入达10万元。

3. 不畏艰苦，率先垂范，改善群众基础设施建设

为进一步加强帕当乡基层各项建设，在2010年的"千名干部下基层"活动区纪委"两帮助"工作组进驻帕当乡期间，王东海积极协助乡党委、政府和村委会起草了相关项目报告，向对口扶贫单位自治区纪检委争取到了维修切村德米水塘资金10万元。2011年7月向县农牧局、水利局争取到维修本村恰雄水渠资金17万元。2012年3月向自治区警卫局争取到了本村网围栏项目资金7万元。

为把德米水塘维修项目抓好，王东海坚持每天早晨8点起床，步行3千克山路到水塘维修施工现场，和工人同劳动、同吃饭，但不同的是他没有报酬。在项目实施的15天里，他始终坚持和民工、群众一起奋战在施工第一线，即使稚嫩的双手磨出血泡、原本白嫩的皮肤被烈日烤的黝黑，他从不叫苦叫累，用实际行动感染着群众，诠释着大学生村官这一新时期代名词甘于奉献、不计得失的优秀品质。夏天，帕当乡切村防洪坝出现险情，群众生命财产受到严重威胁。在这关键时刻，王东海急忙与村委领导班子组织群众进行抢修，

在缺乏资金的情况下，他主动向县有关部门争取到救灾物资铁丝网、防汛袋等，并与群众一起冒雨抢修防洪堤坝，及时排除了防洪坝及公路塌方路段的各种隐患，切实保障了群众生产生活安全。此外，每当切村群众出行困难和购买饲料时，他就驾驶着党中央、国务院发放的金杯130卡车为群众拉货、拉牧草、送人，只要是群众的需要，都尽力满足。

4. 丰富群众文化生活，加强精神文明建设

为了不断丰富农牧民群众的文化生活，使全村的公共文化服务体系建设呈现出良好的发展态势，他积极配合乡里领导开展各项文艺活动。在每年的本村庆祝"三八妇女节"歌舞活动中，以个人的名义向村里送去了300元现金以示慰问，同时向广大妇女群众宣讲《妇女权益保护法》；在每年"旺果节"期间，以个人名义乡向村里送去500元现金和慰问物品。

5. 付出终有回报，建立鱼水真情

尽管王东海将一切付出都看成是自己的本职工作，但老百姓的反应和组织的认可给予他充分肯定。"东海，你是外地人，能来我们这做村官不容易，没有糌粑吃了、没有青稞酒喝了告诉我们，我们给你送到家里去。"，"东海，冬天来了，房间冷的话把火给燃上，没牛粪了说一声"，"东海，今天我们家儿子结婚，一定要过来坐坐，热闹热闹。"……每当听到这些话语的时候，王东海总是谦虚地说："这里的群众太朴实，我做的一切都是本职工作，群众却给我这么多的关心关怀，让我感到自己不把群众事情办好，真对不起他们。"

四、格桑花开映山红，藏族汉族一家亲

"村里办什么大事，别忘了在湖南还有我们一群乡亲，正像民谣里所唱的'格桑花开映山红，藏族汉族一家亲'"。2011年12月29日，西藏日喀则地区仁布县帕当乡切村与湖南省益阳市清溪村正式结成友谊村庄，开拓村庄发展新局面。

友谊结对发起人王东海坦言，结成友谊村庄的设想源于中组部、农业部于2011年11月联合举办的大学生村官示范培训班。在培训班交流学习期间，湖南的村官带来了地方土特产——安化黑茶砖，并现场展示"凤凰三点头"的传统茶艺，介绍说茶砖主要经茶马古道销往西藏、新疆等民族地区。王东海对此很感兴趣，经过沟通，发现两个村在经济文化上互补性非常强。在双方党支部的支持下，切村与清溪村的大学生村官共同制定了友谊村庄结对方案，通过互利共赢促进产业建设。在藏历新年到来之前，清溪村向切村每位乡亲邮寄了"山乡巨变"祝福明信片，向切村村两委赠送了印有格桑花和映山红花纹饰的黑茶砖，寓示着友谊长存，民族团结，进一步融洽了双方的情谊。同样，切村乡亲回赠了手绘唐卡、藏香、手工编织图等民俗工艺品，自此，清溪村与西藏日喀则地区仁布县帕当乡切村正式结成友谊村庄，共同开展产业建设创业富民。

五、严于律己，不骄不躁，争做党员模范

短短3年时间，王东海通过自己的努力，以优异的工作实绩和良好的群众口碑，被上

级党委、政府授予"先进工作者"、"优秀共产党员"、2011 年大学生村官年度十大新闻人物、中国扶贫开发协会培训班"优秀学员"、第十一届全国"村长"论坛主题征文优秀奖等荣誉称号。他的事迹先后也被中央电视台、西藏电视台、日喀则电视台、《日喀则报》、《中国扶贫半月刊》、中国西藏网、大学生村官报、大学生村官网等多家媒体报道。这一切都得益于党的好政策，为大学生村官在农村提供了一个展示自己的大舞台。2011 年 8 月，在村两委换届中，经党员和群众的联名推荐，在村党支部正式选举中他获得到场 15 名党员的全部选票，当选村党支部副书记。

每当别人问及王东海当村官感受时，他都笑着回答，只要把握住两条原则，小村官也有大作为：一是多深入群众，与农牧民同吃同住同劳动，时刻想着农牧民群众的疾苦和需求，保持同百姓的血肉联系。二是干事创业，不能总是待在办公室或被政府借调，要拿出实际行动来，干对百姓有益的事，创能带动农民致富的业。

点点滴滴、琐琐碎碎的百姓生活让他真切体验到村民的喜怒哀乐、深情厚谊、所想所盼；不经眼的蒜皮小事、一句不留意的话语，让他收获感动、汲取灵感、获得进步；"村官"这一称呼他不觉得是一种不同于村民的光环，相反，它成为必须为村民做出点事情的压力和动力。他坚信，无论在什么岗位，无论从事哪一种职业，只有勤勤恳恳、扎实工作才能取得优异的成绩，只有心系群众，创业富民才会获得尊重和认可。

践行村官责任　务实农村工作

湖北省孝昌县大学生村官、邹岗镇香铺村党支部副书记　喻　峰

喻峰，男，中共党员。2009年7月毕业于武汉工程职业技术学院电子商务专业。同年8月，刚大学毕业不久的喻峰，经过自己的辛勤努力已经在一家大型民营企业担任办公室主任。但他依然婉拒了公司的高薪挽留成为一名大学生"村官"。现担任邹岗镇香铺村党支部代理书记、团支部书记，兼任湖北大学生村官网络团委孝感团总支的副书记，全国大学生村官论坛常务委员。

任职以来，他把党的事业和人民群众利益看得高于一切，时时事事想着为群众办实事、办好事，协助村两委班子争资金、跑项目、修公路、安路灯、改电线、兴产业……在他的不懈努力下，一个村庄整洁、经济富裕、乡风文明的现代化新农村雏形已经显现。

一、深入调研，转换角色，积极谋划本村发展

香铺村位于孝昌县西南部，典型的丘陵地区。全村总人口1 492人，6个村民小组，土地面积1 728亩，以特色太子贡米种植为主产业。入村伊始，毫无农村工作经验的喻峰，为尽早熟悉村情，掌握现状。以两委班子为依托，坚持白天深入到田间地头帮村民干农活，晚上在农家小院里与村民拉家常，从柴米油盐到家长里短，从干群关系到邻里纠纷、从惠民政策到老百姓家庭收入，广泛接触村民，深入了解民情，倾听群众呼声。在不到2个月的时间里，他走访党员、群众代表及村民，对香铺村的基本情况和风土人情等有了全面的了解，并以此为依据制定了香铺村新农村发展规划。也让村民逐渐认识了这位新来的"村官"，主动扭转了村民对大学生村官敬而远之的态度，拉近了和村民之间的距离。

二、团结干群，创先争优，做好党建工作创特色

针对香铺村党建工作不扎实，党员队伍年龄大的特点，喻峰按照"建网络、立机制、齐共建"的工作思路，创新党建工作模式，推进香铺村党建工作。以学习实践科学发展观为指导，通过开展"五个基本、七个体系"活动为契机，创先争优，不断加强党员干部的思想道德、理想纪律和党风廉政教育，使广大党员积极投身服务居民群众的工作当中，用自己的先锋模范作用带动周边群众。

喻峰还利用农村党员干部现代远程教育平台，在全村干部、党员、群众中播放现代远程教育课件，定时下载有关课件。每月组织全体党员进行学习，取得了良好的效果，他的事迹作为典型在全省上下受到积极肯定。他还积极协助村两委班子开展创先争优活动，深入了解群众困难、征求群众意见、解答群众疑问，认真查找解决百姓企盼、群众急需的问

题以及影响群众生活和社会难点等问题。

三、立足实际，开拓创新，为科学发展新农村带来青春和活力

在工作过程中，喻峰不断提高自己的工作水平和为人处世的能力，想群众所想，热情周到地为群众做好服务，赢得了大家的信任。他总是认为，作为一名大学生村干部，自己的一言一行都代表着党和政府的形象，要时刻关心群众的冷暖。每天骑单车下村，走村串户宣传党和国家制定的农村合作医疗、计划生育、农村低保等惠农政策，听取村民的意见，融洽了村干部与群众的关系。加强和规范村级团组织建设，认真完善团的各项基础性工作，着重关注留守儿童的思想动态。组织母校的在校大学生和老师到村开展关爱留守儿童活动，受到家长和村民们的好评及各级领导的充分肯定。

他还积极做好村办公室文字档案整理，整理归档和参与起草村里各类材料、报告、经济合同等文件。自己动手修复村广播系统和远程教育系统，定期开展各种形式的讲座。争取建成"农家书屋"，对 5 000 余册图书进行系统分类、电脑登记，建立起完善的登记借阅制度，成为全县的先进示范点。此外，还运用自身的专业和村活动场所的场地和器材，义务为村民维修电脑、拍摄全家福，组织村民开展看电影、学上网、举办智力运动会等各种积极有益的文化娱乐活动。

四、紧抓特色，转变产业，为群众谋富裕

为了充分发挥本村的特色优势产品，经过半年多的考察走访，喻峰联合该村部分村民成立了全县第一家集太子米种植、加工、销售为一体的专业性合作社"孝昌县香铺太子米专业合作社"，并被大家选为理事长。合作社目前网络农户 46 户，拥有太子米基地近9 000亩。2011 年实现利润收入 42 万元，使合作农户人均增收 300 多元。为此，他还结合自己的专业特长，建立了我市首个村级网站宣传服务阵地——湖北香铺网。利用新型的网络媒介，宣传香铺村的村级工作、精神风貌、新农村建设等各方面的成就。也通过网站和村民 QQ 群等新的沟通方式密切了留守家人与在外务工人员的联系。

喻峰借助团省委"扬帆"计划提供的创业基金，与茶叶种植大户合作，聚集、流转荒山岗地，建立起茶叶标准化种植示范园。同时，大力发挥岗地坡度缓、土质好等优势，打出"资源牌、亲情牌、乡情牌"，吸引投资业主来村发展特色产业，新近开发茶叶、林果基地 3 个，发展渔业养殖 6 户，立体生态农庄 2 家。

付出总会有回报，2011 年，香铺村主导产业收入达到 325 万元，占全村总收入的72％以上，人均增收 220 元，人均纯收入已达 5 338 元。

五、争资金跑项目，美村庄优环境，努力建设新农村

要建项目，资金是保证。喻峰到村之后，在详细了解村情民意的基础上，先后十多次跟村两委干部到县交通局、财政局等相关单位争取项目建设资金；到上海、武汉等地联系

本村"五有人士"筹集资金,加强村内基础设施建设。

据统计,两年以来,在他和村级一班人的不懈努力下,先后资金 300 多万元用于新农村建设,修建通湾公路 5.7 千米、5 条 9.8 千米机耕路,彻底解决村里"断头路"的历史;改造沟渠 5.5 千米、新建泵站 1 座、扩挖塘堰 12 口;对涉及全村 5 个自然湾 4 台变压器 1 300 余群众生活用电进行改造升级;帮助村民改厨、改厕、建垃圾池、建沼气池等,对环境进行了集中整治;免费为村民栽种风景树 12 000 颗;组织过年回家的村民自费 50 000 元,自己动手在村里安装了 170 盏景观路灯,村级休闲运动广场、安全饮水工程等实事也相继完成了前期准备工作。

六、努力学习,全面发展,立足岗位创优秀

群众心里都有一杆秤。身为村干部,喻峰不仅在工作上取得了优异的成绩,还积极向两委班子成员虚心请教、学习,时刻与党组织保持一致,做好村"两委"班子的参谋,以自己的实际行动赢得了大家的认可。在干好村里中心工作的同时,喻峰还积极利用业余时间积极向组织和团委等部门申请组织开展各种村官交流学习活动 10 多次,密切了村官之间的互相交流学习。协助参与了镇统计站工农业数据的整理、镇文化馆的筹建、纪委的"学、查、防"试点活动和第六次人口普查等各项工作。目前已在省市各类报纸杂志上刊发稿件 90 余篇,个人也被人民日报、中国共产党新闻网、湖北新闻联播等电视和报纸杂志专题报道 20 余次。

两年的工作使喻峰迅速地成长并以一名"外地人"的身份得到了全村村民的大力支持和当地各级领导及群众的肯定。2010 年 3 月,在全村党员群众的举荐和支持下,到村才半年的喻峰被任命为香铺村党支部副书记。6 月,作为湖北地区唯一一名村官代表被农业部邀请参加了全国大学生村官培训班,还多次参加全国性村官活动。个人也先后多次被省、市、县评为"优秀党员"、"先进工作者"、"优秀远程教育管理员"、"优秀大学生村官"。尤其是 2011 年 7 月被孝感市评为建党九十周年最年轻的"优秀共产党员",也是全市唯一一名大学生村官。香铺村也在喻峰的积极努力下于 2010 年 8 月被中国村社发展促进会评为"中国特色村";12 月,被孝感市委、市政府评为"全市新农村建设先进村";2011 年初被评为"中国幸福村",成为我省首批入选村庄。

如今,香铺村已成为远近闻名的先进村,而作为大学生"村官"的喻峰没有忘记自己的职责,"在村 3 年,绝不是轻松休闲的 3 年,而是责任重大的 3 年,艰苦奋斗的 3 年。我一定要在平凡的工作岗位上,用心付出,辛勤工作,努力成为一名优秀的大学生村官。"他时常想,既然乡亲们选择了自己,那就不能辜负父老乡亲的期望。"选择农村终无悔,誓将香铺换新颜"。

扎根基层不言悔　情洒农村写青春

山西省柳林县金家庄乡嘉善村主任助理　郭子君

我叫郭子君，男，1984 年 9 月生，系山西省柳林县陈家湾乡人，大专学历，中共党员。2007 年 7 月毕业于山西师范大学临汾学院体育系，2007 年 8 月被选聘到柳林县金家庄乡嘉善村担任村主任助理。

大学刚毕业，我就积极响应党的号召，经考试选拔成为一名大学生村干部，从无忧无虑的大学生到管柴米油盐的"村官"，从活泼而又紧张的校园生活到艰苦而又繁琐的农村工作环境，我经历了巨大的思想认识转变和实践上的历练考验。几年来，我学会了从农民最关心、最需要、最期盼的具体事情做起，找准发挥作用的切入点，成为群众的信息员、宣传员、勤务员和调解员；坚持多听、多看、多学，亲近群众、尊重群众，逐渐摸索到农村当下的发展规律，成为新农村建设的亲历者和实践者。在组织的培养和领导的关心帮助下，在父老乡亲的大力支持下，我脚踩泥土炼意志，心系群众厚感情，思想、学习等方面都有了明显的提高，在工作中增强了本领，在实践中提高了能力，在磨炼中增长了才干，我感到最香的是农村土地的芬芳，最敬的是农民群众朴实的情怀，最美的是不断变化着的农村新面貌。几年来的工作得到了乡村干部和群众的认可、支持，连续工作考核、聘期考核都被评为优秀，2009 年"七一"被中共柳林县委授予"优秀党员"称号，2011 年 5 月被吕梁军分区授予"优秀专武干部"称号。

一、融进村里，虚心学习

我怀着满腔热忱和干一番大事业的信心第一次走进嘉善村时，感觉很不错，空气清新、绿树成荫，见到每个人都很热情、很客气，我像家人似的。按照工作要求，我立即着手工作的第一步——调查研究。跑遍了一座座山、一条条沟，进到了一家家、一户户，了解掌握的情况使我越来越迷惘，对如何开展农村工作毫无头绪，村里因琐事而邻里不和的占 18.8％；经济收入靠种植农作物，低产又低效；村民文化水平低，老弱病残人数多。我想尽快融入村里，凭我的这点学识和本领怎么就能解决得了村子的面貌呢？我必须重新学习。为了尽快进入角色，胜任工作，我埋头翻阅村务管理档案、学习乡党委文件、和村两委干部交流，反复与包村领导深入田间调研、走访村民群众，更加熟悉了嘉善村的基本情况。在与村干部和村民的交流中，凭着自己谦虚向上的态度，很快就和村干达成共识，和群众打成一片，慢慢地熟悉了村里的各项事务，在工作上初步理清了思路，明确了方向。

我积极参加"创先争优"活动，不断拓展学习领域，改进学习方法。不管在工作中，还是在日常生活中，努力做到"三学三对接"，不断提升自己的综合能力与水平。一是学政策，努力做到思想认识与农村实践对接，刚步出学校大门，对我来说，许多农村工作的政策知识相对贫乏陌生，有的村民向我反映土地、经济纠纷，我给人家说不清一二。于是我坚持每天抽出一定时间专门学习各级党政部门下发的文件，深入分析其思想内涵，力求弄得懂，吃得透，用得好。为了拓宽信息渠道，我充分利用网络媒体资源，尽可能多地搜集重要信息，尽可能准地掌握最新的方针、政策。二是学业务，努力做到责任与工作对接。在工作中我努力学习业务知识以及各项规章制度，增强工作主动性和责任感，以对党和人民负责的态度珍惜自己的工作岗位，不管是解决群众矛盾还是开展农村经济工作都尽全力做好"分内"之事。三是学用脑，努力做到发展与创新对接。"思路决定出路"、"不发展就等于退步"，为了使自己不断的发展与超越，我积极与领导、同事、乡亲们进行交流，自己有了一个全新的认识和准确的定位，通过借鉴他们的宝贵经验，结合自身不断完善工作方法，努力提升自身素质。

二、踏实干事，发挥作用

嘉善村子虽小，问题还不少，要办的事情也很多。我按照工作规划，作出年度计划，有条不紊地解决一个个的问题，办理一件件的实事。

一是解决重点问题，维护村子稳定发展。嘉善村不稳定的关键因素：一是财务混乱不公开；二是村企纠纷难协调。针对财务问题，指导规范村内党务和财务公开制度。为进一步理顺村务工作思路，积极协助党支部书记做好我村的党务公开，对确定的入党积极分子进行公开；对党员学习规章制度、新农村发展方案等进行公开；通过村务公开栏公开每个月的财务收支情况、计生活动开展情况等，让每个村民心里都有一本明白账。针对村企矛盾，积极协调化解，促进经济发展。2007 年担任村官不久，我在村情调查中了解到，该村晨辉公司因资金不足、村企矛盾纠纷停工的情况，该公司的铸件项目是当时省政府经济转型重点项目，总投资近 3 亿元；150 万吨洗煤项目是吕梁市 343 项目，总投资 2.6 亿元；还有炼焦与发电两个待报批项目。在其后的两年中，村民不断因土地流转纠纷发生进京、赴省越级上访。在充分了解群众意愿和企业困难以后，我协助村委，帮助晨辉公司多方筹资、贷款，解决了资金困难，让村民得到了合理的补偿。2010 年 6 月 1 日，该企业的铸件、洗煤项目建设正式启动。

二是抓住热点问题，改善农民生活条件。行路难、吃水难是村民经常提及的热点问题。担任村官之初，我在对村情民意进行深入调查的基础上，写出了嘉善村农村基础设施建设和经济发展方案，并提交村民议事会和村委会研究通过。2008 年夏，我们在村内筹资 5 万余元对康家坪自然村民俗文化活动场所进行了修缮；2009 年又筹资 120 余万元对村内主干线道路铺油，结束了村道几十年来晴天尘土雨雪泥泞的历史；2010 年春，投资 10 万元修建了通田间的小桥，解决了村民渡河种地的困难。筹资 20 余万元铺开了嘉善人畜饮水工程。2011 年完成了街巷硬化 2.3 千米，筹资 40 余万元修缮了因雨塌陷的康家坪大桥。连续几年的基础设施项目建设，使该村的生产生活条件得到了改善，支部村委的工作受到了群众的认可和拥护。尽管在工作中，我经常通宵达旦坚守在工程现场，放弃了节假日和休息时间，与群众一起吃一起干，却也在这艰苦中感受到了从未有过的快乐和满足。

三是关注民生问题，巩固村民增收基础。在与村民的长期接触中，我掌握了每家每户的生活情况，曾多次带领有致富意愿的村民去县农业局学习农业新技术，引进农业新品种，帮助他们发展新型农业，筹备建立蔬菜大棚。今年，又争取到了千亩核桃林园区的建设项目，发展成了农村后续产业，让农民过上了有工资、有产业的富裕日子。开展新农合筹资和低保户生活补贴发放工作。通过学习有关政策文件，深入了解掌握参合的范围、政府补贴率、优惠农户补贴额，积极做好宣传筹资工作，深入到村民中讲解农合政策，引导农户参与新农合筹资，实现村应参合人员全部参合。农村低保应保尽保，做到按时足额发放。特别是对困难户的生活问题，给予了更多的关注，通过多方联系，帮助困难户郭有照开起了农村便利店、任三海经商做生意，在当地砖厂投产后，又协调解决了劳力13人，并引导部分村民发展起了运输业。

四是立足关键问题，提高干部群众素质。不断加强村班子建设，提高干部、群众素质，是保证科学文明和谐发展的重要基础。协助村党支部开展学习实践科学发展观、"创先争优"等活动。在活动中，协助党支部认真制定学习活动方案，进院入户向村民宣讲，建立起嘉善村学习科学发展观活动档案。积极开展办实事活动，组织开展"迎双节、送温暖"活动，为村民办实事好事。在发展产业的同时，倡导群众建设文明整洁的新农村。结合"三项整治"活动的开展，提出了整治环境卫生、改善村容村貌的具体方案，加大了环境卫生宣传力度，逐渐改变了村民随意倾倒、乱堆乱放的生活习惯。发挥政策宣传员和乡村两级联络员的作用，负责乡村两级政策精神的上呈下达。无论严寒酷暑，总能及时把村里开展工作中存在的问题和需要向乡党委、政府汇报，又将党和国家的强农惠农政策及乡党委政府工作部署迅速传达到村里，保证政令畅通。4年来，我积极帮助村干部全面、准确掌握商机政策精神，积极协调村里存在的重点、热点、难点问题。村里干部说："小郭不但是我们的村官，更是我们的好军师啊"。

三、多岗历练，增长才干

在做好村委工作的同时，曾被乡政府抽调到沿黄公路建设领导组，负责统计数据、发放征地补偿款，我准确无误地完成了工作任务。我还兼任乡综治信息员，协助领导开展综治信访工作，圆满完成了奥运安保、矛盾纠纷和安全隐患大排查，完成了全乡信访基层基础建设资料归档、乡敬老院建设工程等工作。2008年10月，经乡党委研究决定，我兼任乡武装部负责人，在此期间，创造性地开展了乡武装工作。对民兵营党委、连队支部进行教育培训，完善了民兵党组织机构，增强了各连队干部的党性修养，并圆满完成各年度征兵工作。

4年的农村工作，不但磨炼了我吃苦耐劳、迎难而上的意志，也更加充实了我的人生经历。艰苦繁杂的村官工作和平淡充实的村官生活让我渐渐明白了一个道理：用真情和群众相处，他们才会信任你；将感情融入工作，他们才会支持你；靠真抓实干，无私奉献，勇于创新，才会有所作为。正如中组部部长李源潮所说："农村既是施展才华的舞台，又是历练人生的学校"，当村官的经历和经验，将会成为我受益终生的宝贵财富，我也会将自己的青春和热情播撒在这片生我养我的黄土地上。

青春在广阔的土地上飞扬

安徽省怀宁县高河镇城东村党支部副书记、团支部书记　王海春

王海春，安徽省首批大学生村官之一，现任怀宁县高河镇城东村党支部副书记、团支部书记。3 年来，他的表现得到了该村两委的充分肯定，用书记陈松青的话来说，"这孩子肯吃苦，能钻研，有能力"。

一、谦虚勤奋的"好学生"

城东村由原来的白马村和永丰村合并而成，面积大、人口多。为掌握村情，王海春到任之初，骑上摩托车利用几个月的时间跑遍了全村的每个角落，用他的话来说："终于把整个村子装进了'心里'"。学习是提高理论水平和实践能力的根本手段，在工作中王海春始终把学习放在首要位置。积极参加各种学习活动，做好读书笔记，撰写心得体会，努力提高政治理论水平。虚心向村领导和同事学习，学习他们为人处世，学习他们解决基层问题的方法，从而不断提高自身服务农村工作的水平。

二、村委工作的"好助手"

作为村书记助理，本职工作是协助村领导做好村里的日常工作。一是积极参与各项土地丈量、登记工作。城东村紧邻新县城，又是县东南新区起步区，因征地产生的丈量登记工作任务量比较大，3 年来，他先后负责协助完成马塝、永红两组拆迁房屋土地，川气东输中转站建设征地，农村宅基地三权发证，中心改造等各项用地的丈量和登记工作。二是积极参加抗洪防汛工作。城东村紧邻大河，每年汛期面临防汛工作任务比较重，3 年来，他积极参加全村防汛工作，汛期坚持和村两委干部一起驻守圩堤、备物资、扛沙包、打木桩。2009 年在购买防汛物资过程中，在他的努力下为村里节省资金 5 000 多元。三是牵头成立城东村农民专业合作社。2009 年在村两委支持下，他组织村里种粮大户成立怀宁县希望水稻农民专业合作社，免费获得县农委扶持的插秧机一台，极大地提高了全村农业机械化水平。四是负责惠民政策的宣传、收费、登记工作。2008 年开始负责全村新型农村合作医疗政策的宣传和登记收费工作，到 2012 年全村参合人数达到 3 114 人，参保率达到 100%。2010 年底开始新农保的宣传、登记、收费工作，到 2012 年 1 月份全村 60 岁以上人员登记工作达到 98%以上，全村参保率达到 70%，超前完成上级政府下达的任务。五是认真协助落实好各项普查工作。从 2008 年开始，先后参与了全国第二次经济普查、第六次人口普查和第一次水利普查工作。除此之外，他还积极参与综治信访、农家书屋管理、文明创建、家电下乡、农网改造、道路修建、计生软件报送、农业保险、农村低保的

提标扩面工作等。

三、基层党建的"夯实者"

加强党在农村的领导地位，完善党在农村的领导机制，是农村一切工作的保证。在村里由王海春具体负责党建工作。一是认真组织开展各种主题实践活动。加强党员教育，提高党员素质，是村级党建工作的基础，3 年来，他组织带领全村党员认真开展了第三批学习实践科学发展观活动，创先争优活动和星级管理活动，负责学习活动的所有软件材料的准备、整理、上报、归档工作。二是负责落实村级岗位目标责任管理考核。2009 年王海春借助乡镇党委开始落实村级岗位目标责任管理考核工作的契机，将全村党建材料进行了系统分类、整理归档，使村务考核结果连续两年名列全镇各村前列，规范化建设成为各村参照学习的模板。三是积极参与村两委换届选举工作。2011 年他在村两委换届工作中，带领大家认真学习选举工作相关文件，发放选票，张贴宣传画册，上报选举结果；在村委会选举中协助统计全村选民、公布选民榜、补登漏登的选民、填写选民登记证，组织召开代表会议，为城东村选举工作的顺利推进出了一份力，他也在此次换届选举中被选为城东村党支部副书记。四是做好远程教育管理工作。党员电化教育，是农村广大党员干部学政治、学理论、学科学、学技术的有效平台。作为城东电教播放员，他通过学习已能熟练掌握电化教育工作的所有程序和内容。每次播放电教片之前他都认真提前做好选片工作，以求让参学党员们能了解到国家最新惠农政策，3 年来共负责播放电教片 40 余次。

四、农民创业的"好帮手"

王海春是一个闲不住的人。上任伊始，他根据城东村紧邻县城的优势，决定在"菜篮子"上做文章。2009 年，村里几个人承包大棚种蘑菇，需要资金支出。王海春得知县里开展扶持农村青年创业小额贷款项目的消息后，立即前往联系，通过积极努力、牵线搭桥，创业村民的资金问题终于得到了落实。2009 年 4 月，王海春帮助村民陈增庆建起了当地第一个蔬菜大棚。如今，王海春还三天两头地往陈增庆的大棚里跑，并经常将从网上搜集到的种植技术知识传授给他。2010 年他又成功帮助一位回村创业的大学生申请小额贷款 10 万元。

五、帮困助学的"热心人"

熟悉王海春的人都知道，他是一个很有爱心的小伙。2009 年，城东村有两名学生考上了大学，这本是一件大喜事，但他们却因家境困难为学费发愁，王海春看在了眼里。一次偶然的机会，王海春在镇政府看到了一份团县委开展"爱心圆梦大学助学金"的文件，经询问得知，助学金的名额已经发完。王海春并不死心，立即到团县委争取。在有关单位的大力支持下，两名贫困学子终于每人拿到了 2 000 元助学金。2010、2011 年他又先后两次帮助 3 位大学生申请到"爱心圆梦大学助学金"每人 2 000 元。此外，在王海春的积极帮助下，先后为村里 3 名小学生争取"希望工程暖春行动助学金" 1 600 元。

　　宝剑锋自磨砺出，梅花香自苦寒来。通过几年时间的磨练，他本人得到了充分锻炼，工作也取得了一定的成绩。在这段时间里，虽然他没能做出惊天动地的大事情，但他却始终坚持认真仔细地去做好每件小事情。他认为，这一件件小事情正体现出了他工作的意义和人生的价值。他承诺，在今后的工作中，将继续为城东村贡献自己的绵薄之力。

心系农村　甘于奉献

陕西省榆林市靖边县杨桥畔镇九里滩村党支部副书记　魏大统

　　魏大统，男，汉族，陕西靖边人，1986年4月出生，中共党员，2008年7月毕业于榆林学院社会科学系法律事务班。同年9月借着国家选聘高校毕业生到村任职的东风，考入了大学生村官队伍，投身于社会主义新农村建设，被组织选聘到靖边县杨桥畔镇九里滩村，担任九里滩村党支部书记助理，2011年12月当选为村党支部副书记。

　　刚踏上"村官"岗位时，魏大统在驻村领导和村组干部的帮助下，通过走访群众、深入田间地头、实地察看等形式，了解了九里滩村现状及存在的问题。他发现，不少农民在致富问题方面，还存在着"挣一次算一次"的心态，不能从长计议，他认识到只是为群众做点服务工作还不行，关键要找到一条致富的路子。

　　为寻找富民强村之路，魏大统发现在九里滩调整产业和招商引资是不错的路子。经过一番考察，魏大统与村"两委"干部理清工作思路，结合实际，对九里滩村作了详细科学的发展规划。

　　近4年来，魏大统给村里争取回600多万元项目资金，用于村里基础设施建设和产业结构调整。

　　1. 基础设施建设方面

　　新建了村委会阵地和农民文化娱乐广场；新建自来水塔2座，铺压自来水管道19千米；架设高压线路3千米、低压60千米，安装变压器34台。

　　2. 产业结构调整方面

　　为了调动农民建棚的积极性，魏大统和村"两委"干部走村串户，宣传温拱棚设施农业的效益和好处，并在村里成立产业发展办公室。目前全村已建成300亩温拱棚设施农业基地（其中温棚200亩，拱棚100亩），基地以蔬菜产业为主导的发展思路，并着力加以推进。

　　3. 招商引资方面

　　在魏大统与村"两委"干部的共同努力下，2009年12月县上决定在杨桥畔镇九里滩村沿青银高速子靖段两侧约9 000亩土地，建设太阳能光伏产业园区。截至2012年3月，中国国电、中国华电、国华能源和陕西省光伏产业有限公司4家国内电力公司已经先后入驻该园。园区规划总面积为825.5公顷，近期拟建设装机总量80兆瓦的太阳能光伏发电项目，最终形成集200兆瓦太阳能发电及应用技术示范、生态环保教育、光伏产业人才技术培训、特色旅游为一体的产业园区。2011年3月27日团省委授予靖边县九里滩村太阳能光伏产业示范园区"陕西省青少年低碳示范教育基地"称号。

　　现在九里滩村水、电、路、通信等基础设施配套齐全，主导产业初具规模，2011年全村农民人均纯收入达12 580元，比2008年的6 250元增加了6 330元。

经过近 4 年的努力，魏大统真心融入群众、真情投入农村，虚心学习、深入调研、认真工作，积极发挥参谋助手作用，得到群众干部的普遍好评。2009～2011 年 3 年被县委组织部考核为"优秀大学生村官"，2010 年 4 月被县委评为学习实践活动"先进工作者"。2010 年 12 月 1 日代表榆林市大学生村官在北京参加全国贫困村大学生村官座谈会，并受到了中央政治局常委、全国政协主席贾庆林，中央政治局委员、国务院副总理回良玉，全国政协副主席李金华等中央领导同志的亲自接见。2011 年 7 月被县委评为"优秀大学生村官"。2011 年 12 月被市委组织部评为"全市党员干部现代远程教育优秀站点管理员"。2011 年 12 月被省委组织部评为"全省党员干部现代远程教育学用标兵"。2012 年 3 月被镇党委、政府评为"优秀大学生村官"。

对九里滩村今后的发展，魏大统充满信心。他说要更加努力工作，为村里争取项目资金，调整产业结构，为村民致富作贡献。

科技富民在农村　青春闪光在基层

江苏省连云港市赣榆县塔山镇倪林村党支部书记、团支部书记　谌小伟

自 2007 年到村任职以来，本人始终坚持把用心倾听民意、全心全意为农村服务、科学发展全力促进村民致富增收作为自己行动的宗旨主线。始终秉承立足村情、因地制宜的原则，坚持用科学发展观和创新的全局发展思维引领指导全村各项事业发展，通过科学发展方式让村庄各项事业发展取得了事半功倍的成效。

一、巾帼不让须眉，坚持科学部署、规划引领，科学推进村庄规范建设和管理

作为一名女大学生村官，要每天工作在农村基层最前线，这也意味着我要付出比别人更多的努力。2007 年 7 月至 2010 年 1 月，我一直在塔山镇前进村任村党支部副书记、团支部书记职务。在前进村任职期间，本人一直坚持向村"两委"班子成员及广大干部群众宣传、灌输科学发展的思想意识，并用实际行动示范引领广大干群，让他们感受到科学的方式方法对于村民的致富增收所起到的不可替代的作用。

通过长时间的走访了解，与村"两委"班子一起努力多方争取，为村中修建出村水泥路一条、新建蓄水桥一座、新建电灌站一座，从根源上解决了全村民的出行难、灌溉难问题，并在上级组织部门的大力帮扶下，新建了前进村新农村服务中心。通过解决全体村民的棘手困难问题，让我在广大干群心中树立了务实为民的良好形象，也为我之后的工作赢得了广大干群的一致认可。

2010 年 2 月，由于工作业绩突出，我被塔山镇党委政府任命为倪林村村党支部书记，任职于新的村庄，我依然坚持着科学发展这一不变的思路。在深入走访党员干部群众的同时，尽我所能为群众解决现实所遇到的各种问题，在充分了解倪林村村情民意的前提下，我积极与上级帮扶部门对接，聘请我县农开局的专业人员，结合我村当前实际村情民意，制定短期及长期科学发展规划，将村庄规划内容及时向广大党员干群予以通报，让全体村民都能切身感受到科学规划引导的重要性。

到倪林村任职至今，围绕村民最需要解决的问题主要做了如下工作：①圆满完成镇党委政府下达的各项目标任务。②顺利完成村臭水沟填垫工程，新增土地 7 000 多米^2。③全面完成村庄全部电路改线、换新工作。④协调上级部门新装变压器一台，有效改善村民用电难问题。⑤完成倪林小学门口东西路九道下水管道铺设工作。⑥完成村服务中心整修及倪林村小学校改水改厕工作。⑦完成我村毛庄河生态开发项目前期土地整理工作，新增土地 100 多亩。⑧新修水泥道路 700 米。⑨主要街道两侧栽植绿化苗木女贞 700 棵。⑩通过开展多项惠民工作，进一步完善我村党员干部

队伍建设，全面提升党员干部的凝聚力和责任感。⑪为我村 10 名家庭贫困小学生争取助学金 2 000 元，贫困党员、贫困户慰问金 4 000 元。⑫协调镇水利站争取河道清淤工程及土地复垦项目，完成我村自来水管道铺设工程。⑬完成我村 60％农户沼气池安装工程。⑭完成农村养老保险费用征收、新型农村合作医疗费用征收工作及相关信息维护工作。⑮争取帮扶现金 3 万元及办公桌椅一套（价值 5 000 元）。⑯制定倪林村 1 年内及 3 年内的整村科学发展规划，制作发展规划展板 4 块。⑰以我村百亩果园为载体，成立农民专业合作社 1 个。解决村民出行难、灌溉难的问题，全面改善我村人居环境；通过多方争取，填垫困扰村民几十年日常生产生活的臭水沟一条，新增土地 7 000 多米²，利用新增的土地，筹划新建集贸市场一个，鼓励村民发展科学自主经营，全力促进村民致富增收的同时，也为倪林村科学长远发展奠定了坚实基础。

二、坚持科技富农，科学助推村民脱贫、增收、致富

1. 结合实际，学习先进，整合资源发展特色产业，成立农民合作社，积极发展高产优质高效农业

本人通过认真调研和多方学习借鉴，广泛征求上级帮扶部门、后方帮扶单位和镇政府相关领导意见，与县农开局专业人员一起编制了较为科学合理的倪林村 3 年规划方案，以进一步整合资源，争取部门支持，搞好项目跟进，规划基础设施建设项目、毛庄河生态开发建设项目、农村集贸市场建设项目和公共服务设施建设项目共 4 个项目，以项目建设为载体，实现倪林村真正意义上的脱贫致富，建设社会主义新农村。

针对我村村集体无收入，全村经济基础薄弱，村庄发展无特色的现状，规划建设村毛庄河生态开发项目，为我村争取到河道整理及土地复垦项目，在疏通主要河道的同时，又新整理出 100 多亩土地，利用新整理出的土地规划发展晚秋黄梨种植业作为我村的特色产业，预计每户村民年均至少可增收 1 000 元，并在此基础上注册成立"赣榆县伟民林果专业合作社"，全力促进村民更快脱贫致富。

2. 以身作则，深入宣传党的方针政策，构建长效机制，全面提升村"两委"班子凝聚力和战斗力

坚持深入宣传党的方针政策，把惠农政策送到群众手中，让群众感受到党对农村的关注，对农民的关怀，使他们在党的惠农政策鼓舞下，积极投身到新农村建设之中。

日常工作中，我始终坚持公平公正的态度处理村中大小事务。科学实践证明，任何科学的发展思维方式，都需要更加科学的管理维护机制为其保驾护航，才能将其科学发展的成效得到更长远的发挥。努力构建科学长效管理机制，在加强和改进村党组织班子全面建设的同时，用自身实际行动感染提升班子的凝聚力和战斗力，积极培养吸纳带头创业致富的后备力量。团结带领村"两委"班子一起，为我村全面长远发展出谋划策，帮助村民更快脱贫、创业、致富。

三、坚持戒骄戒躁、求真务实、科学合理指导的
原则，做作风优良的大学生村官

自任职以来，本人始终坚持力所能及努力为老百姓办好每件事，从小事做起，坚持处理好每件平凡的事就是一名农村干部工作不平凡的展现，扎实的工作让我最终赢得了上级组织和广大党员干群的一致认可和好评，也因此获得了多次表彰和多个荣誉称号：2007年12月当选为塔山镇第二届人民代表大会代表；2009年3月被县委县政府评为"五好大学生村干部"；2010年5月当选为连云港市科学技术学会第九次代表大会代表；3年聘期考核优秀；连续5年被塔山镇政府授予"优秀共产党员"荣誉称号；2011年1月被塔山镇政府评为"优秀大学生村官"；2011年3月当选为中共赣榆县第十二次代表大会代表；2011年4月被连云港市委组织部评为"连云港市优秀大学生村官"、被团市委授予"连云港市新长征突击手"荣誉称号；个人先进事迹被刊登在赣榆日报党代表风采专栏。

从一名普通的女大学生村官一步步成长为如今的村党支部书记，相比职务的变化，我更在乎的是老百姓对我的信任度、认可度。上级组织领导的辛勤指导和鼓励，广大党员干部群众的信任和支持，更加激励了我扎根基层、服务农村的坚强信念！作为一名村党支部书记，结合我村实情，依据"十二五"规划的科学引导，我将继续发挥好创先争优精神，坚持科学发展模式，稳定处理好农村基层工作，努力实现倪林村村民利益最大化，更好地促进倪林村社会主义新农村建设的科学长远发展。

大地的孩子①

《中国农民合作社》编辑部组织的"新村官　新合作"征文稿

一个舞台，一段人生历程。

一个女村官在古镇坚守信仰，一心为民增收、谋发展。

2008年10月，我被选派到玉台镇老店子村担任村主任助理。在基层两年半时间里，通过自己创业、带动老百姓创业、成立专业合作社的整个过程，与百姓贴心交流、与合作社共发展，不仅发挥了党员的先锋作用，更得到了百姓的信任，且坚定了走好人生每一步的信心。

2008年10月6日我第一次下村，第一次对农村那么深的感触——农村真穷、农民真苦。那刻开始我告诫自己要做一个为民谋利的好干部。该村的地理条件优越，水资源较好，村主要是金花梨和不成规模的蔬菜两大产业。奇怪的是梨树满村都是，可就是树不成形，并且不结果子，最后得知疏于管理，自从十多年前发动种梨树的镇干部调走后就再无人问津。而蔬菜产业，由于我们离场镇近，一部分农户采用自种自销，赚取生活费，尽管这样，全村的经济相比其他的村走在前列，可比起全市其他的优秀村还差得很远。

面对如此情景，我想：我得为村上做点什么？首先从梨树的整修开始说吧，2009年开春，我到市农广校报名学习果树的整枝、剪修、施肥等相关技术，基本蔬菜的各阶段管理以及销售，学成回来后，我召集该村所有的果农以及有意向的菜农们进行为期3天的技术学习，技术讲解对我来说简单，可实际操作起来有点困难，所以得挨家挨户的去帮扶。修剪后的梨树又重现了久违的笑脸，竖立在村道两旁。蔬菜方面只能做一些简单的选种、施肥等技术活。

这两项工作仅仅是我对老店子村所做的第一件事情，一个村要发展，必须要有过硬的项目，仅靠梨树和蔬菜产业只能维持一些条件较好、离场镇较近的百姓，可对于我村山上、山下，甚至较远的农户而言，还需要更大的改善。

一、心系民众谋发展

要发展，必须调整产业结构，种植适合该村土地等自然环境的经济作物，在有限的土地上刨出"金娃娃"。思前想后，什么是适合又能持久下去的经济作物？我查阅了大量资料了解到紫甘薯含有大量的花青素、维生素等成分，不仅可以食用、加工成产品，还可以防癌、抗癌，是营养丰富、保健作用好、经济价值高的新品种，其种植技术易掌握。两年后的今天再回过头来看，这条道确实是走对了。

---

① 本文为农业部管理干部学院《中国农民合作社》编辑部组织的"新村官　新合作"征文稿。

2009年开春，我从德阳农科所以5元/斤的价格购买了500斤紫甘薯种子，与10户老百姓合租20亩土地种植紫甘薯，这批紫甘薯于10月中旬采收，受到了镇党委的高度重视。分管农业的刘镇长与农业中心鲜主任在采栽现场看到箩筐里全是紫色红薯和老百姓脸上洋溢的喜庆，当即联系销路，其中一部分甘薯进入了超市和酒店，其余的由农业局统购作为薯源，该批紫甘薯喜获丰收，亩产值达到7000多元，总经济效益14万余元。

这次种植的意义不仅改变了过去种植红薯只做猪饲料的传统模式，让种植紫甘薯成为富民、增收的主要途径，而且获得了人生的第一桶金，还起到了在全村乃至全镇宣传示范作用。

2010年春季，全镇兴起种紫甘薯的热潮，我认识到了自己的责任重大，不但要担当起调整产业结构的参与者，更要当好其组织者。种植紫甘薯农户达到50余户，面积达200余亩，超出了我的预料之外。老百姓永远都是那样纯朴和善良，2009与我合作的老百姓主动提出那20亩土地采用五五分成，并免去了100元的租地费。

2011年开春，村上紫甘薯产业已经小成气候，我没有费太多的心，如今紫甘薯种植面积达1000余亩，涉及农户近500户，现甘薯藤长势良好，看着紫色的藤儿，今年又是一个丰收年。

感谢国家支持大学生自主创业的政策，一边创业，一边以创业带动就业去致富一方百姓，想着这些，心里满满的都是喜悦劲儿！

二、利用"专业"解民难

由于离场镇近，我村养殖业基础较好，可饲料的短缺已成为养殖业发展的突出问题。我利用自己的专业，建议群众种植黑麦草，来解决饲料短缺的问题，为其讲解正确食用此草的方法和食用过多的处理措施。2009年开春，我自掏腰包买了20袋黑麦草种子，送到部分群众手中。在宣传和带动下，全村共种植黑麦草60余亩，有效解决了冬季饲料短缺问题，使该村的养殖业产值增加，农户收入明显提高，如杨中金、赵勇全等用户用黑麦草做鱼饲料，较之往年亩收入增加了2000多元。2009年3月，我下村了解养殖业时，发现该村一养猪大户3头母猪严重拉血，请兽医治疗无果后，询问详情后，我意识到这是一个严重的问题，随即咨询了四川农业大学的老师，共同会诊得出一个方子"用猪油、甘草、茶叶、竹根"等熬制灌服。两天后，三头猪顺利渡过难关，一张小秘方挽回了5000多元的经济损失。

同时，我还安排时间向全村的养殖户，讲解了畜禽中常见病的症状和处理方法，并留下自己的号码，以方便群众咨询。

三、贴心为民解忧愁

生活上我是个大老粗，而工作上严于律己，勤奋努力，始终保持着求知的渴望，学知识、学政策、学技术。不断增强为民办事的本领，并心系群众，为民解难，把心思全用在工作上，帮助群众，做了一件又一件的好事，解了一道又一道的难题。

2008 年 11 月，由于经济危机的影响，该村返乡农民工达到 110 人，他们失业了，就失去了收入来源，我看在眼里急在心里。利用曾经在饲料厂工作积累的关系，介绍了 20 多位年龄较大的同志去有关养殖厂看管厂子，顺便学点养殖技术；介绍了 30 余位年轻有文化的同志，去大型饲料厂当业务员；剩余的在家搞副业，目前他们的生活得到了大幅度的提高。

该村有 2 个社至 2009 年未通公路，有 3 个社通路不畅，群众仍要肩挑背磨，严重制约经济发展。修路是好事，但群众难发动、思想难统一、资金难筹，过去多次因此而搁浅。2009 年冬天，我和村委会干部一道，广泛发动群众，既积极争取国家项目支持，又动员群众集资投劳，通过挨家挨户宣传，苦口婆心的开导，不分昼夜的工作，终于感动了群众，筹备了修路资金。于 2010 年 3 月正式开工建设，已于同年 6 月底建成通车，长达 6 千米沿线的老百姓将从此结束肩挑背磨的历史。

2010 年底，由于自然条件的影响，我村冬季蔬菜基本无收，加上我一个人的力量有限，我有些疑惑，如何才能在起步的产业上少一点风险、多一些保障？一个老支部书记提醒了我，成立农业专业合作社，能减少我们的顾虑。当即查阅了大量资料，请教了镇、村干部，学习了一些相关流程。两年创业的近万元钱全部用于成立合作社的资金使用，和村干部一道吃了闭门羹也不退缩，现在想起觉得当时自己甚是勇敢。2011 年 2 月 10 日玉台镇"恒宇合作社"正式成立。合作社设会长一人（支部书记杨中金）、副会长设两人（村主任赵永信、村会计李永红）、会员 100 余人。同时设立了相关的监事会、财务部、技术服务部等机构。

合作社成立了，我有些力不从心。原本打算放弃了奋斗两年的热土，可面对刚成立的尚不成熟的合作社，我怎么能就此罢手呢？难道这不是我所希望看到的吗？就这样我又投入到合作社中，看着百姓们期盼和欣慰的眼神，似乎我又重新找回了勇气，预备 2011 年产业上大干一场。

紫红薯市场前景广阔，我怀着推动山区人民增收增产的情怀，帮助农户做好了紫红薯的长期规划，进一步会打造品牌，提升品质，为致富玉台镇百姓建言、献策。

3 年的村官生活即将终结，和百姓们的情感却是无法割舍的，每当他们亲切地叫我一声"小李子"时，我的心总有舍不掉的情怀。如果 2011 年 10 月公务员考试不顺利的话，我还会继续续聘村官，因为这里需要我，而我也离不开恒宇合作社及全村的百姓们。

八百多个日日夜夜，从一个稚嫩且毫无经验的学生到一个双手长满老茧穿梭到田间小巷的村官。我，像是经历了一场面试，而我在这场面试中有过放弃、有过拼搏，最终我鼓起勇气圆满地完成了它，是大地的母汁养育了我、农村的土地容纳了我，我就是这大地的孩子！

我发誓：我会将我的知识和胆识全数注入玉台镇产业结构调整中，用我的心血和汗水浇灌这里的每一片土地，将我全部赤诚的爱，献给玉台镇这片肥沃的土壤！

把真情留给农村

山西省大同市新荣区新荣镇畔沟村大学生村官　艾恩平

2008 年 8 月，通过层层选拔，艾恩平被选聘为新荣区新荣镇畔沟村村主任助理，担任村官之前他曾在杭州从事电子商务、电子政务推广策划工作，怀着对新农村建设的憧憬之情，他毅然离开了繁华的都市，怀揣梦想，踏上了农村这片广阔的热土，开始了他走向社会、走入基层、走进农村的新生活。

一、用心身入，熟悉情况，详细了解村民所想所盼

"农村工作就是再苦再累我也不能怕，为了自己的理想，我要真心工作，当好这个村官"，这是艾恩平在 2008 年岗前培训工作交流时的发言。

畔沟村地处古长城脚下，是个合并村，人口 1 000 多人，耕地面积 3 000 余亩的村庄，村民人均收入 4 000 余元，主要以种植业和养殖业为主。

到任伊始，艾恩平为了尽快进入角色，了解掌握村情民意，逐户上门走访，整整一个多月没有回家，坚持吃在村里，住在村里。就这样，艾恩平了解了村民们的生活情况和主要经济来源以及种养殖情况，并整理编制了畔沟村村情民意调查档案。对畔沟村和村民生产情况、村风民俗有了详细的了解。同时也让村民对这个大学毕业的小伙子有了深刻的印象，村民们不论什么困难，或对村委有什么意见和建议都主动找艾恩平聊天。在畔沟村，你经常可以看见艾恩平在田间地头和村民拉家常、聊农事，深入了解村民的所思所想所盼，畔沟村的每一处都留下了他的足迹，村里的基本情况他也了然于心。渐渐地，艾恩平用他的真心融入农民群众中，融入基层繁杂的工作中，实现了由大学生到村干部、由城里人到村里人的角色转变，他用自己的努力体现了一名大学生村官应有的风貌。

二、倾心工作，发挥特长，用更广阔的视野完成各项工作任务

艾恩平慢慢成熟了起来，农村工作对他来说也变得得心应手，逐渐产生了难以割舍的感情，这种感情促使他保持旺盛的激情和不竭的动力，促使他能够用更广阔的视野去看待农村工作，充分运用自己电子商务专业特长和在毕业后打工时积攒的独立承担组建维护网站的工作经验，协助村里和上级部门完成农村农户多种基本信息录入维护和现代网络办公信息化组建工作，取得显著成绩。

1. 完成了人口普查工作

2010 年，可以说是农村最忙碌的一年，尤其是第六次全国人口普查工作，是重中之重。作为"两委"班子中最有"文化"的干部，他主动承担起了普查任务。人口普查涉及

人口短表、长表等相关表格，表格内容纷繁复杂，每天他和村会计李钦同志一起下村，走村串户，李钦负责询问，他负责填表。这是一项持续时间较长的任务，每天都重复同样的事情，难免会感到乏味无聊，可是工作就是这样，贵在坚持，也正是从这件事中他充分体会到了基层的难、烦、累。他心里总是这样想：确实，基层工作很苦、也很累，但是，当一个人真正地融入基层这个大家庭当中时，一切都已经不是问题。基层的人们有着最朴实和最善良的心，也有着最大的工作耐性。他总是这样和别人说："我很庆幸自己在工作中能够接触到基层，能够认识这些可爱而又可敬的人。"畔沟村在经过了艾恩平和村两委干部半个多月的坚持和努力下，终于完成了所有表格的填写，完成了全村 400 多户 1 000 多人的准确数据统计。

2. 完成了第二次全国经济普查工作

在第二次全国经济普查工作中，为了更好地掌握本村的具体情况，艾恩平挨家挨户进行调查，将调查回来的内容与参考资料核对，并利用中午、双休日等休息时间，将普查结果输入电脑保存备份，确保了整个普查工作保质保量地完成。在细致的工作过程中，艾恩平和村民有了更进一步的接触和了解，对本村的实际情况有了更深入的认识，为他以后工作的开展奠定了扎实的群众基础。

3. 做好服务集体林权制度改革工作

林权改革是 2010 年农村工作的一个重头戏，艾恩平在做好自己村里林改工作后，被区林业局借去协助工作。在局里，他充分发挥自身的专业优势，特别是在实地勘界、林地确权、林权采集信息系统的使用中发挥了重要作用，尤其是攻坚那几天，他连续几天工作到凌晨，有力地配合各乡镇林业工作站顺利完成了林改任务。

4. 协助创建了"新荣党建"网站

2008 年 10 月，正值各县区搭建党建信息化网络平台，刚刚参加工作的他自告奋勇，凭借自己在大学期间所学的电子商务专业知识以及考取的《国家信息化电子政务师》职称证书，便承担起了建立网站的任务。通过 3 个月不懈的努力，终于完成了联系 IDC 数据服务商、注册域名、租赁虚拟主机、制作源代码、设计版面等一系列流程和操作，最终使"新荣党建"网站平台（http：//www.xrdj.gov.cn/）得以成功上线运行。"新荣党建"网站作为党建工作的信息资源库，将上级党委的精神直接、快捷地传递给各基层党组织和广大党员，成为基层党员群众了解和掌握党的路线、方针、政策等情况的桥梁。网站的开通加强和改进了机关党委的思想政治工作方式、方法，其作为一种新型载体，广泛地运用文字、图片、音视频等手段，可读性强，富于感染力，深受广大党员干部群众的喜爱，对机关党的思想政治工作起到独特、明显的作用。

5. 积极投身"阳光农廉网"建设工作

在全省大力推进农村"阳光农廉网"建设阶段，因为艾恩平同志在党建网建立、林权工作中的突出表现，区纪检委领导在听说后，主动要求艾恩平作为专职信息管理员，和纪委人员共同完成农廉工作任务。于是他提前几天延长工作时间，在完成本村的农廉信息整理录入后，就马上积极投身到全区的农廉建设工作中去。他不仅需要录入涉农政策、制度、信息等，同时还要把基层政府和区里的财、水、教、民、农、林、卫、土等多个重点涉农部门在网上"互联"起来。阳光农廉网的后台操作程序分类多、复杂性大，"农村三资管理监控系统"、"农村土地承包与流转管理系统"等需要细化的工作任务量十分繁重，为按时保质地完成好任务，2011 新年 3 天法定节假日他放弃休息，加班赶点，为阳光农廉网的运行，为搭建一条自上而下的涉农信息"直通车"而努力。

同时，协助村"两委"班子完成了村级组织换届选举工作。在 2008 年的村级组织换届选举中，为了发挥大学生村官的作用，他协助村干部布置会场、分发选票，从中他迅速掌握、熟悉了村级组织换届选举的政策、法规、方法，一切都按章程逐步开展，尊重村民的意愿，公正、公平、公开地进行各项工作，并不厌其烦地给村民解释他们不理解的地方，渐渐成了他们可信赖的解说员、信息员和"代笔人"。并在 2009 年甲型 H1N1 流感病毒肆虐期间，艾恩平和村两委干部利用一周时间，对村中的垃圾堆和其他卫生环境脏、乱的地方进行了彻底清理，同时买来了生石灰和 84 消毒液分放给村中各户，并入户指导村民定期喷洒，做好了预防甲型 H1N1 流感病毒等工作。努力没有白费，在通过自己独立或协助上级部门完成的多项大型工作中，艾恩平表现出了很高的工作素质和较强的组织协调能力，在多项工作中得到区、乡、村三级领导的表扬和肯定，受到了村民的一致好评。

三、创先争优，带民致富，兴办农村信息产业

随着艾恩平在农村工作时间的增长，在与村民的广泛接触中，他意识到农村人才短缺的严重性，培养一批有现代知识、现代思想、现代眼光的新农村建设者迫在眉睫。想到这里，他积极行动，多方联系，在区委组织部及乡镇党委领导的大力支持下，与其他大学生村干部一起筹划组建了"新荣区农产品电子商务信息平台（http：//xr. xrdj. gov. cn/）"。平台以大学生村干部为主体，立足本区，辐射周边县市，助推各乡镇农村信息化建设，为农业增效、农民增收提供信息化培训和服务。现在已经运行的栏目有：招商引资频道、视频播报和医保审批报销管理系统。招商引资频道搭建招投项目沟通平台，为政府或企业提供招商引资服务，是区政府向市场发布招商引资和投融资信息需求的对外窗口。视频播报围绕种植、养殖新技术、新品种等主题，聘请农业专家走上网络，有针对性地对农民进行教育培训，极大方便了广大农民学习生产和经营管理技术，在农村形成了良好的学习科技的氛围。当艾恩平与村民交流起农业远程视频培训讲座时，大家都赞不绝口："过去是凭经验种植、养殖，现在有了农业视频播报培训讲座，坐在炕头就能不断学到种、养殖新技术，了解到新品种、新信息。"而医保审批报销管理系统可以让老百姓足不出户，只需将有关信息输入，就可大体测算出报销比例和具体金额，避免了人们往返的舟车劳顿之苦。在平台的建立过程中，艾恩平还将新荣农商网和新荣政府网、新荣党建网、新荣区阳光农廉网等网站相互链接，这样不仅实现了网络融合和资源共享，而且最大限度地发挥了网络的潜能。农商网还将各乡镇、农村的土特产品图文并茂地进行展示，搭起了市场与农民的桥梁，在购买农资、销售农副产品、掌握致富信息等方面极大地方便了农民群众，为他们增收致富提供了良好供需信息平台。项目的成功运行以及产生的良好效应，使其在 2011 年省委组织部举办的《山西省首届大学生村干部创业设计大赛》中获得一等奖。现在，"新荣区农产品电子商务信息平台"已成为本地新农村建设的创新性工作之一，它整合了

现有资源，成为一个面向全区农民群众的实用的新型服务空间，有效地促进了全区各乡镇农村信息化建设，在建设现代农业中起到了良好的助推作用。

在项目实施期间，艾恩平考虑到应当将更多的大学生村干部加入到创业成才的队伍中来，作为创始人之一，他提出在全区成立"新荣区大学生村干部创业联合会"，这一号召得到了非常好的响应，全区 120 多名大学生村干部全部加入了创业联合会，不仅促进了大学生村干部的交流和发展，而且为更好地引领新农村创业创富提供了有力的支撑。

3 年多的磨练让艾恩平的村官生活充满了挑战，充满了艰辛，充满了喜悦，充满了温情！3 年来，他深感农村工作复杂而烦琐，迫切需要所有大学生村干部牢固树立社会主义核心价值观，通过自己的努力，将所学专长付诸农村工作实践，把自己面对农村的美好愿望通过一点一滴的变化播撒到农村这片热土，带动农民群众转变思想观念、思维方式和行为方式，让他们活得更好、更舒心。今后，他依然要用他的激情与真诚，努力在这个平凡的岗位上实现自己不平凡的价值，在描绘农村这篇美好蓝图中尽自己的力量，为推进社会主义新农村建设事业作出他应有的贡献！

媒体报道精选

一位普通大学生村官——张广秀的故事

中宣部《党建》杂志社记者　陈　方

一位来自沂蒙山区的大学生村官，为帮助村民脱贫竭心尽力，不幸患上白血病后仍在奔忙。现在她正躺在病床上忍受着折磨。她的名字叫张广秀……

一位大学生村官的"病中日记"

最近，一本"病中日记"正在"大学生村官论坛"里广泛流传。记录者叫张广秀，山东省烟台市福山区福新街道垆上村村主任助理、团支部书记。日记里记录了她身患白血病后的心路历程。

很多人看了日记纷纷留言："在这个飘雪的早晨，你让我感动。希望你能坚强地活着，笑着。""很多人误解'80后'不懂责任、贪图享受，你对村官事业的坚守告诉人们，'80后'同样可以肩负起时代赋予的重任！"

一、"疾病并不能阻断我的工作"

张广秀趴在一个小桌子上写作。每写几个字，她就蹙一下眉，脖子越来越疼了。几次去村卫生所，医生都告诉她是落枕，要注意休息。"可是，还有一大堆工作等着呢。"

"广秀工作很拼命，身体也很棒，常常帮村民包樱桃盒子，晚上还要带一摞材料回去写，似乎有使不完的劲。没想到，这孩子竟能患上这种病！"垆上村的党支部书记王子龙感叹。

疾病来的这样突然，又似乎早有预兆。从2010年9月起，"疼"这个字眼就不断在张广秀的日记里出现，"疼得直不起腰来"、"噬心般地疼"、"夜里疼得睡不着"……

从外表上看，张广秀是一个平凡普通的女孩，但作为一名大学生村官，她却有着超常的吃苦耐劳的敬业精神。

2010年8月底，镇上要求垆上村4天之内把村民的健康档案整理好。全村有760人，一人一表，工作量是巨大的。这个任务落在了张广秀头上。她夜夜加班，脖子剧烈地疼痛，有时只能歪着头工作。日记记录下了她克服着怎样的疼痛，"这股疼是我多年来未曾体验过的。没体力，干着急，咋办？"每天都要一把一把地吃抗生素。她给自己开玩笑："本人都成药罐子了。36度，冒虚汗，呵呵，毛病有些多。"

日记的边边角角写满了她的自我激励，"疾病并不能阻断我的工作"，"没有条件创造条件也要上"……疼得实在受不了，她就唱歌，一首自编的歌曲"明天会更好"，不知唱了多少遍。

终于完成了。她又似乎忘记了之前的疼痛，"生活给了我个大苦果，我也收获了甜美的蜂蜜。也许，这就是生活吧。"

"就在住院前一天，广秀还跟我谈着明天要做的工作，晚上加班到9点多才回去。"王子龙哽咽道。

最后一篇日记是这样的。"脖子又开始作痛。昨天的文件需要上交，骑车再去一次。回办事处，忙活我的PPT课件，奋力一个下午，弄好。"一直写到"晚上要准备材料……"，大概是圆珠笔没油了，她尽力划了几下，没有再写下去。

"她是个很坚强的姑娘，老是跟我说，再多交给我一些工作吧。"王子龙说，"村里的事又杂又多，我知道其中的难处。广秀虽然是个女孩，年龄也不大，我却感觉她是用所有的心血在干这个工作。"

二、"先做村民，再做村官"

看她的日记，几乎每天都有"替村民跑腿"的记录。从医疗保险，到水费电费，只要村民有需要，哪怕再小的事，她都要走上几十里路去干。

离垆上村不远处是烟台市经济技术开发区，高楼林立。而这边，却是一排排低矮的平房。这个差距刺痛了这个年轻村官的心。也就是从那时候起，张广秀在心里藏下了一个梦，"我梦想，有一天，所有村民都能搬出平房，住上漂亮的小楼，坐着公交车上下班。"

村里盛产大樱桃，为了尽快掌握种植技术，她天天扎到村民果园里学习，记下了厚厚一本种植技术笔记，成为全村有名的大樱桃种植专家。

2010年，垆上村正式列入烟台市城镇开发规划。为了保证拆迁顺利进行，她负责收集村民的土地证、房产证以进行统计。有村民认为自己的土地证记录有误，张广秀一次次协调沟通，没有一个村民感觉吃了亏。

张广秀用这样的话诠释自己对工作的热爱："每一件小事，其中的艰辛都如同一部部小说；只要能为村民谋一丝利益，无论经历多少艰难困苦也心甘。"

如今，事业未竟，她倒下了。白血病在一点点吞噬着她的青春。躺在病床上的张广秀，脸色苍白，形容憔悴，只有眼睛干净而明亮，流露出对生命的无限渴望。"我以前的辫子可漂亮了。"她翻看着大学时的相册。照片里，她站在一片花丛中，笑容嫣然。

主治医生张海燕告诉记者，张广秀的病情仅靠单纯的化疗已无法治愈，必须进行骨髓移植。然而，即使移植亲属的骨髓，手术费用也需要近30万元。对于张广秀的父母，这无异于一个天文数字。

张广秀的病情牵动了无数人的心。烟台福山区的大学生村官们行动起来了，一天就捐出近5万元。潍坊昌邑市215名大学生村官们听说她的病情，踊跃捐出24 810元。还有一次，几个不认识的临沂市环卫工人来到病房，扔下钱就走。

对于治疗，张广秀是乐观的。就在病床上，她还伸出瘦弱的手臂，指着头上说："昨天和书记通电话，村里很快就要开始做拆迁工作了，我要赶快治好病，戴着安全帽到工地上去呢！"

翻开她的笔记本，记满了诸如"村里有条小路难走得很，要想办法修一下"，"老乡们平时的文化生活太匮乏了，要搞个农家书屋，让大家农闲时间去那里看看书，充充电"……是的，还有很多事情在等着她去做。

一场没有发令枪声的爱心接力赛

——社会各界拯救张广秀纪实

3月的春风，带着醉人的暖意，吹开了北大人民医院墙外的白玉兰。在这里，一个关于幸福的故事正悄然铺开最灿烂的章节。

2011年3月22日，做完骨髓移植手术的张广秀身体恢复得很快。"这种感觉真好，我心里充满了幸福。"张广秀在病房里的微笑，感染了所有关心她的人。

回望拯救大学生村官张广秀的100多天历程，一件件充满爱心的故事不断上演，其意义已远超过拯救一个生命的范畴，并演绎为回荡在2011年春天里的幸福话题。

这份幸福，也因为有了全社会的关注而有了格外的重量；还因为有了高层的关怀而有了更为深厚的内涵。

一、"爱心接力不曾停歇"

这份幸福，在2011年2月25日显得格外温暖。

清晨的阳光透过窗帘洒进病房，张广秀眯着眼睛张望着窗外的春意盎然。她有些紧张，更多的则是期待。

"一切都会顺利的。"《党建》杂志记者陈方扶着张广秀坐上轮椅时说。120步的距离，从病房到隔离间，每一步走来，都让人无限期待。

这一刻，也牵动着党和国家领导人的心：

2月14日，中共中央政治局常委、中央书记处书记、国家副主席习近平作出重要批示指出，大学生村官张广秀同志的事迹很朴实、很感人。她全身心为村民服务，身患重病不忘本职，用真诚赢得了大家的认可。要注意总结宣传张广秀同志这样的先进典型，进一步引导大学生村官扎根基层、奉献才干、锻炼成长。习近平同志还要求有关方面组织医疗专家对张广秀同志进行精心治疗。

中共中央政治局委员、中央书记处书记、中宣部部长刘云山十分关心张广秀的事迹和病情，要求中宣部有关部门组织中央新闻单位作好张广秀事迹和救治工作的宣传报道，要求新闻宣传工作者进一步深入基层、深入一线，加强与群众、读者的互动，了解基层实际困难，反映人民群众的呼声，为推进基层工作、做好群众工作营造良好舆论氛围。

中共中央政治局委员、中央书记处书记、中组部部长李源潮给张广秀和大学生村官论坛执委会回信，充分肯定张广秀热爱人民、无私奉献的高尚精神，希望广大大学生村官向张广秀学习，扎根基层、服务群众，做与人民群众心连心、受人民群众欢迎的大学生村官。李源潮还热情鼓励张广秀勇敢战胜病魔，并欢迎她继续回来做村官。

全国人大常委会副委员长、中国红十字会会长华建敏在"汪凯同志骨髓捐献仪式"上说："张广秀是一名优秀的村官。工作以来她踏踏实实、默默无闻地为农民群众做了很多实事，是很多青年的代表，体现了一位年轻同志的人生价值。"

卫生部部长陈竺，全国妇联副主席、书记处书记洪天慧，山东省委书记、省人大常委会主任姜异康，山东省省委副书记、省长姜大明等分别前往看望……

此时，墙上钟表的滴答声拉开了手术的序幕，也似乎宣告着这个不寻常日子的开始。

病房里——张广秀的父亲收拾着留在这里的生活用品，心里盘算着该给女儿做些什么好吃的，这已经成了他的头等大事。

《党建》杂志社——总编辑折下日历的这一页，计算着手术结束的时间。这一刻，聚焦了《党建》杂志社"宣传和拯救张广秀"小组100多天的牵挂与努力。

北大人民医院——"关爱张广秀小组"每天都会陪伴张广秀，告诉她需要注意什么，可能会出现什么问题。为了不和其他衣物混淆，血液研究所团支部书记贺辉还专门给张广秀进舱穿的袜子绣上了名字。

山东烟台市福山区垆上村——村委会涌动着村民们焦急的询问与等待。村支书王子龙一如既往地和村民们探讨着他们并不太理解的白血病情，等待着《党建》杂志记者陈方答应的第一时间告知电话。

鲁东大学——张广秀的母校，一场"爱与希望同行"的签名活动正静静进行着。现场不少鲁东学子在条幅上默默签下自己的名字与祝福，一幅10米长的长卷上写得密密麻麻，那是全校师生爱的印记。

"回眸这一历程，爱心接力不曾停歇"。从2010年12月31日到这一天起，《党建》杂志社"宣传和拯救张广秀小组"一直在用行动关注和支持着这位优秀大学生村官。每一位成员都勇于担当，奔走向前。为了尽快赶出稿子，饿了，吃口饼干；加班晚了，就睡在椅子上。也就是在这段夜夜加班的时间里，一篇篇反映张广秀先进事迹和病情的报道通过互联网和手机短信引来了社会各界的目光。

江苏省纪委干部唐高潮看到《党建》杂志关于张广秀的报道后，写下自己近4万字与白血病抗争的经历，委托《党建》杂志社转交给张广秀，以此鼓励她战胜病魔。

署名为"一位老知青"的来自天津的汇款单，寄来《党建》杂志社以转交给张广秀。

一位湖南的老中医几次打电话到《党建》杂志社，愿将家里祖传的药方贡献出来，希望能够拯救这位可爱的女大学生村官。

首都的一所教育机构捐出10万元钱，通过《党建》杂志社转交张广秀。

烟台市一位叫王照亮的同志来京治疗心脏病，听说张广秀的事迹，专门赶到北大人民医院找到张广秀的父亲捐出500元。

一直在为"拯救张广秀"微博更新信息的《党建》杂志社记者胡鹏，精心编辑了一份厚厚的《拯救张广秀》特刊，字里行间包含了对于这位基层村官的浓浓真情。

在张广秀工作的垆上村，同事和乡亲们更是日日夜夜牵挂着她。

王子龙说："广秀，你一直想建的'广秀书屋'建起来了，我们还专门挂了一块大匾。《党建》总编辑刘汉俊几次为这件事协调，烟台晚报、福山区地税局和当地的书店也捐赠了许多图书，村民们都盼着你早点回来看一看。"

村里的会计于学超说:"广秀,你说你们老家没有烟台特产大枣饽饽,我们给你捎去了。希望你饭吃好,病治好,早日康复,回到工作岗位。"

所有的感动,汇聚成河。张广秀说,病魔不曾让她屈服,可这源自社会各界的祝福与帮助,却让她每每泪流满面。

"从事村官工作的 400 多个日日夜夜,我终生难忘。人的一生,最美好的时光是青春时光,最厚重的情感是奋斗的情感,最眷顾的家园是精神家园。等病好了,我要以我的方式倾心回报社会大爱!"

二、"爱的方向就是幸福"

蓝天,白云,飞鹰。3 月 5 日这天,雍布拉康寺迎来三位特殊的客人。太阳还未升起,西藏山南地区藏族大学生村官索朗措姆、张小波和殷素红 3 人便带着众多同事的殷切嘱托,爬过千年的阶梯,来到位于高耸在雅鲁藏布江支流雅砻河东岸扎西次日山顶的这座千年古寺,为即将进行手术的张广秀祈请一条"举世尊贵、顺心长寿"的吉祥"金哈达"。

"广秀,扎西德勒!"托挽着金哈达,3 位大学生村官站在雪山之巅上祝福。虔诚的祝福声,穿过庄严的喇嘛寺和圣洁的雪山,久久回荡在亘古高原。此时,静默千年的钟声也为她敲响。

"那一刻,上苍给了爱心回报,我们的身上竟瞬间浸透幸福的暖流。"张小波说。

3 月 9 日下午 3 时,这条"金哈达"从万里之外的青藏高原空运到北京,通过《党建》杂志社转交给张广秀。收到之后,杂志社全体工作人员手捧"金哈达"共同为张广秀祈福。

其他各地的大学生村官也一直关注着张广秀。3 月份以来,全国大学生村官论坛执委会秘书长、江苏宿迁市三棵树乡杨楼村党支部书记戈新化工作异常繁忙,他在筹备成立大学生村官"爱心互助平台"。

"我的朋友你不要再悲伤,妈妈告诉我们一定要坚强;我的朋友你不要再彷徨,妈妈告诉我们一定要坚强。"真挚感人的歌词,优美的旋律,这是山东省平邑县铜石镇大学生村官窦兴健专门为张广秀创作的祝福歌曲《方向》。

在一个繁星万点的夜晚,窦兴健抱起吉他,面朝弯弯的月亮,一气呵成创作了这首脍炙人口的祝福歌曲。

"看吧,爱的方向就是幸福。"随后,歌曲《方向》通过山东省大学生村官的推介,在江苏、北京、湖南、云南等全国各地的大学生村官中广为传唱,传递着"爱的方向"。

"每当你听到风铃声,就是听到我们为你的祝福",云南丽江市永胜县太极村纳西族大学生村官和晓庆亲手为张广秀制作了民族传统工艺品——"东巴风铃"。

"东巴风铃"做好的那天,和晓庆穿上了纳西族的民族服装,拎起在风中摇曳作响的风铃,踏着茶马古道上的古老板石,去镇上的邮局寄出了这份深情祝福。

"想到广秀看东巴风铃的样子,心境就像这春风中的动听铃声一样美妙。"

"期望着你快快好起来,我们一起去爬玉龙雪山,听纳西古乐,一起在四方街跳起欢快的打跳舞。"在风铃中和晓庆还藏下这样一份心愿。

三、"没有血缘的血脉因爱相连"

中华骨髓库工作人员经过细心检索，从128万捐献志愿者组成的造血干细胞数据资料库中，为张广秀检索到配型。

没有血缘的血脉也因爱相连。汪凯是山东威玛石油钻具公司的职工，原武警某部消防战士。在获悉自己和张广秀配型成功，他义无反顾，坚守当初的诺言，积极为捐献者做完体检和高分辨的复核试验，很快作好了所有移植前的准备。就这样，两个青年人的生命，紧紧连在了一起。

"造血干细胞移植手术进展顺利，张广秀的造血系统很快就会转变成汪凯的特征。此时，张广秀不但接受了现代医学科学技术的赐予，更是接受了汪凯一份生命的馈赠。作为白血病患者，张广秀事实上也获得了生命的新起点。"中华骨髓库管理中心主任洪俊岭说。

3月7日上午，在解放军307医院举行的"汪凯同志骨髓捐献仪式"上，一个关于幸福的话题从全国两会延伸到了这里。

卫生部部长陈竺说："一位是身患白血病，始终带病坚持工作的优秀大学生村官；一位是甘于奉献，用自己热血、造血干细胞去挽救他人生命的青年勇士；一份真情大爱在两位优秀的年轻人之间传递。为了让更多的白血病患者得到救助，我们还要付出更多的努力，让每一个不幸的患者，都能有幸配型成功！"

爱心还将延续，意义非止于此。"拯救张广秀"过程，体现了中央对所有大学生村官，对青年一代的关心厚爱，也反映了中央对青年人更高的期待，那就是希望为人民服务的宗旨能够在这一代人身上传承下去。

而张广秀的故事也理应有一个春暖花开的美好结局。冬天悄然过去，春天已随风而来。现在，所有关心张广秀的人们都在等待着这位"最美"大学生村官的生命回春。

李源潮回信鼓励张广秀

张广秀，这位来自沂蒙山区普通农民家的女大学生村官，尽心竭力为乡亲办好事、做实事，不幸患上白血病后，仍在乡村奔忙。她的事迹和病情被《党建》杂志等媒体报道后，牵动着中央领导同志和社会各界人士的心，习近平、刘云山、李源潮、华建敏等先后作出学习宣传和救治张广秀的指示。2月8日，张广秀怀着感激的心情写信，并通过有关部门转呈李源潮。2月16日，李源潮回信对张广秀进行勉励。

广秀同志：

看了您的来信很感动。一个从沂蒙山间小路走出来的农家孩子，大学毕业后，立志以自己的微薄之力奉献农村，为群众办好事、做实事。尽管还来不及做出轰轰烈烈的成绩就因患白血病暂时离开了工作岗位，但我仍能感到您内心充满热情和力量。

对于治疗您的病，党和政府是关心和支持的，中央是关心和支持的，习近平同志已作了重要批示，卫生部长也作了特殊安排。与您相识和不相识的大学生村官们、全国各新闻单位和许许多多爱护大学生村官的人们都在关心和支持您与病魔作斗争。我相信病魔不能战胜您的精神。我们期待着等您的病好了，再欢迎您回来当村官。

您在信中说："人的一生最美好的时光是青春时光，最厚重的情感是奋斗情感，最眷顾的家园是精神家园。"我们相信，中国的白衣天使是不会让一个有着如此高尚情感和美好向往的女孩被病魔夺走的。

李源潮

2011 年 2 月 16 日

张广秀写信感谢党组织的关怀

2011 年 2 月 8 日，得知中央领导同志关心自己的工作情况和治病情况，张广秀十分激动。她在病床上写了一封亲笔信，请组织上转交中共中央政治局委员、中央书记处书记、中组部部长李源潮，感谢中央领导同志对自己的关怀，表达了自己想尽快康复、早日回到工作岗位的意愿。

张广秀在信中说，作为一名刚刚参加工作一年多的普通大学生村官，我还没有做出轰轰烈烈的成绩就因患白血病暂时离开了工作岗位。但我又是幸运的，党和政府没有忘记我，您对我的亲切关怀让我万分感激，并给了我战胜病魔的勇气和信心！

张广秀说，我是一个来自沂蒙山区的普通农民家的孩子，沿着山间的小路走出来。大学毕业时，我就立志通过自己的微薄之力奉献农村，为群众办好事、做实事。工作以来，我坚持走群众路线，积极走访村民，加深对所在村子的了解，并通过自觉学习，提高自己的综合素质和能力。我充分发挥自己的知识和电脑技术优势，构建完善村资料库，并改变了村委工作人员传统"事事手写"的现状，推进了村务信息化建设，提高了村委的办事效率。我定期协助妇女主任走访育龄妇女，清查流动人口，宣传优生和有奖举报政策，组织育龄妇女体检，确保计生工作走在前列。从到村任职那天起，我还担当了远程教育操作员，定期组织党员群众观看"学习科学发展观"视频，及时宣传党的先进理论。

张广秀说，正在我全身心投入工作时，不幸患上了白血病。那时候的我，浑身肿疼，可是一干起工作，和乡亲们在一起，就觉得这些疼痛都变轻了。在那些日子里，我坚持每天帮乡亲们销售樱桃，进行防疫工作，挨家挨户落实全村房产、土地证的核实工作，填报全村的健康档案，年关协助发放福利款，这些工作现在想来还让我留恋不已。确诊为白血病后，父母拿出所有的积蓄给我看病。我开始了化疗，但化疗的过程非常痛苦。就在我精神压力最大，家里经济状况也最为困难的时候，今年元旦，《党建》杂志社派人送来爱心救助款和新年祝福贺卡，给了我继续治疗下去的信心和资金上的帮助。1 月 20 日，山东省委组织部的领导们来看我；接着，烟台市委组织部、烟台市福山区委组织部、临沂市委组织部、临沂市委宣传部、临沂市罗庄区委组织部的领导们，以及我的母校鲁东大学的领导和师生也陆续来慰问我。

张广秀在信中表示，从事村官工作的 400 多个日日夜夜，我终生难忘。人的一生，最美好的时光是青春时光，最厚重的情感是奋斗的情感，最眷顾的家园是精神家园。作为广大大学生村官中的一员，我坚信，病魔可以战胜我的躯体，却不能战胜我的精神！等病好了，我还要回去当村官。农村这块热土给了我无限激情与力量，我将一辈子扎根在农村，为农民群众奉献一生!

张广秀回家记

2012年1月16日下午1时30分,一辆车驶进北京中南海旁边的一处大院。张广秀实现了自己一直未能实现的愿望,来到了在北京的"家"——中宣部《党建》杂志社。

寒冬腊月,在《党建》杂志社会议室,"广秀,我们和你在一起"的横幅特别醒目,让人倍感温暖和振奋,杂志社全体编辑记者齐聚这里,欢迎张广秀回家。

根据北京大学人民医院检查,经过近一年的治疗和康复,张广秀各项身体指标恢复正常,她可以出院回家。

今天,她先到《党建》杂志社探亲,再从这里出发回家乡山东临沂。

"一年来,《党建》杂志社的叔叔阿姨们给我的支持和帮助,我一生难忘。"走进杂志社,望着一张张熟悉的面孔,张广秀充满感动和深情。

张广秀是山东省烟台市福山区垆上村大学生村官,为帮助村民脱贫致富尽心竭力,患白血病病后仍然为村民工作奔忙,受到乡亲们的拥戴。

2010年12月31日,《党建》杂志社了解到张广秀的事迹与病情后,立即成立了"宣传与拯救张广秀小组"。从那时起,"广秀,我们和你在一起"不仅成为报道的标题、病房里的鼓励,更是《党建》杂志社和张广秀之间最为深切的精神纽带。

一年来,接张广秀进京、为张广秀寻找骨髓配型、为手术前的张广秀鼓劲、为张广秀过生日……这一桩桩一件件,铭刻在《党建》杂志社2011年的历史。张广秀,也成为杂志社全体工作人员最牵挂的亲人。

2011年2月14日,中共中央政治局常委、中央书记处书记、国家副主席习近平作出重要批示指出,大学生村官张广秀同志的事迹很朴实、很感人。她全身心为村民服务,身患重病不忘本职,用真诚赢得了大家的认可。要注意总结宣传张广秀同志这样的先进典型,进一步引导大学生村官扎根基层、奉献才干、锻炼成长。习近平同志还要求有关方面组织医疗专家对张广秀同志进行精心治疗。

中共中央政治局委员、中央书记处书记、中宣部部长刘云山十分关心张广秀的事迹和病情,要求中宣部有关部门组织中央新闻单位作好张广秀事迹和救治工作的宣传报道,要求新闻宣传工作者进一步深入基层、深入一线,加强与群众、读者的互动,了解基层实际困难,反映人民群众的呼声,为推进基层工作、做好群众工作营造良好舆论氛围。

中共中央政治局委员、中央书记处书记、中组部部长李源潮给张广秀和大学生村官论坛执委会回信,充分肯定张广秀热爱人民、无私奉献的高尚精神,希望广大大学生村官向张广秀学习,扎根基层、服务群众,做与人民群众心连心、受人民群众欢迎的大学生村官。2012年新年前夕,李源潮再次致信,鼓励张广秀,祝福张广秀新年快乐。

全国人大常委会副委员长、中国红十字会会长华建敏在"骨髓捐献仪式"上说:"张广秀是一名优秀的村官。工作以来她踏踏实实、默默无闻地为农民群众做了很多实事,是很多青年的代表,体现了一位年轻同志的人生价值。"

卫生部、解放军总后勤部、山东省委省政府、中国红十字会、北大人民医院、临沂市人民医院等积极组织专家救治。社会各界踊跃捐献爱心，微博上一夜之间 33 万网民持续关注，不少人自发到医院验血捐献骨髓，数不清的关怀源源汇到《党建》杂志，流到张广秀身边。

在杂志社会议室，申维辰仔细地询问张广秀身体康复情况，与张广秀的父亲张玉欣拉起了家常，询问他们的家庭情况，泪水模糊了他的双眼。

"在报道和救治张广秀过程中，《党建》杂志起到了重要的沟通作用，履行了《党建》杂志应有的职责。"申维辰对《党建》杂志社总编辑刘汉俊说。

申维辰指出，张广秀是大学生村官的杰出代表，给每一位基层干部树立了一个优秀榜样。农村基层组织是共和国大厦的基石，而基层的管理工作更是整个国家工作的重点与核心。大学生村官政策是国家一个非常重要的战略举措。农村近年来发展很快，但是人才缺乏。大学生村官有知识有文化，一方面成为农村发展的新生力量，为农村经济的发展注入了新的活力；另一方面大学生村官工作中不断磨炼自己，自身得到锻炼成长。大学生村官直接面对基层，与广大的人民群众相联系，了解民众的真实想法和民情民意，对于推进社会主义新农村建设具有极为重要的意义。中央领导同志对张广秀的关心，体现了党中央对大学生村官工作的高度重视，对人民群众的感情。

张广秀十分感谢大家对她的关心，她表示一定好好配合后期治疗，争取在完全康复后，尽快重返农村工作岗位。

随后，申维辰给张广秀送了过节的年货，与她热情拥抱，真诚地祝福她尽快康复、新春快乐。《党建》杂志的全体工作人员一一给了张广秀温暖而有力的拥抱。

1 月 16 日下午 2 时 30 分，在依依惜别中，张广秀在《党建》杂志社和中组部相关同志的陪伴下，赶往北京南苑机场。

下午 3 时，张广秀来到南苑机场。在机场，中国联合航空有限公司副总经理刘彦军和机场工作人员献上了鲜花，并与她合影留念。

快要回家了，张广秀的眼圈却红了。

"现在要回去了，真是既高兴又不舍。一直盼着康复了早点回到工作岗位，很快就能实现愿望了，真是高兴呀！但想到常到医院看望我的《党建》杂志社的叔叔阿姨们，想到关心我的朋友们，又感到十分不舍。"

下午 5 时，飞机抵达临沂。

在机场，山东省委宣传部、省委组织部，临沂市委宣传部、市委组织部和张广秀工作所在地烟台市委组织部的相关同志在机场迎候。

临沂市委常委、组织部长李刚在张广秀一下飞机，就递上一束鲜艳的康乃馨。"广秀，欢迎你回家！"

此时，张广秀得知今天是腊月二十三，农历小年，异常兴奋。

《党建》杂志社相关同志向最早治疗张广秀的临沂市人民医院党委书记、院长尹传贵赠送了锦旗。上面写着："滚烫的爱心，炽热的情怀。"

16 日下午 6 时 30 分许，张广秀回到了罗庄区罗庄街道办事处桥西头社区。此时，张广秀的母亲、弟弟等亲人高兴地等候在巷子口。

"妈！"张广秀看到母亲，紧紧拥抱在一起。

　　紧紧握着《党建》杂志社记者的手，张广秀的母亲徐广兰感动地说："一年前，你们把身患绝症的广秀接到北京去。一年后，你们又把一个健健康康的广秀送回来。"

　　在家里，张广秀这儿看看，那儿摸摸。吃着母亲亲手做的饺子，张广秀幸福地说："能够回家过年就是一个胜利。能够回家意味着我的身体在逐渐恢复，意味着我离回去上班的日子越来越近了。"

　　张广秀说，自己一年来收获了数不清的感动。

　　"从中央和省市等各级领导的关心到社会各界的关注，都给了我极大的鼓舞和动力，让我深深感动。还有为我捐献骨髓、让我得以顺利进行骨髓移植手术的志愿者汪凯，非常感谢他。现在，我更加坚定了和千千万万战友们共同扎根农村、服务群众的决心。我一定不辜负组织的期望，扎实工作，勇于担当，在村官这个岗位上干出一番事业"。

中央谋篇布局着长远　大学生村官
政策实践中完善

光明日报

"他们有着一样的称呼，他们携手走在青春的路上，他们是当代最可爱的年轻人——大学生村官。"从 2008 年至今，大学生村官计划已经完成了第一个 3 年周期，全国在岗村官达到 21 万名，我们欣喜地看到——

草鸡蛋、小黄鱼、糙米……面积不大的店里摆放了琳琅满目的农特产品。2012 年春节期间，记者来到大学生村官、江苏沛县龙固镇沙河村党支部副书记杨秀在镇上经营的昭阳湖特产店里。节日里生意红火，1986 年出生、略显稚嫩的杨秀脸上挂满了笑容，"两年多的时间，我感觉自己在创业磨砺中得到了成长！"

同杨秀一样，全国 20 多万大学生村官正在农村广阔天地里茁壮成长。作为党中央一项重大战略决策，已经实施 3 年多的大学生村官计划旨在培养社会主义新农村建设骨干力量、党政干部队伍后备人才和各行各业优秀人才，进一步加强农村基层组织建设，夯实党执政的政治基础和组织基础。

一、3 000 多名大学生村官走上乡镇领导干部岗位

"文能提笔做文章，武能挥锄刨大姜。爱城市的斑斓，更爱乡土的清香，能坚韧，也有脆弱；有梦想，也有彷徨，我叫大学生村官，我在茁壮地成长。"互联网上流传的这段话，折射出了大学生村官们的群体心理。在关爱中成长，在磨砺中成长，这群年轻人从握笔杆子到拿锄头，从天之骄子到芝麻村官，逐渐成为当代许多知识青年学习的榜样。

一项统计数据显示，2008 年以来，已有 4 万多名大学生村官进入村"两委"班子，3 000 多人走上乡镇领导干部岗位，400 多人被列为县级后备干部，有的已走上了副处级领导岗位。各地以党委换届为契机，加大对优秀大学生村官的培养使用力度，使大学生村官成为新时期基层干部队伍的源头活水。

目前，全国已有 3 万多名大学生村官创办、领办或合办致富项目。江苏省 2 800 多名大学生村官创办各类项目 2 000 多个，吸纳资金 28 亿元，为农民提供就业岗位 5 万多个。大学生村官不但带动了农民致富，也增强了发展经济、开展农村实际工作的本领。

据北京市对 3 200 多名村民、村干部问卷调查显示，对大学生村官满意度达 93.5%，村民对大学生村官从原来的怀疑、不信任转变为现在的普遍认可。许多大学生村官成了村民的主心骨。

到 2011 年，大学生村官工作完成了一个周期，数万名大学生村官顺利转岗流动。神

华集团、中国农业银行、邮政储蓄银行等企业和金融机构，都纷纷从大学生村官中招录员工。截至目前，中央企业共面向大学生村官招录 5 000 多名员工，大学生村官已经成为广受关注的一个品牌。"村官们踏实肯干而不眼高手低是我们最看重的闪光点。"中国邮政集团公司总经理李国华说，"选聘优秀大学生村官到邮政企业工作，是响应党中央号召的具体措施，是促进企业发展的实际需要，也是邮政积极承担社会责任的体现。"去年，中国邮政集团公司录用了 1 846 名大学生村官。

"无论是留村任职、考公务员、自主创业还是另行择业、继续学习深造，村官们可以根据实际情况选择适合自己的出路。"徐州市委常委、组织部长戚锡生说，"无论将来从事哪行哪业，村官的经历和经验，将会成为他们终生受益的精神财富。"

二、中央谋篇布局着长远，组织部门牵头来抓花心思

"选聘大学生到村任职，就是为了给党和国家事业培养熟悉基层、了解农民、对群众有深厚感情的后备人才。"中共中央政治局委员、中央书记处书记、中组部部长李源潮不止一次这样强调："大学生村官计划是为党和国家培养可靠接班人的重大战略工程！"村官计划实施以来，他几乎每年除夕都要看望慰问大学生村官，给大学生村官拜年。

"这群年轻村官成长起来以后，将会改变我们现在的干部来源结构。"中国人民大学党史党建部主任杨德山指出，"目前，从家门到校门，然后直接进机关门的'三门干部'比较多。这种情况发展下去，会造成干部队伍结构的根本性缺陷，疏远干部与人民群众的感情，影响党执政的政治基础，中央正在扭转这种状况。"

"我们把他们当做宝贝呢，时刻关注他们的成长！"江苏沛县县委组织部青干科科长田中奎了解熟悉本县的每一名村官。春节期间，记者从中组部来到江苏省委组织部、再到徐州市委组织部、再到沛县县委组织部，来到村官所在的乡村，一路走来，切实感受到在中央的谋篇布局背景下，各级组织部门对村官的悉心培养。

2008 年以来，中组部先后召开 10 次专题会议，下发 12 个文件，从选拔、管理、培养、使用以及有序流动方面初步建立了一整套工作制度。去年 11 月 23 日至 27 日，中组部、农业部首次联合举办了一期全国大学生村官培训班，去年中组部还举办了进入乡镇领导班子的大学生村官示范培训班，为各地大学生村官培训起到示范带动作用。

社会各界也积极支持大学生村官工作。去年神华集团大学生村官"双六工程"启动，该工程计划 5 年内选聘 6 000 名任职期满的大学生村官到神华工作，3 年内投入 6 000 万元援助 2 000 名西部地区大学生村官创业；中国人寿还制定了大学生村官大病医疗和人身意外伤害综合保险计划，并提供费率优惠，为大学生村官解除后顾之忧；去年起中国扶贫开发协会开展了"大学生村官成长工程"，帮助在贫困村任职的大学生村官发展致富项目，实现创业就业。

干事创业给平台，政治发展多关怀。在一些刚刚换届的省党代会上，代表中出现了大学生村官的身影，其中包括江苏省南京市栖霞区西花村社区党支部书记石磊、山西神池县铁炉洼村党支部副书记宫玉峰、河南省博爱县东凡厂村党支部书记王静静等，人数达到10 多人，这表明大学生村官群体得到党和群众的认可。

三、大学生村官政策在实践中不断发展完善

继 2011 年"国考"中首次出现大学生村官定向录取岗位后，2012 年又有 124 个职位定向招录大学生村官。

在大学生村官生活待遇方面，2011 年由中央财政补助资金支付的大学生村官生活补贴增加至西部每人每年 2 万元，中部每人每年 1.5 万元，东部每人每年 0.8 万元，比刚开始每人每年提高了 3 000～5 000 元。

大学生村官工作是一项新事物，总体上还处于探索和完善阶段。3 年来，大学生村官的政策也在实践中不断发展完善。今年起山西省实施"创业行动计划"，鼓励和支持大学生村官加入农民专业合作社，该计划将选树 100 名大学生村官"新农村建设带头人"，创办 100 个大学生村官"创业示范合作社"，创建 100 个大学生村官"创业示范基地"；2010 年以来，河北省探索推行大学生村官述职制度，以县（市、区）为单位，每季度举行一次，年终进行综合述职，这项制度已经成为加强大学生村官管理的有效抓手。

据了解，今年上半年，中组部将对 3 年来大学生村官工作进行总结，召开全国大学生村官工作会议，制定下发关于加强大学生村官工作的意见，进一步明确大学生村官工作的总体目标，健全和完善大学生村官岗位职责和教育培训、干事创业、管理考核、发展渠道、有序流动等政策。

全国各地构建"人才到一线锻炼、干部从基层选拔"的长效机制

大学生村官报记者　张粉琴

三千大学生村官走上乡镇领导岗位

2011 年 12 月 21 日，中组部在宁举办的全国新任乡镇领导干部大学生村官示范培训班上传出信息：截至今年 11 月，全国各地从大学生村官中选拔乡镇副职人员已超过 3 000 人，其中今年新选拔了 1 800 多人。形成了"人才到一线锻炼、干部从基层选拔"的长效工作机制。

选聘高校毕业生到村任职工作是中央着眼长远作出的战略部署。胡锦涛总书记在"七一"讲话中指出："经过艰苦复杂环境磨练、重大斗争考验、实践证明优秀、有培养前途的大批年轻干部能够不断涌现出来，党和人民事业就大有希望。"大学生村官工作的重大战略意义之一，就是培养与人民群众有深厚感情的干部队伍。按照干部成长规律，从源头上优化党政干部素质和结构，在基层一线和艰苦复杂环境中培养优秀后备力量，为传承党的事业培育合格接班人。

我们欣喜地看到，近期以来，各地认真贯彻落实中央精神，不断深化对大学生村官工作的认识，以县乡换届为契机，加大对优秀大学生村官的培养使用力度，拓宽成长渠道，相继推出了各具特色的个性化举措，使大学生村官成为新时期基层干部队伍的源头活水。

在今年乡镇党委换届中，云南省选拔优秀大学生村官进乡镇党委班子工作力度之大令人瞩目。选拔中，既主动做好参选大学生村官的推介工作，组织大学生村官与代表见面，发表竞职陈述，回答提问，以增加群众和代表对大学生村官的了解，又引导代表充分认识选拔大学生村官的意义，正确行使民主权利、充分表达个人意志，使选拔大学生村官进入乡镇党委班子工作依法、依章、有序进行。通过换届选举，全省 1 245 个乡镇，共有 872 名大学生村官进入乡镇党委班子，其中 11 名任副书记，861 名任党委委员。这 872 名大学生村官，年龄都在 30 岁以下，文化程度大专以上，从年龄、文化等方面优化了乡镇领导班子结构。玉龙县委书记木崇根说，因为一批优秀大学生村官的进入，新一届乡镇党委领导班子学历高了、素质高了、专业强了、业务更精了。

拥有 2 万多名在岗大学生村官的山西，选拔准入"门槛"高。要求遴选对象必须是 2006—2008 年全省统一选聘在岗的大学生村官，担任过村党支部书记、村委会主任，或聘期考核结果为优秀，或受到过县级以上表彰。遴选特别注重业绩考核，组织部门通过民意测评、实地考察、查阅资料、专项调查等方式，对拟选拔人选进行综合打分，加大了考

核权重。壶关县龙泉镇西街村党支部书记赵小强被列入民意测评对象，回忆起那天的情景，他感慨地说："镇党委书记、镇长、包村干部、村民代表都来了，哪个干得好、哪个干得孬，大家心里跟明镜似的。"

遴选结果显示，153 名晋升"乡官"的大学生村官中，每个人都不乏骄人的履职记录——女大学生刘靖通过引进优良种羊，一年就使右玉县新城镇邓家村人均纯收入翻了一番，赢得村民信任；平顺县西沟乡正村陈帅在一片干石山上栽上"摇钱树"——山核桃，同时成立农民专业合作社抵御市场风险，村民每户增收 3 000 多元；清徐县马峪乡高旭彬，帮助村民建立运输合作社，结束了无序竞争的混乱局面……这些懂政策、有知识、有朝气的年轻干部进入乡镇班子，赢得了老百姓的交口称赞。

江苏对大学生村官的培养使用具有更长远的眼光。今年 3 月，在已经换届的 557 个乡镇中，就有 105 名大学生村官进入乡镇党委领导班子，46 名进入乡镇纪委班子。5 月，江苏省委组织部又出台了《关于加强大学生村官培养工作的实施意见》，启动大学生村官"百千万人才培养工程"，并把选拔优秀大学生村官作为后备干部培养纳入党建目标考核体系。

大学生村官"百千万人才培养工程"，是指在"十二五"期间，重点选拔培养 100 名县处级后备干部人才、1 000 名乡科级后备干部人才和 10 000 名村（社区）"两委"正职后备干部人才，分别由市、县（市、区）两级组织部门负责加强培养锻炼。各地将重点选拔一批表现优秀、实绩突出、群众认可、有发展潜力的大学生村官，作为后备干部进行跟踪培养。按照"培养有方向、管理有制度、使用有标准、流动有去向"的总体要求，制定大学生村官中长期培养规划和年度实施计划，并建立培养档案。

一个接一个年轻的大学生村官跻身乡镇领导行列，一些专家对决策深意进行了解读。"一言以蔽之，只有那些实绩突出、群众公认的大学生村干部，才有资格参加遴选并最终胜出，从而堵住了'会考不肯干'的人的晋身之阶。"山西农业大学校长董常生认为，"全国各地的公开遴选释放出一个强烈的信号，建功基层才会'有位'。"

国企巨头频向大学生村官伸出橄榄枝

踏实肯干而不眼高手低成为用人单位最看重的闪光点

大学生村官报记者　张粉琴

来自山东曲阜的大学生村官王潇，最近正式入职神华集团国华电力宁海电厂。今年任职期满的大学生村官，很多人都像王潇一样，感到"非常幸运"。因为在面临转岗之际，一批实力雄厚的国企巨头向他们敞开了热情的怀抱：神华集团 5 年招聘 6 000 名大学生村官，今年在全国先行招聘 1 500 名；2009 年就开始录用大学生村官的中国邮储银行，今年有 25 家一级分行共招聘大学生村官 2 280 名，预计 5 年后全行大学生村官总数将达到 10 000 人；中国农业银行全系统 32 家分行此前刚与 1 000 多名大学生村官签订了劳动合同，此后每年都将有千名大学生村官进入该行担任三农事业部县域机构客户经理；国内保险业老大——中国人寿在 16 家分公司试点的基础上，制定了不低于 500 人的年度招聘计划。中国电信江苏分公司、中国联通浙江分公司等，也在行业内率先进行大学生村官专项招聘，一次招聘名额都在百人以上。这些响当当的龙头名企，有的还位列世界 500 强，向来不乏各路求职者，但他们为何竞相向大学生村官伸出了橄榄枝？

一、踏实肯干成为大学生村官的优势标签

"与应届大学毕业生相比，大学生村官有哪些优势？公司最看重哪一点？"面对记者的这一提问，几家企业总部人力资源部负责人给出近乎相同的答案：大学生村官是个特殊的群体，既接受过高等教育，又经受过基层磨练，综合素质高，就业意愿稳定，勤勉务实。不难看出，大学生村官踏实肯干，是各大企业最为看重的群体特质。

"每交办一件事，他们都能认真去完成。"这是神华集团人力资源部总经理祁玮对大学生村官的印象，也是他对"踏实肯干"的诠释。他曾见过一小部分直接从校门走出来的大学生，"眼高手低，怕吃苦，不愿意去最一线的岗位工作"。正是有了这样的比较，扎扎实实"沉"在农村几年的大学生村官，他们身上透出的那种"能吃苦，肯干事"的实在劲，使他们在同龄人中凸显出来，成为职场上独特的优势标签。

转岗不离土，工作上手快，是中国邮储银行、中国人寿、中国农业银行等企业选择大学生村官的另一个重要原因。

中国邮储银行人力资源部总经理李鹏说得直截了当，"大学生村官了解农村，理解农民的金融需求，这与我们邮储银行服务三农的战略定位非常匹配。与应届毕业生相比，他们在适应环境、克服困难、解决问题等方面都更胜一筹。"目前该行已有一部分大学生村官脱颖而出，走上了重要管理岗位。北京怀柔区支行行长助理、信贷部经理白迪升即是一

个成功案例。白迪升 2009 年 8 月 1 日正式成为邮储银行北京怀柔支行一员。入行后，小伙子在师傅的精心指导下，潜心钻研业务，一个月就"吃"透了小额贷款业务，并发放了第一笔贷款。此后 3 个月，他发放的个人商务贷款占整个怀柔支行个人商务贷款发放量的 43％。"如今，他已成为一级支行的主要管理者，职务变了，舞台更大了。"李鹏介绍中充满赞赏。

大学生村官的优秀素养，很容易转化成业务优势，使他们在工作中崭露头角。中国人寿人力资源部总经理刘起彦认为，"大学生村官在基层，直接与群众打交道，不仅锻炼了人际沟通能力，还积累了很多人脉关系。"江苏姜堰市张甸镇大学生村官高杰就给刘起彦留下了不错的印象。高杰去年 12 月刚刚加入中国人寿，今年 5 月，公司开展农村驻村代表招募工作，他利用自己当村官期间担任乡镇团委书记的经历，积极联络招募农村的干部和失业青年加盟，并凭借当时收集的个体养殖户、乡镇企业老板等客户资源，开办了客户沙龙和创富论坛，活动搞得有声有色。公司上下对这个入职不到半年的新人顿时刮目相看。

二、社会责任和谋求发展的双赢之举

"社会责任"，接受采访的几家企业负责人在谈到招聘大学生村官时，都把它放在第一位。选聘高校毕业生到村任职，是党中央作出的一项重大决策。为了拓宽期满大学生村官的就业渠道，中组部倡导有责任、有能力的中央企业结合实际需要，积极选聘大学生村官。央企和一批"中"字头的大型国企招录大学生村官就业，正是履行社会责任的具体行动。

同时，这些国企巨头也有着自身发展的战略谋划——无论是中国人寿、中国电信，还是中国农业银行，中国邮储银行，无一例外地将新招的大学生村官安排到县域机构岗位上。联系几家大企业的发展战略，就不难发现，农村是各家大企业未来着力开发的大市场，而这些既有理论知识、又熟悉农村的大学生村官，正契合了企业发展需要，无疑是企业最好的人才储备。

中国农业银行招聘大学生村官的战略思路十分清晰。该行人力资源部总经理王玮表示："农行三农金融业务总资产已达 4.3 万亿，随着三农业务的快速发展，急需大量熟悉三农、有志于服务三农、愿意扎根县域的金融人才，优秀大学生村官正是我们渴求的宝贵人才。"王玮透露，中国农业银行系统尤其是那些招录大学生村官较多的分行已经尝到了"甜头"。譬如，山西分行 100 名大学生村官入职后，作为骨干力量组建了"青年突击队"，全面投身到山西分行"小额支付村村通"工程。他们走村串户，足迹遍及 28 000 多个村，新布放转账电话 3.6 万部，发放惠农卡 600 万张，惠及 2 300 多万农民。"山西农村金融服务全覆盖，大学生村官员工功不可没。"山西分行的有关领导对青年突击队的表现十分满意。

而对于神华这样的能源巨头，招聘大学生村官意义更为深远。中国煤炭企业协会一位专家指出，长期以来，矿工被描绘成"除了白牙，其余都黑"的农民工形象，作为中国最大的煤炭企业，神华集团选聘数千名高素质的大学生村官入职就业，对提升中国矿工形象具有重要意义，神华的美誉度也在无形中得到提升。

由此看来，国企巨头录用大学生村官，何尝不是企业的一种战略眼光和远见之举呢。难怪北京航空航天大学经济管理学院教授韩德强称，大型央企招聘大学生村官是企业责任感和发展需求的双赢之举。

三、国企巨头招村官导向意义很明显

热门国企择优招聘大学生村官，为大学生村官转岗开启了一条新通道，但同时，大学生村官也可从中得到启发，知道社会用人单位最欢迎什么样的年轻人，进而设计好自己的锻炼成长方案。

2008— 2011 年连续 4 年主持编写《大学生村官发展研究报告》的中国农业大学教授胡跃高告诉记者：2008 年开始的全国大学生村官工程建设已是第 4 个年头，2011 年是第一批大学生村官 3 年期满出岗的时期，将有 6.6 万人流动转岗。据统计，2010 年之前，期满出岗的大学生村官有 3.5 万人，其中进入事业单位的占 30％，考上公务员的占 26％，进入企业的只有 5.6％。但伴随着事业单位、公务员岗位逐步充实，拓宽企业就职这一渠道显得十分重要。今年，一批央企开门接纳期满村官，不仅为自身发展注入活力，还因其重要的地位和巨大的影响力，也会给其他企业在人才选择方面带来启示，具有积极的导向示范作用。

胡跃高分析说，大学生村官每年的选聘数量低于高校毕业生的 1％，是百里挑一的宝贵人才，又经过农村艰苦环境的锻炼，是掌握现代技术、了解国情、能够担当重任的好苗子。企业招聘他们，如同伯乐识得千里马。能源、金融保险、电信等热门行业的国企巨头，大手笔招聘期满大学生村官，使投身社会主义新农村建设的大学生村官拥有良好的心理预期，既有助于大学生村官出岗环节畅通，也有利于激励更多优秀毕业生进入村官队伍，推进大学生村官工程建设。

日前，中国人寿公司党委书记、总裁万峰亲自赴南京与大学生村官座谈，听取他们学习、工作和生活情况；神华集团公司董事长张喜武，专门给首批入职神华的大学生村官上了一堂大课，让刚刚转岗的大学生村官倍感温暖。胡跃高同样力挺这些企业掌门人的"亲村官"举动，"这有利于在全公司、全社会形成爱才、识才、育才、护才的氛围。"同时，他希望转岗后的大学生村官珍惜机遇，奋力成才，让大学生村官这一时代的人才品牌更加光彩夺目。

清华硕士，艾滋病村刨"病根"

——河南省上蔡县文楼村村委会主任魏华伟的故事

大学生村官报记者　张粉琴

你能想象吗？中国顶尖学府的法学硕士与艾滋病重灾村的村干部，两个反差极大的角色竟然在一个人身上得到了精彩演绎。河南省上蔡县文楼村党支部副书记、村委会主任魏华伟，用 2 年多时间完成了从清华大学优秀硕士生到群众拥戴的优秀村官的嬗变。

"魏书记和俺们心贴心，他是俺们文楼的主心骨。"文楼群众这句朴实的话语是对魏华伟最中肯的评价。魏华伟先后被授予上蔡县大学生村干部"创业之星"、驻马店市青年五四奖章、河南省十大杰出大学生村干部等荣誉称号。

一、他是村民掏心窝子的人

文楼是拥有 6 个自然村、总人口 3 697 人的普通行政村，但它又不普通，因为村里艾滋病病毒携带者占总人口的 1/10，是省级艾滋病帮扶重点村。

"知识分子不应该只关注一体之屈伸，一家之饥饱，真正需要关注的是作为个体对于群体、社会的责任和义务。"这是魏华伟 2008 年选择到文楼的思想初衷。

文楼的农民很耿直。魏华伟刚上任，村民程国富就对他说："小魏，干好了，你走时我们敲锣打鼓送，干不好，就用砖头砸你走。"魏华伟笑笑，他一头扎进村子里。

刚开始，村民有时请魏华伟到家里吃顿家常便饭，魏华伟怕给他们添麻烦，一般都婉言拒绝了。后来，村党支部书记刘月梅告诉他："华伟，你是高材生，别人请你你不去，他们会认为你看不起他，不利于做工作"。以后凡有村民请吃饭，他能去就去。在村里，他经常找老党员、老干部聊天，沟通对一些问题的看法。途中，看到谁他都主动打招呼，闲聊几句。与群众聊天时，魏华伟十分随俗，有板凳就坐板凳、没板凳就坐砖头，看着哪家正在干活，他也过去帮一把。很快，通过走村入户与群众聊天，在田间地头与群众攀谈，他对文楼有了较为全面的了解。

有一件事真正让村民把魏华伟当成了"可以掏心窝子的亲人"。他初到文楼，正赶上村菌种场的木耳大丰收，但苦于销路不畅，10 多万斤木耳堆积如山，群众心急如焚。魏华伟主动挑起了卖木耳的重任。由于文楼村的木耳没有包装，在市场上并没有太大的优势，魏华伟在郑州的超市和批发市场跑了几天，效果并不明显。于是，他找相关领导、同学、朋友，在众人帮助下，短短两周文楼村的木耳销售过半。可就在这时，他得了急性阑尾炎并做了手术。术后第二天，他就和义煤集团以及平煤集团的相关负责人电话洽谈木耳销售事宜，第三天他又不顾母亲和主治医师的劝告，急着出院与客户面谈。经过多方奔波，文楼 10 多万斤木耳销售一空。看着健壮的小伙子累得脸色蜡黄，文楼的群众感动得无以表达。

二、他为村民叩开致富之门

文楼许多人感染艾滋病，原因是卖血，而"病根子"则是贫困。

"在新农村建设中，文楼不能落后。"魏华伟时常为群众鼓劲。他认为，"文楼新农村建设的主体是群众，与其给群众救济不如教给群众发展的方法，变输血为造血，才能不辜负党委政府和社会各界对文楼的关心和支持，从根本上解决文楼的贫穷问题。"

文楼有蔬菜种植的传统，但这几年蔬菜种植面积一直在萎缩，主要原因是露地种植效益低，大家积极性不高。"这么好的传统和基础，扔了太可惜了，打破传统搞大棚，种菜仍大有作为。"魏华伟这样对村民们说。但大家习惯了传统种菜，对发展大棚种菜心里没底。魏华伟先带领 5 名种植户到上海参观农村青年就业创业成果，后又从市里请来专家培训指导。部分种植户生产积极性陡增，还自发成立了蔬菜种植专业合作社，每家投资三四万元兴建了 4 个温棚。村民程凤春建大棚时，帮忙的人被拖拉机砸伤了，本来建大棚投资三四万元就不是小数目，又要赔偿人家医药费三四万元，程凤春认为兆头不好，想打退堂鼓。魏华伟多次找到他给他鼓劲，说"开弓没有回头箭，只有建大棚全家生活才有希望"，并想方设法为程凤春协调了 3 万元小额贷款，异常感动的程凤春再次燃起了建大棚的激情。

去年在外地学习时，魏华伟了解到种白金瓜时间短、见效快。他与武汉一家公司合作，并与公司签订了一个最低保护价，鼓励村民试种了 30 亩白金瓜。尽管气候不佳，且缺乏种植经验，但每亩白金瓜净收益还是达到了 1 000 元，比种玉米高出许多。尝到甜头的村民主动找到魏华伟，今年村里种植面积扩大到 50 亩。

转业军人骆华宾脑子活，魏华伟有意培养他。魏华伟推荐骆华宾到驻马店农校免费学习培训，培训结束后，骆华宾常识性地投资几万元建了两个草莓大棚，去年春节草莓供不应求，第一茬就卖了四五千元，今年他又扩大了种植规模。骆华宾说，"这一切都源于魏书记，他帮我找到了发家致富的方法，让我知道在土地上照样可以有所作为。"

目前，魏华伟在村里精心培养的致富骨干，以活生生的事实赢得了周边村民的羡慕。"带头人的数量还远远不够，我计划依靠村两委班子为每个村民组培养 1～3 名带头人，以身边的人促动村民，从而带动更多村民行动起来。"魏华伟说。

三、他让病号在家门口打工

"魏书记，我们病号出去打工受歧视，重活又干不了，你能不能给我们引进一个项目，让我们不出门就能打工"。村民的这个愿望，魏华伟一直记着。

文楼有一个菌种厂，以前承包给了上蔡一个农户，由于技术、管理不到位，菌种厂几乎陷于停顿。魏华伟建议与原承包人解除合同，并广泛联系、认真筛选，最终通过驻马店市食用菌研究所引来一家技术、资金雄厚的食用菌种植专业合作社承包了文楼菌种厂，魏华伟又多次邀请中国农业大学、河南农业大学、驻马店农校的专家到村指导，使菌种厂重新焕发生机。"再等一两年，文楼菌种厂将成为豫南最大的白灵菇、鸡腿菇规模化种植基地。"新的承包人高兴地说。现在菌种厂最忙时，每天有 100 多名村民到厂子里打工。

建立小麦良种基地，也是一波三折。魏华伟先在上蔡找了一家种子公司，希望他们能在文楼建立良种基地。一听说是文楼，人家不愿意来。魏华伟只得又到驻马店市农科所找"驻研种业"，好说歹说，驻研种业公司吴总总算答应了。可过了两天，人家又犹豫了。魏华伟下定决心，又跑市里找吴总，给他讲了一通"大道理"。吴总被感动了。公司很快把小麦种子运到了村里，从播种到管理，魏华伟和村民们都尽力配合。尽管气候反常，良种小麦依然喜获丰收，产量比普通小麦高 10%，市场售价也比普通小麦高出 10%。良种基地顺利落户文楼。

如今，文楼蔬菜种植面积 500 多亩，猪、鸡、牛养殖初具规模。村民发展的情绪高涨。"虽然做的事情很少、很小，但很有成就感。"魏华伟说，"最重要的是更了解农村、农业，与农民建立了血浓于水的珍贵感情。"

在魏华伟的内心，最大的愿望是：明天的文楼，不再是艾滋病和落后的代名词。

附　　录

第六次产业革命和农业科学技术

钱学森

1984 年 12 月 23 日

科学革命、技术革命、社会革命、产业革命

革命是马克思主义哲学里一个非常重要的概念。革命就是事物发展过程中出现的飞跃。马克思主义哲学辩证唯物主义的观点认为,任何事物的发展总是不平稳的,有曲折的,有时候前进,有时候停滞,有时候又会出现大幅度的变革,形成飞跃,这种飞跃就是革命。

科学革命,就是人认识客观世界的飞跃;技术革命是人改造客观世界的飞跃;社会革命,则是人类社会的制度,特别是所有制方面大的变化。今天,我还要讲一讲产业革命。这几种革命,光说一个名词,恐怕还不行,还得举一些例子,以便大家可以比较形象地认识。

一、科学革命

在科学史上有些什么科学革命?有哪些是人认识客观世界的飞跃呢?这里可以举一些例子。古代人根据直观的观察,总认为太阳是围绕地球转的,形成地心说。后来在欧洲文艺复兴时期,16 世纪中叶,哥白尼发现地球绕着太阳转,推翻了地心说,建立日心说。这是人认识客观世界的一次飞跃,是一次科学革命。这样就开始对物体的运动有进一步的研究,使得在 17 世纪下半叶,创立了牛顿力学,打破了一直从古希腊时期延续下来的关于运动的看法。从前,认为物体的运动,必须有一个力在推动,没有推动力物体就不运动了。牛顿推翻了这种看法,认为物体只有在加速时才需要力去推动,如果物体保持原来的速度,则不需要力去推动。这在对运动的认识上,推翻了过去错误的概念,建立了新的、正确的结论,也是人认识客观世界的一次飞跃。所以牛顿力学的建立,也是一次科学革命。从前西方人认为物体能燃烧是因为有"燃素"。后来,拉瓦锡证明是因为空气中有氧气,推翻了"燃素说",建立了"氧化说",也是一次科学革命。到了 19 世纪以后的事例就更多了。比如,恩格斯就特别指出,在 19 世纪中叶就有三项划时代的科学发现,第一是细胞的发现,第二是能量的转化,第三是生物进化,即生物的演化。现在我们用科学革命的概念,这三大发现,都是人认识客观世界的飞跃,都是科学革命。科学是人对客观世界规律的认识,不仅是自然科学,社会科学也有科学革命。19 世纪中叶,就有两次社会方面的科学革命,都是马克思创

立发展的。一次是提出并建立了历史唯物主义，再一次是提出了剩余价值学说。这两次都是人认识社会的飞跃。再往后，就有电磁场的理论，把电和磁结合起来，这也是人认识客观世界的飞跃。到了20世纪初就更多了，比如巴甫洛夫的心理学，把人的心理作用和大脑的活动直接联系起来，得到了列宁的很高评价。还有像相对论、量子力学的出现，都是人类认识客观世界的飞跃。牛顿力学解释宏观的现象，量子力学的出现，增加了我们认识到宇宙的层次，使我们的工具深入到微观；相对论的出现，特别是广义相对论，为我们认识宇观世界，如大到十万光年的银河星系等大系统，提供了认识工具。所以量子力学和相对论都是人认识客观世界的飞跃。

二、技术革命

人认识客观世界是为了改造客观世界，人改造客观世界的飞跃，就是技术革命。技术革命这个词，毛泽东同志1969年曾作了一个概括。他说：小的技术改进，可以叫做技术革新；而在技术上带根本性的、有广泛影响的大的变化，叫做技术革命。他还举了三个例子。一个是蒸汽机的出现，一个是电力的出现，另一个是原子能（现在我们叫核能），都可以称为技术革命。这就把技术革命的涵义很精确地定义下来了，我认为也就是人改造客观的技术的飞跃，这种飞跃的影响不是光局限于局部的某一方面，而是对生产力的发展有普遍的推动作用。

从这个涵义考虑，还可以追溯历史上出现的其他技术革命。在远古时期，人开始学会使用石器，即石器的制造，是人改造客观世界的技术的飞跃。所以石器的制造，在历史上是一次技术革命。火的利用也是一次技术革命。后来，到了近代，蒸汽机的出现，内燃机的出现，化学用到生产上，即化学工程技术的出现，电力的出现，无线电的出现，通讯技术的出现，航空技术的出现，这些都是人改造客观世界科学技术的飞跃，都是当时的技术革命。到了20世纪中叶，技术革命就越来越频繁，可以说是成群地出现的。到了现在，大家谈得很多的新的技术革命，像电子计算机、遗传工程（或叫生物工程）、激光技术、核能、核技术、航空技术、海洋工程等，这些都是技术革命，我们常常把它们统称为"新的技术革命"，就是20世纪中叶以来的技术革命。所以我们说，新的技术革命不是单数的，而是复数的，是一个新的技术革命群。

这些新的技术革命群，还应增加一项非常重要的一个技术革命，这就是系统工程。所谓系统工程（也叫系统分析、运筹学或运用研究等），就是现代科学技术用到事务管理方面，用一套科学方法总结经验。对于复杂的系统，一个工厂，或一项事业，大至整个国家，要组织管理复杂系统，不是靠思考、设想、估计，而是要靠定量的科学分析。这是一个了不起的变化。所以系统工程也应该作为人改造客观世界的飞跃，也是技术革命。

三、社会革命，或者简称革命

从原始公社的公有制崩溃到奴隶社会私有制的产生，这是一次社会制度的大变革，是飞跃，是一次社会革命。就是在私有制的前提下，也有社会制度的大变革，比如从奴隶社会到封建社会，又比如从封建社会到资本主义社会。社会主义制度的建立又是一次社会革命，再一次确立了公有制。这些都是大家熟知的社会革命。事物是发展的，随着人类社会的发展出现的新的发展，都是社会革命。

四、产业革命

恩格斯在《英国工人阶级的状况》一书里，用很大篇幅描绘了 18 世纪末到 19 世纪初近 60 年中，由于蒸汽机、动力和大工厂的出现，英国在工业、交通运输以及农业方面翻天覆地的变化，并且把这样巨大的变化叫做产业革命。从恩格斯的书中，我们可以领会到产业革命决不是说哪一个局部的变化，不是生产技术应用到哪一个方面所引起的飞跃，而是全局性的、整个生产体系的飞跃变化，不只是工业，还有农业、交通运输以及经济关系的变化。如果下一个定义的话，产业革命就是经济的社会形态的飞跃，它是社会形态，是经济方面的社会形态的飞跃。

在人类社会历史上，出现过哪些产业革命呢？我认为第一次产业革命是农业、牧业的出现。在一万年以前的原始公社时期，人从完全依靠采集和猎取自然界的野生果实和动物产品而生活的生产体系，转入了发展农业和牧业。人开始不完全依靠自然，有了一点主动权，靠自己的劳动来控制生产，由此生产体系形成了飞跃。第二次产业革命是商品生产的出现。大约在三千年前，也就是中国的奴隶社会里，从完全为自给消费的生产，开始为交换而生产，就是商品生产，这对生产关系是一个很大的发展。第三次产业革命是大工厂的出现，发生在 18 世纪末的英国。是在英国的资产阶级夺取了政权以后，才出现产业革命的，是社会革命促使了产业革命的出现。第四次产业革命就是更大规模的、全国性的以至于跨国的、全世界性的生产体系的建立。这在 19 世纪末、20 世纪初。没有这一次，不可能想象现在发达国家有这样的一个生产体系。新中国成立后，工业生产有了很大的发展。但是这些工业是小而全、大而全，就是一个工厂无所不包。这种生产方式实际上是陈旧的，是第三次产业革命的方式，而不是第四次产业革命的方式。在国外，没有搞小而全的，都是社会化的协作生产。我认为现在城市改革是补第四次产业革命的课，我们落后得很厉害。第四次产业革命带来的变化也是很大的，列宁从政治的侧面总结了这个变化，就是那本名著《帝国主义是资本主义的最高阶段》。资本主义从自由资本主义发展到垄断资本主义的时候，它的生产体系、组织结构和经济结构也经历了一次飞跃，就是第四次产业革命。

"新的技术革命"，实际上是第五次产业革命的别名，其核心问题就是信息革命，也就是国外讲的信息社会。我们进入的生产体系，就要来到的这个社会里，如果没有信息，是什么事也办不成的，经商要是没有信息，就会亏损、尽办傻事。办工厂要是没有信息，生产出来的产品用户不要，就成了亏损户。信息很重要。现在我们要加速发展，要翻两番，没有信息，我看不行。所以我认为，第五次产业革命的核心就是信息问题，这里要抓的问题很多，要赶上去。所谓电子计算机以至于我呼吁的第五代智能计算机，是有智能的能力，这些都是由于信息的重要性所提出来的一系列问题，将会有一个翻天覆地的变化。尤其是对我们国家来讲，即将来临的第五次产业革命对我们的冲击是很大的。

第六次产业革命——农业型的知识密集产业

我们不但要迎接第五次产业革命，而且要为第四次产业革命补课。这里着重讲一讲第六次产业革命，因为它与农业科学技术的关系特别密切。中国农村现在有了很大的发展，发生了很大的变化，日新月异，所以我们要作这个思想准备，要预见到第六次产业革命。

第六次产业革命就是建立农业型的知识密集产业。知识密集型产业，是把所有的科学技术都用在生产上，靠高度的科学技术的生产。农业型的产业是指像传统农业一样，以太阳光为直接能源，靠地面上或海洋里的植物的光合作用为基础，来进行产品生产的生产体系。太阳光是一个强大的能源，在我国的地面上，每平方厘米每年有 120～200 大卡①的能量。也就是每亩每年接受太阳的能量相当于 114～190 吨标准煤。这是农业型产业得天独厚的优势。

当然，限于水和肥料的供应，限于光合作用所必需的二氧化碳在大气中的浓度，限于植物本身的能力，上述巨大太阳光能只有很小一部分转变为植物产品。这个比例不到 1％，最多只有 1％。那 99％以上的太阳光能释放在空气里，用来升高气温，用来蒸发水汽。太阳光还能在地球上转化为风力和水力资源，农业型产业也要利用风力和水力发电用于生产。

就是变成植物产品了，光合作用生产的产品，人也不能全部直接利用。以粮食作物来说，子实在干产品中占不到一半，其他 60％是秸秆。现在农村缺燃料，往往把作物秸秆当柴烧，肥料和有机质不能还田，这是个大损失。

首先我们要考虑的是要提高农业的效益，如何充分利用植物光合作用的产品，尽量插入中间环节，生产有用产品。例如利用秸秆、树叶、草加工成配合饲料，养牛、养羊、养兔、养鸡、养鸭、养鹅。不但这样，牛粪还可种蘑菇，又可以养蚯蚓。蚯蚓是饲料的高蛋白添加剂。它们排出的废物还可以再利用，可以加工成鱼塘饲料，或送到沼气池生产燃料用气体。塘泥和沼气池渣最后还可用来肥田。

一方面充分利用生物资源，包括植物、动物和微生物；另一方面又利用现代工业生产技术，把全部现代科学技术，新的技术革命的成果，全都用上。不但生产技术现代化，而且生产过程组织严密，各道工序配合紧密，是流水线式的生产。这就是农业型的知识密集产业。它是一个值得重视的方向。这样搞下去，会有飞跃的。它已经不是传统的农业，不是单个方面的生产，而是一种生产体系，一种产业。其特点就是以太阳光为直接能源，利用生物来进行高效益的综合生产。并且我们可以注意到，只有直接利用太阳光能的植物生产才占用地面，其他的生产过程，或者是利用动物的，或者是利用微生物的，或者是工业加工，这些都可以在厂房里进行。厂房可以是楼房，也可以在地下，少占地面或不占地面，这样对于我们国土面积的利用率就大大提高了。农业型的知识密集产业可分五类。

第一类是农业产业，以种植粮食作物和经济作物为基础。它包括的不只是种植业的农，也有绿化的林，养畜的牧，养家禽的禽，养鱼的渔，也有养蜜蜂、蚯蚓等虫业，还有

---

① 大卡为非法定计量单位。1 大卡＝418.85 焦耳。

菌业、微生物（沼气、单细胞蛋白）业，还有副业和工厂生产的工业，是十业并举的农业产业体系。山西大同县发展了超大型的专业户，有的一户售粮 10～50 万斤。1984 年全县已有 195 个，占全县农户总数的 0.5%，经营全县耕地的 6.3%，平均亩产要比一般粮食生产专业户高 1.2 倍，共售粮 2 400 多万吨，占全县售粮总数的 30.3%，商品率高达87%，人均售粮达到 9 000 多斤，是全县人均售粮的 19.5 倍。这些大户的生产效益也高于一般的种粮户，投入 100 元，收入平均 288 元。他们用科学技术，用机械设备，已经向知识高度密集方面发展了。这个发展对我们农业科学技术的压力很大。当然，这个产业还可以发展，还有大量的工作要做，比如发展畜牧业。再进一步，还可利用微生物，发展沼气。广州市幸福乡除种植业外，还发展塘鱼、蚕桑、甘蔗、香蕉等，搞得很好。从前，人畜粪便都是直接下鱼塘，后来把人畜粪便先放沼气池里产气，然后把沼气渣放到鱼塘里，发展很快。为了深入研究和发展这类产业体系，有必要在不同地区，根据不同自然条件设置试验点，调集科学技术力量，创造经验，开辟道路。

我们今天要走城市和农村同时建设，城市和集镇、工业和农业协调发展的道路。上述农业产业的据点是集镇，大约万人，其中直接搞种植业的只是少数，也住在集镇，早出晚归。其他生产如粮食的深度加工、食品工业等中间环节，也都在集镇。集镇是生产和文化教育中心。现在农村已经开始盖楼房，还可以盖高一点，少占地面。将来甚至可以是发展到地下建筑，冬暖夏凉，节省空调，又完全不占地面，地上是园林，给人们游乐休息。从前集镇的发展有点自发，现在国家应该派专业队伍去指导，一方面可以去学习，收集群众的创造、经验，然后科学地提高，再回到群众中去；另一方面去指导，群众还没有做到的，可以教他去做。

第二类是林业产业，不光是种树，而是又一类农业型的知识密集产业。如果包括宜林荒山，我国林业面积可达 45 亿多亩，是农田面积的两倍多。现在林业的形势落后于农业，尚在探索最适当的生产关系。

生产关系和生产体制问题解决之后，就要解决林业生产的生产组织和生产技术问题。不是附带搞种植树木的林业，而是大规模地搞。要发展木本植物。食用油和工业用油的生产，可以参考农业产业的一些做法搞多层次的综合生产。林业产业当然也有牧、禽、虫、菌、微生物、副业和工业的生产，也会有些农田种植业和鱼池养殖业。

作为林业产业的特点，是林木加工和森林枝叶的利用。现在把原木运出林区到城市加工的做法值得考虑。能不能把木材在林区加工到半成品、成品？能不能从林区直接运出纸张？这样加工过程中的木屑、锯末、纸浆的废液，都可以利用。再加上枝叶的利用，林业产业就可以大搞饲料，发展畜牧业。牲畜粪便又可以养蚯蚓等，获取饲料的蛋白质添加剂。而它们大量排放的有机废液又可以用来生产沼气，作为林业产业的燃料产品。这样，林业产业不但提供食用油、工业用油、木制品、纸张、肉食、乳制品等；而且能每年提供相当于上亿吨标准煤能量的沼气。

第三类是草业产业，是草原经营的生产。内蒙古发展草原是有成绩的，从 1947—1983 年这 37 年中，内蒙古自治区的 73 亿亩草原，畜牧业累计产值 100 多亿元。然而折合下来平均每亩每年产值才 2 毛钱。我国的草原面积，如果包括一部分可以复原的沙化了的面积，一共有 43 亿亩，目前经营粗放，效益很低，如上所说，顶多搞点草库仑。应突破传统的放牧方式，利用科学技术把草业变成知识密集的产业。

搞好光合作用，精心种草，让草原生长出大量优质、高营养的牧草。引种和培育优良草种。防止自然界的敌害，如灭鼠等。一亩草原经过科学改造，亩产干草可以比现在大大提高。

畜产品的乳和出栏供屠宰的牲畜，都要运到加工厂进一步加工，综合利用。血粉、骨粉等要返回到分散的饲料厂作为添加剂。

饲料加工的废料和饲养点的牲畜粪便可充分利用，种菌、养蚯蚓、养鱼、造沼气等。沼气多了还可以用来开汽车，开拖拉机，发电。这种生产和定居点大约几百人的居民，构成草业的生产基地，它经营的草原范围有 10～20 千米。既然是几百人的居民点了，就可以有小学和初级中学。有采用沼气和用风力的上千千瓦的电站，有生产及生活用水的供应等，从通信广播卫星可以直接收电视广播节目，这就是现代化的草业新村。

畜产品的综合加工厂设在县级小城市。那里也是政治文化中心，应该有草业的中等技术学校和师范专科学校。

创建这种知识密集的草业产业在我国 43 亿亩的草原上，每年可能获取几千万吨的牛、羊肉和大量的乳品，我国人民的食物构成也将改观。

第四类是海业产业，是利用海洋滩涂的产业。我国近海有 70 亿亩海洋滩涂，其中浅海滩涂为 22 亿亩，是一个庞大的资源。主要靠海洋中天然生物光合作用的产物，以此为饲料来经营鱼、虾、贝等的养殖和捕捞。长期以来我们只捕捞而不养殖，就如原始社会早期畜牧业出现以前，以打猎为生。我们由此也就悟到创建知识密集型海业产业的道路，就是"转'猎'为'牧'"。山东省荣成县有 300 多千米的海岸线，50 万亩浅滩，水产品占山东省的 1/3，要建设一批以水产品养殖和加工为主的港口小城镇。在这批城镇中有水产品加工厂、副食品厂、塑料厂、阀门厂、渔船修造厂和对虾养殖场等，已初步构成产业体系。这是认识上的一个飞跃，真正认识到近海滩涂充分利用的价值。

我国近海面积是日本的 5.6 倍，而 1982 年我国全部海洋渔业的产量才是日本近海渔业产量的 46%。改变这种落后状况的一个技术措施是投放人工鱼礁，造成在近海鱼类栖息的好环境。只此一项就有可能把我国近海渔业产量提高十几倍，达到每年 5 000 万吨。

再进一步，我们还应该把海洋渔业变成"海洋放牧"。利用有些鱼类洄游到淡水产卵孵化的习性，创造河港中鱼苗生长的条件，鱼苗长成幼鱼自己进入海洋；成鱼又会从海洋回来，正好捕获。我国的高级食用鱼如大麻哈鱼和鲥都属此类。

海业产业的范围还要大得多，还有海带、海藻、虾、贝的养殖业。我国海水养殖业的海带、海藻、虾、贝的养殖，还是很先进的。1983 年底，我国的海水养殖面积有 280 万亩，按照国际标准产量达 226 万吨，占世界海水养殖总量的 45%，还可以发展。海产品多了，必须发展深度加工以充分综合利用，形成知识密集型产业。

第五类是沙业产业。我国沙漠和戈壁大约 16 亿亩，和农田面积一样大。沙漠和戈壁并不是什么也不长，极干旱不长植物的只是少数，大部分还是有些降水，有植物生长，有的还长不少的多年生小植物。也有小部分干旱地沙漠化了，可以考虑引水灌溉的。

目前人们从沙漠和戈壁获取的只限于特产的药材，但也只采不种。沙漠和戈壁的潜力远远没有发挥出来。作为沙业产业，应该既采又种，提高产量。

社会主义的中国，在十一届三中全会以后，在中国共产党的领导下，我们八亿农民发明、创造了一条自己的道路。我们可以直接借鉴于外国的地方当然很多，但是不能从总体上来借鉴外国的农业发展。为此，我认为就是要创建农业型的知识密集产业，也就是知识密集型的农业产业、草业产业、海业产业和沙业产业。假如我们真正走到那一步，很可能会消灭三大差别。首先，城乡差别就没有了，上面所讲的集镇、居民点，都是文化水平相当高、文化设施齐全的。第二，工农差别也要消灭，因为这些知识密集型的产业生产，其组织的严密性与大工业是一样的。这样，因为知识密集型的产业生产，城乡差别要消灭，工农差别也要消灭，自然会带来体力劳动和脑力劳动差别的消灭。

我们的对策和措施

为了实行农业型的高度知识密集型产业，必须提出大力培养农业型产业专门人才问题。现在我国农林专业在教育系统中重视得很不够，工科专业比重过大。这个比例失调一定要改正过来，大大增加农林专业、生物专业、轻工与食品工业专业的招生人数，包括高等院校和中等专业技校。在农业型的高度知识密集产业里，需要多少科技人员、多少知识分子呢？八亿人里大学生占 1/10 就得要 8 000 万人，比现在所有知识分子的总和还多，并且恐怕不是现在农业大学的大学生，要比那个范围还宽。建议创建一种新型的高等院校——"生理综合性大学"，这也是改变社会观念所必需的。

科学研究中的又一大课题是发展新技术革命的生物工程技术，如细胞工程、酶工程、遗传工程等，为农业型的产业服务，大大提高生物生产的经济效益和对生产有用的生物功能，以至创造新的生物。现在生物技术还只是开头，这方面的研究工作要加强。

属于技术开发性的科研也有几个方面。比如用生物进行生产的生物工厂，我们要开发这项技术。像单细胞蛋白，作为配合饲料的添加剂，就是用有机质的废渣废液经过培养单细胞微生物，然后把菌体分离出来。这个技术要发展。上面多次提到用沼气作能源，要研究沼气的生产过程，现在沼气的工作很分散，据我所知，几乎所有省都有。要提高沼气生产效率，把目前每立方沼气池容量每天产气 0.1 米^3 左右，提高到 1 米^3 以上，这是完全可能的。中国科学院成都生物研究所等单位用两步发酵法是个苗头，可以达到这个指标。再就是蚯蚓的养殖也要从现在的比较原始的办法逐步发展到全自动控制的连续性生产。还有其他。这方面的技术是随着生物技术的应用迅速发展着的，我们一定要重视它。

发展性科研的一方面是生物化工，也就是用生物产品作原料，用机械和化学方法，在工厂中分离和制造新产品。这里工作加工对象是无生命的。这一类中包括各种下脚料的利用，如骨头制骨粉，骨粉提骨蛋白质等。再如树叶也可提叶蛋白。至于配合饲料这方面更是化工生产的一个大项目。再有一个方面也是发展性的研究。就是食品类的问题，因为各业综合利用都有一个食品工业的问题，我们国家也是差得很远的。因为现在各方面都对此很重视，所以这里也就不再多说了。

此外系统工程，组织管理复杂体系的技术，用到农业生产。农业系统工程用到今天的农业，虽有一定的作用，不容轻视，但因为现在的农业还没有组织得那么严密，农业系统工程还不能充分显示它的威力。一旦农业系统工程用到知识密集的农业产业、林业产业、草业产业、海业产业、沙业产业，定会大显身手，不但体系的组织，而且在日常生产调度上，都会显示其威力。所以研究发展农业系统工程是创建农业型知识密集产业的重要内容。

　　农业型的知识密集产业的创建还不只是这些产业自身的问题，工矿业要跟上，原材料也要跟上，还有交通运输业、通讯情报业、教育文化事业、商品流通、城乡建设和生活服务等。所以生产关系也将有很大的调整，对生产力的组织、变动就更大了，简直是个大改组，这是生产力经济学要解决的课题。

大学生村官大事记

（2011—2012 年度）

2011 年 2 月 2 日，中组部部长李源潮到江苏徐州农村看望慰问大学生村官时说，今年是全国第一批选聘的大学生村官期满之年。对于大学生村官期满后的去向，中央高度重视，中组部等部门下发专门文件，提出了"留村任职、考录公务员、自主创业、学习深造、另行择业"等"五条出路"。尽管中央专门出台了面向大学生村官定向招录公务员的政策，但和村官数量相比毕竟名额有限。中国经济社会在快速发展，各行各业都需要人才，都能成就人才。大学生村官这段经历，对将来无论从事哪一类职业，都是一笔宝贵的财富。我国目前最缺人才的地方还是农村，希望有更多的大学生村官留在农村，为建设社会主义新农村贡献力量。

2011 年 2 月 14 日，中共中央政治局常委、中央书记处书记、国家副主席习近平作出重要批示指出，大学生村官张广秀同志的事迹很朴实、很感人。她全身心为村民服务，身患重病不忘本职，用真诚赢得了大家的认可。要注意总结宣传张广秀同志这样的先进典型，进一步引导大学生村官扎根基层、奉献才干、锻炼成长。习近平同志还要求有关方面组织医疗专家对张广秀同志进行精心治疗。

2011 年 2 月 17 日下午，中共中央组织部派专人到北京大学人民医院，给大学生村官张广秀送来中组部部长李源潮同志的亲笔信和李源潮同志个人捐赠的慰问金。同日，中共中央组织部部务委员兼组织二局局长陈向群同志到北京大学人民医院，代表中组部看望慰问身患白血病的张广秀。卫生部党组书记、副部长张茅同志陪同看望。

2011 年 3 月 3 日，两会召开期间，全国人大代表杨秀华建议，国家应当优先将特别优秀的大学生村官转录为公务员，这样可以让那些了解基层现状的大学生村官，更好地服务基层工作。

2011 年 3 月 12 日，海南省发布 2011 年选聘高校毕业生到村任职公告，公告中明确大学生村官任职期满经组织考核合格后，报省委组织部或省人力资源和社会保障厅审批，录用为本县（市、区）乡镇公务员。

2011 年 3 月 21 日，中共中央政治局委员、中央书记处书记、中央组织部部长李源潮同志在中组部办公厅呈送的信息上批示：浙江安吉 155 名大学生村官中 64 名进入了村党组织领导班子，说明给大学生村官"定职"是切实可行的。李源潮同志要求相关部门就给大学生村官"定职"这一问题进行研究。

2011 年 3 月 24 日，中组部部务委员、组织二局局长陈向群与大学生村官座谈时说，国家发展的重点在农村、难点在农村、潜力也在农村。农村基层特别需要有技术、素质高、眼界宽的大学生村官，而基层也能提供给大学生村官广阔的舞台。各级党委政府要充分认识到推进大学生村官工作是为了培养基层后续人才这一重要的战略意义，以此次乡镇党委换届为契机，将群众认可度高、发展潜力大的大学生村官，通过公开选拔、选举等方式安排到乡镇领导班子中去培养和锻炼。

2011年4月2日，中国青年报公布了南开大学5名学生实施的一项涉及575人的问卷调查显示，绝大多数大学生村官认为当村官的经历使自己的能力素质得到提高；当被问及"是否后悔做村官"时，81.91%的受访者选择"不后悔"，明确表示"后悔"的有9人，约占1.57%。

2011年4月8日至10日，中共中央政治局常委、全国人大常委会委员长吴邦国在重庆调研时与大学生村官亲切交谈，勉励大家为农村发展出点子、做实事，也为自身成长积累经验。

2011年4月15日，《大学生村官报》在南京正式创刊。《大学生村官报》经国家新闻出版总署正式批准，由中共江苏省委组织部主管，新华日报报业集团主办，每周五出版，面向全国发行，由各地征订后分送给目前全国的20多万名大学生村官。

2011年4月15日，神华集团有限责任公司党组书记、董事长张喜武在南京向全国第一批3年期满的大学生村官发出邀请，宣布神华集团大学生村官"双六"工程启动。

2011年4月26日上午，湖北省委组织部召开全省大学生村官管理工作视频会议，要求市县乡党委和组织部门严格执行大学生村官管理制度，不得以任何理由借用大学生村官。

2011年5月5日，由中国扶贫开发协会主办、中国扶贫杂志社协办的大学生村官"我和我的村子"有奖征文暨全国贫困村大学生村官成长工程启动仪式在京举行。启动仪式上共募集了1亿元的大学生村官星火扶贫创业基金。组织贫困村大学生村官培训是中国扶贫开发协会"支持贫困村大学生村官成长工程"的一项重要内容。工程主要从建立"星火扶贫"专项基金、组织贫困村大学生村官培训、支持创业与就业三个方面帮助大学生村官成长。

2011年5月23日，全国党建信息平台"12371"发送了一条关于大学生村官内容的短信。短信全文为：自2008年3月大学生村官计划启动以来，全国累计有200万名高校毕业生报名应聘，目前在岗的大学生村官达到20.9万名。中央有关部门确定中央财政补助大学生村官名额将从20万增加到30万，加上各地自行选聘的，预计到2015年将达到40万人，覆盖2/3的行政村，到2020年将达到60万人，实现一村一名大学生村官的目标。

2011年5月30日，中组部在山西省召开大学生村干部工作座谈会，中组部组织二局副巡视员单向前对山西省的大学生村干部工作给予了充分肯定，并提出三点希望：一是希望把大学生村干部当成自家的孩子来培养，二是希望加强大学生村干部的自身教育，三是希望放长眼光看待大学生村干部工作，多理解、包容大学生村干部。

2011年6月13日，大学生村官电视剧《潮人》央视播出，引发关注，该剧反映以夏茉为主几个"80后"大学生主动放弃优越城市生活条件，以特立独行姿态应聘到农村去任大学生村官的故事。

2011年7月1日，在庆祝中国共产党成立90周年大会上，中组部对50名共产党员、200名党务工作者予以表彰，胡锦涛总书记亲自给大学生村官周晓琳颁发了奖章，并勉励她好好干。

2011 年 7 月 18 日，山西省永济市栲栳镇大屯村大学生村官赵建军患白血病晕倒工作桌前，大学生村官网在得知这一情况后，第一时间号召为其捐款，此后，在中国扶贫开发协会的积极帮助下，赵建军被接到北京进行治疗。

2011 年 9 月 9 日，江苏省委组织部与国寿江苏分公司共同签订了"大学生村官综合保险保障合作协议"。根据协议，由双方共同出资，为全省 1.6 万名在岗大学生村官每人提供各类险种合计保额 100 万元的综合保险保障计划。

2011 年 9 月 15 日，历时半年的筹备、两个多月的产品征集，全国大学生村官特色农产品网上直供超市——"五谷店"正式上线运营。这一网上超市既为农户提供了销售农产品的平台，也为大学生村官服务基层和创业提供了舞台。

2011 年 9 月 24 日，中央组织部组织二局巡视员、副局长曾贤钦在乐山市调研大学生村官工作时要求，各级党委、组织部门要继续关心、爱护、支持大学生村干部的工作，要在实际工作中去培养锻炼大学生村干部，要关心他们的日常生活，如婚姻、家庭问题，把这些问题解决好，让他们安心工作。要加强对他们的心理疏导、人生观和价值观的引导。要畅通大学生村干部留任、创业、择业、升学、考公务员的五条流动通道。

2011 年 10 月 13 日，江苏大学生村官"创业富民、阳光育才"再担保融资工程推进会在南京召开，江苏银行等与省再担保公司签署了相关战略合作协议，为江苏大学生村官创业整体授信 15 亿元。

2011 年 11 月 23 日至 27 日，中组部、农业部联合举办了一期全国大学生村官培训班，来自全国 31 个省（区、市）和新疆生产建设兵团的 96 名新任大学生村官参加了培训。中组部和农业部联合举办大学生村官培训班，是第一次。大学生村官到北京参加这样高层次的培训，也是第一次。培训班引起了热烈反响，受到了普遍好评，达到了预期效果。

2011 年 11 月 23 日，李源潮同志在全国大学生村官培训班上讲话指出：从 2008 年开始在全国部署实施以来，各地已累计选聘大学生村官 22.3 万名，除期满流动的外，目前在岗的有 21 万名。总的看，这项工作得到了农民欢迎、社会赞扬，大学生踊跃参加。今年选聘 4 万多名，报名的有 35 万。

2011 年 11 月 23 日，中央组织部部务委员、组织二局局长、基层办主任陈向群主持召开座谈会，就更好地推进大学生村官工作，认真听取赴京参加全国大学生村官培训班部分代表的意见和建议，并就修改完善和出台实施《进一步加强大学生村官培养使用工作的意见》征求意见。

2011 年 12 月 21 日，中央组织部举办的全国新任乡镇领导干部大学生村官示范培训班在南京开班，来自全国 31 个省区市的 123 名学员参加培训。培训班上传出信息：截至今年 11 月，全国各地从大学生村官中选拔乡镇副职人员已超过 3 000 人，其中今年新选拔了 1 800 多人。形成了"人才到一线锻炼、干部从基层选拔"的长效工作机制。

2011 年 12 月 24 日上午，中组部组织二局副局长曾贤钦实地调研武进区大学生村干部创业孵化中心。对武进大学生村干部摆脱传统创业模式束缚，涉足文化等领域，拓展创业渠道的做法给予了充分肯定。同时，希望武进的大学生村干部们进一步探索在自主创业基础上，带领农民共同致富的路子，更好地提升大学生村干部创业效益。

2011 年 1 月 8 日，CCTV 2011 年度三农人物颁奖典礼在北京举行，大学生村官高金磊获得年度三农人物大奖。

新春前夕，中共中央政治局委员、中央书记处书记、中组部部长李源潮致信大学生村官张广秀，对她的康复表示祝贺。李源潮在信中说，"这是医学的胜利，也是坚强意志的胜利，是乐观精神的胜利，是全国大学生村官期盼的胜利"，并嘱咐张广秀"出院后首先的任务是休息，待恢复健康并巩固后，国家会有许多任务等着您去干"。

2011 年 2 月 10 日，《农民日报》报道显示，在全国省级党委 2011 年换届中，江苏、江西、安徽、河南、辽宁、山西、云南、内蒙古 8 省区的党代会上，大学生村官党代表首次现身，人数共计 18 人。

2011 年 2 月 13 日，中共中央政治局常委、中央纪委书记贺国强在湖州市安吉县递铺镇横山坞村村委会与大学生村官朱晶晶亲切交谈。勉励她扎根基层、服务群众，在社会主义新农村建设的广阔天地施展才华、体现价值。

2011 年 2 月 17 日，中组部在山西省长治市召开大学生村官创业座谈会，中组部部务委员、组织二局局长陈向群强调，全社会要形成合力，关心大学生村官成长成才。要通过政府倡导，依靠社会力量，建立一种新的社会管理模式来组织解决大学生村官创业中遇到的难题。

2011 年 2 月 24 日，由中央组织部组织二局会同教育部高等学校社会科学发展研究中心和中国人事科学院编写的《大学生村官职业生涯发展指南》一书，由党建读物出版社出版，将免费发放给每一位大学生村官。这是国内首次出版对大学生村官职业生涯发展进行系统辅导的书籍。

2011 年 3 月 1 日，中央组织部副部长张纪南在小岗村考察时勉励大学生村官在基层扎实工作，加强锻炼，为把小岗村建设得更加美好贡献青春和力量。

2011 年 3 月 24 日，中组部部长李源潮在湖北调研创先争优、加强基层组织建设工作时指出，要注意在大学生村官中发现优秀苗子，培养一批有文化、有抱负、有眼界的农村党组织负责人，为建设社会主义新农村提供骨干力量。

2011 年 3 月 31 日，中国人寿江苏省分公司为罹患重病的徐州市铜山区大学生村官谭某送上 30 万元理赔款。这是全国大学生村官综合保险计划实施以来的首例理赔案。

（54 村官网　孟召臣）

图书在版编目（CIP）数据

2012 中国大学生村官发展报告/中国村社发展促进
会编. —北京：中国农业出版社，2012.5
ISBN 978-7-109-16743-8

Ⅰ．①2… Ⅱ．①中… Ⅲ．①农村-干部工作-研究
报告-中国-2012 Ⅳ．①F325.4

中国版本图书馆 CIP 数据核字（2012）第 079104 号

中国农业出版社出版
（北京市朝阳区农展馆北路 2 号）
（邮政编码 100125）
责任编辑 刘爱芳
———————————
中国农业出版社印刷厂印刷 新华书店北京发行所发行
2012 年 5 月第 1 版 2012 年 5 月北京第 1 次印刷
———————————
开本：787mm×1092mm 1/16 印张：19
字数：405 千字
定价：50.00 元
（凡本版图书出现印刷、装订错误，请向出版社发行部调换）